Reconciling Trade and Climate:
How the WTO Can Help Address Climate Change

기후변화와 통상문제

- WTO의 역할 -

Tracey Epps · Andrew Green 공저 / 박덕영 · 이태화 공역

박영사

본서는 2011년 정부재원(교육과학기술부 인문사회과학역량 강화사업비)으로
한국연구재단의 지원을 받아 연구되었습니다.

[NRF 2010-330-B00247/기후변화에 대한 각국의 입법 및 정책의 국제통상법적 쟁점 연구]

역자 서문

현대 사회가 당면한 가장 큰 위기 중의 하나는 기후변화 문제일 것이다. 흔히 기후변화는 단순히 환경문제라고 생각하기가 쉽다. 그러나 기후변화는 정치적 · 경제적 · 사회적 · 과학적 및 환경적 복잡성이 얽혀있는 복합적이고 종합적인 문제이다. 이러한 기후변화 문제의 특성으로 인해, 어느 한 부분에서 노력한다고 해서 기후변화 문제가 해결되지는 않는다. 따라서 이런 문제를 해결하기 위해, 국제사회는 기후변화대응과 관련하여 지구적 차원에서 국제적인 규범을 정하고 국가적인 차원에서 기후변화대응관련 법제와 정책을 제정하고 있다.

기후변화 문제가 왜 발생하였는가를 논의하는 데 있어 급속한 산업화와 국제무역의 자유화가 원인들 중의 하나로 논의되고 있다. 국제무역이 지난 20세기 중반 이후로 급격히 성장하였고, 이러한 무역의 성장은 대기 중 온실가스 농도의 증가에 큰 몫을 담당하였다. 이런 사실로 말미암아 국제무역이 기후변화 문제를 더욱 악화시킨다는 비판적인 시각이 존재한다. 한편, 기후변화대응조치들과 국제무역 간의 관련성을 바라보는 데는 또 다른 시각이 존재한다. 이들은 기후변화 문제를 덜 야기하는 환경상품의 국가 간 무역이나 그를 둘러싼 국제통상규범의 확립을 통해 국제무역이 기후변화 문제를 완화시키는 지속가능한 발전에 기여한다고 주장한다.

이 책의 내용은 국제무역과 기후변화대응조치들 간의 여러 가지 관련성을 분석한 것이다. 이 책을 쓴 저자들은 책을 발간하는 목적을 무역과 무역체계에 기반을 둔 규범을 강화하고 기후변화에 대처하려는 목적을 추구하기 위한 해결방안을 찾는 데 두고 있다고 밝히고 있다. 기후변화위기가 진행되면서 각국은 다양한 기후변화대응 법제와 정책을 개발하고 있다. 각국은 탄소세, 배출권거래제, 환경라벨링, 연료효율기준의 강화, 재생에너지지원제도 등을 기후변화대응을 위한 정책적 수단으로 채택하고 있다.

이러한 다양한 수단은 WTO규범과 충돌할 가능성이 있다. 예를 들어 배출권거래제는 부속서 I 국가에 속하지 않는 국가를 차별할 가능성으로 인해 최혜국대우원칙을 위반할 가능성이 있고, 탄소세를 부과하는 국가들과 그렇지 않은 국가들 간의 탄소세의 국경세조정은 내국민대우원칙 등을 위반할 가능성이 있다. 따라서 향후 국제사회는 기후변화 문제의 해결이라는 것과 WTO규범과의 합치라는 두 가지 문제를 동시에 해결하여야 한다. 이는 기후변화에 대응하는 정책을 설계할 때 WTO규범과의 충돌을 피하는 방법으로 기후변화대응조치들을 설계할 것을 요구한다. 이 책은 기후변화대응조치들과 WTO규범 간의 조화방안에 대해 다양한 제안들을 한다는 점에서 이 분야에 관해 연구를 하는 분들이나 정책 결정자들에게 양자 간의 관계에 대한 깊이 있는 그리고 유용한 시각을 제공한다.

이 책은 크게 다음 네 가지의 내용에 대하여 논의하고 있다. 첫째, 기후변화와 무역 간의 관계에 대하여 논의한다. 현행 기후변화협약체제와 통상체제 간의 관계를 조명하며 기후변화대응에 있어서 무역조치의 역할에 대해 다룬다. 둘째, 통상규범과 국내 기후변화대응정책 간의 관계를 논의한다. 이 부분에서는 각국의 규제정책, 배출권거래제, 조세, 보조금, 국경세 조정, 환경적 예외의 역할 등을 다룬다. 셋째, 기후변화대응에 다른 국가들의 참여를 유도하기 위해 국가들이 취하는 일방적 조치에 있어서의 상호작용에 대하여 논한다. 긍정적 유인책과 부정적 유인책 그리고 장애물을 어떻게 제거할 수 있는지에 대해 검토한다. 그리고 마지막으로 기후변화대응을 위한 다자적 해결방안에 있어서의 상호작용에 대해 논의한다. 이 부분에서는 기후변화협정과 무역조치의 조화로운 관계에 대하여 고민하고, 환경친화적인 무역증대의 방안을 고민한다.

본 역서는 한국연구재단의 한국사회기반연구사업(SSK) "기후변화에 대한 각국의 입법 및 정책의 국제통상법적 쟁점 연구"라는 주제로 연구비지원을 받아 번역을 진행한 결과물이다. 이 책이 나오기까지 참여해주신 모든 분들, 특히 번역에 함께 참여해준 SSK 연구보조원들께 감사드리고, 본서의 출간을 허락해주신 박영사 관계자분들께도 감사의 말씀을 올린다.

2012년 6월

박 덕 영 씀

약 어 표

AB	Appellate Body
BTA	border tax adjustment
CITES	Convention on International Trade in Endangered Species of Wild Flora and Fauna
COP	Conference of the Parties
CTE	Committee for Trade and Environment
DSB	Dispute Settlement Body
DSU	Dispute Settlement Understanding
GATT	General Agreement on Tariffs and Trade
GHG	greenhouse gas
GSP	Generalized System of Preferences
LDC	least developed country
MEA	multilateral environmental agreement
MFN	most-favoured-nation
PPM	process and production method
SCM Agreement	Agreement on Subsidies and Countervailing Measures
TBT Agreement	Technical Barriers to Trade Agreement
UNCTAD	United Nations Conference on Trade and Development
UNFCCC	United Nations Framework Convention on Climate Change
WTO	World Trade Organization

차 례

제 1 부 서 론

1. 통상규범과 기후변화정책의 조화 3
   1.1 무역과 기후변화 문제 3
   1.2 기후변화, 보호주의, 그리고 개발 5
   1.3 주요 상호작용 9
   1.4 제도의 역할 11
   1.5 책의 개요 12

제 2 부 무역과 기후변화 간의 관계

2. 기후변화, 무역 그리고 국제협정 19
   2.1 추가적 공공재로서의 기후변화 19
   2.2 무역협정, 죄수의 딜레마, 그리고 보호무역주의 27
   2.3 국제협정의 구상 31
   2.4 규범, 표준과 제도 34
   2.5 바르게 균형잡기 40

3. 현행 통상체제와 기후변화체제 43
3.1 WTO 43
3.2 국제기후변화체제 52
3.3 결 론 58
4. 기후변화대응에 있어서 무역조치의 역할 59
4.1 서 론 59
4.2 국내 기후변화정책에 대하여 통상규범들이 지니는 의미 60
4.3 타국에게 기후변화대응조치를 강제하는 일방적 조치 65
4.4 다자적 해결방안들 68

제 3 부 통상규범과 국내정책

5. 규제와 국내 배출권거래제 73
5.1 규제 또는 국내 배출권거래제의 사용 73
5.2 내국민대우 78
5.3 국제표준과 TBT협정 89
5.4 규제조치의 적절성에 대한 판단주체의 문제 93
6. 조 세 97
6.1 도 입 97
6.2 기후변화대응관련 조세 98
6.3 조세와 비차별원칙 106
6.4 제도적 틀 118
7. 보 조 금 121
7.1 보조금 지급의 이유 121
7.2 보조금 해당 여부 128
7.3 금지보조금 132
7.4 조치가능보조금 134
7.5 허용보조금 139
7.6 보조금 제한의 목적 140
8. 국경세조정 145
8.1 경 쟁 력 147

8.2 탄소누출 150
8.3 조세와 국경세조정 151
8.4 국경세조정과 WTO규범 153
8.5 국경세조정과 배출권거래제 162
8.6 국경세조정의 평가 164
9. 환경적 예외의 역할 169
9.1 WTO에서의 환경적 예외 169
9.2 제20조 171
9.3 결정의 주체 186
10. 국내정책의 평가 191
10.1 확실성, 유연성 및 이행 191
10.2 절차적 심사 vs 실질적 심사 202
10.3 심사 이외의 해법 207

제 4 부 기후변화대응과 일방적 조치

11. 긍정적 유인책 211
11.1 긍정적 유인책 사용의 이유 212
11.2 유인책으로서의 무역조치 214
11.3 긍정적 유인책의 필요성 225
11.4 결 론 227
12. 장애물의 제거 229
12.1 역량의 부족 230
12.2 비용 대비 편익 231
12.3 형평성과 정의의 문제 233
12.4 세 가지 장애물의 해결 236
12.5 경쟁력 관련 장애물 237
12.6 경쟁력 관련 장애물의 해결 238
12.7 장애물 제거를 위한 무역조치의 유용성 242
13. 부정적 유인책 247
13.1 부정적 유인책 사용의 이유 247
13.2 사용가능한 부정적 유인의 유형 252

13.3 일방적인 부정적 유인의 허용 가능성 260

제5부 다자간 해결방안

14. 기후변화협정과 무역조치 265
14.1 무역, 참여 그리고 준수 265
14.2 WTO의 다자간환경협정들에 대한 시각 268
14.3 무역조치들과 기후변화협정들 272
15. 환경친화적인 무역의 증대 279
15.1 환경제품과 서비스 자유화의 이유 279
15.2 EGS의 정의 283
15.3 접근법에 대한 논의 288
15.4 제도적인 골격의 선택 290

제6부 결　론

16. 무역, 기후보호와 개발 295
16.1 무역과 기후정책의 상호작용 295
16.2 전　망 298
16.3 무역과 기후변화대응조치의 조화 312

찾아보기 315

제 1 부

서 론

1. 통상규범과 기후변화정책의 조화

1. 통상규범과 기후변화정책의 조화

1.1 무역과 기후변화 문제

기후변화 문제에 신속하게 대처해야 한다는 보고서들이 매달 새롭게 제출되고 있다. 기후변화에 관한 정부 간 패널(IPCC) 보고서는 기후변화문제 해결을 위한 행동을 촉구하는 가장 유명한 보고서일 것이다. 그러나 이것은 기후변화 문제에 대한 유일한 보고서가 아니고, 가장 극단적인 보고서도 아니다. 기후변화는 이미 생물종과 생태계에 부정적인 영향을 미치고 있다.[1] 이 보고서들은 만약 국가들이 행동을 하지 않는다면 그러한 부정적 효과들은 크게 가속화될 것이라 주장한다. 2009년 12월 각국의 지도자들은 코펜하겐에 모여 각국의 기후변화 정책과 계획을 논의하고, 나아가 교토의정서(Kyoto Protocol)를 대체할 다자협정의 필요성에 대해 논의하였다. 행동을 얼마나 빨리 취해야 하는지, 온실가스농도 및 기후변화가 환경과 인간에 미치는 영향을 줄이기 위한 가장 효과적

---

1 IPCC, *Climate Change 2007: Synthesis Report. Contribution of Working Groups I, II and III to the Fourth Assessment Report of the Intergovernmental Panel on Climate Change* (Geneva: IPCC, 2007) (IPCC FAR (2007)). 이와 관련해서는 International Scientific Steering Committee의 *"Avoiding Dangerous Climate Change: International Symposium on the Stabilization of Greenhouse Gas Concentrations"* (Exeter, 2005) 참조.

인 방법이 무엇인지에 관한 논의가 최근에 이루어지고 있다. 이 문제의 해결책을 마련하기 위하여 협력이 필요하다는 점에 대해 과학계가 합의하고 있고 정치권에서도 인정하고 있다. 그러나 안타깝게도 논의되고 있는 행동의 수준이 지구와 인류에 미칠 위험한 영향을 줄이는 데 필요하다고 과학자들이 주장하는 수준에 한참 못 미치고 있다.

이러한 논쟁에서 국제무역과 '세계화'를 그 문제의 중요한 근원으로 간주하는 경우가 종종 있는 것 같다. 그러나 무역과 기후변화에 대처하는 행동들이 기후변화로 인해 야기되는 위험성을 공동으로 줄이고 발전을 강화할 수 있는 중요한 방안들이 될 수 있다는 점에서, 이러한 주장은 맞지도 않을 뿐 아니라 도움도 되지 않는다. 아마도 가장 명백한 것은 선박, 철도, 그리고 트럭으로 제품을 운송하면 온실가스가 배출된다는 것이다. 게다가 전기 생산 또는 다른 형태의 에너지와 같이 성장에 수반되는 배출은 경제성장의 정도와 더불어 온실가스 배출을 증가시키는 근원이자 감축의 최대 장애물로 보인다. 국제무역으로 인해 선진국들은 경제를 성장시키고 온실가스 배출을 증가시켰다. 무역을 통한 개발도상국(특히 중국 및 인도와 같이 규모가 큰 국가)의 경제성장은 앞으로도 배출량을 증가시키는 원인이 될 우려가 있다. 세계무역기구(World Trade Organization : WTO) 규범이 지속적인 자유화와 국제무역의 성장을 지지하기 때문에 이러한 규범도 문제의 일부로 여겨진다.

그러나 이와 동시에 기후변화정책은 무역과 경제성장을 해치는 것으로 여겨진다. 기후변화정책은 산업에 높은 비용을 부과하여, 점차 통합되고 있는 세계경제에서 이러한 산업들의 경쟁력을 잠정적으로 약화시키고 있다. 이와 같은 문제는 개발도상국과도 연관이 있다. 선진국이 탄소집약적인 경제를 통해 부강해졌기 때문에 개발도상국은 기후변화 문제로 인해 온실가스 배출을 제한받는 것에 우려를 나타낸다. 온실가스 배출의 제한으로 인해 경제성장을 이루지 못하고 자국민들을 빈곤으로부터 구제할 수 없을 것이기 때문이다. 이처럼 기후변화정책의 공정성에 대한 우려는 국제적인 행동의 장애물이 되어왔다.

이 책에서는 국제무역과 기후변화대응조치들 간의 관련성을 더 낙관적인 관점에서 살펴보고자 한다. 우리는 무역과 무역체계에 기반을 둔 규범을 강화하고 기후변화에 대처하려는 목적을 추구하기 위한 해결책을 찾고자 한다. 이

책에서 말하고자 하는 바는 무역과 기후변화정책 사이에 '시너지효과'가 있고 이것이 보다 효율적으로 기후변화에 대응할 수 있는 방법이라는 것이다. 우리는 정책결정자들이 주목하여야 하고 서로 보강을 한다는 측면에서 사회적 후생을 증가시킬 수 있는 밀접한 관계의 세 가지 목표를 살펴 볼 것이다. 이러한 목표들은 기후변화를 완화하고, 보호주의를 억제하며, 개발도상국의 개발목표를 더 촉진시키는 것이다.

1.2 기후변화, 보호주의, 그리고 개발

기후변화 완화의 첫 번째 목표는 기후변화를 야기하는 원인이 지니는 특성 때문에 제기된다.[2] 지난 100년간 지구의 평균기온은 상승해오고 있는데, 이러한 기온 상승의 대부분은 인류의 온실가스 배출증가에서 기인할 가능성이 매우 높다.[3] 기후변화의 영향은 평균기온 상승의 정도에 따라 달라진다. 평균기온 상승을 섭씨 2도 아래로 유지하는 정책목표는 과학자들에 의해 정해졌고 2009년 코펜하겐합의문(Copenhagen Accord)에 반영되었다.[4] 이 수준으로 기온상승을 억제하기 위해 각국은 정책을 만들어 온실가스 배출의 주요 원인들에 대처해야 할 것이다. 기후변화문제에는 대규모의 외부효과(externality)*가 존재한다. 다시 말해 자동차를 운전하거나 석탄으로 생산된 전기를 사용하는 등의 활동을 통해 온실가스를 배출한 개인들이 이로부터 이익을 얻는 시장실패의 상황인 것이다.[5] 그

2 기후변화완화와 무역과 개발 강화의 관계에 대한 이론의 더 자세한 논의는 이 책 제2장 참조.

3 IPCC, *supra* note 1.

4 http://unfccc.int/resource/docs/2009/cop15/eng/o7.pdf (2010년 1월 22일 검색) 참조. 도서국가연합, 최빈개발도상국, 그리고 아프리카 그룹이 포함된 유엔기후변화협약의 193개 비준국들은 2009년 12월에 있었던 코펜하겐 당사국총회에서 1.5도가 절대적 제한이고 2도는 그 국민들에게 어려움과 대규모 이주, 그리고 죽음까지도 의미한다는 것을 경고한 바가 있음을 알아야 한다. Bridges Copenhagen Update, 'High-level Politics Meets Low Ambition : Taking Stock of COP15' (International Centre for Trade and Sustainable Development, Geneva, 2009).

* 역자 주 : 외부효과라 함은 어떤 사람 또는 기업의 생산 활동이나 소비활동이 다른 사람 또는 기업의 생산 또는 소비활동에 직접적으로 영향을 미치지만 이에 따른 보상이 수반되지 않을 경우를 말한다.

5 N. Stern, *The Economics of Climate Change : The Stern Review* (Cambridge : Cambridge

러나 기후변화에 대한 비용은 대개 미래세대 또는 다른 국가의 사인(私人)들에게 부과된다. 정부는 이러한 시장실패에 대응하기 위하여 세금, 규제, 배출권거래 또는 정보교정정책(informational remedy)*과 같은 수단을 선택할 필요가 있다.

두 번째 목표는 보호주의를 단념시키는 것으로, 이는 무역의 본질과 사회복지의 연관성과 관련이 있다. 어디에 위치하고 있는지에 관계없이 가장 효율적인 생산자에 의해 제품이 공급되는 자유무역으로 인해 경제적 효율성이 극대화된다. 그러나 정부는 수입경쟁적 산업과 같이 수입으로 인해 피해를 볼 가능성이 있는 경제 집단의 피해를 줄이기 위해 관세와 다른 보호주의적 조치를 시행한다.[6] 그래서 통상규범의 목적 중 한 가지는 경제적 효율성을 극대화하기 위해 가능한 보호주의를 감소시키는 것이다.[7]

마지막으로 경제적 번영과 생활수준의 향상은 전 세계에 걸쳐서 동일하게 이루어진 적이 없었다. 국내는 물론 세계적으로도 수입과 생활수준 모두가 분명히 불평등하고, 많은 국가의 국민들은 극도로 비참한 빈곤 속에서 살고 있다.[8] 따라서 이 책에서 강조하고자 하는 세 번째 목적은 전세계의 생활수준을 향상시키기 위한 개발의 필요성이다. 생활수준은 단순히 1인당 소득을 넘어 살기에 필요한 능력을 갖고 있는지 여부를 검토하는 것과 같은 수단을 통해 평가

University Press, 2007).

* 역자 주 : 정보교정정책이란 정보의 비대칭성으로 인해 발생하는 소비자문제를 해결하기 위하여 소비자정보의 양과 질을 향상시켜 시장 실패를 교정하는 정책이다.

6 제2장에서 논의된 바 있듯이 무역장벽 또는 조치가 잠재적으로 복지를 향상시킨다는 논리가 있지만 일반적인 것은 무역장벽이 경제적 효율성을 감소시킨다는 것이다. Michael Trebilcock and Robert Howse, *The Regulation of International Trade*, 3rd edn (London : Routledge, 2005) 참조.

7 Levy가 언급한 바와 같이 보호주의는 자유무역을 지지하는 것 이외의 모든 것으로 간주되는 경향이 있다. Levy는 외국 수출업자들에 비해 국내생산업자들에게 유리하게 하는 정책들에 대한 지지를 보호주의라고 제안한다. 그는 보호주의 조치들을 다음과 같이 세 가지 유형으로 구분한다 : (1) 고의적 보호주의 : 조치들이 명백히 국내산업을 보호하려 의도한 경우, (2) 부수적 보호주의 : 조치들이 다른 근거에 의해 정당화 될 수 있지만 수입경쟁을 방해하는 효과가 있는 경우, 그리고 (3) 제도적 보호주의 : 무역행동이 다른 국가의 정책을 바꾸기 위한 수단으로 이용될 경우와 같이 점차 증가하고 있는 정책들의 경우. Philip I. Levy, 'Protectionism in the Global Economy' (2009) *Georgetown Journal of International Affairs*.

8 Jeffrey D. Sachs, *The End of Poverty : Economic Possibilities for Our Time* (New York : The Penguin Press, 2005).

될 수 있고, 평가되어야 한다.[9] 따라서 개발은 경제적 성장이나 무역과 직접적으로 동일시될 수는 없지만 인류가 성취할 자유의 한 양상이고, 특히 건강, 교육과 같은 다른 목적을 강화하는 수단이다.

통상규범과 기후변화정책들의 시너지효과는 통상규범과 경제성장, 그리고 기후변화에 대응하기 위한 조치들 사이의 상호작용을 통해 발생한다. 통상규범은 개별 국가들이 기후변화를 완화시키기 위한 자체적인 목표를 달성하는 데 있어 지켜야하는 범위를 제시해줄 뿐만 아니라 국내의 반대 여론을 대처할 수 있도록 돕기도 한다. 예를 들어, 기후변화에 대응하는 정부 조치와 관련된 중요한 우려사항 중 가장 핵심적인 것은 기후변화대응을 위한 조치가 국내기업에 비용을 부과함으로써 기후변화조치를 취하지 않는 국가들의 기업에 비해 경쟁력이 떨어지게 되는 것이 아닐까 하는 것이다. WTO규범하에서 이러한 조치들에 의해 발생하는 비용은 수입품에 부과되거나 수출품에 환급해줌으로써 기후변화정책에 대한 국내의 반대여론을 극복하는 데 도움이 될 것이다. 물론 이러한 조치들은 공평하게 적용되기 힘들고 그러한 조치의 대상이 된 국가들과의 관계를 해칠 수 있다는 점에서 어려움이 있다.[10] 그러나 이것들은 국내의 정치적, 경제적 문제를 다룸에 있어 상당한 역할을 수행할 수 있다.

나아가 통상규범을 통하여 국가들이 표면상 기후변화대응을 목적으로 하면서 전체적으로 또는 부분적으로 외국제품을 희생하여 국내산업을 보호하고자 의도적으로 취하는 조치를 시행하지 않도록 하려고 한다. 국가들의 기후변화정책은 이론적으로 WTO규범에 의해 경제적 성장뿐만 아니라 더 큰 환경적 이득을 제공할지도 모르는 무역흐름을 해치지 않도록 제한된다. 예를 들어, 브라질산 에탄올이 미국 옥수수로 만든 에탄올보다 더 싸고 그 생애주기가 환경적으로 더 이롭다는 이유로 브라질산 에탄올이 미국 시장에 들어오는 것을 거부한 미국의 보호조치에 대한 WTO의 제재는 경제성장과 기후변화에 대응하려는 노력을 지원할 수 있다.[11]

---

9 Amartya Sen, *Development as Freedom* (New York : Knopf, 1999).

10 제8장과 제13장 참조.

11 Doaa Abdel Motaal, 'The Biofuels Landscape; Is There a Role for the WTO?' (2008) 42(1) *Journal of World Trade* 61.

따라서 통상규범은 효과적인 국내조치를 제한할 필요가 없고 그러한 조치에 대해 정부가 겪는 정치경제적 문제를 극복할 수 있도록 도움을 줄 수 있다. 또한 통상규범으로 기후변화에 대응하고 있지 않은 국가들을 기후변화대응에 참여하도록 하기 위한 조치의 허용범위를 제시함으로써 기후변화에 대응할 수 있다. 기후변화에 대한 대응은 국가들이 총배출량을 감축함으로써 생긴 공공재, 즉 추가적 공공재이다.[12] 특히 이산화탄소 최대 배출국들을 포함한 더 많은 국가들이 행동을 취하면 취할수록 공익은 더 커진다. 그러나 다른 모든 공공재와 마찬가지로 당사자들은 다른 당사자들의 행동에 무임승차하려 할 것이다. 그들은 다른 국가들의 배출감축으로부터 이익을 얻길 원하지만 그들 스스로 조치를 취함으로써 생활방식이나 경제행위를 희생하는 등의 비용을 부담하기를 원하지 않는다. 무임승차는 국가들이 기후변화체제에 동참하지 않거나 그 체제하에서 만들어진 약속을 준수하지 않는 형식으로 나타난다. 제3장에서 논의할 바와 같이 교토의정서를 비준하지 않은 국가는 미국과 산마리노, 두 국가밖에 없지만 많은 국가들이 배출감축약속을 하지 않거나 그들이 약속한 바를 준수하려 하지 않는다. 국경조정, 수입금지와 같은 무역조치들은 비참여와 비준수를 감소시켜 공익을 증가시킨다. 이러한 조치들은 개별국가들에 의해 일방적으로 취해지거나 다자협정의 일부가 될 수 있지만 이에 관계없이 이러한 조치들은 무임승차를 줄이는 데 효과적인 수단이 될 수 있다. 현재의 통상규범은 그 사용에 대한 범위를 제공하지만 기후변화에 대한 국내 정치·경제적 장벽에 대응하기 위한 조치로 이용될 수 있으므로 대상이 된 국가들과 관련하여 긴장을 고조시키고 공평성 문제를 발생시킬 수 있다.[13]

따라서 무역조치들은 국가들이 자신들의 국내목적을 달성하고 다른 국가들

---

12 Scott Barrett, *Why Cooperate? The Incentive to Supply Global Public Goods* (Oxford : Oxford University Press, 2007). 공익은 사회 전반에 걸쳐 또는 그 하위집단에 의해 공유되는 이익의 하나이다. 이것은 사익의 정의와 반대되는 두 가지 특성을 갖고 있다. (i) 모두 함께 사용이 가능하다. 즉 가격을 지불하지 않은 사람이라도 사용을 배제시킬 수 없다(비배제성), (ii) 내가 추가로 소비를 늘려도 다른 사람의 소비 가능성이 줄어들지 않는다(비경합성). Richard D. Smith et al., *Global Public Goods for Health : Health Economics and Public Health Perspective* (New York : Oxford University Press, 2003) at 4.

13 제13장과 제14장 참조.

이 기후변화에 대응하고자 하는 노력에 동참하도록 설득하는 데 도움이 될 수 있고, 개발도상국들에 대한 기후변화조치의 영향에 대한 우려를 극복하는 데 도움이 될 수 있다. 이 문제는 기후변화에 대응하기 위한 모든 시도가 공평한 것인가에 대한 우려와 관련이 있다. 국제적인 기후변화협상에 있어서의 난제는 앞에서 언급된 바 있듯이 기후변화대응은 추가적 공공재이기 때문에 개발도상국들을 포함한 모든 국가들이 행동을 취해야할 필요가 있다는 것이 선진국의 주장인 반면에 개발도상국들은 선진국이 온실가스 배출을 기반으로 경제적으로 성장해왔음에도 개발도상국의 탄소배출감축 필요성을 주장하는 것은 그들의 성장을 제한하도록 요구하는 것이기 때문에 공평하지 않다고 주장하는 것이다.

적어도 이론상 WTO규범은 선진국이 개발도상국 산업을 희생시키면서 자신의 산업을 보호하는 수단으로 기후변화조치를 이용하려는 시도를 차단한다. 그러한 보호주의를 제한하는 것은 기후변화에 대응하기 위해 취해진 모든 조치가 개발도상국들에게 미치는 영향이 최소화되도록 한다. 더 나아가 통상규범은 개발도상국들에게 유익한 긍정적인 수단들을 제공할 수 있다. 예를 들어 선진국들은 기후변화 정책을 취하는 개발도상국들을 위한 인센티브로서 개발도상국들로부터 수입된 제품에 대하여 특혜를 부여할 수 있다. 그러한 조치들은 기후변화의 맥락에서 개발도상국들의 경제적 기회를 향상시키도록 이용될 수 있다.

1.3 주요 상호작용

시너지효과와 공평성, 그리고 개발이라는 이 책의 주제는 WTO규범이 어떻게 입안되었는지, 어떻게 해석되어야 하는지를 포함하여 현행 WTO규범에 대해 잘 보여주고 있다. 우리는 이러한 통상규범을 무역과 기후변화정책이 상호작용하는 다음의 세 가지 관점에서 논의할 것이다. 첫째, 국가들이 자신의 탄소배출에 대응하기 위해 기후변화정책을 이용하는 데 있어서의 상호작용, 둘째, 기후변화의 대응에 다른 국가들의 참여를 유도하기 위해 국가들이 취하는 일방적 행위에 있어서의 상호작용, 그리고 마지막으로 기후변화를 위한 다자적 해결방안에 있어서의 상호작용에 대해 논의할 것이다.

1.3.1 국내 기후변화정책에 대한 통상규범의 영향

WTO규범의 주요 역할 중 하나가 무역에 대한 불필요한 장벽을 낮추는 것이기 때문에 국내산업에 비용부담 또는 특혜를 제공하거나, 또는 수입품에 일종의 장벽을 제공하는 모든 국내정책은 WTO규범과의 충돌에 대한 우려가 제기된다. 이러한 국내 정책들은 명백히 국내산업에 특혜를 제공하거나 외국 제품에 대하여 의도적으로 해를 끼쳐선 안 된다. 통상규범과 국내정책들 사이의 충돌 중 대부분은 국내생산자와 국외생산자들 양자에게 중립적으로 보이지만 타국이 그들의 생산자들에게 은연중에 해를 끼친다고 주장하는 정책들과 관련하여 발생한다. 예를 들어 탄소배출이 높은 차에 대하여 부과되는 세금은 국내제품이든 외국제품이든 관계없이 중립적이지만, 만약 이 세금으로 인해 외국제품에 비해 국내 차가 부담하는 평균세가 더 낮다면 어떨까? WTO규범이 어떻게 해석되는지에 따라 정부가 취할 수 있는 정책에는 제한이 있다. 국내기후변화정책과 통상규범 사이의 상호작용과 관련된 첫 번째 쟁점은 다음과 같다. 통상규범이 국가들의 기후변화에 대응할 수 있는 능력을 제한하는가? 반대로 무역조치가 경쟁력문제에 대응함으로써 국내의 반대를 극복하는 데 도움이 되는 것처럼 국가들이 기후변화정책을 도입하는 데 도움이 되는가?

1.3.2 기후변화대응에 다른 국가의 참여를 유도하기 위한 일방적 조치들

기후변화대응이 공공재의 성격을 띤다는 점을 고려해 볼 때, 국가들은 자신들이 어떠한 행동을 취할 경우 다른 국가들이 단순히 자신들의 노력에 무임승차하고 그들 스스로는 어떠한 조치도 취하지 않을 것을 우려할 수 있다. 그래서 국가들은 이러한 다른 국가들을 강제하고 자신들에게 인센티브를 제공하기 위해 무역조치를 이용하길 원한다. 예를 들어, 그들은 기후변화정책을 취하지 않고 있는 국가들로부터 수입한 제품에 대하여 세금을 부과하거나 기후변화조치를 취하고 있는 국가들에게 관세특혜를 부여할 수 있다. 통상규범은 그러한 일방적 조치의 범위를 결정할 것이다. 따라서 두 번째 상호작용은 이러한 목적에 사용되는 일방적 무역조치가 허용되는 범위에 대한 것이다. 만약 일방적 무역조치를 취하는 것이 가능하다면 그러한 조치를 취해야 하는가?

1.3.3 다자적 해결방안

마지막 쟁점은 다자적 해결방안에 대한 것이다. 교토의정서는 기후변화에 대한 다자행동을 위한 시도였다. 그러나 교토의정서는 처음에 의정서를 채택하지 않은 국가들을 강제하거나 의정서를 채택한 당사국들이라도 약속을 이행하도록 하기 위한 어떠한 수단도 포함하고 있지 않았다. 결국 채택된 이행체제는 너무 약해서 효과적이지 못하였다.[14] 오존층파괴물질에 대한 몬트리올의정서(Montreal Protocol on Ozone Depleting Substances)와 같은 여타의 다자간환경협정들에서는 약속을 지지하기 위해서나 비참여국들이 협정에 참여하도록 유도하기 위해 무역조치들을 이용하여 왔다. 그러한 조치들에는 오존감소물질을 만든 비당사국들로부터 수입된 제품의 교역을 금지하는 것을 포함한다. 따라서 마지막 쟁점은 무역조치가 포스트교토체제에 도입될 수 있고 그래야 하는지 여부에 대해 그 답을 구하고자 한다.

1.4 제도의 역할

통상규범과 기후변화 사이의 관계에 대한 모든 논의에 있어 제도를 설계하는 문제는 중요하다. 국내기후변화정책은 그 국가의 국민을 대표하는 정부에 의해 만들어진다. 한편 WTO규범은 국제기구가 정한 일련의 규범에 의해 성립되고 해석된다. 모든 기후변화관련 국제조약들의 내용은 협상을 통한 국가들 간의 합의에 의해 결정된다. 이들 각각의 기구들은 별개의 집단 또는 사인에게

14 Barrett, *supra* note 12, and Robert N. Stavins and Scott Barrett 'Increasing Participation and Compliance in International Climate Change Agreements' (Fondazione Eni Enrico Mattei Working Paper No. 94.2002; Kennedy School of Government Working Paper No. RWP02-031, 2002).

권한을 부여한다.

기후변화정책을 도입하기 위한 결정은 복잡한 경제적, 정치적 그리고 도덕적 선택과 관련이 있다. 이러한 결정을 내리는 일련의 기구들은 상당한 부분 어떻게 이러한 선택들이 만들어지고 누구의 특혜와 가치가 우선되는지를 결정한다. 국내정부들만이 독단으로 적절한 정책을 결정하도록 하는 것은 자칫 그러한 정책들이 외국산업을 희생시켜 국내산업을 보호하기 위한 수단으로 이용될 수 있다는 문제가 있다. WTO 분쟁해결기구가 판단하도록 허용하는 것으로 인해 다양한 국가들이나 그들의 환경에 대한 관점과 가치를 적절히 고려하지 못할 것이라는 우려가 발생한다. 다자협정을 통해 결정하도록 하는 것은 잠재적으로 전 지구적 문제에 대한 적절한 접근방법을 폭넓게 신중히 고려하도록 하지만 개발도상국과 같은 특정 국가들이나 집단의 입장이 불충분하게 또는 전혀 대변되지 않을 수 있다는 우려도 또한 존재한다.

이 책은 WTO규범과 패널 및 항소기구의 규범에 대한 해석이 어느 가치를 더 우선하는지, 그리고 그 결과로 나온 판결의 평가를 중점적으로 살펴보고자 한다. 모든 기구가 동일한 정보를 가지고 있거나 그 정보에 접근할 수 있는 능력이 동일한 것은 아니다. 예를 들어 각국의 정부는 국내적 가치나 조건들에 더 쉽게 접근할 수 있다. 따라서 각국의 정부, 다자적 국제기구, 국제분쟁해결기구와 같은 각각의 기구들은 적법성과 권한에 대하여 서로 다른 곳에 역점을 둔다. 우리는 기구의 선택이 무역과 기후변화의 잠재적 시너지 효과에 어떠한 방식으로 영향을 미치는지와 함께 기후변화와 관련하여 공평성과 개발을 향상시키기 위해 무역을 이용할 가능성에 대하여 논한다.

1.5 책의 개요

이 책은 위에서 언급했던 무역과 기후변화 사이의 세 가지 주요 상호작용을 중심으로 서술하는데, 그 전에 제2부에서는 이를 위한 논의의 장을 마련한다. 제2장은 기후변화와 국제무역 양자에 대한 중요성을 중점적으로 다룬다. 여기서는 기후변화의 '공공재'적 성격과 그로 인한 무임승차 문제에 대한 논의에 초점을 둔다. 또한 '죄수의 딜레마' 상황하에서 어떻게 무역협정이 이루어지는지에 대해서도 논의한다. 여기서 죄수의 딜레마 상황이라는 것은 보다 자유로운 무역으로 이익을 보는 국가들 입장에서 그렇지 않은 다른 국가들의 약속이행을 보장하는 신뢰할 만한 합의에 도달할 필요가 있는 경우를 말한다.

다음으로는 기후변화와 무역의 특성에 대한 논의를 이용하여 왜 국가들이 국제무역협정을 체결하고 그러한 협정에 제한을 두는지에 대해 다룬다. 국제협정은 이를 고안하고 시행하기 위한 초국가적 권위 또는 정부가 없기 때문에 스스로 집행(self-enforcing)되어야 한다. 이러한 자기 집행성으로 인해 참여와 이행 사이에 균형을 맞추기가 힘들다. 어떤 경우에 이행을 더 강화하면 국가들이 더 참여하지 않으려 할 수도 있고, 만약 참여한다고 해도, 상당한 책임을 맡는 것에 대해 주저할 것이다.[15] 누가 협정을 만들고, 어떻게 자유국가들이 자신들의 정책들을 만드는지, 그리고 어떻게 이러한 협정들이 시행되는지는 모두 적법성과 권한에 대한 어려운 제도적 문제를 발생시킨다.

제3장에서는 현재 WTO와 기후변화체제에 대하여 개관한다. 제4장에서는 이 체제들 간의 그리고 이 체제들과 국내정책들 사이의 세 가지 주요한 상호작용을 논한다. 즉 첫째, 국제통상규범과 국내기후변화정책 사이의 관계, 둘째, 기후변화대응에 대한 책임을 지지 않는다고 느껴지는 국가들에 대한 다른 국가들의 일방적 조치의 범위, 셋째, 다자기후변화협정에서 무역조치들의 잠재적 도입에 대해 논한다.

제3부는 WTO규범과 국내기후변화정책들 간의 관계에 집중함으로써 이러한 상호작용 대한 분석을 시작한다. 정부는 기후변화대응을 위해 규제조치나 배출권거래제, 관세, 보조금, 그리고 국경조치를 포함한 일련의 정책들을 이용할 수 있다. 여기서는 대체로 이러한 수단의 선택에 대하여 다루고 있다. 각 장은 기후변화대응에 있어 왜 이러한 조치들이 유용한지에 대한 논의에서 시작하여 이러한 조치들과 WTO규범 사이의 상호작용에 대하여 분석한다. 제5장과 제6장은 먼저 규제조치와 배출권거래제 또는 세금의 사용에 있어서 각각 WTO 비차별원칙의 잠재적 제한에 관하여 논의한다. WTO 항소기구는 최근 국내환

15 Barrett, *supra* note 12.

경정책의 범위를 잠재적으로 증가시켜 점차 그 규범에 대한 해석을 변화시켜왔다. 제7장은 상이하고 보다 더 엄격한 일련의 규범의 영향을 받는 보조금에 대하여 논한다. 이러한 규범들은 특히 국가들이 기후변화대응에 보조금을 사용하는 것을 제한한다. 마지막으로 제8장은 수입품에 세금을 부과하거나 수출품에 세금을 환급하는 것과 같은 국경조치에 대하여 다룬다. 그러한 국경조치를 이용하는 데에는 일종의 범위가 있지만 이 분야에서 WTO규범은 명확하지 않아 만약 국가들이 이를 그들 산업의 경쟁력 문제에 대응하기 위해 사용하고자 시도한다면 앞으로 잠재적 분쟁이 발생할 수 있다. 또한 개발도상국의 입장에서 국경조치의 사용은 심각한 공평성문제가 관련되어 있다.

WTO규범은 이러한 조치들의 사용을 일부 제한하지만 WTO협정하에서 이러한 규범들에 대한 일종의 예외가 있다. 제9장에서는 국가들이 그들의 기후변화정책을 정당화하기 위해 이러한 예외를 이용하는 것에 대해 집중한다. 특히 국가들이 차별하지 않을 것을 요구하는 것과 같은 WTO규범에 반하는 정책들을 도입할 수 있는 근거를 제공하는 GATT 제20조의 범위에 대해 논한다. 제20조는 명확히 넓은 환경적 예외를 제공하는 것은 아니고, 인간, 동물의 생명 또는 건강과 함께 고갈될 수 있는 천연자원을 보호하기 위해 '필요한' 조치들을 허용한다. WTO 항소기구는 최근 국내기후변화정책에 더 큰 범위를 제공하는 방식으로 그 조치들이 어떻게 적용되는지와 관련하여 제20조 조항들을 해석해왔다.

제10장에서는 기후변화대응을 위한 수단들, 관련 규칙 및 예외들, 그리고 어떠한 유형의 제도가 우월한지의 논의들을 함께 다루며, 현재의 해석에 따르는 경우 발생하는 유연성 및 확실성의 결여 문제에 대해 논의한다. 제도의 특성과 가능한 구제방법 때문에 개발도상국들이 그 절차를 효과적으로 이용하는 데 문제가 있는 것은 분명하다. 이러한 어려움은 WTO규범과 국내정책 사이의 관련성뿐만 아니라 제4부와 제5부에서 거론되는 상호작용에도 영향을 미친다. 이 장에서는 패널과 항소기구가 각국 정부의 결정을 검토할 수 있는지 그리고 해야 하는지에 대한 접근법에 대해 다룬다. 어느 정도까지 그들은 각국 정부의 결정을 따라야 하는가? 또는 반대로, 그들은 이러한 결정들을 사후에 심사하고 그들 스스로 최종 결정을 내리는가? 항소기구는 이 문제에 대하여 고뇌해왔고 지

금도 여전히 존중과 검토 사이에서 적절한 균형을 찾기 위해 고심하고 있다.

제4부에서는 통상규범과 기후변화정책 사이의 두 번째 상호관계인, 어느 범위까지 국가들이 다른 국가들을 기후변화행동에 참여시키기 위해 일방적 조치들을 이용할 수 있는지에 대해 다룬다. 제11장은 국가들이 기후변화대응조치를 취하기 위해 다른 국가들에게 긍정적인 인센티브를 제공하기 위한 무역조치들을 이용할 수 있는지 여부를 검토한다. 그러한 조치들에는 현재 조치를 취하고 있지 않은 국가들로부터 수입된 수입품에 대하여 무역특혜를 제공하는 것과 함께 투자와 보조금 또는 기술이전이 포함된다. 비록 보통 우리가 믿는 것보다는 약할지라도 WTO규범하에서 이러한 조치들에는 일정한 범위가 정해져 있다. 제12장은 국가들이 기후변화조치를 취하는 것을 방해할지도 모르는 장애물을 제거하는 것에 대해 간략히 다룬다. 국가들이 기후변화조치를 취하지 않는 국가들과 비교하여 그들의 산업 경쟁력 상실에 대해 고려해보는 범위에서 국경조정과 같이 제3부에서 거론되었던 규범들이 제 역할을 할 수 있다. 제13장은 다른 국가들이 기후변화를 채택하도록 강제하는 '채찍'으로서의 일방적 조치의 이용이라는 곤란한 문제에 대해 논의한다. 이러한 일방적 조치들에는 수입품 금지와 가혹한 관세가 포함된다.

또한 무역과 환경 분야에서 가장 논란이 되는 주제 중 하나도 포함되어 있다. 이는 자동차에서 배출된 온실가스의 경우와 같이 제품 자체와 관련된 문제가 아니고 타국의 자동차를 제조한 그 자동차 공장을 가동시키기 위해 이용된 전기생산설비에서 배출된 온실가스의 경우와 같이 제품의 제조방법과 관련한 문제로서, 국가들이 일방적으로 그러한 국내조치 또는 국경조치를 시행할 수 있는지에 대한 논의이다.

이러한 어려움이 발생하는 이유 중 하나는 다른 국가의 행동을 유발할 정도로 충분히 강한 수준의 무역조치, 그러나 부과하는 국가에게는 충분히 강한 수준이 아니어서 신뢰할 만한 위협이 될 수 없는 무역조치를 고안하는 것이 까다로운 일이기 때문이다. 또한 다른 국가의 국민들의 가치를 따르도록 국가를 강제하는 것에 대한 문제도 있다.

제5부는 무역과 기후변화정책 간의 상호작용의 마지막 분야인 기후변화에 대한 다자적 해결방안에 대해서 다룬다. 제14장은 포스트교토 다자간 기후변화

협정에 무역조치를 포함시키자는 최근의 주장이 적절한지에 대해 분석한다. 무역조치는 국제협정을 통해 비참가자와 비준수자를 감소시킬 수 있다. 다자협정을 통해 무역조치를 이용하는 것은 제4부에서 논의되었던 일방적 조치와 비교했을 때 국제적으로 기후변화대응의 참가를 유도하기 위한 시도의 공평성을 증가시킬 수 있다. 한편, 다자간 기후변화협정의 가입국들이 비가입국들에게 불필요하게 피해를 입히는 방식으로 무역조치를 이용하는 것과 같은 위험들 역시 존재한다.

제15장은 다른 접근방법, 즉 무역조치가 기후변화협정에 포함되는 것보다는 무역협정이 기후변화에 더 큰 영향을 줄 수 있을 것이라는 것에 대하여 논한다. 예를 들어 무역협정은 환경제품과 서비스의 무역의 범위를 규정하고 환경기술의 이전을 제공할 수 있다.

제6부에서는 이전 장들에서 얻은 교훈을 이끌어내고 그 교훈이 제시하는 방향으로의 구조적 개선을 제안한다. 우리는 기후변화정책과 통상규범 사이의 상호작용에 대한 논의가 그의 시너지효과와 공평성에 관한 주제를 지지한다고 주장한다. 기후변화에 대한 전 지구적 노력에 상반되게 무역만을 강조하는 것은 적절하지 않고, 더욱이 도움이 되지 않는다. 기후변화에 가장 효과적이고 공정한 방법으로 대응하기 위해서는 무역이 필수적이다. 보다 자유화된 무역을 추구하는 과정에서 환경적 가치들이 간과되지 않도록, 통상규범과 제도는 계속해서 수정되어 나아가야 한다. 긴급한 행동이 요구되는 현시점에서 기후변화대응조치를 장려하기 위한 수단으로 통상규범과 제도를 이용하지 않는다면 중요한 수단 하나를 놓쳐버리는 것이다.

제 2 부

무역과 기후변화 간의 관계

2. 기후변화, 무역 그리고 국제협정

3. 현행 통상체제와 기후변화체제

4. 기후변화대응에 있어서 무역조치의 역할

2. 기후변화, 무역 그리고 국제협정

2.1 추가적 공공재로서의 기후변화

기후변화가 현실로 다가오고 있다. '기후변화에 관한 정부 간 패널(Intergovernmental Panel on Climate Change : IPCC)'은 2007년 발표한 제4차 평가보고서에서 기후변화의 존재와 그 근거에 대해 매우 강한 표현을 사용하였다. 즉, "현재의 지구 평균기온과 해수온도의 상승, 만년설과 빙하의 광범위한 감소, 전 지구적인 해수면의 상승에 관한 관측기록을 볼 때, 지구온난화는 명백하다는 것이다."[1] 이후 이러한 내용을 뒷받침하고 보강하는 후속 연구들이 계속 진행되어왔다. 해당 연구들은 최근 기후변화에 관한 최신의 관측결과와 인간 및 자연적 원인 요소와 기후변화와의 보다 밀접한 연관성, 온실가스 순환고리 내에서의 환류체계에 대한 심화된 이해, 극단적인 이상 기후의 미래와 재앙적 기후변화의 가능성에 관한 새로운 전망들을 포함하고 있다.[2] 산업시대의 온실가스 증가는 지난

---

1 기후변화에 관한 정부 간 패널(IPCC), *Climate Change 2007 : Synthesis Report : Summary for Policymakers* (Fourth Assessment Report, www.ipcc.ch 참조).

2 2010 세계 개발보고서(*World Development Report 2010*)는 H.M. Füssel, 'The Risks of Climate Change : A Synthesis of New Scientific Knowledge Since the Finalization of the IPCC Fourth Assessment Report', Background note for the WDR 2010, V. Ramanathan and Y. Feng 'On Avoiding Dangerous Anthropogenic Interference with the Climate System : Formidable

1만 년간 전례가 없던 일이었다. 지구 대기 중 이산화탄소 농도는 산업혁명 이래 급격하게 증가해왔다. 20세기에 들어서만 이산화탄소 농도가 280ppm에서 387ppm으로 증가하였다.[3] 그런데 이러한 농도증가는 대개 화석연료의 연소에 기반한 인간의 활동뿐만 아니라 산림개간과 토지이용의 변화에 기인하고 있을 '가능성이 매우 크다', 즉 그 가능성은 90%를 넘는다.[4] 그렇다면 왜 이러한 일들이 일어나는가?

2.1.1 온실가스 배출과 외부효과

온실가스의 배출이 증가하고 있다. 이는 Nicholas Stern이 말한 "역사상 가장 크고 광범위한 시장실패" 때문이다.[5] 시장이 효율적으로 작동하기 위해서는 개인은 본인 행동의 모든 비용과 이익을 근거로 선택을 하여야 한다. 그 개인은 이러한 비용 및 편익과 함께 선호도를 고려하여 그의 후생(welfare)을 극대화한다. 개인이 충분한 정보를 가지고 편익이 비용보다 큰 행동을 함으로써 전체적인 후생은 증가할 것이다.

기후변화의 맥락에서 보면, 개인들은 온실가스를 배출하는 활동을 통하여 편익을 누린다. 이러한 활동의 예로는 자동차 운전, 화석연료 발전을 통한 전기

Challenges Ahead' (2008) 105(38), *Proceedings of the National Academy of Sciences* 14245-50을 인용한다. World Bank, *World Development Report 2010 : Development and Climate Change* (Washington DC : The World Bank, 2010) at 76. 최근에는 인간이 기후변화를 초래하였다는 기존연구에 대한 반대 입장이 개진되고 있다. 그러한 입장의 예로서, Bjorn Lomborg, *Cool It* (New York : Knopf, 2007)에서는 인간이 기후변화에 대해 책임이 있다는 점을 인정하면서도 기후변화 관련 환경운동가들의 많은 주장들이 '크게 과장되어 있다'고 주장한다.

3 *World Development Report*, ibid.

4 IPCC, *supra* note 1. 매년 배출되는 이산화탄소의 약 80%는 석탄, 석유, 천연가스의 연소로부터 발생하고, 나머지 20%는 토지이용변화와 산림개간으로부터 발생하는 것이라고 한다. 1950년 기준으로 화석연료와 토지이용에 의한 이산화탄소의 배출기여도는 거의 동일하였지만 그 이후 에너지 사용이 18배 증가했고, 메탄과 이산화질소를 포함한 기타의 온실가스 농도 또한 화석연료 연소 및 농지개간, 산업활동, 토지이용의 변화 등으로 인해 상당히 증가하였다. *World Development Report*, ibid. at 71-2 참조.

5 N. Stern, *The Economics of Climate Change : The Stern Review* (Cambridge : Cambridge University Press, 2007).

사용, 비행기를 이용한 여행 등을 들 수 있다. 그러나 그들은 이러한 활동들로부터 발생하는 모든 비용을 부담하지는 않는다.[6] 기후변화가 발생하고는 있지만 그러한 변화가 모든 지역에서 동일한 수준으로 발생하고 있는 것은 아니다. 세계의 일부 지역, 특히 일부 개발도상국은 다른 지역에 비해 더 더워지고 있다. 이러한 국가들은 가뭄과 홍수, 생물종의 멸종과 그리고 기타 위험에 노출되어 있다. 반면 많은 선진국들은 기후변화의 직접적이고 현저한 영향을 덜 받고 있다.[7] 개인, 특히 선진국에 사는 개인들은 자동차나 비행기를 이용하여 편익을 누리면서도 그 비용을 타인에게 전가한다. 그러므로 그들이 편익을 가져다주는 활동들을 과도하게 누리게 되는 결과가 발생한다.

나아가 이러한 외부효과는 보다 심각한 문제를 야기할 수도 있다. 대기 중에 방출된 온실가스는 장기간 대기 중에 머물게 되는데, 이산화탄소의 대기 중 존속기간은 대략 50년에서 200년 사이라고 한다. 이는 올해 대기에 배출된 이산화탄소가 2210년까지 대기 중에 머물게 된다는 것을 의미한다.[8] 그러므로 현재 배출된 온실가스는 미래세대, 아마도 미래의 여러 세대에 영향을 줄 것이다. 개인들은 현재 자동차와 비행기를 이용하여 편익을 얻지만, 그 비용을 먼 미래로 떠넘겨버린다. 이러한 과정을 통하여 외부효과는 더 심화되게 된다. 즉, 개인들은 그들 자신이 비용을 부담하지 않기 때문에 과도하게 온실가스를 배출하는 데 주저하지 않을 것이다.

이런 점에서 기후변화는 부정적 외부효과의 문제로 해석될 수 있는 것이다. 개인들은 선택과 결정을 통해 편익을 누리지만 그 비용을 다른 사람, 즉 그들의 이웃 또는 다른 국가 혹은 미래세대의 누군가에게 떠넘기게 된다. 만약 개

---

6 여기서의 비용은 경제적 관점의 비용만이 아닌 사회적 · 환경적 비용을 포함한다.

7 물론, 선진국들 또한 기후변화의 직 · 간접적인 효과에 노출되고 있고 앞으로도 그럴 것이다. 참고로, Andrew T. Guzman and Jody Freeman, "Sea Walls Are Not Enough : Climate Change and U.S. Interests"(2009), *Colombia Law Review*.

8 Climate and Ozone Depletion Teaching Pack, Atmosphere, Climate and Environment Information Programme, Teaching Pack, aric, Manchester Metropolitan University (www.ace.mmu.ac.uk, 2010년 2월 1일 검색). 이와는 대조적으로, 메탄을 대기중에 배출할 경우 그것은 수십 년 동안 지구온난화에 영향을 미친다. 에어로졸의 경우에는 지구온난화에 대한 영향이 수 일 내지 수 주 정도이다. *World Development Report*, *supra* note 2 at 72.

인이 온전히 자신의 이익의 관점에서 행동할 경우, 그리고 선택 주체가 자신의 비용을 온전히 부담하지 않을 경우 시장과 개인의 선택은 효율적으로 작동하지 않는다.[9] 개인은 몇몇 경우에 자신의 이익과 상관없는 방식으로 행동하기도 한다. 예를 들어 그는 자신의 선택 또는 환경 자체에 대한 우려와 같은 규범 또는 가치를 이유로 행동할 수 있다.[10] 이러한 규범들은 다른 사람에 의해 강제될 수 있는데, 예를 들어 SUV 차량을 운전하는 이웃에게 다른 이웃들이 반감을 표출하는 경우이다. 규범과 가치는 또한 내적으로도 강제될 수 있는데, 이는 개인이 기후변화에 친화적이지 않은 선택을 했을 때 스스로 죄의식을 느낌으로써 나타난다. 만약 이러한 규범과 가치가 충분하지 않거나 아예 존재하지 않는다면 정부가 이러한 외부효과를 극복하기 위한 조치를 취할 수 있을 것이다. 예를 들어, 개인이 자신의 선택으로 발생한 모든 비용을 부담하도록 세금을 부과할 수 있고, 또는 개인들의 선택을 제한하는 규제조치를 마련할 수도 있을 것이다.

2.1.2 왜 국가들이 행동하는가?

만약 개인들이 과도하게 온실가스를 배출하는 활동들을 선택한다면, 왜 각 국가들은 기후변화에 관한 국내 혹은 국제 정책을 채택하거나 채택하지 않기로 선택을 하는 것일까? 이들 국가들이 이러한 외부효과를 해결할 조치를 취할지 여부를 좌우하는 것은 무엇인가? 기후변화에 관한 개별 국가들의 선택을 이해하기 위해서는 우리는 한발 물러서서 국가들이 그러한 조치를 취하는 이유를 간략히 논의할 필요가 있다. 국가들의 행동에 관한 하나의 입장은 국가들은 개

9 개인이 다른 사람의 이해라든지 공정성과 같은 도덕적 이슈에 개의치 않고 자신의 후생을 극대화하기 위한 선택을 하는 것이라면 그 개인은 자기중심적이고 이기적인 것이다. A. Sen, *Rationality and Freedom* (2002) at 30, 213 참조. 여기서 '합리적인 선택'은 선택에 대한 각 개인의 선택근거를 세 가지로 유형화함으로써 검토된다고 한다. 즉, (i) 자기중심적 후생(개인의 후생은 자신의 소비에 의존한다), (ii) 자신의 후생목표(개인의 목표는 자신의 후생을 극대화하는 것이다), (iii) 자신의 목표에 따른 선택(개인들의 선택은 자신의 목표를 충족하기 위한 방향으로 이루어진다).

10 A. Green 'You Can't Pay Them Enough : Subsidies, Environmental Law and Social Norms'(2006) 30(2) *Harvard Environmental Law Review* 407 참조. 여기서는 합리적 선택이론과 기후변화와 연관된 개인의 선택에 있어 사회적 규범과 가치 사이의 관계를 다룬다.

인의 경우와 동일하게 선택을 한다는 것이다. 즉, 서로 다른 정책들이 가지는 관련된 편익과 비용의 합리적 균형에 기초하여 해당 국가에게 최선의 이익이 되는 방향으로 정책을 선택한다는 것이다.[11]

그러나 분명한 것은 문제가 그렇게 간단하지만은 않다는 점이다. 국가행위를 합리적 선택의 관점에서 보더라도, 국가의 '자기이익'을 여러 가지 개념으로 설정할 수가 있다는 문제점과 특정한 정책적 선택이 자기이익과 연관되어 있는가 하는 문제점이 있다. 하나의 입장은 정부 내 정책입안자들이 전체적으로 자신의 국가와 국민들의 후생을 촉진하기 위한 정책을 선택한다는 것이다. 이러한 정책입안자들은 그들이 보기에 국가의 입장에서 '공익'이 되는 정책을 선택한다.[12] 물론 이러한 '공익'이 무엇인지를 확정하는 방법에는 여러 가지가 있다. 정책입안자들은 각자가 생각하는 편익 및 비용과 무엇이 국가를 위해 우선인지를 기초로 하여 기계적으로 단순히 결정을 내릴 수도 있다. 그렇지 않으면 특정 이슈에 대한 모든 국민들의 선호를 종합하여 순편익을 극대화하는 방안을 선택할 수도 있다. 심지어는 국민들이 정책대안들에 대해 논의하여 공동의 선호체계 및 선택에 이르게 하는 심의절차를 거치도록 할 수 있다. 다음에서 이어지게 될 내용에서 볼 수 있듯이, 공익을 판단하는 데 이용되는 절차와 제도적 장치들은 선택의 정당성을 확보한다는 차원에서 중요하고 WTO의 의사결정자들이 이러한 정부의 결정을 존중할 수밖에 없다는 주장을 뒷받침한다.

한편, 국가의 후생증진을 목표로 하는 대신에 정책입안자들은 자신들의 후생증진을 보다 더 추구할 수도 있다.[13] 예를 들어, 입법자들은 그들의 결정에 더 많은 보상을 제공하는 이익단체의 주장에 기초하여 정책을 결정하게 될지도 모른다. 이 보상은 아마도 재선을 위한 기금의 형태가 될 수도 있고, 향후 취업

---

11 예를 들어, Alan O. Sykes, 'International Law', in A. Mitchell Polinsky and Steven Shavell (eds), *Handbook of Law and Economics*, Vol. I (Amsterdam : Elsevier, 2007) 참조. 여기에서는 국가행위의 합리적 행위 모형에 관하여 논의한다. 국가행동에 관한 합리적 선택 관점에 대해서는 다음을 참조. Jack L. Goldsmith and Eric A. Posner, *The Limits of International Law* (Oxford : Oxford University Press, 2005).

12 Robert Baldwin and Martin Cave, *Understanding Regulation : Theory, Strategy, and Practice* (New York : Oxford University Press, 1999) at 19 참조.

13 Sykes, *supra* note 11.

보장의 형태가 될 수도 있다. 이상에서 살펴본 '공공선택(Public Choice)'과 국가의 정책결정에 관하여 정치경제학적 관점은 국가 내부의 집단들이 가지는 상대적인 힘과 자원에 대해 우려를 표명한다.[14] 산업협회와 같은 공동의 이익을 향유하는 이익단체들은 주로 소비자나 일반 시민들과 같은 분산된 형태의 집단보다 강력한 힘을 갖는다는 것이 일반적인 견해이다. 이익단체들은 어떠한 정부정책에 대해서도 다른 집단보다 예를 들어 온실가스 배출규제를 준수하기 위한 비용에서 더 높은 비용부담에 직면하게 되고, 한편으로 정책입안자들에 대한 인센티브를 고안 및 제공할 더 많은 자원을 갖고 있는 것이 보통이다. 나아가 이러한 이익이 집중되어 있는 집단은 일반적으로 이익이 분산된 조직보다 구성원이 소규모라는 점에서, 조직구성에 있어 비용이 덜 든다. 그 결과 이익이 집중되어 있는 집단은 정부정책을 자신들에게는 유리하지만 공익으로부터는 멀어지는 방향으로 형성시킬 수 있는 위치를 점하고 있는 것이다. 국가의 의사결정구조에 관한 이 같은 정치경제적 견해는 WTO의 의사결정자들이 개별 정부의 정책결정에 따라가는 점에 대해 우려한다. 정부의 정책결정을 개별 회원국(또는 국민)에게 맡기고 이에 대해 간섭하지 않는 것이 전체적으로 보아 WTO 회원국들에게 최선인지는 분명하지 않다.

이러한 관점에서 보면, 개별 국가들은 어떠한 방식으로든 자신들의 이해에 따른 행동을 하게 된다. 한편 국가들은 국민들이 갖고 있는 가치와 같은 다른 이유에서도 행동할 수 있다. 그들은 공정성 또는 '법'의 준수에 대한 고려와 같은 다른 목표를 달성하기 위해 협의의 자기이익과는 상충하는 행동을 취할 수도 있다. 어떤 점에서 이것은 해당 국가의 국민들이 타인을 고려하는 행위를 포함하는 자기이익이 확장된 형태로 생각할 수도 있다. 국제법에 관한 구성주의

14 1971년, Stigler는 그의 저명한 논문에서 원칙적으로 규제는 산업계의 입장을 반영하여, 일차적으로 산업계의 편익을 위해서 설계되고 운영된다고 언급한 바 있다. 다시 말해, 산업계가 감독기관을 '포섭'하여 결과적으로 해당 규제를 경쟁구도를 방어하기 위한 수단으로 사용한다는 것이다. George J. Stigler, 'The Theory of Economic Regulation' (1971) 1 *Bell Journal of Economics* 3. 공공선택이론에 관해서는 Mancur Olson, *The Logic of Collective Action* (Cambridge, MA: Harvard University Press, 1971), Anthony Downs, *The Economic Theory of Democracy* (New York: Harper, 1957), Dennis Mueller, *Public Choice* III (Cambridge: Cambridge University Press, 2003) 참조.

이론은 좀 더 폭넓게 접근하고 있고, 국제법의 형성과 절차에서 규범창조적 기능을 설명한다.[15]

국가들의 행동의 근거에 관한 합리적 선택 모형과 규범근거 모형은 일부 유사한 점이 있다. 자기이익은 경제 또는 국민들의 행복에 대한 영향과 같은 국가의 직접적 후생을 통해서뿐만 아니라, 그들 행동에 대한 평판효과(reputational effects)를 통해서도 나타날 수 있다.[16] 예를 들어, 어떤 국가가 일정수준까지 온실가스 배출량을 감축하기로 공약을 하였다고 하자. 만약 그 국가가 공약을 이행하지 않는다면, 그 국가는 그러한 공약으로부터 편익을 얻지 못할 것이다. 그 이유는 일단 공약을 준수하지 않는 국가를 더 이상 신뢰하기 어렵게 되면, 다른 국가들 역시 그들의 공약을 준수하지 않을 것이기 때문이다. 나아가 공약을 준수하지 않는 것은 다른 영역에서의 국가 간의 협력에 영향을 미칠 수 있다. 즉, 해당 국가가 어느 한 영역에서 신뢰를 상실한다면, 다른 국가들은 다른 이슈에 있어서도 그 국가와 합의를 하고자 하지 않을 것이며 만약 합의를 하더라도 그에 대한 높은 대가를 요구할 것이다. 그러므로 자기이익 모형하에 일반적으로 법에 대한 준수라는 '규범'이 있다고 보고 있지 않지만, 평판효과는 준수를 유도할 수 있다고 본다.

이 책에서 먼저 국가들의 자기이익에 관한 견해에 대해 살펴볼 것이다. 그 견해는 협력의 발생과 와해를 분석하기 위한 유용한 틀을 제공할 것이다.[17] 우리는 국가후생과 공공선택이라는 측면에서 자기이익에 대해 검토할 것이다. 이렇게 검토하는 것은 WTO규범과 국내 정책과 관련된 제도차원의 분석에 도움이 될 것이다. 또한 분석 전반에 걸쳐 개인과 국가가 갖는 잠재적인 동기요인들

---

15 Jutta Brunnée and Stephen J. Toope, *Legitimacy and Persuasion in International Law* (Cambridge : Cambridge University Press, forthcoming) 참조.

16 A. Guzman, 'The Promise of International Law' (2006) 92 *Virginia Law Review* 533 참조. 국가들이 평판에 신경을 쓰기 때문에 일회 게임은 반복적인 게임이 되고 문제가 생길 경우 협력해서 해결하도록 한다는 점에 주목한다. 또한 Andrew T. Guzman, 'Reputation and International Law' (2006) 34 *Georgia Journal of International and Comparative Law* 379 참조.

17 A. Guzman, ibid. at 538. 여기에서 저자는 합리적 선택이 "국가의 행위를 연구함에 있어 최적의 전략을 제공하며, 이 이론이 국제법에 대하여 유일하지 않더라도 지배적인 접근법이 되어야 한다"라고 주장한다. 국가는 단지 자기중심적으로만 행동한다는 보다 강력한 형태의 주장으로는 *supra* note 11 참조.

및 절차와 규범 간의 관계에 대해서도 검토할 것이다. 국가가 왜 조치를 취하는가에 대한 이러한 잠재적인 이유들을 고려하면서, 이제 서두에서 제기했던 질문으로 되돌아가고자 한다. 왜 국가들이 기후변화에 대한 조치를 취하거나 혹은 취하지 않는가?

2.1.3 기후변화, 공공재, 그리고 무임승차

개인들의 경우에도 마찬가지이지만 국가가 배출하는 온실가스는 외부효과로 인해 증가하고 있다. 즉, 온실가스를 배출함으로써 편익을 누리는 해당 국가는 그에 대한 모든 비용을 부담하지 않게 되고, 배출을 과도하게 하게 된다. 유감스럽게도 여기에는 더 큰 문제가 있다. 이러한 배출문제와 기후변화의 영향과 관련하여 논의되는 것이 전 지구적인 공공재라는 점이다. 위에서 언급한 것처럼 공공재란 어느 한 일방이 다른 사람의 이용을 제지할 수 없고(즉, 배제시킬 수가 없고), 어느 일방의 이용이 다른 사람의 이용량을 감소시키지 않는(즉, 경합적이지 않은) 재화를 의미한다. Barrett은 공공재에는 여러 유형이 있다고 주장하였다. 그의 주장에 따르면, 온실가스 감축을 통해서 기후변화 문제를 해결하는 것은 이른바 "추가적 공공재", 즉 개별 국가들이 이행한 온실가스 총 감축분에 의존하는 공공재라는 것이다.[18]

다른 공공재와 마찬가지로 추가적 공공재가 지닌 위험성은 일부 구성원이 다른 구성원의 노력에 "무임승차"를 하게 되는 것이다. 만약 국가들이 본질적으로 자기중심적이라면 배출량을 감축하지 않을 것이다. 이는 기후변화를 해결하기 위한 비용을 다른 국가들이 계속 부담하고, 자신은 온실가스를 계속 배출함으로써 편익을 누릴 수 있다는 생각에 따른 것이다. 하지만 모든 국가들이 이같이 행동할 경우 기후변화 해결을 위한 공공재가 만들어지지 않는다는 것이 문

---

18 Scott Barrett, *Why Cooperate? The Incentive to Supply Global Public Goods* (Oxford : Oxford University Press, 2007). 저자는 대기 중 온실가스 농도를 감축하는 하는 것이 예를 들어, 지구로 돌진하는 소행성을 멈추는 것과 같이 독자적인 행동에 의존하는 '독자적이고 최선의 노력'을 요하는 공공재나, 전염병의 확산방지와 같은 '가장 느슨한 연대(link)'를 요하는 공공재와는 대립되는 개념으로서, 모든 국가들의 참여에 의존하게 되는 추가적 또는 '총합에 대한 노력'을 요하는 공공재라고 서술하고 있다.

제이다. 각국은 다른 국가들이 자신의 배출량을 감축하지 않는 행동을 취하는 것을 허용하기 시작하게 될 것이고, 이는 결국 문제해결을 위한 아무런 행동도 하지 않는 결과를 야기하는데, 이러한 행위를 소위 무임승차라고 한다.

이런 무임승차 문제는 정부의 정책입안자들이 국가의 후생을 극대화하는 데 초점을 맞출 때 발생할 수 있다. 그들은 기후변화에 대한 조치를 취할 때 수반되는 비용을 회피하고자 할 것이고, 그러면서도 여전히 편익은 취하고자 할 것이다. 이는 정책입안자들이 온실가스 배출자에게 호의적인 정책을 도입함으로써 그들 자신의 후생을 확대하는 것을 추구하는 정치경제 또는 공공선택 관점의 시나리오하에서도 발생할 수 있다. 세계 전체로 보아서는 합리적일지라도 개별 국가에게 합리적이지 않은 정책은 채택되지 않을 것이다.

예를 들어 어느 개인이 다른 개인의 온실가스 감축노력에 무임승차를 시도하는 경우처럼 공공재 문제가 발생한다면, 이에 대해서는 문제를 해결할 다양한 방법들이 존재한다. 예를 들어, 정부는 온실가스 배출에 대한 세금부과 등을 통해 만약 가만히 내버려 두면 아무런 행동을 취하지 않았을 개인들로 하여금 그들에게 최선이 되는 행동을 취하도록 강제할 수 있다. 한편, 소규모의 결속력 있는 집단 내부의 개인들은 이러한 문제를 해결하기 위해서 행동규범과 평판에 의지할 수 있다. 앞으로 논의하겠지만, 위와 같은 조치를 취할 권한이 있는 국제정부가 존재하지 않기 때문에 지구적 차원에서 공공재를 생산하는 것은 매우 어려운 일이 될 수 있다.

2.2 무역협정, 죄수의 딜레마, 그리고 보호무역주의

기후변화의 영향과 그것을 해결할 필요성만을 논의하는 것으로는 충분하지 않다. 최종목표는 단순히 기후변화 문제를 해결하는 것이 아니라 사회적 후생을 극대화하는 것이다. 사회 후생에 관한 어떠한 논의에 있어서도 환경이 주된 부분을 차지하고 있다. 그러나 그 외에도 다른 원리들이 존재한다. Sen이 지적한 것처럼, 충실한 삶, 즉 '가치 있는 이유를 가진 삶'을 이루기 위한 다양한 측면의 '자유'가 존재한다.[19] 그는 특히 정치적 자유와 경제적 편의, 사회적 기회, 투명성 보장, 안보를 강조한다. 이러한 자유들은 "개인들이 각자가 처한 개인적, 사회적 환경에 따라 행동 및 결정의 자유를 허용하는 절차에 있어서의 자유와 사람들이 갖는 실제의 기회에 있어서의 자유를 포함한다."[20] 이 자유들은 상호 긴밀히 연결되어 있고 관련한 물리적 환경과 개인 간의 관계에 달려 있다. 이 자유들은 또한 경제적 자유를 포함한다. Sen은 시장은 경제성장과 관련되어 있고 삶의 질을 향상시키며, 시장에서의 기회를 제한하는 "정책은 시장시스템으로부터, 주로는 전체 경제의 번영으로부터 생성되어온 실제적 자유의 확대를 제한하는 효과를 낳을 수 있다"고 지적한다.[21] 경제적 자유는 교육과 건강서비스와 같은 다른 자유 또는 사회적 편의를 위해 요구되는 번영을 이루는 데 조력한다. 또 Sen은 개인의 거래능력을 제한하는 그 자체가 "부자유"의 형태라고 한다. 이는 시장이 모든 선의 근원이라는 주장도 아니고 거기에 어떠한 제약도 가해져서는 안 된다는 것도 아니다. 그 대신, Sen은 개인들이 이끌어가길 원하는 이유 있는 삶을 지원하기 위한 방법에 관한 광범위한 관점에 대해 지적하는 것이다.

국제무역은 경제적 기회를 육성한다는 점에서 이러한 자유들과 일치한다. 무역의 증가는 당사국들의 경제성장을 증대시킨다. 무역은 특히 개발도상국에게 혜택이 된다. WTO의 최근 도하라운드(Doha Development Round)협상에 따르면, 도하라운드하에서 국제 경제 활동이 1천억 달러 정도 증가할 것으로 예상하고 있으며, 이러한 증가분의 약 80%가 개발도상국에게 돌아간다고 한다.[22] 더욱이, 일정한 경우에는 개발도상국들이 선진국보다 낮은 관세율로 선진국 시

---

19 Amartya Sen, *Development as Freedom* (New York : Anchor Books, 1999) at 74.

20 Ibid. at 17.

21 Ibid. at 26.

22 K. Anderson and William Martin, *Agricultural Trade Reform and the Doha Development Agenda* (Washington, DC : World Bank, 2005). 무역으로부터 이득에 관한 분배효과에 대해 주의를 기울일 필요가 있다. Jeffrey Sachs, *The End of Poverty* (New York : Penguin, 2005). Sachs는 무역이 개발도상국에게 성장을 제공한다는 차원에서 중요한 반면, 자유무역으로부터 일어나는 경제활동의 경제적 편익을 개발도상국들이 취할 수 있도록 보장하기 위해 원조와 제도적 개혁을 포함한 별도의 조치가 필요하다고 주장한다. Paul Krugman, 'Trade and Inequality Revisited' *Vox* (15 June 2007). Krugman은 선진국의 자유무역에 있어서도 분배효과를 고려하는 것이 중요하다는 점을 주장하고 있다.

장에 진입할 수 있도록 허용하는 특혜를 부여받기도 한다. 이를 통해 기대하는 바는 그러한 특혜를 통해 개발도상국이 경제성장을 강화할 수 있도록 하는 것이다.[23] 다시 말해서, 이러한 주장은 무역 혹은 경제성장이 그 자체로 목적이라는 의미가 아니라 그것들이 선진국과 개발도상국 모두의 국민들의 삶을 향상시킬 여건을 제공한다는 점에서 중요하다는 것이다.

기후변화와 마찬가지로 무역에 있어서도 국가 간의 협력에 관한 우려가 제기된다. Regan은 무역이 필요한 두 가지 주된 '이야기'에 대해서 언급한 바 있다. 하나는 외부효과에 관한 것이고 다른 하나는 보호무역주의에 관한 것이다.[24] 외부효과에 관한 이야기는 한 국가의 다른 국가에 대한 무역조건의 효과에 관한 것이다.[25] 이 이야기에서, 한 국가는 수입관세를 부과함으로써 국제시장에서의 재화의 상대적 가격과 같은 무역조건을 변경할 수 있는데, 이렇게 하면 수입제품의 국제가격이 수출국가의 가격보다 상대적으로 낮게 된다. 그 국가는 사실상 낮은 가격에 수입해서 높은 가격에 수출함으로써 이득을 얻게 되는 것이다. 그 결과는 '죄수의 딜레마'와 같은 상황이다. 만약 모든 국가들이 이 같은 방식으로 행동한다면, 그들은 자신의 무역조건을 개선하기 위해 관세를

---

23 이와 같이 무역장벽에 관한 관대한 정책이 개발도상국에 도움이 되는 것인지에 대해 논란이 있다. 예를 들어, T. Epps and M. J. Trebilcock, 'Special and Differential Treatment in Agricultural Trade : Breaking the Impasse' in Chantel Thomas and Joel P. Trachtman(eds), *Developing Countries in the WTO Legal System* (Oxford : Oxford University Press, 2009).

24 Donald Regan, 'What Are Trade Agreements For? — Two Conflicting Stories Told by Economists, With a Lesson for Lawyers' (2006) 9 (4) *Journal of International Economic Law* 951. 왜 국가들이 무역협정을 체결하는지에 관한 다른 논의에 대해서는, Kyle Bagwell and Robert Staiger, *The Economics of World Trading System* (Cambridge, MA : MIT Press, 2002) and Douglas Irwin, Petros Mavroidis and Alan Sykes, *The Genesis of the GATT* (Cambridge : Cambridge University Press, 2008) 참조.

25 Bagwell and Staiger는 무역조건이라는 관점에서 무역과 무역협정을 검토하여야 한다고 주장한다. Bagwell and Staiger(2002) 참조. 무역조건에 관한 이야기가 적용되기 위해서는 해당 재화와 관련하여 관세장벽이 대국에 존재하여야 한다. 대국의 관세정책이어야 그 정책이 세계 가격에 영향을 미치게 되기 때문이다. 그러나 Bagwell은 국가들은 어떤 재화에 있어서는 대국인 반면 다른 재화에 있어서는 소국일 수 있다는 점을 지적한다. K. Bagwell, 'Remedies in the WTO : An Economic Perspective', in Merit E. Janow, Victoria J. Donaldson and Alan Yanovich (eds), *The WTO : Governance, Dispute Settlement & Developing Countries* (Huntington, NY: Juris Publishing, 2008).

부과하지 않겠다는 신뢰성 있는 공약을 한 경우에 모두가 이전보다 나아질 것이다. 그러나 그 공약을 이행하게 할 국제적 조직이 존재하지 않는 경우 각 국가들이 그러한 공약을 준수하는 것은 어렵다고 할 것이다.

두 번째 이야기는 보호무역주의에 관한 것이다.[26] 각 국가들은 자국의 의사대로 자유무역정책을 채택함으로써 이전보다 더 혜택을 누릴 수 있다. 관세로 인해 수입가격이 상승하고 정부는 세입을 얻게 되고, 해당 제품의 국내생산자는 이득을 얻게 된다. 그러나 관세를 부과하면 해당 수입품 소비자들에게는 손실이 발생한다. 그들은 이제 해당 제품을 구입하기 위해서 더 많은 돈을 지불해야 하고, 어떤 경우에는 해당 제품에 터무니없이 비싼 가격이 매겨질 수도 있다. 관세로부터 발생하는 소비자들의 손실이 생산자의 이득과 정부세입을 초과하게 된다.[27] 그 결과, 이론상 국가들은 자국의 의사에 따른 자유무역을 실시해야 한다. 그러나 보호무역주의자들의 주장은 국가의 행동의 근거에 대한 정치경제모형에 근거하고 있다. 국내생산자들과 관련 종사자들은 정부의 정책입안자들이 전체로서는 국가에 손실이 될지라도 생산자들에게 유리하게 되는 관세정책을 실시하도록 하는 자원과 인센티브를 가지고 있다. 소비자들의 경우 손실을 보지만, 그들은 생산자들과 비교해서 특정 이슈에 대해 목소리를 내기에는 조직을 구성하는 데 높은 비용이 수반되고 개인적인 이해가 낮은 분화된 집단이다. 이 경우 정책결정자들은 생산자들이 기대하는 바에 부응하는 선택을 취함으로써 재선을 위한 기금이나 선거의 지지를 약속받거나 향후 취업기회를 보장받는 등을 포함하는 이득의 대부분을 그들이 갖는 관세정책을 채택한다.

이러한 주장에 의하면, 국가들이 관세를 낮추고 무역규모를 증대시키도록 함으로써 무역협정들은 죄수의 딜레마 상황을 극복하는 수단이 된다.[28] 이러한

---

26 예를 들어, Warren Schwartz and Alan O. Sykes, "The Economic Structure of Renegotiation and Dispute Resolution in the World Trade Organization" (2002) 31 *Journal of Legal Studies* S179. Bagwell and Staiger는 무역조건이론이 정부의 보호무역적인 측면을 포섭할 수 있다고 주장한다. 왜냐하면 현지의 제품가격에 정치적 요소가 반영되어 있기 때문이다. Bagwell, *supra* note 24 and Bagwell, ibid.

27 Paul Krugman and M. Obstfeld, *International Economics: Theory and Policy*, 7th edn (London: Pearson, 2005).

28 Bagwell, *supra* note 25. 대신 무역협정은 국가들이 그 정부의 후생, 특히 정책결정자의 후생을

목표는 왜 무역협정이 관세의 사용을 제한하는 경향을 띠는지를 설명해준다. 그 목표는 또한 무역협정에서 관세와 규범의 존재이유에 대해서도 설명해준다. 일단 협정을 위한 교섭을 통해 제품에 대한 관세가 성공적으로 감축된 후에는, 국가들이 관세에서부터 차별적 규제나 세금을 부과하는 국내조치에 이르기까지 보호무역으로 이동할 우려가 생기게 된다.[29] 무역협정은 그와 같은 국내조치를 감시하는 수단으로서 간주되었다.

이하에서 보듯이, 무역과 기후변화 간의 잠재적 긴장은 관세 또는 비관세 장벽의 형태로 발생하게 된다. 타국이 기후변화에 대한 조치를 취하도록 압박하거나 또는 국내의 기후변화정책이 국내산업의 경쟁력에 미치는 영향을 완화하도록 하는 차원에서 협정국들은 관세를 올리게 될 것이다. 그들은 온실가스 배출에 초점을 맞춘 것으로 보이는 수단을 사용하지만 사실상 이는 전체적이든 부분적이든 국내산업에 우위를 제공하기 위해 고안된 것이다. 무역협정과 분쟁해결 패널들은 이러한 갈등을 억제하고자 한다. 문제는 그러다보면 기후변화 문제를 해결하기 위한 개별 국가들의 정책결정권을 제한하게 된다는 것이다.

2.3 국제협정의 구상

따라서 무역협정은 국제기후변화협정과 유사하다고 할 것이다. 각 협정은 자기중심적이고 비협조적인 행동 때문에 애초에는 발생하지 않았을 이득을 협정국들에게 제공하고자 하는 것이다. 기후변화의 입장에서 보자면, 각국이 국가이익 때문에 주저하는 것을 기후협정에 의해서 극복하게 되고, 따라서 공공재의 총합이 증대하게 된다. 한편 무역의 입장에서 보자면, 무역협정은 협정국들

극대화시키는 데 기여하는 것으로 비춰질 수 있다. 이러한 시각에서, 협정의 조건은 중앙집중적 집단들이 정책결정자들에게 이득을 제공하도록 하는 정치적 협상으로 이해될 수 있다. Sykes, *supra* note 11. 제3의 가능성은 무역협정이 국가들로 하여금 보호무역을 하지 않겠다고 유권자들에게 성실하게 공약하는 것으로써 이해될 수 있는데, 이는 국내산업을 보호해야 한다는 압박을 아예 받을 수조차 없도록 자신들을 옭아매는 형식이다.

29 Michael J. Trebilcock and Robert Howse, *The Regulation of International Trade*, 3rd edn (London : Routledge, 2005).

이 협력적으로 행동함으로써 더 잘 살 수 있게 되지만, 공약을 신의 있게 이행할 수는 없는 죄수의 딜레마 문제를 해결해주는 것이다. 그것은 또한 협정국들이 보호무역에 빠지지 않고 공약을 국제적으로 또한 국내적으로 이행할 수 있는 신뢰성 있는 수단을 제공하는 것이다.

그러므로 국제협정들을 설계하는 것은 국제무역 및 기후변화정책에 관한 어떠한 논의에 있어서도 중심이 되는 것이다. 이 설계는 두 가지 요소에 의해 영향을 받는다. 첫째, 국가들은 어떤 협정에 서명하거나 어떤 협정하에서 특정 수준의 이행약속을 수용할 것을 강요받지 아니한다. 즉, 국가들은 자유의사로 협정에 구속되겠다는 데 합의를 하여야 한다. 나아가 비록 그들 국가가 협정에 참여하고 이행공약을 채택한다고 하더라도, 그 협정의 준수를 강제할 일반적인 국제조직이 존재하지 않는다. 국가들은 반드시 자유의사로 협정과 협정에 따른 이행체계에 의한 구속을 받겠다는 데 동의하여야 한다. 그러한 이행은 특정한 협정 아래에서의 공식적인 이행체계만이 아닌, 조약의 위반으로부터 발생하는 잠재적 평판의 훼손을 포함한다. 협정체결은 하나의 공약이 되는데, 그 공약의 힘은 그 국가의 협정준수의 역사에 달려 있다.[30]

이러한 국제협정의 자기집행적 성격은 효과적인 조약을 설계하는 데 있어서 이익형량이라는 어려운 문제를 협상에 의하여 주고받음으로써 해결할 수 있게 해준다.[31] 국가들은 반드시 협정하에서 그들이 수용하는 약속의 수준과 이행체계의 강제력을 비교하여 균형을 맞추어야 한다. 만약 협정이 강력한 이행관련 조항을 담고 있다면, 국가들은 협정에 참여하지 않거나 중대한 공약의 이행은 받아들이지 않게 될 것이다.

두 번째 요소는 국제협정이 종종 미리 완전히 구체화할 수 없는 복잡하고 불확실한 이슈를 다룬다는 것이다. 예를 들어, 관세를 낮추기 위한 협상은 미래

30 Guzman, "Reputation and International Law", *supra* note 16.

31 환경협정에 관한 이러한 이해상반에 대한 논의는, Barrett, *supra* note 18, and Scott Barrett, *Environment and Statecraft : The Strategy of Environmental Treaty-Making* (Oxford : Oxford University Press, 2003) 참조. 무역협정의 경우에 대해서는, Henrik Horn and Petros Mavroidis, "International Trade-Dispute Settlement", in Alan O. Sykes and Alan Guzman (eds), *Research Handbook in International Economic Law* (Cheltenham, UK and Northampton, MA, USA : Edward Elgar, 2008) 참조.

경제여건이 불확실한 가운데서는 어려울 것이다. 비관세장벽에 관한 규제를 미리 정확하게 제시한다는 것은 더욱 어려운 일이다. 그 결과 Horn과 Mavroidis는 무역협정이 불완전한 계약으로 간주될 수 있다고 주장한다.[32] 무역협정은 각각의 잠재적인 규제에 대해 협상하기 위한 비용 또는 불가능성으로 인해, 많은 문제들을 구체화시키지 않은 상태로 두게 된다는 것이다.

이러한 두 가지 요소들은 특정 조약의 존재이유와 그들의 분쟁해결체계의 성격을 설명하는 데 도움을 준다. 조약을 설계한다는 것은 그 조약이 다루어야 할 범위와 그 요건의 구체성과 같은 조약의 내용에 무엇이 포함되어야 하는지와 조약하에서 분쟁이 어떻게 해결되어야 하는지에 대해 결정할 것을 요구한다. 이러한 이슈들은 필연적으로 연결되어 있다. 만약 국제협정이 불완전하다면, 그 공백을 채울 기구가 필요하게 된다. 예를 들어, 만약 국가들이 무역에 대한 비관세장벽 중 무엇을 허용할지에 대한 구체적인 규칙에 합의할 수 없다면, 또는 합의하지 않기로 결정한다면, 대신에 수입제품을 희생시켜 국내제품을 우대하게끔 차별하는 어떠한 조치도 불가하다는 일반 조항을 GATT에서와 마찬가지로 협정 안에 삽입할 수 있을 것이다.[33] 그리고 당사국들은 그 조항을 해석하고 특정 사안에 적용할 권한을 가진 분쟁해결기구에 대한 합의를 할 수 있을 것이다. 동시에 이 같은 재판부는 무역제재조치를 승인함으로써 협정을 강제적으로 이행시킬 권한을 갖게 되고, 또는 교토의정서에 대해 위반한 경우에 그렇게 할 수도 있는 것처럼 협정 위반자에 대해 평판에 기초한 제재를 가하기 위해 그 위반사실을 공표하는 행위 등을 통해 보다 간접적으로 그 이행을 도모할 수 있다. 개별국가의 정부에 대응하는 국제정부가 부재하기 때문에, 협정국들은 이와 같은 재판부에 얼마만큼의 권한을 부여할지, 그리고 그 재판부가 부과할 수 있는 제재는 무엇으로 할지에 대한 합의가 필요하다. 여기에는 협정국들이 이행할 공약을 무엇으로 할지, 사전적으로 협정국들이 이행할 공약을 얼마나 구체적으로 할 것인지, 협정 위반에 대한 구제방안은 무엇으로 할 것인지,

---

32 예를 들어, Horn and Mavroidis, ibid, at 183, and Henrik Horn, Giovanni Maggi and Robert W. Staiger, "Trade Agreements ad Endogenously Incomplete Contracts" (NBER Working Paper 12745, December 2006) 및 Sykes, *supra* note 11 참조.

33 Horn, Maggi and Staiger, ibid.

협정을 해석하고 이행하기 위해 어떤 제도가 도입되어야 하는지의 결정에 관한 복잡한 과정이 존재할 수 있다.

2.4 규범, 표준과 제도

국제협정의 적절한 내용 및 적절한 분쟁해결체계의 성격에 관한 논의는 어떠한 조치를 허용할지에 관한 문제를 누가 실제적으로 결정할 것인지에 관하여 이슈를 제기한다. 제도적 조정을 통해, 무엇이 가장 효율적이고 공정한 해결책인지를 누구로 하여금 판단하게 할 것인지를 결정하게 된다. 이행할 공약이 많지 않고, 국내정책에 대한 비난 가능성이 거의 없는 국제협정의 경우에, 각국 정부는 그들이 실행할 수 있는 정책의 범위를 결정할 수 있도록 허용 받는다. 그러한 협정에서 각국 정부는 국내정책에 대해 더 큰 통제력을 갖는 것이 허용되지만 일부 사안의 경우 협력함으로 인해 얻는 이득을 가질 수 없는 경우도 있다. 예를 들어, 만약 협정국에게 요구하는 온실가스 감축의 적절한 수준에 관한 공약이 거의 없다면, 개별국가에게 허용되는 기후정책의 범위는 넓어지는 반면 무임승차의 문제에 대한 통제방안은 부재하게 된다. 한편, 협정이 매우 구체적인 이행공약을 담고 있는 경우, 어떤 점에서는 국내정부가 그 정책에 대한 통제권을 갖지만, 실제적으로 행할 수 있는 정책의 범위는 협정에 대한 협상과정, 이슈들에 대한 이해상반, 협상에 누가 관여하는지, 사전적으로 요구되는 정보와 같은 요소들에 달려있다고 할 것이다. 나아가, 협정이 불완전하고 특정조항의 실제 적용이 재판부에 유보되어 있다면 재판부가 어떤 정책이 적절한지를 결정할 권한을 가질 수도 있다.

그렇다면 협정의 내용과 이행체계를 어떻게 결정할 것인가? 무역 또는 기후변화와 관련한 어느 협정이든지 그것에 포괄되는 활동 및 경제여건, 산업, 잠재적 조치의 다양성으로 인해 무역과 기후에 관한 협정은 불완전할 가능성이 크다. 무역의 맥락에서 본다면 불완전성은 협정의 협상비용과 같은 계약체결비용과 서로 다른 상황들에 관한 불확실성의 수준에 달려 있다고 Horn 등은 주장한다.[34] 계약체결비용이 증가할수록 최적의 계약은 계약상 의무가 보다 구체적이고 경제적, 정치적 여건 변화에 별로 민감하지 않게 되는 식으로 보다 엄격해지게 되거나, 또는 정부가 정책을 입안하는 데 있어 자유를 갖는 것을 전제로 보다 재량적이 될 것이다. Horn 등은 엄격성과 재량성 사이의 선택에 있어서는 맥락이 중요하다고 주장한다. 예를 들어, 세금이나 규제정책과 같은 국내정책이 무역조건을 조작하는 데 있어 덜 효과적이라고 할 경우에는 수입국이 자신의 산업을 보호하기 위해 그러한 조치들을 사용할 여지가 적을 것이기 때문에 재량적인 계약이 보다 나을 것이다. 비슷하게 수입국이 수입재화 시장에서 시장지배력이 약한 경우, 보호주의 정책을 사용할 유인이 적다고 할 것이고 그에 따라 더 많은 재량을 부여할 수 있는 것이다.

사실상 서로 다른 유형의 협정에 있어서의 비용과 편익에 관해 우려가 더 크기 때문에 Horn 등이 제기한 이러한 요소들은 일부분에 해당한다. 최광의의 관점에서 제도와 협정은 사회후생을 극대화하기 위해 설계되어야 한다. 이런 의미에서의 사회후생 극대화는 경제적 효율성과 공평성을 모두 포괄하여야 한다. 예를 들면 여기에는 사회의 비용과 편익을 공평하게 나누는 방법에 대해 어떠한 것을 선택할 것인가에 대한 선호도도 포함된다. 이런 방식으로 효율성과 공평성이 긴밀하게 연결되고 최광의의 효율성은 공평성에 관한 사회의 관점을 포괄하게 된다.[35] 사회구성원들에게 공평하게 부담을 지우고 혜택을 부여하는 것을 포함하여 후생을 극대화하지 않는 이상 어떠한 선택도 효율적이라고 할 수 없다. 효율성과 공평성 간의 이와 같은 연관관계는 무엇이 공정한 것인지, 사회적 후생이 극대화되었는지를 어떻게 판단할 것인지, 누가 사회의 관련 당사자인지를 결정하는 방법에 있어 어려운 질문을 던진다. 특정국의 국민들이 당사자인가? 모든 국가의 모든 국민들이 이에 해당하는가? 미래세대의 경우에는 어떠한가?

---

34 Horn, Maggi and Staiger, ibid.

35 Kaplow와 Shavell은 사회후생이 분배적 정의를 넘어 개인 또는 사회의 선호를 포함하는 경우 사회후생에서 분리된 정의는 고려될 수 없다고 주장한다. 예를 들어, Louis Kaplow and Steven Shavell, *Fairness versus Welfare* (Cambridge, MA : Harvard University Press, 2002) 참조. 이러한 주장으로 인해 효율성과 공평성이 분리되어야 하는지, 또는 최광의에 있어 효율성이 공평성을 아우르는 개념인지에 대한 치열한 논쟁이 진행되어왔다. 우리의 경우, 이러한 논쟁을 풀려고 할 필요는 없다.

제도에 따라 그 답은 각기 다를 것이다. 때때로 이는 누가 결정을 할 것인지의 문제로 돌아가게 된다. 각각의 제도적 조정방식은 환경적 관점에서 협정과 제도의 효율성 및 특정한 협정과 협상비용 및 이행비용, 정보비용과 같은 분쟁해결형태의 채택으로 인한 비용, 공평성, 그리고 특정유형의 협정과 분쟁해결체계의 정치적 유연성과 관련된 다양한 이해관계를 제공한다. 논의 목적상, 우리는 최적의 협정형태 및 분쟁해결체계를 선택하기 위한 변수로서 두개의 특정범주, 즉, 유연성과 비용에 대해 집중하고자 한다.[36]

2.4.1 유 연 성

유연성이란 협정상의 요건이 얼마나 구체적인지를 가리키는 것이다. 어느 정도로 완결성을 갖추어야 최적인지, 그리고 협정상에 틈이 존재하는 경우 분쟁상황에서 이러한 틈이 어떻게 보충될 수 있는지가 주요한 질문이다. 협정에서의 유연성은 협정이 규범이나 표준에 근거해야만 하는가 하는 측면에서 부분적으로 고려할 수 있다. 규범은 특정의 문제가 어떻게 해결되어야 하는지에 대한 구체적인 처방전에 해당한다. 예를 들어, 협정의 한 규범은 어떤 수준에서 특정 제품에 대한 탄소세는 허용된다고 구체화할 수 있을 것이다. 반면, 표준은 요건에 대한 보다 일반적인 표현이라고 할 수 있다. 이러한 표준으로 인해 재판부는 특정 조치가 표준에서 정하는 요건에 해당되는지에 대해 판단할 수 있다. 무역에 있어 수입제품이 국내에서 생산된 제품에 비해 불리한 대우를 받지 않을 것을 요하는 원칙인 내국민대우원칙은 국가가 이 원칙을 반드시 준수해야 하고 재판부가 특정의 규제가 이 원칙을 만족시키는지에 대해 결정하도록 한다는 점에서 하나의 국제적 기준에 해당한다. 규범과 표준은 모두 다소간 유연성을 갖지만 이러한 용어는 해당범위가 넓을수록 유용하다. 유연성, 또는 반대로 복잡성은 협정의 효율성과 공정성, 또는 일련의 제도들과 관련된 다양한 문제를 야기한다. 그 문제는 다음과 같다.

36 최적 형태의 법적 요건을 선택함에 있어 고유한 문제인 협상에 관한 중대한 논의에 대해서는, Louis Kaplow, 'Rules versus Standards : An Economic Analysis' (1992) 42 (3) *Duke Law Journal* 557 참조.

▪ **비용과 편익의 차이**(variation) : 협정상의 요건에 대한 유연성이 크면 클수록 비용과 편익에 있어서의 차이를 잘 해결할 수 있도록 해준다. 예를 들어, 이러한 차이는 서로 다른 국가들 간에 발생할 수 있다. 각 국가들은 기후변화를 해결하기 위한 다른 방법을 이용함으로써 서로 다른 비용을 부담하게 될 것이다. 더불어 시간이 지남에 따라 국가들마다 기후변화에 대한 비용차이는 커질 것이다. 유연한 요건은 이러한 차이를 고려하여 국가별로 그들 사정에 맞게 기후변화에 최적으로 대응할 수 있도록 한다. 이러한 유연성은 특정한 상황에서 어떠한 조치가 허용될 것인지에 관한 매우 구체적인 규범이 전제되어야 이루어질 수 있다. 한편으로, 재판부가 국가별로 비용과 편익의 차이를 고려하게 되는 경우에도 유연성이 실행될 수 있을 것이다. 마지막으로 국가들이 재판부의 개입 없이 자신들의 상황에 가장 적합한 조치를 선택할 수 있도록 하는 경우에도 유연성이 실행될 수 있다.

▪ **발전 정도의 차이** : 유연성은 개발도상국과 선진국 간, 개발도상국 간은 물론 선진국 간의 차이를 모두 포괄하여야 한다. 예를 들어, Sari는 개발도상국을 다음과 같이 5개의 범주로 분류하였다.[37]

(1) 급속한 산업화가 진행 중인 규모가 큰 개발도상국들, 두드러지는 국가로는 브라질, 인도, 중국(일정범위에서는 인도네시아도 포함)
(2) 산유국, OPEC 중 상당수 국가
(3) 대기 중 이산화탄소 감축을 위해 산림육성책을 써왔던 산림국가, 주로 브라질과 페루를 제외한 중남미 국가
(4) 기후변화에 취약한 소규모 도서 국가
(5) UN이 지정한 49개의 최빈국

▪ **가치체계의 차이** : 앞서 언급한 것처럼, 기후변화대응의 핵심에는 윤리적 문제가 있다. 즉, 우리가 다른 국가의 국민들, 나아가 미래세대에게 얼마만

37 Agus Sari, 'Developing Country Participation: The Kyoto-Marrakech Politics' (Hamburg Institute of International Economics, Discussion Paper 333, 2005).

큼의 빚을 지고 있는지가 그것이다. 사람들의 가치는 국가마다 다르고 국가 내에서도 다르다.[38] 각자가 가진 가치에 있어서의 차이로 인해 국가마다 기후변화를 해결해야 한다고 느끼는 속도가 다르고, 특정 조치의 적절성에 대한 결정도 다르다. 예를 들어, 세대 간 형평에 대해 우선순위를 높게 부여하는 국가에서는, 온실가스 배출에 관하여 엄격한 세금을 부과하는 것에 대해 미래세대의 후생에 높은 가치를 부여하지 않는 국가와는 시각을 달리할 것이다. 모든 조치들이 적절하고 공평한 분배에 관한 특정한 시각에 합치하는지 요구하는 것과는 달리, 규범이나 표준을 국가마다 그 국민들의 선호에 따라 선택하도록 허용할 경우에 유연성에 장점이 있다 할 것이다. 다시 말하건대, 유연성은 구체적인 협정을 통해, 재판부로 하여금 어느 조치가 표준의 요건에 해당되는지 여부를 판단하도록 함으로써, 또는 해당 국가에게 선택권을 갖게 함으로써 이루어지게 되는 것이다.

▪ **정보와 불확실성** : 기후변화가 실재하는지에 관한 논쟁은 이제는 거의 이루어지지 않는다. 그러나 기후변화의 영향이 언제쯤 나타날 것인지, 온실가스 배출을 감축하기 위한 최적의 경로는 무엇인지, 어떤 유형의 조치가 배출감축을 가져올 것인지에 대한 논의는 여전히 진행 중이다.[39] 게다가 이러한 이슈에 관련된 정보의 일부는 시간이 지나야 밝혀질 것이다. 즉, 우리는 기후변화가 얼마나 심각해질 것인지, 우리가 현재 알고 있는 것보다 미래에는 더 많이 알게 될 것이다. 시간의 경과에 따라 새로운 정보에 맞추어 조정하기 위해서라도 유연성을 유지할 가치가 있다 할 것이다.

▪ **혁신** : 두 가지 유형의 혁신이 기후변화를 해결함에 있어 중요하다고 할 것이다. 첫째, 기후변화를 해결할 핵심요소는 온실가스를 배출하지 않고도 우리가 현재 영위하는 것들을 누리기 위한 새로운 방법을 찾아내는 것이다.

38 이러한 차이는 한 국가가 어떻게 정책을 결정하는지, 그것이 해당 국가와 관련된 선호의 단순합인지, 아니면 정부결정으로 정책을 결정하는 세밀한 과정에서 도출된 결과인지에 대한 다양한 시각으로 인해 발생한다. Sen, *supra* note 9 참조.

39 예를 들어, Lomborg, *supra* note 2 참조.

여기에는 전기를 생산하는 새로운 수단, 새로운 생산공법, 새로운 형태의 교통수단 등이 있다. 무역과 환경에 관한 무슨 협정이 됐든지 이는 제품과 서비스에 있어 혁신을 저해하기보다 이를 촉진하는 방식으로 설계되어야 한다. 부분적으로 이는 새로운 제품이 기존 제품보다 친환경적이라면 새로운 제품에 대한 무역장벽을 허용하지 않는 것을 의미한다. 기후친화적인 제품의 확산은 온실가스의 전 지구적 감축에 있어 핵심이 된다. 둘째, 국가들은 기후변화를 어떻게 해결할 것인지에 대해 쇄신해 나갈 것이다. 위에서 언급한 것처럼, 재난적인 지구온난화를 막기 위해 어떠한 수단이 온실가스 감축에 최선일지에 대한 불확실성이 존재한다. 기후변화와 무역의 상호작용 문제를 해결하기 위한 어떠한 제도나 협정도 그러한 혁신을 뒷받침하도록 하여야 할 것이다.

2.4.2 비　　용

유연성에는 커다란 편익이 존재한다. 유연성은 개별 국가들이 처한 상황과 새롭게 쏟아지는 정보, 행동을 취하는 새로운 방식 등에 적절히 대응할 수 있도록 해준다. 이러한 유연성은 정책이 허용가능하고 합법적인지를 누가 결정할 것인지에 대해 보다 세밀한 결정을 내릴 수 있게 해준다는 면에서, 체계를 보다 효율적으로 만들며 나아가 공정성을 증가시킨다. 그러나 유연성은 비용도 따르는데, 이러한 비용으로 인해 국가들은 일어날 만한 모든 사태를 고려하는 협정을 체결할 수가 없는 것이다. 이는 무역과 기후변화가 교차하는 관련 이슈들을 해결할 최선의 방안을 결정하기 위한 여러 제도와 협정이 가진 편익과 비용의 상호작용의 문제이다. 국가마다 그리고 제도마다 비용은 다를 것인데, 이러한 비용에는 다음과 같은 것들이 있다.[40]

- 관련 요건을 공표하기 위한 비용, 특히 적용될 규범의 다양한 측면을 미

40 Kaplow는 법률 규범의 최적의 형태와 내용은 상대적인 비용과 편익에 달려있다고 한다. Louis Kaplow, "Rules Versus Standards : An Economic Analysis" (1992) 42 (3) *Duke Law Journal* 557.

리 검토하는 과정에서 발행하는 정보비용 그리고 특정 규범을 구체화하기 위한 협상비용[41]

- 법적 명령의 구속을 받게 될 협정국들이 해당 명령이 요구하는 것이 무엇인지를 파악하는 데 따르는 비용
- 이행준수 여부를 모니터링하고 위반 시 소송을 제기하는 비용 등의 이행비용
- 규범 위반 시 관련 당사자 사이의 협상비용[42]

이러한 비용들은 일부분 무역분쟁에 관련된 여러 제도와 당사국에 달려 있다. 예를 들어, 하나의 단체로서의 역할을 하는 WTO 회원국이 기후변화와 무역에 관계된 협상을 하거나 협정초안을 마련하고자 하는 경우, 수많은 회원국과 다양한 제반여건으로 인해 다른 회원국에게 합리적인 조치가 무엇인지 미리 알아내기 위해 협상과 정보에 대한 높은 비용이 필요하게 된다. 그러나 협정을 체결하면, 관련 제소가 줄어들고 있다고 해도 간단히 결정할 수 있는 제소에 해당하게 될 것이란 점에서 협정의 이행비용은 낮아지게 될 것이다. 이는 다양한 상황에 대한 분명한 규범이 존재하기 때문이다. 반대로 현재상황과 같이, WTO가 그다지 구체적이지 않은 표준에 주로 의존하게 된다면, 미리 필요한 정보 및 협상 비용은 낮을 것이지만, 이행비용은 매우 높아질 것이다. 국가들은 제소를 통해 어떠한 조치가 WTO 기준에 해당되는지 여부를 판단 받고자 할 것이고, 항소기구가 그러한 제소를 판단하는 것은 더욱 어려워지게 될 것이다.

2.5 바르게 균형잡기

기후변화와 무역이 교차하는 문제들을 해결하기 위해 어떠한 제도를 이용

41 예를 들어, 무역의 경우에 있어서는, Horn, Maggi and Staiger, *supra* note 32 at 2-3에서 계약 체결의 비용을 정식화하고 불완전계약으로서의 WTO협정을 논의하고 있다. Warren Schwartz and Alan O. Sykes, "The Economic Structure of Renegotiation and Dispute Resolution in the World Trade Organization" (2002) 31 *Journal of Legal Studies* S179 참조.

42 예를 들어, Schwartz and Sykes, ibid.와 Joel P. Trachtman, "Building the WTO Cathedral" (SSRN) http://ssrn.com/abstract=815844(2006년 2월 17일 검색) 참조.

할 것인지 혹은 그런 제도를 설계할 방법은 비용과 편익을 고려해서 결정하게 될 것이다. 궁극적인 목표는 지구 전체의 사회후생을 증대시키는 것인데, 이는 다시 말해 사람들이 가능한 범위에서 자신들이 살고자 하는 삶을 살 수 있는 자유를 부여해주는 것이다. 이러한 목표를 달성하기 위해서는 기후변화에 대한 강력한 대응조치가 요구된다 할 것인데, 이는 기후변화의 잠재적 파급효과가 현재와 미래에 모두 미칠 것이기 때문이다. 자유무역이 필요한 것도 같은 맥락이라 할 것인데, 자유무역은 특히 건강보험이나 교육, 기타 재화 등에 대한 접근권과 같은 과거 선진국들이 누렸던 자유를 개발도상국에게도 누릴 수 있도록 해주기 때문이다. 이러한 목표를 달성하기 위해서는 올바른 제도적 틀을 설계함에 있어 효율성과 공평성을 모두 고려하여야 할 것이다.

대부분의 경우, 어떤 형식의 협정이 채택되든지 간에 제도적 틀은 기후에 관한 것이든 혹은 무역에 관한 것이든 특정한 조치가 허용될 것인지를 누가 결정할 것인지에 대해 적어도 막대한 영향을 미치게 될 것이다. 누가 선택권을 가질 것인지에 대해서는 이어지는 장에서 살펴볼 것인데, 유연성과 비용의 차원에서 두 가지 중요한 고려사항이 제기된다. 이것들은 효율성과 공평성, 나아가 미래를 위한 적절한 제도적 개혁의 관점에서 적절한 균형의 수준을 결정하게 해준다. 첫째, 여러 다른 잠재적 의사결정자들 가운데서 누가 더 상대적으로 적격자인가? 상대적 적격성은 부분적으로는 누가 관련된 정보를 가지고 있는지에 달려 있다 할 것이다. 국내정부가 기후변화정책의 관할 내 효과와 기후변화에 대한 국민의 우려에 대해 더 나은 정보를 가지고 있는 경우에는 분쟁해결제도의 설계에 있어 이러한 점을 고려하는 것이 중요하게 될 것이다. 예를 들어, Guzman은 국내정부가 국민이 가진 건강상의 위험에 대한 선호를 보다 잘 알고 있다고 주장하며, 그러므로 WTO는 이러한 영역에 대해서는 결정하지 않아야 하며 그렇지 않으면 오류로 인한 높은 비용을 부담할 위험이 있다고 한다.[43] 이는 다시 누가 결정을 하는 것이 더 적절한지에 대한 문제가 된다.

두 번째 핵심요소는 서로 다른 의사결정자가 가진 합법성의 문제이다. 특정

43 Andrew T. Guzman, "Food Fears : Health and Safety at the WTO" (2004) 45 *Virginia Journal of International Law* 1. Kaplow, *supra* note 40 at 608-11. 여기서는 재량을 행사함으로써 오류가 발생할 가능성에 대한 이슈를 다룬다.

정도까지는, 의사결정자의 합법성은 누구의 가치를 의사결정에 반영할 것인지에 의존하게 될 것이다. 예를 들어, 사회정책분야에 대해 WTO가 의사결정을 하는 것을 반대하는 하나의 주장은, WTO 패널과 항소기구에 참여하는 위원들이 무역가치에 치중하는 측면이 있다는 것이다. 위원들은 얼마간이라도 무역분야에서 활동해온 인사들인 경우가 빈번한데, 이로 인해 다른 가치보다 무역을 우선시하는 경향이 있다는 것이다. 반면에 각국 정부 공무원들은 그 나라 국민들의 보다 광범위한 사회적 요구를 고려한다는 것이다. 물론 여기에는 공무원들이 의사결정을 하는 것에 대한 정치경제학적 우려를 반영할 필요가 있다. 공무원들은 모든 국민들의 선호를 감안한 국가적 사회후생을 극대화하려고 하지 않을 수도 있다. 대신 그들은 특정 이익단체로부터 받게 될 이득을 취하고자 할 것이다. 따라서 질문은 누가 의사결정에 있어 가장 큰 합법성을 가지는가이다.

누가 결정권을 갖게 할 것인지에 대한 선택의 문제는 기후변화 및 무역정책의 상호작용에 대한 모든 논의에서 다루게 될 것이다. 그 선택의 문제는 의사결정자의 독립성, 의사결정의 절차 및 절차에 누가 참여할지와 같은 다른 요소의 기초가 된다. 국내조치에 관한 WTO의 심의에 있어, 그 심의내용이 갖는 설득력에 따라, 기후변화와 관련해 국내정부가 확보하고 있는 정보 및 그에 대한 가치부여와 패널과 항소기구가 가진 정보 및 가치의 우열이 갈리게 될 것이다. 우리는 WTO의 심의에 있어 기준의 조정이나, 국제 환경조약 내용의 적용, 제3자 제출자료의 반영을 포함하여 위의 문제에 대한 여러 해결방안을 논의하고자 한다. 기후변화 이슈의 중심에 있는 무임승차 문제에 대한 일방적 또는 다자적인 해결방안의 논의도 중요하다. 일방적 해결책에 있어서는, 몇몇 국가들, 특히 선진국들이 갖는 가치를 다른 국가들, 특히 개발도상국들이 받아들이도록 하는 능력에 대하여 우려가 일부 존재한다. 다자적인 해결방안에서도 같은 우려가 제기된다. 즉, 협상의 구조에 따라 국가 또는 집단마다 이해가 갈린다는 것이다. 앞으로 논의할 협정과 제도에 관해 다루기 전에 먼저 현재 무역과 기후변화 협정에 있어 어디쯤에 자리하고 있는지를 분명히 하여야 한다. 이것이 바로 제3장에서 다룰 내용이다.

3. 현행 통상체제와 기후변화체제

제3장에서는 세계무역기구(World Trade Organization : WTO)와 기후변화체제의 범위를 개관하고 그 제도와 구조에 대해 알아보기로 한다. 특히 기후변화체제는 2009년 12월 코펜하겐에서 열린 제15차 당사국총회(Conference of the Parties : COP) 이후에도 여전히 유동적이기 때문에, 총체적인 측면과 최근 경향에 대한 묘사보다는, 유엔기후변화협약(United Nations Framework Convention on Climate Change : UNFCCC)의 등장으로 나타난 핵심 원칙들과 그 고유의 특징들에 역점을 두고 기술하도록 하겠다. 무역과 기후변화체제에 대한 개관은 이후 무역과 기후변화의 관련성에 대해 검토하는데 있어 논의의 기반을 제공할 것이다. 따라서 여기서는 이러한 상호작용의 초석이 되는 체제 각각의 기구적 특징에 주목하여 살펴볼 것이다.

3.1 WTO

3.1.1 WTO체제 개관

그 전신인 GATT와 마찬가지로 WTO는 회원국들이 그 체제 안에서 무역

관계를 수행할 수 있는 공통의 제도적 장치를 제공하기 위해 설립되었다. 또한 WTO는 회원국들 간의 협상 및 분쟁해결의 장을 제공하고, 세계무역기구를 창설하는 마라케쉬협정과 그 부속서의 이행, 집행 및 운용을 담당한다.[1] WTO의 역할은 무역 자유화를 뒷받침하는 것임에도 불구하고,[2] WTO 설립협정 전문에서는 회원국들이 "상이한 경제발전 단계에서의 각각의 필요와 관심에 일치하는 방법으로 환경을 보호하고 보존하며 이를 위한 수단의 강화를 모색하면서, 지속가능한 개발이라는 목적에 일치하는 세계 자원의 최적 이용"을 감안하려 했음을 반영하여 환경에 대해 명백히 언급하고 있다. 하지만 장황한 미사여구에도 불구하고 전문의 실제 이행에 무엇을 포함해야 할 것인지에 대해, 특히 기후변화와 관련하여 합의를 도출해내지 못하였다. Pascal Lamy WTO 사무총장은 "WTO 회원국들은 통상체제가 기후변화에 어떠한 작용을 해야 하는지에 대해 서로 다르게 이해하고 있다"고 언급하기도 하였다.[3] 이 문제에 관해서는, WTO 내부에서도 체계적으로 다루어지지 않았으며, 우리가 여기서 다루고자 하는 쟁점에 대해 수많은 논점을 제기해온 기후변화 협상가들도 지금까지 포괄적인 합의에 도달하는 데 실패하였다.

3.1.2 주요 협정들

많은 협정들이 기후변화와 직접적으로 관련이 있다. 이는, 이 책에서 확인해 보고자 하는 무역과 기후변화체제 사이의 관련성을 형성하기도 한다. 이러한 관련성은 국가들이 국내 기후변화조치의 시행 시 지켜야 하는 의무와 일방

1 대략 60여개의 협정, 결정, 부속서, 그리고 양해 등이 있다. 이들은 제품, 서비스, 그리고 지적 재산권 관련 무역에 대해 다룬다. 전체 협정문은 WTO, *The Legal Texts : The Results of the Uruguay Round of Multilateral Negotiations* (Cambridge/Geneva : Cambridge University Press/World Trade Organization, 1999)에서 찾아볼 수 있다.

2 WTO 설립협정 전문은 "생활수준의 향상, 완전고용의 달성, 높은 수준의 실질소득과 유효수요의 지속적인 양적 증대 및 제품과 서비스의 생산 및 무역의 증대를 목적으로 관세 및 그 밖의 무역장벽의 실질적인 삭감과 국제 무역 관계에 이어서의 차별대우의 폐지를 지향하는 상호 호혜적인 약정의 체결을 통하여 이러한 목적에 기여하기를 희망한다"고 규정하고 있다.

3 2008년 5월 29일 Pascal Lamy가 유럽 의회에서 했던 연설은 www.wto.org/english/news_e/sppl91_e.htm (2008년 9월 15일 검색) 참조.

적으로 혹은 다자간 기후변화협정의 일원으로서 감축 공약에 참여하고 이를 준수하도록 혹은 참여하거나 준수할 것을 강제하기 위한 제재로써 무역조치를 시행하는 것을 자제해야 할 의무에서 기인한 것이다. 관련 주요 협정으로는 관세및무역에관한일반협정(The General Agreement on Tariffs and Trade : GATT), 무역에관한기술장벽협정(The Agreement on Technical Barriers to Trade : TBT), 보조금및상계조치협정(The Agreement on Subsidies and Countervailing Measures : SCM)이 있다. 각 협정의 주요 조항에 대해서는 이하에서 간략히 소개하도록 하겠다.

GATT

1947년 채택된 GATT는 제품에 대한 국제무역의 기본적인 법적 체계를 설립하고 국가들이 공인한 관세수준을 규정하고 있다. 주요 조항들로는 쿼터나 수입금지와 같은 수량제한의 일반적 폐지(제11조), 관세양허(제2조), 특정 국가에게만 특혜를 부여하는 것을 금지하는 비차별주의, 즉, 최혜국대우(Most Favoured Nations: MFN - 제1조)와 국내산업에 특혜를 부여하는 것을 금지하는 비차별주의 즉, 내국민대우(National Treatment: NT - 제3조) 그리고 정부 보조금에 대한 규정(제16조)이 있다. 제20조의 일반적 예외는 국가들이 GATT 규정에 위배되는 조치들을 정당화하는 것을 허용하고 있다. 기후변화정책과 관련 있는 항은 '인간 및 동식물의 생명 혹은 건강의 보호를 위하여 필요한 조치'(제20조 (b)호)와 '유한천연자원의 보존에 관한 조치'(제20조 (g)호)이다. 이러한 예외 조치들은 자의적이거나 불공평한 차별의 수단 또는 무역에 대한 위장된 제한조치로 사용되어서는 안 된다.

TBT협정

TBT협정은 기술규정과 표준, 표시와 상표부착 요건, 그리고 기술규정과 표준의 적합성 여부를 판정하는 절차가 국제무역에 장애를 구성하는 방법으로 고안되고 적용될 수 있는지에 대해 다룬다. 이 협정은 강제성을 띠는 '기술규정'과 자발성을 띠는 '표준'을 모두 포함하고 있다. 또한, 기술규정 혹은 자발적 표준을 구성하는 데 국가들이 반드시 거쳐야 하는 단계에 절차적 제한을 두어 차별하는 것을 금지한다. 제2조 1항은 국내 제품에 대해 특혜를 부여함으로써 차별하는 것을 금지하는 내국민대우를 규정하고 있으며, 제2조 2항은 자국의 회원국들이 그들의 강제적 기술규정뿐만 아니라, 자발적 표준이 "국제무역에 불필요한 장벽을 초래할 목적으로 또는 그러한 효과를 갖도록 기술규정을 준비, 채택 또는 적용하지 아니할 것을 보장한다."고 규정하고 있다.

TBT협정의 제 규정들은 일반적으로 GATT 제3조의 규정들에 추가적인 것으로 볼 수 있음에도 불구하고 어떠한 조항도 GATT와의 관계에 대해 명확하게 밝히고 있지 않지만, 모든 기후변화협정은 TBT와 GATT 두 협정 모두를 준수해야 할 것이다. Marceau와 Trachtman은 GATT에는 부합하는 조치가 TBT협정에 위배되는 것은 가능한 반면, TBT협정에 부합하는 기술규정이 GATT에 위배되는 것은 상대적으로 존재할 가능성이 낮다고 언급하였다.[4]

보조금협정

보조금협정은 심각한 법적 침해가 야기되거나 야기될 우려가 있는 경우, 보조금 지급을 제한할 수 있는 가능성에 대한 협의(consultation)를 규정하고 있는 것으로, 통보(notification)를 다루고 있는 GATT 제16조에서 오랫동안 다루어 왔다.

이 조항은 우루과이라운드에서 보조금협정이 채택됨으로써 더욱 강화되었다. 보조금협정은 보조금의 부정적 효과를 줄이기 위한 목적으로 보조금 사용을 규율함으로써 GATT 제16조를 보완한다. 제1조 1항은 보조금을 보조금 수급자에게 "혜택이 부여된," "정부 또는 공공기관의 재정적 기여"라고 정의한다. 동 협정은 보조금을 금지보조금(prohibited subsidy)과 조치가능보조금(actionable subsidy)으로 구분하고 있다. 전자는 완전히 금지되는 반면, 후자는 그 효과에 따라 협정 위반의 예외가 인정될 수 있다. 금지보조금은 (가) 수출실적에 따라 지급되는 보조금과 (나) 수입품 대신 국내 제품의 사용을 조건으로 지급되는 보조금이다. 조치가능보조금은 (가) 다른 회원국의 국내산업에 대한 피해, (나) GATT에 따라 다른 회원국이 직접적 또는 간접적으로 향유하는 혜택을 무효화 또는 침해, (다) 다른 회원국의 이익에 대한 심각한 손상과 같은 부정적 효과를

---

4 TBT와 GATT의 관계에 대한 충분한 논의에 대해서는 Gabrielle Marceau and Joel Trachtman, 'The Technical Barriers to Trade Agreement, the Sanitary and Phytosanitary Measures Agreement, and the General Agreement on Tariffs and Trade' (2002) 36 (5) *Journal of World Trade* 811 at 873 참조.

초래하는 보조금이다.

만약 한 국가의 산업이 다른 회원국이 국내산업에 제공한 금지보조금 또는 조치가능보조금에 의해 부정적인 영향을 받았다면, 해당 회원국은 보조금의 철회 또는 그 부정적 영향의 제거를 요구하기 위해 WTO의 분쟁해결절차를 이용할 수 있다. 그렇지 않으면 조사를 실시하고 국내산업에 피해를 입힌 보조금을 교부받은 제품에 대하여 상계관세를 부과할 수 있다.

3.1.3 분쟁해결, 준수, 그리고 이행

여타의 국제법체제와 구별되는 국제통상체제의 특징은 분쟁해결양해(Dispute Settlement Understanding : DSU)에 의해 규율되는 분쟁해결메커니즘이다. 이 메커니즘은 국제법 재판소들 중에서도 가장 중요하고 가장 강력한 것이라고 설명된다.[5] 한 회원국이 다른 회원국에 대해 불만이 있을 때 DSU는 당사자들이 먼저 협의를 통해 해결책을 강구해야 한다고 규정하고 있다. 만약 협의에 실패했을 경우 제소국은 해당 사건을 담당할 패널의 설치를 요구할 수 있다. 패널은 사실을 '객관적으로 평가'해야 하는 세 명으로 구성되어야 하며, 이들은 회원국들에게 보고서를 제출해야 한다.[6] 패널의 판정에 만족하지 못하는 회원국은 상설기구인 항소기구(Appellate Body : AB)에 상소할 수 있다. 지금까지 회원국들은 DSU의 판결을 잘 지지해왔다. WTO 초기 10년 동안, DSU는 97개의 패널 보고서와 61개의 항소기구 보고서를 채택해왔다.[7]

피소국은 그들의 정책이 WTO규범과 양립하도록 해야 한다. 만약 합리적인 기간 내에 이행하지 아니하는 경우, 제소국은 보상을 협상하거나, 분쟁해결기구(Dispute Settlement Body : DSB)[8]의 승인을 조건으로 피제소국에게 양허를 정지

---

5 John H. Jackson, *Sovereignty, the WTO, and Changing Fundamentals of International Law* (Cambridge : Cambridge University Press, 2006) at 135. 하지만 Jackson에 의하면 일부 학자들은 여전히 이러한 문제들을 ICJ가 다루어야 한다고 주장한다.

6 DSU 제11조는 패널이 '제소된 사안에 대하여 객관적으로 판단'할 것을 요구한다.

7 Jackson, *supra* note 5 at 135.

8 회원국들 사이에 발생한 분쟁을 해결하기 위해 개입한 경우, DSB는 곧 WTO의 모든 회원국들로 구성된 WTO의 일반이사회이다.

할 수 있다. DSB의 승인을 받는 것이 어려운 것은 아니나, 양허정지의 실효성에 대해서는 의문이 남는다. 특히, 경제규모가 작은 국가의 경우 상대적으로 큰 무역 상대국에게 판결의 준수를 강제하기 위해 양허정지를 이용하는 데 어려움이 있으며, 경제규모가 큰 국가의 입장에서 그러한 정지는 준수를 장려할 정도로 중요하지는 않다.[9]

3.1.4 WTO와 개발도상국

GATT가 설립된 1947년 이래, 국제통상체제에서 개발도상국에 대한 대우는 상당히 발달해왔다. GATT의 23개 원체약국 중에는 11개의 개발도상국이 포함되어 있었지만, 동 협정은 초기에 개발도상국들을 한 집단으로 인정하지 않았고, 그들의 이익을 위한 어떠한 특별 조항도 만들지 않았다. 하지만 부강한 선진국들의 통상정책이 공평성과 복지를 극대화하는 것과 달리 최빈국의 통상정책들은 발전을 증진시키는 것이 최선이라는 신념에 기반하여, 개발도상국들은 1950년대에 개발도상국 특별대우(Special and Differential Treatment : SDT)를 만들었다.[10] 개발도상국은 그들이 선진국과 공평한 경쟁의 장에서 경쟁할 것을 기대하는 것은 현실적이지 않으며, 자유무역은 단지 식민주의의 유산과 1차 제품에 대한 의존을 강화하는 것일 뿐이라고 주장하였다.[11]

1954-55년 GATT Review Session에서 이러한 개발도상국의 압력의 결과로 제18조(경제개발에 대한 정부의 지원)의 개정을 이끌어냈다. 개정된 조항은 개발도상국에게 이 협정에 부속된 해당 양허표에 포함된 양허의 수정이나 철회(제18조 A절), 가공품에 대한 수출보조금의 사용(제16조 4항)을 포함하여, 그들의 유치산업

---

9 William J. Davey, 'The Sutherland Report on Dispute Settlement : A Comment' (2005) 8 (2) *Journal of International Economic Law* 321 참조.

10 Joseph E. Stiglitz and Andrew Charlton, *Fair Trade For All : How Trade Can Promote Development* (New York: Oxford University Press, 2005) at 88.

11 Elizabeth Acorn, *Learning from Experience: Special and Differential Treatment in the World Trade Organization* (2006) [unpublished, Toronto]. SDT의 역사에 대한 간단한 설명은 Hunter Nottage, 'Trade and Competition in the WTO : Pondering the Applicability of Special and Differential Treatment' (2003) 6(1) *Journal of International Economic Law* 23 at 24 참조.

을 수입경쟁으로부터 보호하기 위한 정책의 자유와 유연성을 부여하였다. 10년 뒤 케네디라운드의 결과, 회원국들은 GATT 제4부를 채택하였다. 제4부는 특히 '무역과 개발'에 대해 다루고 있으며, 선진국이 개발도상국의 시장접근의 중요성에 대해 인정할 것을 권장하고 있다. 그러나 가장 중요한 것은 제4부에서 "선진 체약 당사자들은 저개발 체약 당사자의 무역에 대한 관세 및 그 밖의 장벽을 감축하거나 제거하기 위한 무역협상에서 자신들이 한 약속에 대하여 상호주의를 기대하지 아니한다"고 규정함으로써, 개발도상국들이 상호적 관세양허 의무로부터 면제되는 비상호주의를 공식화하였다는 것이다.[12] 개발도상국들의 시장 접근을 향상시키기 위한 이러한 움직임은 개발도상국들간 특혜통상체제를 형성하는 데 있어서의 큰 유연성과 함께 1979년에 개발도상국의 수출품에 대해 일반특혜관세제도(Generalized System of Preferences : GSP)[13]에 따라 특혜관세를 부여할 수 있는 영구적인 법적 근거를 마련한 '권능부여조항(Enabling Clause)'의 채택을 기반으로 한 것이다.

1994년에 타결된 우루과이라운드는 개발도상국들을 예외로 보는 시각에서 벗어나, 개발도상국들에게 선진국과 동일한 실체적 권리와 의무를 질 것을 요구함으로써, 그들의 세계통상체제로의 합류를 시도하였다.[14] SDT 조항들의 본래 목적은 통합과정을 돕는 것이었다. 그래서 우루과이라운드에서 채택한 협정들은 개발도상국들에게 다양한 의무에 따르기 위한 연장된 기간을 부여했으며, 또한 향상된 시장접근을 통해 무역의 기회를 높일 방안을 강구하는 조항들을 삽입하였다. 이와 더불어, 선진국들의 기술 원조를 통해, 개발도상국들이 자유화에 적응하도록 돕는 것을 목적으로 하는 새로운 수준의 SDT 조항을 추가하였다.

하지만 이러한 노력에도 불구하고, 우리가 접근할 수 있는 증거들에 의하면, 개발도상국들이 다수의 영역에서 심각한 무역관련 장애에 직면하는 현상은 계속되었다. 학자들과 개발도상국 정부는 우루과이라운드의 SDT 규정에 대하

---

12 제36조 8항.

13 GSP는 1991년에 UNCTAD의 후원하에 도입되었다. Resolution 21(II) of the Second UNCTAD Conference, in UNCTAD, Proceedings of the Conference of 1968, Report and Annexes (United Nations, TD/97) 참조.

14 Acorn, *supra* note 11 at 16.

여 비판해왔다.[15] 예를 들어, Ostry는 우루과이라운드 최종의정서는 자의적인 이행기간과 불충분한 기술지원, 그리고 "겉보기에 상징적인 보상보다 조금 더"를 준다고 서술하였다.[16]

모든 다른 요소들을 차치하고라도, 이러한 역사를 살펴봤을 때, 개발도상국들이 어떠한 특정 기후변화해결 노력에 그들을 참여하도록 설득하기 위한 무역과 관련된 '당근'을 주겠다는 약속을 받아들이길 꺼려하는 것은 확실히 타당하다. 이와 마찬가지로, 이러한 역사는 개발도상국들로 하여금 무역제재조치나 기후변화 완화 조치를 받아들이게끔 하는 기타 조치들에 대한 적대감을 심화시키기도 한다. 따라서 선진국들은 개발도상국의 이러한 공명정대한 냉소주의를 극복해야 하는 중대한 과제에 직면하고 있다.

3.1.5 WTO 내에서의 무역과 환경

WTO는 1994년 마라케쉬에서 채택된 무역과 환경에 대한 각료회의의 권고에 따라 설립된 무역환경위원회(Committee on Trade and Environment : CTE)를 두고 있다. CTE는 광범위한 프로그램을 시행하고 있음에도, 기후변화에 대해서는 특별히 언급하고 있지 않다. 그러나 CTE가 권한을 갖고 논의하고 있는 의제들 중 상당수는 다음에 열거된 항목 속 내용들의 관계에 대한 검토를 포함하여 기후변화문제와 매우 관련되어 있다.

- 다자간통상체제의 규정들과 다자간환경협정(Multilateral Environmental Agreements : MEAs)에 따른 무역조치를 포함한 환경적 목적의 무역조치들
- 무역관련 환경정책들과 중요한 무역 효과가 있는 환경조치들과 다자간통상체제의 조항들

15 일례로, Joel Trachtman, 'Legal Aspects of a Poverty Agenda at the WTO : Trade Law and "Global Apartheid"' (2003) 6 (1) *Journal of International Economic Law* 3 참조.

16 Sylvia Ostry, 'The Uruguay Round North-South Grand Bargain: Implications for Future Negotiations' (2000) *Political Economy of International Trade Law*. Joseph E. Stiglitz and Andrew Charlton, *Fair Trade for All* (New York : Oxford University Press, 2005)와 Joseph E. Stiglitz, *Globalization and its Discontents* (New York : W. W. Norton & Company, 2003) 참조.

- 다자간통상체제의 규정들과 환경을 위한 부과금과 세금
- 표준, 기술규정, 포장, 상표부착, 표시, 그리고 재활용을 포함하는 제품과 관련된 환경을 위한 다자간통상체제 규정들과 조건들

지금까지 이러한 쟁점들에 대한 어떤 종류의 협정을 체결하는 데 거의 진전이 없었으며, 상당부분 불확실하고, 분쟁이 제기되었을 때 패널이나 항소기구가 어떻게 해석하는지에 따라 그 해석이 민감한 부분으로 남아있다. 이 책 전반을 통해, 어떻게 분쟁해결체제가 이러한 것들의 관계와 관련하여 제기된 쟁점들에 대해 다루어왔고 또 다룰 것인지에 대해 분석할 것이다. 하지만 이러한 분석은 각각의 연관성 사이에 상당한 수준의 불확실성을 드러낸다. 이미 분석했던 바와 같이, 이러한 불확실성은 긍정적인 면과 부정적인 면을 동시에 내포한다. 즉, 불확실성은 국가들이 시간이 흐름에 따라 변화하는 다양한 정보에 반응하고 배출감소를 달성하기 위한 다양한 국내적 접근법을 시험할 수 있도록 국가들에게 유연함을 제공한다. 하지만 이러한 불확실성으로 인해 각국 정부가 WTO상의 제소나 무역제재의 가능성을 두려워한 나머지 정부의 규제를 위축시키는 효과가 생길 수 있으며, WTO의 일관성이나 여타의 특정한 조치들을 결정하기 위해 노력하는 행정비용이 추가되는 것을 의미하기도 한다.

3.1.6 진행 중인 무역협상들

2001년 도하 각료회의에서 무역협상을 위한 새로운 라운드가 개최되었다. 2001년 11월 14일 도하에서 채택된 각료선언은 31절에서 무역과 환경에 관련된 사안을 협상의제로 상정하였다. 여기서는 그 중에서도 현존하는 WTO규범과 다자간환경협정에서 규정하고 있는 특정 무역의무 사이의 관계와 환경제품과 서비스에 대한 관세와 비관세장벽의 인하 또는 제거에 대해 다룬다. 다시 강조하지만 이러한 협상들은 이 책을 쓰던 당시 진행 중이었다. 만약 협상이 타결되었다 하더라도 WTO규범과 다자간환경협정 사이의 관계를 명확하게 할 큰 진전이 있을 것이라는 어떠한 암시도 없었다. 환경제품과 서비스에 대한 것은 제15장에서 논하고 있다.

3.2 국제기후변화체제

3.2.1 기후변화협상의 역사

세계기상기구(World Meteorological Organization : WMO)는 1979년에 제1회 세계기후총회(World Climate Conference)를 개최하였고, 여기에서 기후변화가 "긴급한 세계의 문제"로서 처음으로 국제적으로 인정되었다. 총회는 기후변화에 대한 미래를 검토하고, 그 결과를 바탕으로 인간사회의 발전을 위해 계획하는 데 협력할 것을 국제사회에 요청하였다.[17] UN환경계획(United Nations Environment Programme : UNEP)과 국제학술연구회(International Council of Scientific Unions : ICSU)는 WMO와 함께 세계기후프로그램(World Climate Program)을 설립하였다.[18] 이후 10년간 계속된 과학적 연구 프로그램과 다수의 정부 간 회의는 1988년에 '기후변화는 인류 공통의 관심사'[19]라고 선언한 UN총회결의안(UN General Assembly Resolution) 43/53의 형태로 나타났다. 이 결의안은 같은 해 WMO와 UNEP에 의해 설립된 기후변화에 관한 정부 간 패널(Intergovernmental Panel on Climate Change : IPCC)의 설립을 지지하였다.

IPCC는 기후변화에 대한 객관적인 정보를 제공하는 과학전담기구이다. IPCC는 '인류가 초래한 기후변화의 위험에 대한 이해와 기후변화 적응과 완화를 위해 관측되고 예상된 영향 및 선택과 관련하여, 전 세계적으로 생산된 최근의 과학, 기술, 그리고 사회경제적 문헌의 총체적, 객관적, 개방된, 그리고 투명한 근거에 대한 평가'를 하는 역할을 맡고 있다.[20] 1990년 IPCC는 기후변화를 다양한 측면에서 총체적으로 검토하고 권고하라는 총회의 요구에 응하여 첫 번

17 UNFCCC Secretariat, *United Nations Framework Convention on Climate Change Handbook* (2006), http://unfccc.int/resource/docs/publicatons/handbook.pdf at 17 참조.

18 Ibid.

19 United Nations, General Assembly Resolution A/RES/43/53, 6 December 1988.

20 Intergovernmental Panel on Climate Change, www.ipcc.ch/about/index.htm (2008년 8월 15일 검색).

째 평가보고서를 제출하였다. 이 보고서는 많은 불확실성에도 불구하고, 인류의 활동이 대기 중 이산화탄소 농도의 증가와 기후변화의 증대를 가져올 것이라고 경고하였다.[21] 이 IPCC 보고서는 기후변화의 기본협약에 대한 협상이 지연되지 않고 시작되어야 할 것을 권고한 1990년 제2차 기후변화총회의의 장관급 선언에 의해 촉발되었다.[22] 국제연합은 기후변화에 관한 협약의 뼈대에 대한 협상을 개최함으로써, 이러한 선언에 반응하였다. 이 협상은 UN총회 산하의 정부간협상위원회(Intergovernmental Negotiating Committee : INC)의 후원하에 수행되었다.[23]

3.2.2 최근 협정들

유엔기후변화협약은 1992년 6월 리우데자네이루에서 있었던 유엔환경개발회의(UN Conference on Environment and Development : UNCED)에서 채택되었고, 그로부터 2년 뒤인 1994년 3월 발효되었다. 유엔기후변화협약의 주요 목적은 "기후체계가 위험한 인위적 간섭을 받지 않는 수준으로" 대기 중 온실가스 농도의 안정화를 달성하는 것이다.[24] UNFCCC는 기본협약이고, 지속적으로 개정 및 확장시켜나가는 것으로 고안되어 있다. 이는 주로 당사국총회에서 결정되는데, 지금까지 추가된 것 중 가장 중요한 것으로는 1997년 3차 당사국총회에서 교토의정서가 채택된 것을 들 수 있다.

교토의정서에 따르면 37개 선진국과 EC는 온실가스 배출을 감축할 의무를 지고 있다. 수년간에 걸쳐 진행된 여섯 차례의 당사국총회를 통해 마침내 비준에 필요한 체약국 수를 확보함으로써, 2005년 2월 교토의정서가 발효되었다. 2007년 12월 12일 총 176개 국가들과 하나의 지역통합기구(유럽경제공동체)가 교토의정서를 비준하였다. 호주가 연방선거를 통해 2007년 교토의정서를 비준한

21 J. T. Houghton, G. J. Jenkins and J. J. Ephraums (eds), *Scientific Assessment of Climate Change—Report of Working Group I* (Cambridge: Cambridge University Press, 1990).

22 Ministerial Declaration contained in the report of the Conference in A/45/696/Add.1, Annex III (1990).

23 United Nations General Assembly, A/RES/45/212, 21 December 1990.

24 UNFCCC 제2조.

반면, 미국은 여전히 이를 비준하지 않고 있다. 1997년에 교토의정서가 채택된 이후 있었던 당사국총회에서 미국은 의정서 비준의 전제조건으로 개발도상국의 '의미 있는 참여'를 내걸었다.[25] 하지만, 2000년 11월 제6차 당사국총회에서 부시 행정부는 공식적으로 의정서를 비준하지 않을 것을 선언하였다.[26]

교토의정서는 "형평에 입각하고 공통적이면서도 그 정도에 차이가 나는 책임과 각각의 능력에 따라 기후체계를 보호해야 한다. 따라서 선진국인 당사자는 기후변화 및 그 부정적 효과에 대처하는 데 있어 선도적 역할을 해야 한다"는 내용을 포함하고 있는 UNFCCC 제3조의 원칙에 기초하고 있다. 이 원칙은 과거와 현재의 온실가스 배출 상당량이 선진국에서 비롯된 것이며, 개발도상국의 1인당 배출량이 여전히 상대적으로 낮다는 사실에서 큰 영향을 받은 것이다.[27] 공통적이긴 하나 그 정도에 차이가 나는 책임 원칙에 따르면, UNFCCC는 국가들을 부속서 I 국가(1992년에 OECD회원국이었던 선진국이자 시장경제전환국가들(Economies In Transition; EIT), 부속서 II 국가(부속서 I의 OECD회원국들 중 EIT회원국이 아닌 국가들), 그리고 비부속서 I 국가(개발도상국들)의 세 그룹으로 나누고 있다.

이러한 구분은 교토의정서에서도 유지되어, 부속서 I 국가들만이 온실가스 배출을 법적으로 제한받도록 규정하고 있다. 이와 함께 부속서 I 국가들은 총

25 Senate resolution 98 (Byrd-Hagel이 제안), adopted July 1997. 미국이 비준을 거부한 다른 원인에는 미국이 상대적으로 얻는 것이 적은데도 불구하고 다른 국가들보다 약속을 더 잘 준수해야 하기 때문이다. Cass R. Sunstein, *The Complex Climate Change Incentives of China and the United States* (John M. Olin Law & Economics Working Paper No. 352 (2nd series), Public Law and Legal Theory Working Paper No. 176, The Law School, University of Chicago, 2007) 8면 참조. 또한 William Nordhaus, 'The Challenge of Global Warming: Economic Models and Environmental Policy' (2007) 참조. 이 자료는 http://nordhaus.econ.yale.edu/dice_mass_072407_all. pdf (2009년 12월 22일 검색)에서 찾을 수 있다.

26 Farhanna Yamin and Joanna Depledge, *The International Climate Change Regime—A Guide to Rules, Institutions and Procedures* (Cambridge: Cambridge University Press, 2004) 27.

27 개발도상국들은 현재 매년 온실가스 배출량의 절반을 배출하고 있지만 세계 인구의 거의 85%를 차지하고 있다. 중 · 저소득국가의 일반 국민의 에너지관련 탄소발자국은 이산화탄소의 1.3 또는 4.5미터톤이다. 이것은 선진국의 15.3미터톤과 비교되는 것이다. 더 나아가 과거 배출량의 대부분, 즉, 현재 대기 중 온실가스의 가장 큰 함유비율은 선진국으로 인해 발생하였다. World Bank, *World Development Report 2010: Development and Climate Change* (Washington, DC: The World Bank, 2010) at 44.

배출량을 2008년부터 2012년까지의 공약기간 동안 1990년도 수준의 5% 이상 감축해야 한다. 이를 위해 국가들은 EU의 8% 감축부터 아이슬란드의 10% 상승 허용까지 자체적인 목표를 설정하고 있다. 부속서II 국가들은 개발도상국들이 배출량감축에 착수할 수 있도록 재정적 지원을 하고, 기후변화의 부정적 효과에 적응하는 것을 돕기 위해 재정적 지원을 해야 한다. 또한 개발을 촉진하고 환경 친화적 기술을 시장경제전환국들과 개발도상국들에 이전하기 위한 '모든 타당한 조치'를 취해야 한다. 비부속서I 국가들은 특정 목표를 약속하지 않아도 되지만, 배출량 수준을 보고해야 하고 국내기후변화 완화프로그램을 개발해야 한다.

교토의정서는 제2조에서 여러 가능성을 열거하고 있음에도 불구하고, 부속서I 국가의 정부가 어떤 국내정책과 조치들이 그들의 목표를 달성할 수 있을지 결정할 수 있도록 허용한다. 교토의정서는 또한 부속서I 국가들이 공약의 이행을 위해 다른 선진국 또는 개발도상국들에서 이행된 프로젝트를 통해 배출권을 얻고 거래할 수 있는 배출권거래제(Emissions Trading: ET),[28] 청정개발체제(Clean Development Mechanism: CDM)[29]와 공동이행제도(Joint Implementation: JI)[30]의 세 가지 중 선택할 수 있는 유연성체제에 대해 규정하고 있다.

부속서I 국가들은 그들의 공약을 어떻게 이행할지에 대해 상당한 유연성을 갖고 있지만, 한편으로는 특정한 제재를 받고 있기도 하다. 제2조 3항은 부속서I 당사국들이 국제무역과 경제에 미치는 영향, 특히 개발도상국에 대한 영향을 포함한 '부정적 영향'을 최소화하는 방식으로 이행하기 위해 노력해야 한다고 규정하고 있다. 게다가 제3조 14항에 따르면, 부속서I 국가들은 공약을 이행함에 있어, 개발도상국인 당사자들에게 미치는 사회적, 환경적, 경제적 면에서 부정적 영향을 최소화하는 방식으로 이행하기 위해 노력해야 하며, 당사국총회는 이런 경우 어떠한 조치가 필요한지를 검토해야 한다.

---

28 제17조.

29 제12조.

30 제6조.

3.2.3 분쟁해결, 준수, 그리고 이행

교토의정서에 따른 준수 관련 절차 및 메커니즘은 지금까지 다자간환경협정에 의해 채택된 것들 중 가장 강력하고 제도적으로 복잡한 비준수절차라 일컬어진다.[31] 그러나 WTO의 분쟁해결메커니즘과 비교했을 때, 교토의정서상 분쟁해결메커니즘은 상대적으로 약하다. 이것은 교토의정서가 채택된 이후 논의되고 고안되었으며,[32] 그 제도의 중심은 제7차 마라케쉬에서 열린 당사국총회에서 교토의정서에 따라 설립된 의무준수위원회(Compliance Committee)인데, 기구들 중 마지막으로 설립되었다.[33]

의무준수위원회의 집행분과(Enforcement Branch)의 감독하에 있는 이행메커니즘의 핵심은 1.3배 감축규칙이다. 만약 당사자가 교토의정서 제3조 1항에 따른 초기 공약을 이행하는 데 실패하였다면, 2차 이행 기간에 미달성분의 1.3배를 감축해야 한다.[34] 더 나아가 이를 준수하지 않는 당사자는 그 목표치를 달성할 때까지 공약을 이행하기 위한 유연성체제를 이용할 수 없다.[35] 이러한 이행체제가 엄격한 제재인 것 같지만, 준수하지 않은 국가는 재협상을 하지 않으려 할 것이고 만약 재협상을 한다 하더라도 상당한 감축을 떠맡으려 하지 않을 것이다.[36] 준수를 위한 집행 또는 동기 유발은 약속을 준수함으로써 자신의 평판을

---

31 Yamin and Depledge, *supra* note 26 at 386.

32 제18조에 의거하여 그 첫 번째 세션에서 당사국총회가 교토의정서 당사국회의(CMP)의 역할을 하여 '절차와 체제'를 승인하고 의정서를 준수하지 않는 경우에 대한 대비책을 결정하는 것을 부탁하였다.

33 In decision 24/CP.7 as confirmed by the CMP in decision 27/CMP.1.

34 Yamin and Depledge, *supra* note 26 at 394. 또한 Robert N. Stavins and Scott Barrett (2002), 'Increasing Participation and Compliance in International Climate Change Agreements' (Fondazione Eni Enrico Mattei Working Paper No. 94. 2002; Kennedy School of Government Working Paper No. RWP02-031) 참조. 20면에서 형벌에 대해 다음과 같이 설명하고 있다. "예를 들어 부속서 I 국가가 1차 이행기간인 2008년부터 2012년까지 허용된 100톤 이상을 배출한 경우 그 당사국의 다음 이행기간인, 아마도 2013년부터 2017년까지 배출한도는 상쇄되어야 할 초과분에 더하여 비준수에 대한 과징금으로 30톤이 추가되어 130내지 100톤까지 줄어들 것이다."

35 Ibid.

36 Scott Barrett, *Environment and Statecraft: The Strategy of Environmental Treaty-Making*

해치지 않겠다는 데 있다. 하지만, 이러한 동기 유발이 기후변화를 다루는 데 드는 높은 비용과 십중팔구 다른 국가들도 공약을 이행하는 데 실패할 것이라는 모든 가능성을 고려해볼 때 준수할 것을 보장하기에 충분하지 않을 것이다.

3.2.4 개발도상국과 UNFCCC

이미 언급했던 바와 같이, '공통적이나 그 정도에 차이가 나는 책임원칙'의 적용은 개발도상국들이 교토의정서에 따른 배출량을 감축해야 한다는 의무를 지키지 않아도 된다는 결론을 이끌어낸다. 다음의 세 가지는 이러한 접근법의 채택에 핵심적인 요소들이다.

(i) 개발도상국의 낮은 1인당 배출량
(ii) 개발도상국의 발전 필요성
(iii) 현재 전 지구적으로 온실가스 농도가 높은 것은 선진국들의 과거 배출량이 가장 큰 원인이라는 사실[37]

이러한 접근법은 기후변화체제가 중국과 인도 같은 주요 개발도상국들을 포함하지 않는 한, 절대 효과적일 수 없을 것이라 주장하는 사람들에 의해 비판받아왔다.[38] 이 문제는 2009년 12월 코펜하겐 제15차 당사국총회에서의 논제였는데, 만약 '공통적이나 그 정도에 차이가 나는 책임원칙'을 단순히 개발도상국들에게 전혀 책임이 없다는 것으로 해석한다면, 이러한 교토의정서는 정치적

(New York: Oxford University Press, 2003) at 386. Stavins and Barrett, ibid 참조. 교토의정서의 이행체제가 희생과 형벌을 요구하지 않기 때문에 실패할 수 있다고 주장한다. 여기에서 형벌의 정도는 약정징벌금리뿐만 아니라 미래배출제한에 달려있으므로 국가는 미래배출제한에 동의해야만 하며, 그렇지 않으면 참여하지 않을 것이다.

37 Agus Sari, 'Developing Country Participation: The Kyoto-Marrakech Politics' (Hamburg Institute of International Economics, Discussion Paper 333, 2005) 18.

38 일례로 Stavins and Barrett, *supra* note 34 at 12면 참조. 또한 일반적으로 Albert Mumma and David Hodas, 'Designing a Global Post-Kyoto Climate Change Protocol that Advances Human Development' (Widener Law School Legal Studies Research Paper Series No. 08-67, 2008) 참조.

으로 불가능할 뿐만 아니라, 환경적으로도 쓸모가 없게 될 것이다. 따라서 논의의 초점은 의무사항들 중 무엇이 책임이 되어야 하는가로 집중되었다. 코펜하겐 합의는 비부속서 I 국가들에게 자발적으로 배출을 완화하는 조치를 취하도록 함으로써, 이 문제를 명확히 하는 데 실패하였다. 최빈개발도상국(Least Developed Countries : LDCs)과 군소도서 개발도상국(Small Island Developing Nations : SIDNs)은 '지원을 토대로 하여 자발적으로 행동에 착수'할 수도 있을 것이다.

3.3 결 론

국제무역과 기후변화체제는 상호간의 형식적인 원용을 통해서만 발전하고 진화해왔다. 그러나 이러한 상호관계만으로는 앞으로 충분하지 않을 것이다. 기후변화체제는 직접적으로 국내와 국제적 소비 및 생산양식에 영향을 미치며, 그 결과 국제통상규범에도 영향을 미치게 된다.[39] 따라서 통상규범은 기후변화 행동을 방해하기 보다는 지지한다는 점이 매우 중요하다. 마찬가지로 기후변화는 국제무역의 자유화를 위협하고 나아가 개발도상국들의 경제적 발전을 해치는 위장된 보호주의 조치로 악용되어서는 안 된다. 앞으로 어떤 면에서 시너지 효과가 있는지, 그리고 무역자유화와 기후변화체제의 목표를 저해하는 위험이 어떻게 발생하는지에 대해 알아보기 위해 이러한 두 법 체제 사이의 관련성을 살펴보도록 하겠다.

39 International Centre for Trade and Sustainable Development, Bridges Copenhagen Update, 21 December 2009, Issue 3.

4. 기후변화대응에 있어서 무역조치의 역할

4.1 서　　론

이 책의 기본적인 전제는 국제통상체제와 기후변화에 대응한 노력이 밀접하게 관련되어 있다는 것뿐만 아니라 이 둘 사이에 환경, 무역 그리고 개발목표의 달성을 가능하게 하는 시너지 효과가 있다는 것을 발견할 수 있다는 것이다. 국제무역이 선진국과 개발도상국 모두에 있어 경제성장과 번영에 중요한 역할을 하는 가운데, 전 세계적으로 기후변화가 중대한 영향을 미칠 것이라고 예상된다. 그러나 기후변화문제로 인해 일부 국가들은 다른 국가들에 비해서 손실을 볼 수 있지만, 적어도 단기적인 이득을 보는 일부 '승자'도 있을지 모른다는 것이 현재의 관측이다. 국제통상체제와 기후변화대처노력 간의 연계성으로 인해 각 분야의 정부부처 및 정책입안자들은 서로의 입장을 고려해야 한다. 통상규범들은 기후변화대응조치를 때로는 제한하고 때로는 장려한다. 한편 어떤 경우에는 기후변화대응조치 또한 무역관계에 있어서 중대한 의미를 갖는다.

이 장에서 우리는 무역과 기후변화 사이의 관련성에 대한 세 가지 논의를 소개할 것이다. 이 책의 주요 주제는 국제통상규범이 기후변화대응조치와 충돌하지 않아야 한다는 것이다. 반대로, 국제무역 제도들과 규범들은 이산화탄소배출을 감축하기 위한 국내조치의 실시와 다자간기후변화협정들에 대한 가입 및 준수를 촉구하는 측면에서, 기후변화대응조치에 도움을 줄 수 있다. 따라서 우리는 이 두 체제 사이에서 양립이 불가능한 부분에 대하여 강조하고 검토할 것이다. 한편 국제무역을 통해 비교우위를 활용하는 국가가 얻는 이익을 인식하는 동시에 기후변화완화와 적응을 위한 조치를 취하는 것의 중요성 및 그 긴급성에 대해서도 충분히 인식하면서 양자가 서로 보완될 수 있는 방향에 관해 논의의 초점을 맞추고자 한다.

4.2 국내 기후변화정책에 대하여 통상규범들이 지니는 의미

4.2.1 국내 기후정책의 선택

정부는 다양한 수단을 통해 기후변화에 대처할 수 있다. 경제학자들은 일정한 경우 당사자들이 외부효과를 내부화하는 데에는 조세가 유용하다고 주장하는 경향이 있다. 그러나 조치를 채택하는 것이 가능한가와 같은 그 밖의 요소들도 함께 고려하는 것이 중요하다. 이제 우리는 환경적 효과, 효율성, 형평성, 정치적 실현가능성이라는 네 가지 기준을 통해 기후변화에 대응하기 위한 국내 정책수단들에 대해 논의할 것이다.[1]

환경적 효과

정책수단의 선택은 정책목표에 따라 확실히 결정되며, 수단이 정책목표의 달성에 기여하는 정도에 따라 달라질 것이다. 정책목표에는 일정수준의 비율만큼의 온실가스 배출량을 감축, 재생가능 에너지를 통한 전력생산의 증대, 대중교통 이용의 활성화 등이 포함된다. 여기에서의 주된 관심사 중의 하나는 공언

1 R. Revesz and R. Stavins, 'Environmental Law' in A.M. Polinsky and S. Shavell (eds), *the Handbook of Law and Economics* vol.1 (Amsterdam : Elsevier, 2007) 참조. 여기에서는 비용효율성, 분배적인 형평성, 정치적 실현가능성에 기초하여 수단을 평가해야 한다고 주장한다. 비용효율성은 그 수단이 목표를 달성시키는지, 최대한 낮은 비용으로 목표를 달성하게 하는 수단인지, 정부에게 관련된 정보를 제공하는 수단인지, 신기술의 연구 개발과 같이 적절한 인센티브를 제공하는 수단인지에 대한 고려를 통해 판단한다.

된 목표가 무엇이든 간에, 수단이 실제로 특정 활동에 대한 효과를 내고 있는지 또는 효과의 일부라도 해당 수단 외의 요인들에 의해 나타난 것은 아닌지 여부를 판단하는 문제이다. 예를 들면, 재생가능 에너지를 이용한 전력생산의 증가가 정부보조금의 효과인지 아니면 보조금이 없었더라도 일어났을 효과인지가 그것이다.

실제로 정책 수단이 소기의 목표를 달성시키는지를 결정함에 있어 겪게 되는 이러한 어려움에 더하여, 수단이 환경적 부작용을 야기할 수도 있다는 우려 또한 존재한다. 특정수단이 주요 목적을 달성하는 데 있어 매우 효과적일지라도, 의도하지 않은 다른 환경적 결과를 야기할 수도 있는 것이다.[2] 가장 대표적인 예는 온실가스배출을 줄이기 위한 수단으로 그 자체로 환경 오염적 특성을 지니고 있는 원자력을 사용하는 것이다. 특정수단의 사용으로 인해 관련 활동을 둘러싼 가치나 규범의 변화와 같은 의도하지 않은 환경적 효과는 덜 직접적일 수도 있다. 예를 들면, 휘발유의 사용과 같은 행동에 대해 세금을 부과하는 것은 시민들이 자동차 운행을 줄이거나 혹은 소형차량의 운행과 같은 정책목표에 대해 책임의식을 가지기보다는 환경오염에 대해 지불해야 하는 가격의 역할로만 보도록 영향을 미칠 수 있다.[3] 그리고 이러한 가치나 규범의 변화는 세금부과를 통해 얻은 이익의 일부를 상쇄시킬 수도 있는 것이다. 어떤 경우에는 이러한 다른 환경적 효과를 명심해둘 필요가 있으나, 정책수단을 분석할 때에는 모든 효과들을 고려하는 것이 중요하다.

2 D. Duff and A. Green, 'Market-Based Policies For Renewable Energy Source Electricity: Comparative Evaluation,' in N. Chalifour, J. Milne, H. Ashiabor, K. Deketelaere and L. Kreiser (eds), *Critical Issues in Environmental Taxation : International and Comparative Perspectives*, vol.V (Oxford: Oxford University Press, 2008) 참조. 여기에서는 전력이 재생가능한 자원이라는 맥락에서 환경적 부작용 및 수단의 선택에 관련한 다른 측면들에 관하여 논의한다.

3 수단의 선택과 규범 또는 가치에 대한 논의를 위해서는 다음을 참조. C. Sunstein, 'Social Norms and Social Roles' (1996) *Columbia Law Review* 903, R. McAdams, 'The Origin, Development and Regulation of Norms' (1997) 96 (2) *Michigan Law Review* 338, and A. Green, 'You Can't Pay Them Enough : Subsidies, Environmental Law and Social Norms' (2006) 30 *Harvard Environmental Law Review* 407.

효 율 성

효율성은 광의 또는 협의로 나타낼 수 있다. 광의의 효율성은 사회후생에 미치는 정책의 효과를 분석할 때 이용되는데, 이는 특정 정책이 사회의 모든 개인에게 어떤 영향을 미치는지 그리고 그들의 전반적인 후생수준을 향상시키는 효과가 있는지와 관련된다.[4] 국가적 차원에서의 사회후생은 타국 국민에게 일정 비용이 부과된다 할지라도, 특정 조치가 자국 국민들의 복지를 증진시키는 효과를 갖는지의 여부를 통해 결정된다. 한편, 지구적 차원에서의 사회후생을 검토할 때에는 조치 부과국의 비용과 이득뿐만이 아니라 해당 조치가 타국에 미치는 모든 긍정적 또는 부정적 효과까지 고려된다. 이러한 유형의 사회후생 분석은 일반적으로 정책의 비용과 이득 간의 비교형량을 요한다는 점에서 논쟁의 소지가 많을 수 있다. 정책에 수반되는 모든 비용 및 이득을 양적으로 측정하는 것은 어렵거나 불가능할 수 있기 때문이다. 그러나 양적인 측정이 불가능한 경우라 할지라도, 이에 대해 분석하는 과정에서 조직 내 의사결정 과정의 질이 향상되는 효과가 있을 수 있다.[5]

협의의 효율성에 있어 그 핵심은 비용효율성(cost-effectiveness)이다. 이는 그 환경적 목표가 무엇이든 간에 목표달성을 최소한의 비용으로 달성한다는 것을 보장한다는 의미를 포함한다. 이때 비용에는 모든 비용이 포함되어야 하는데, 오염물질 감소 설비(abatement equipment)비용, 규제를 검토하거나 발전시키는 데 들어가는 정보비용과 실행비용을 포함한 제도운영의 공공비용, 사적 준수(private compliance)비용이 그 예이다. 한편, 이러한 비용들은 시간이 지남에 따라 변할 수 있기 때문에, 해당 조치로 인해 얼마만큼 기술혁신이 활성화되는가와 같은

---

4 효율성에 관한 사회후생 개념을 더 넓게 보면 그 밖의 요인들도 포함한다. 사회후생 기능이 정책으로 인해 발생하는 환경에 대한 비용과 이득을 포함하며, 사회후생의 기능의 중요성에 따라 형평성에 대한 사회의 선호를 반영할 수도 있기 때문이다.

5 Cass Sunstein, *Risk and Reason* (Cambridge: Cambridge University Press, 2002), Richard Revesz and Robert Stavins, *supra* note 1, and Richard Posner, *Catastrophe: Risk and Response* (Oxford: Oxford University Press, 2004) 참조. 그리고 Frank Ackerman and Lisa Heinzerling, *Priceless* (New York: New Press, 2004)에서는 환경적 영향을 계량화할 수 없고 금전적인 비용을 단위로 환산하기 어렵기 때문에 환경법에 비용-이익분석을 이용하는 것이 부적절하다고 주장하고 있다.

조치의 동태적 효과를 고려하는 것이 중요하다.[6]

형 평 성

정책에 따라 기후변화대응과 관련한 비용과 이득이 매우 다르게 분배될 수 있다. 예를 들어, 탄소세는 사회전체에는 이득을 가져다줄지 모르나 저소득층과 같은 특정집단에게는 더욱 커다란 부담을 줄 수 있다. 이러한 부정적 분배효과는 저소득층에 대한 세금 인하 등을 통해 상쇄될 수 있다. 여기서 중요한 점은 부정적 분배효과를 상쇄시키기 위해 고안된 이러한 조치가 해당 정책의 환경적 효과 또는 비용효율성을 실제로 어느 정도 감소시키는가를 검토하는 것이다. 특정 세금구조에서 이런 효과가 더 크게 나타날 수 있기 때문이다. 예를 들어 특정 집단에 비용을 부담시키지 않기 위해 탄소세에 면제규정을 둘 수 있다. 그러나 이러한 면제들은 그것이 어떻게 규정되건 간에 세금의 환경보호 효과를 감소시킬 가능성이 높고, 동일수준의 배출량감소를 달성하기 위한 비용을 증가시킴으로써 기후변화대응조치의 비용효율성을 감소시킬지도 모른다. 면제규정을 두는 방법에 대한 하나의 대안으로서 부정적 분배효과를 줄이면서도 환경보호 효과를 유지시킬 수 있는 방법이 있는데, 캐나다의 British Columbia 주에서 부과된 것 같은 조세중립적 세금(revenue-neutral tax)이 이에 해당한다. 조세중립적 세금은 조세중립적일 뿐만 아니라, 저소득층을 고려함으로써 형평성의 목표를 달성하게 한다.[7] 어떤 사회는 정책의 분배효과 달성에 일정한 조정비용이 들더라도, 형평성이 증가한다면 이러한 것이 정당화될 수 있다는 결정을 내릴 수도 있다. 그러나 최적정책을 선택할 때는 그 비용과 이득 간의 교환관계(trade-off)에 대해 잘 이해하는 것이 중요하다.

정치적 실현가능성

우리가 논의할 마지막 기준은 특정조치의 정치적 실현가능성이다. 최근 목격한 바와 같이 환경세는 많은 국가에서 실행되기 어려울 수도 있는데, 적어도

---

6 Revesz and Stavins, *supra* note 1.

7 British Columbia, Backgrounder : Balanced Budget 2008, online at : www.bcbudget.gov.bc.ca/2008/backgrounders/backgrounder_carbon_tax.htm (2010년 3월 3일 검색) 참조.

연방수준에서 미국과 캐나다와 같은 나라들이 그 예이다. 다른 국가들은 환경세를 시행할 수는 있더라도, 이들 역시 특정조치의 정치적 실현가능성의 이유로 세금에 광범위한 예외를 두고 있다. 한편, 국가들은 생산비용의 증가라는 측면에서 세금과 매우 유사한 효과를 나타내는 배출권거래제를 시행할 수도 있을 것이다.[8] 보조금의 경우 비용은 분산되어 있고 투명성이 낮은 반면 적어도 협의의 경제적 이득과 같은 이득은 눈에 보이도록 분명히 주어지기 때문에 종종 가장 정치적 실현가능성이 높은 조치가 된다. 따라서 정치적인 실현가능성과 나머지 세 기준 간에 일정한 관련성이 있음에도 불구하고, 최적의 환경적 효과가 있고 비용효율이 높으며 형평성을 갖춘 정책이라도 이를 실제로 시행하는 것은 정치적으로 실현 가능성이 낮을 수 있다. 정치적 실현가능성은 특정 조치가 제소되어 WTO에서 검토될 때 특히 골치 아픈 문제일 수 있다. 무역효과를 유발시키는 특정조치를 시행한 국가가 해당조치보다 덜 제한적인 무역조치는 정치적으로 실현가능성이 없다는 주장을 하는 경우, WTO 패널과 항소기구가 이를 어떻게 검토하는지에 대해서는 앞으로 논의할 것이다.

정책을 제한하거나 발전시키는 경우 : 기후변화대응조치를 취하고자 하는 정부의 관점에서 보면 국제통상규범들은 부정적 그리고 긍정적인 의미를 모두 갖는다. 부정적인 면은 통상규범들로 인해서 기후변화에 대응한 최적의 국내조치를 선택할 수 있는 국가의 능력을 제한하는 것이고, 긍정적인 면은 무역협정 및 제도가 국가들로 하여금 자신의 의무를 준수하도록 하는 데에 도움을 주는 것이다.

조치를 제한하는 경우 : WTO 회원국은 WTO의 다양한 대상 협정상의 규칙을 준수해야 할 의무가 있다. 특히 GATT하에서 국가는 무역상대국들 사이에 차별조치를 취해서는 안 되며 국내생산자의 보호를 목적으로 외국 생산자를 차별하지 않을 것을 보장할 의무를 갖는다. 이와 유사하게, 보조금협정에 규정된 규범들은 국내생산자에게 보조금을 지급할 수 있는 국가의

8 탄소세와 배출권거래제의 특징과 각각의 이점 및 단점에 대한 논의에 대해서는 제6장을 참조.

자유를 제한함으로써 차별을 예방하고 있다. 이와 같은 다양한 의무에 따를 때, 제한이 가해질 수 있는 국내조치의 범위는 넓게 (i) 국내규정 및 국내배출거래제도 (ii) 내국세 (iii) 보조금 (iv) 국경세조정이 있다.

국내규정이 갖는 잠재적인 문제점은 다음과 같다. 어떤 국내규칙에 따를 때 외국 경쟁업자에게는 불이익이 초래되는 반면 국내업자에는 이익이 발생되는 경우 또는 특정 무역 상대국이 다른 무역 상대국에 비해 불리한 대우를 받게 되는 경우, WTO규칙하에서 그러한 국내규칙은 무역 제한적이고 차별적인 것으로 간주될 수 있다. 규칙이 실제로 무역 제한적이거나 차별적인지 여부는 규칙의 구조 및 적용방식 등에 따라 달라지는데, 이는 논쟁의 대상이 되어 WTO 분쟁해결기구에 의한 분쟁해결이 필요하게 될 수 있다.

국가들의 의무준수를 장려하는 경우 무역협정은 국가들이 자신의 배출량감축의무를 이행하는 데 도움을 줄 수 있다. 첫째, 국가들은 무역제재를 이용하여 타국에 대해 기후변화협정에 가입할 것과 이를 준수할 것을 강제할 수 있다. 무역제재의 사용 또는 무역제재가 실제 사용될 것이라는 믿을 만한 위협은 대상국가가 기후변화대응조치에 반대하는 국내이익집단과의 갈등을 해결하는 것을 더 수월하게 해줄 것이다. 대상국가의 정부는 구속력 있는 외부규칙을 근거로 하여 국내이익집단이 정책결정에 영향을 미칠 가능성을 최소화시킬 수 있는 것이다. 둘째, 국가들은 무역조치를 이용하여 국내산업들의 기후변화대응조치와 관련한 산업경쟁력 약화 우려를 감소시킬 수도 있다. 만약 정부가 경쟁력 약화에 대처하는 조치를 취해 이러한 우려를 약화시킬 수 있다면, 통상규범들은 분명 국가들이 배출량감축의무 이행을 장려하는 데 긍정적인 역할을 할 수 있을 것이다. 우리는 이 점에서 국경세조정의 이용가능성에 특별한 주의를 기울일 것이다.

4.3 타국에게 기후변화대응조치를 강제하는 일방적 조치

제2장에서 언급한 바와 같이 국제적인 기후변화체제를 고안함에 있어 겪는 핵심적인 어려움은 온실가스 배출량 감소를 통한 기후변화 문제의 대처가

'추가적인 공공재'라는 사실이다. 추가적 공공재는 다수의 국가에 의한 온실가스 배출량의 총량 감소에 의존하는 공공재를 일컫는다.[9] 다른 공공재와 마찬가지로, 추가적 공공재와 관련된 위험은 일부 당사국들이 다른 국가의 노력에 무임승차할 것이란 점이다. 예를 들어 국가들은 기후변화협정에 가입하기를 거부하거나, 가입하더라도 협정상의 실체적 의무를 약속하지 않거나, 또는 감축을 약속해 놓고 그 약속을 이행하지 않는 경우가 있을 수 있다. 교토의정서는 이러한 유형들의 무임승차를 여실히 보여주고 있다. 일부 국가들은 의정서 가입을 거부했고, 개발도상국 특히 이들 중 대다수는 온실가스 주요배출국인 일부 국가들은 가입하였으나 어떠한 감축 의무도 약속하지 않았고, 또한 캐나다와 같은 다른 국가들은 감축을 약속하긴 했지만 이를 이행하지 않을 것으로 예상된다.[10]

일방적 무역조치는 이러한 무임승차 문제를 극복하여, 기후변화협정에 가입 및 준수를 장려할 수 있다.[11] 첫째, 무역조치는 당근(carrot) 또는 긍정적 유인책(incentives)으로 사용되어 국가들로 하여금 기후변화협정에 가입하거나 협정상 의무를 준수하게 만들 수 있다.[12] 예컨대, 기후변화협정의 당사국이 비가입국 또

9 제2장에서 지적한 바와 같이, 공공재는 재화의 소비에서 얻는 혜택으로부터 특정 집단의 사람들을 배제할 수 없는 성격을 가지는 비배제적이며 한 사람이 어떤 재화를 쓰더라도 다른 사람들도 그것을 동시에 얼마든지 쓸 수 있는 성격을 가지는 비경합적인 재화이다. Scott Barrett, 'Proposal for a New Climate Change Treaty System' (2007) 4(3) *The Economists' Voice* Article 6 참조. 이 논문에서 Barrett은 대기 중의 온실가스 농도를 줄이는 것을 추가적으로 또는 '노력의 총합'을 통해 얻어지는 공공재로 설명한다. 이는 지구온난화를 예방하기 위해 소행성을 정지시키는 것과 같은 국가의 일방적인 조치에 의존하는 '단일의 최대노력으로 얻는' 공공재와는 반대되는 개념이다. 또는 이 공공재는 질병확산의 중지와 같은 관련된 모든 국가의 참여에 따라 달라지는 '가장 취약한' 공공재와도 반대되는 개념이다.

10 National Round Table on the Economy and the Environment (NRTEE), *Getting to 2050: Canada's Transition to a Low-emission Future* (Ottawa: NRTEE, 2007) 참조.

11 또한 환경조약은 당사국들에게 무역조치를 자국의 환경목적 달성을 위한 수단으로 이용할 수 있도록 허용하고 있다. 이 점에 대한 자세한 논의는 제14장을 참조.

12 Howard Chang, 'An Economic Analysis of Trade Measures to Protect the Global Environment' (1994-95) 83 *Georgetown Law Journal* 2131. 환경보호를 장려하는 데 있어 '당근'과 '채찍'에 대해 논의함. 그리고 Scott Barrett, *Environment and Statecraft: The Strategy of Environmental Treaty-Making* (Oxford: Oxford University Press, 2003)을 참조. 또한 Howard F. Chang, 'Carrots, Sticks, and International Externalities' (1997) 17 *International Review of Law and Economics* 309 참조.

는 비준수국에게 기후변화와 관련된 특정제품 또는 더 일반적으로 모든 제품과 관련하여 특혜무역양허를 제안할 수 있다.[13] 그러한 특혜는 수혜국가가 일정의 배출량감축약속을 만족시킨다는 조건하에 주어지는 것이다. 이러한 유형의 한 예로는 GATT하의 일반특혜관세제도(Generalized Scheme of Preferences : GSP)가 있다. 일반특혜관세제도는 선진국이 일방적으로 개발도상국으로부터 수입되는 제품에 대한 특혜적인 시장접근을 제공하는 것이다. 이러한 특혜는 종종 일정조건이 만족되는 경우에만 주어지는데, 이러한 조건에는 일정수준의 환경기준 및 목표의 달성이 포함된다. 그 유형의 조건이 야기하는 법적 쟁점에 대해서는 제11장에서 논의할 것이다. 한편, 다른 '당근'으로는 개발도상국으로의 투자증진 및 기술이전, 환경문제의 대처 역량강화(capacity-building) 등이 있다.

둘째, 기후변화협정에 가입 또는 준수로 인한 비유인(disincentive)을 없애는 데 무역조치가 이용될 수 있다. 정부가 국내 기후변화대응조치를 취할 때 받는 주요한 비유인은 기후변화협정에의 비가입 또는 비준수로 인해 타국에서는 부담하지 않은 비용을 국내생산자가 부담하는 경우 생기는 비교우위의 상실이다. 그러한 비유인을 제거하기 위한 조치로는 비가입국이나 비준수국으로부터 제품이 수출입될 때 국경에서 해당제품에 부과하는 세금이 있다. 또한 수출품이 그러한 국가들을 도착지로 하는 경우에는 자국수출품에 부과했던 세금을 환급해주는 형태(국경세 조정)를 생각해 볼 수 있다. 에너지효율성과 같은 제품의 일정 특성에 대해 국내규정 및 내국세로 규제하는 것 또한 비유인을 제거하는 역할을 할 것이다.

셋째, 국가는 에너지집약적 제품의 사용 또는 비가입국 및 비준수국의 영토에서 온실가스를 배출한 제품의 사용을 금지할 수 있다. 이러한 금지는 국경에서 이루어질 수 있는데, 특히 위와 같은 특성을 지닌 제품의 반입을 금지하면서 한편으로 유사한 국내 제품을 시장에서 잠재적으로 허용하는 조치가 WTO 규범하에서 문제가 될 가능성이 높다.

---

13 이러한 유형의 조치들은 환경적 피해의 감소를 구체적 목표로 하는 조치와 병존하는 부분이 존재한다. 환경적 피해 감소를 구체적 목표로 하는 조치에는 환경적으로 유해한 산업에 대한 보조금의 감소 또는 풍력발전용 터빈과 같은 환경친화적인 제품 및 서비스의 무역 자유화 조치 등이 있다. 이번 장에서는 국제기후변화체제에의 참여 및 준수를 증가시키는 목적과 관련한 범위에서만 그러한 조치들을 검토하고 있다.

마지막으로, 국가들은 일방적으로 무역조치를 '채찍(stick)'으로 사용하여 비가입국을 기후변화협정에 가입시키거나, 이에 상응하는 노력을 강제함으로써 가입하지 않으려는 시도를 분명하게 단념시키려 할 수도 있다. 또한 무역조치를 사용하여 기후변화제도에 이미 가입한 당사국들에게는 자신이 한 약속을 이행할 것을 강제할 수 있다. 제4부에서 논의될 것과 같이, 위의 두 경우 중 어떤 경우라도 무역조치는 비가입국 및 비준수국의 행동에 변화를 일으킬 수 있을 만큼 충분히 강력한 수준이어야 한다. 즉, 이때 사용되는 무역조치로 인해 강제받는 국가가 지게 되는 비용이 그 국가가 기후변화협정에 가입 또는 준수할 경우 얻게 되는 이익만큼 증가해야 한다. 부과하는 조치의 위협이 신뢰성을 잃을 수 있기 때문에 제재국에 대한 무역조치의 비용이 너무 크면 안 된다.[14] 조치의 강도와 신뢰도라는 두 조건은 적절한 실행메커니즘을 고안하는 데 핵심이 될 것이다. 물론 무역조치를 '채찍'으로 사용하는 것이 정치적으로 실현가능한가라는 문제가 제기될 수도 있을 것이다.

4.4 다자적 해결방안들

통상규범과 기후변화 간의 연계성에 대한 세 번째 논의는 소위 '다자적 해결'이라 하는 논의이다. 우선 다자적 해결방안을 두 개의 넓은 범주로 나누고자 한다. 첫째는 다자간 환경조약 내에 무역조치를 포함시키는 것이고, 둘째는 환경적으로 유익한 제품 및 서비스의 무역을 증대시키는 것이다.

첫 번째와 관련하여, 기후변화 목표의 달성에 있어 무역조치가 장려수단이 되도록 하는 한 가지 가능한 방법은 기후변화협정을 통한 것이다. 이는 개별 국가가 취하는 일방적 행동에 의존하기보다는 기후변화협정 당사자들이 비가입국 및 비준수국에 대해 취할 수 있는 무역조치를 협정 자체에서 규율하는 방법이다. 많은 다자간 환경조약에서는 환경보호목적을 달성시키기 위한 방법으로 무

14 Barrett, *supra* note 12, and Robert N. Stavins and Scott Barrett, *Increasing Participation and Compliance in International Trade Agreements*(Working Paper No. RWP02031, Kennedy School of Government, Harvard University, 2002) 참조.

역조치를 규정하고 있는데, 이러한 다자간 환경조약에는 멸종위기에 처한 야생동식물의 국제거래에 관한 협약(Convention on International Trade in Endangered Species of Wild Fauna and Flora : CITES), 유해폐기물의 국가 간 이용 및 처리 통제에 관한 바젤 협약(Basel Convention), 몬트리올의정서(Montreal protocol)가 있다. 각각의 다자간 환경조약에서는 각자의 목표를 달성하도록 다양하게 무역조치를 규정하고 있다. 가장 흔히 이용되는 방법은 위해한 화학물질처럼 제품이 자체적으로 환경에 유해한지 또는 멸종위기 동식물과 같은 무역거래 자체가 보존할 필요가 있는 것들에 대해 유해한 것인지에 따라 국가의 특정제품 수출입 능력에 일정한 제한 및 조건을 부과하는 것인데, 이는 환경적 피해를 최소화하는 직접적 수단으로 무역조치를 이용하는 것이다. 무역조치 중 가장 극단적인 조치로는 수출입금지가 있고, 이보다 완화된 조치로는 국가들이 의심스러운 제품들을 수출하는 것을 더욱 까다롭게 만드는 포장 및 라벨링 요건 등이 있다.

다자간 환경조약에서 무역조치가 이용될 수 있는 두 번째 방법은 공정한 경쟁의 장을 마련하기 위하여 비가입 및 비준수에 대한 장애물을 제거하고 이에 따라 무임승차를 방지하는 것이다. 예컨대, 몬트리올의정서의 경우 비가입국으로부터의 수입 또는 그 국가로의 수출을 금지하고 있다. 이러한 규정의 목적은 더 많은 국가들이 의정서에 참여하도록 권장하고, 협정상의 환경적 이득이 비당사국의 활동으로 저해되지 않도록 함에 있다.[15]

세 번째로, 무역조치들은 준수를 강제하기 위하여 비준수국을 제재하는 '채찍'으로 이용된다. 그러나 주목해야 할 점은 이런 방식의 무역조치의 이용을 규정하는 다자간 환경조약에서 이를 최후의 수단으로 정하고 있다는 점이다. 그 이유는 다자간 환경조약이 비준수에 대한 처벌이 아닌 준수의 촉진 및 장려에 초점을 두고 있기 때문이다.[16]

기후변화와 관련하여 제기되는 문제들은 기후변화협정에 이러한 무역조치들을 포함시킬 가능성을 둘러싼 논의들이다. WTO규범하에서 그러한 무역조치가 적법한가와 관련하여서는, 다자간 환경조약과 WTO규범의 중첩 또는 충돌

15 Ludivine Tamiotti et al., *Trade and Climate Change : A Report by the United Nations Environment Programme and the World Trade Organization* (Geneva : WTO, 2009) at 13.

16 Ibid. at 29.

로 인한 문제를 포함하여 수많은 불확실성과 어려움이 존재한다. 앞으로 논의될 두 번째 방식의 다자적 해결은, 환경 친화적이며 지속가능한 형태의 바이오 연료와 같은 환경제품 및 서비스에 대한 장벽과 기술이전에 대한 장벽을 낮춤으로써 환경을 무역협정 안으로 끌어오는 것이다. WTO의 무역환경위원회(CTE)는 환경제품 및 서비스의 무역에 관한 문제를 검토해오고 있다. 그러나 국가들은 환경제품 및 서비스의 핵심 리스트에 대해 합의를 이루는 과정에서 진전을 이루지 못하고 있다.

제3부

통상규범과 국내정책

5. 규제와 국내 배출권거래제

6. 조　　세

7. 보 조 금

8. 국경세조정

9. 환경적 예외의 역할

10. 국내정책의 평가

5. 규제와 국내 배출권거래제

5.1 규제 또는 국내 배출권거래제의 사용

기후변화에 대응하려는 국가들은 가장 핵심이라 할 수 있는 부정적 외부효과를 해결하기 위한 방안을 모색해야 한다. 제2장에서 다룬 바 있듯이 개인과 기업은 온실가스를 배출하는 행위로 혜택을 얻지만, 그 비용에 대해서는 전혀, 심지어 잠재적 비용의 일부조차 부담하지 않는다. 국내정책은 노골적으로 개인과 기업에 비용을 부과하거나, 그들이 이러한 비용을 고려하도록 하는 다른 방법을 찾아야 한다. 이러한 기능을 충족할 수 있는 다양한 정책수단들이 있는데, 여기에는 다양한 형태의 세금, 특정한 선택을 장려하기 위한 보조금 그리고 개인 또는 기업들로 하여금 특정 조치를 취하도록 하는 규제가 포함된다. 가치관과 우선순위, 기후변화의 부정적 영향에 대한 민감도와 정책 선호를 포함한 다양한 방면에서 각국은 서로 다르므로 다양한 정책수단을 이용할 수 있는 융통성이 필요하다. 정책적 유연성은 그 국가의 상황에 따른 수단 선택을 가능케 한다.

정부는 부정적 외부효과를 고려한 행위의 유형과 수준을 정하기 위해 규제적 기준을 사용할 수 있다. 규제조치에는 다양한 형태가 있지만 본 장에서는, 첫째, 배출수준과 같이 특정한 재화나 행동에 대한 기준, 둘째, 제품 라벨을 통해 하는 것과 같은 정보의 필수공개, 그리고 셋째, 국내 배출권거래 프로그램에 초점을 맞출 것이다. 이후 이러한 조치가 무역에 미치는 영향에 관하여 살펴 볼 것이다.

5.1.1 규제조치의 종류

기준의 설정

정부는 다양한 행위에 대한 기준을 설정하여 온실가스 배출을 통제하고자 할 것이다. 이러한 기준은 특정 제품에서 배출되는 온실가스를 대상으로 설정될 수 있다. 예를 들어, 정부는 차량에 대해 배출기준을 설정하고 가정용 기기들과 같이 다양한 제품에 대해 에너지효율기준을 설정하고 있다. 또한 이러한 기준은 제조공정과도 관련이 있을 수 있다. 예를 들어 정부는 발전시설이나 시추시설의 배출량에 대한 허용수준을 설정할 수 있으며, 이른바 '신재생에너지의무할당제도(renewable portfolio standards : RPS)'라 불리는 재생가능에너지 최소사용량 기준을 설정할 수도 있다.

이러한 기준은 세금처럼 배출에 대하여 직접적으로 비용을 부과하지는 않지만, 특정 조치가 취해질 것을 요구함으로써 간접적으로 부과하는 것이다. 특정한 경우에 환경적으로 효과적이라 평가되는 기준을 시행할 경우, 원하는 배출량수준의 달성을 보장할 수 있다. 그러나 이러한 기준에 대한 주요 불만 중 하나는 그 기준들이 다양한 상황에 따른 충분한 융통성을 발휘하지 못한다는 것이다. 다양성의 부족은 환경적 효율성의 감소와 높은 비용 발생으로 이어질 수 있다. 정부의 어려움은 적정한 수준이나 제품 기준을 선택해야 한다는 것이다. 이러한 결정을 함에 있어 정부는 생산자보다 적은 정보를 갖고 있을 것이다. 더 나아가 기준의 사용은 혁신을 저해하여 장기적 배출감축을 감소시킬 것이다. 생산자가 배출 기준을 충족하는 것만으로는 온실가스를 더 줄일 수 있는 새로운 제품이나 방법의 연구개발에 투자하는 것처럼 더 나아지고자 하는 것에 대한 인센티브가 없다. 기준 또한 끊임없이 변화함으로써 혁신을 유도할 수 있을 것이나, 앞서 지적하였듯 이를 위해 정부기관은 자신이 보통 보유하는 것보다 더 많은 정보를 필요로 하게 된다.

정보 제공

생산자에게 특정 기준을 준수하도록 요구하는 대신, 정부는 생산자들이 그 제품에 대하여 제공하는 정보, 특히 온실가스 배출권이나 에너지 효율성에 대하여 규제할 수도 있을 것이다. 이러한 정보요구는 제품의 온실가스 배출, 예를 들어 차의 종류에 따른 온실가스 배출, 또는 생산과정에서 발생한 온실가스에 대한 의무적 표시의 형태를 취할 수 있다. 많은 국가들이 독일의 Blue Angel 프로그램과 캐나다의 Environmental Choice 프로그램과 같은 일반적인 환경 라벨링제도를 사용해왔다. 물론 특정 제품이나 제품군의 온실가스 배출에 관한 더 구체적인 프로그램도 존재할 수 있다.

이러한 정보프로그램은 소비자의 기호를 보다 환경친화적인 제품으로 돌리려는 의도를 가지고 있다. 그러한 프로그램의 설계방법에 따라 직접적인 비용은 저렴해질 수 있겠지만 그 환경적 효과까지 함께 낮아질 수도 있다. 이러한 효과는 분명 소비자의 기호나 지식에 따라 크게 좌우된다. 따라서 소비자가 기후변화에 관심이 없거나 환경친화적 제품에 더 많은 비용을 지불할 의사가 없다면, 온실가스 배출에 대한 정보는 큰 효과를 볼 수 없게 된다. 더 나아가 만약 소비자가 정보나 기후변화의 잠재적 피해를 이해하지 못하는 경우에도 그러한 정보는 비효율적인 것이 된다. 예를 들어, 기후변화는 비극적인 기후의 변환을 부르는 사소한 가능성을 높이는 원인이 될 수도 있고, 미래에 영향을 끼칠 수도 있다. 그런 자그마한 가능성이나 미래에의 피해를 개인이 받아들이려 하지 않는 한, 그 영향에 대해 이해하고 다른 선택을 하길 원한다고 하더라도 정보는 그들의 행동을 바꾸지 못할 것이다.[1]

배출권거래제

국내 배출권거래제는 온실가스 배출과 배출감축비용 모두 또는 어느 한쪽을 줄이기 위해 사용될 수 있다. 배출권거래제는 목표 배출수준을 설정하고 참

---

1 Cass Sunstein, *The Laws of Fear* (Cambridge: Cambridge University Press, 2005); and Richard Posner, *Catastrophe: Risk and Response* (Oxford: Oxford University Press, 2004). 정보캠페인 또한 정보에 반응하고자 하는 개인이 그에 반응하고 있는 다른 개인을 의식하지 않아 행동하려 하지 않는 집단행위문제를 해결하지 못할 것이다.

가자들에게 그 수준까지 배출 허가권을 할당한다. 이러한 허가권은 무상으로 또는 경매를 통해 기업이나 다른 참가자들에게 제공될 수 있다. 기업들은 그들이 배출하는 온실가스 양을 감당하기 위해 배출 허가권을 충분히 보유하고 있어야 한다. 기업은 이 허가권을 사거나 팔 수 있다. 이 제도에서 배출권을 거래하는 것은 배출감축비용이 높은 기업이 배출감축비용이 낮은 기업으로부터 허가권을 구매하기 때문에 전체적인 배출감축비용을 줄이는 효과가 있다고 한다. 배출권거래제가 전통적 형태의 규제방식보다 배출량을 더 많이 감축하는지 여부는 배출권 상한 설정의 엄정성에 달려있다. 다시 말해 이전에 허용되었던 배출수준보다 그 상한이 낮게 설정된 경우에만 배출량을 줄일 수 있으며, 그렇게 상한이 결정된 경우 환경적으로 효과적일 것이고 배출량이 계속적으로 낮아질 것이다.

이러한 배출권거래제는 일반적으로 배출량이 많은 기업들을 대상으로 한다. 기후변화 분야에서 가장 잘 알려진 배출권거래제는 EU의 배출권거래제(EU-ETS)인데, 배출권거래제 도입에 대한 많은 우려로 인해 초기 할당량의 결정과 배분이 어려웠다. 일례로 EU의 배출권거래제는 초기에 너무 많은 배출권이 발행되어 운영에 어려움이 있었다. 북미지역에서는 이 제도가 지역단위로 생겨났고 주 경계를 넘어 확산되었다. 예를 들어, REGGI(Regional Greenhouse Gas Initiative)는 미국 동부지역의 발전(electricity generation)분야에 관련된 배출권거래 프로그램이다. 미국과 캐나다 연방정부는 공동 배출권거래제를 구상하는 것에 대한 논의를 했었으나 이 제도를 아직까지 도입하지 않았다.

5.1.2 규제가 무역에 미치는 영향

규제조치는 무역에 영향을 미친다는 점에서 관세와 동일한 효과를 가지며, 국내생산품에 비해 수입품의 가격을 인상시킬 수 있다. 예를 들어, 자동차의 연료효율에 대한 요건을 충족시키는 데 국내생산자가 외국 생산자보다 비용이 덜 들 것이다. 이러한 경우 규제조치는 수입비용을 증가시킨다. 만약 문제의 규제조치가 없었다면, 적은 비용을 투입하는 수입생산자에게 손해를 끼치면서, 보다 높은 비용을 투입하여야 할 국내생산자가 시장에 진입하게 된다. 또한 규제조치는 연비가 떨어지는 자동차의 가격을 상승시킴으로써 일부 소비자들의 구매의사를 반감시킨다.

물론 이러한 규제조치가 반드시 나쁜 것은 아니며, 부정적 외부효과를 극복함으로써 합법적인 규제목표를 달성할 수도 있을 것이다. 그러나 규제조치는 또한 보호주의로 작용할 수 있다. Sykes는 보호주의를 "차별적이거나 진정한 규제목적의 달성에 불필요한 방법으로 외국회사에 비용적인 부담을 주는 모든 규제정책"이라고 서술한다. 그는 규제조치를 통한 보호주의는 관세, 수량할당, 또는 보조금과 같은 다른 형태의 보호주의에 비해 더 유해하다고 주장한다.[2] 다른 형태의 보호주의의 경우 사회적으로는 손실이더라도, 보다 높은 비용에서 발생하는 손실의 일부를 다른 곳으로 이전시키기도 한다. 관세는 정부의 수입원이고 수량할당은 수량 보유자의 수입원이며, 보조금은 소비자에게 혜택을 준다. 반면 규제조치의 경우 적법한 규제목적에 필요하지 않는 한 다른 이에게 손실을 전가하지 않으므로 증가한 비용은 완전히 낭비되는 것이다.

예를 들어, 외국의 자동차 생산자에게 별 효과가 없거나 불필요한 배출기술을 선택하도록 강제하는 규제는 단지 외국 생산자의 비용을 증가시킬 뿐이다. 기후변화 또는 어떠한 목적에도 기여하지 못하는 자중손실이 일어난다.* 이러한 손실은 어떠한 유형의 규제조치에서도 발생할 수 있다. 더 완화된 또는 공평한 요건으로도 충분히 정책목표를 달성할 수 있는 경우 환경목적을 달성하는데 효과적이지 않거나 불필요하게 무역제한적인 것이 기준이 될 수 있다. 또한 환경적 효과는 없으면서 수입자들의 비용만 부담시키는 정보제공의무와 수입자들에게 불필요하게 비용을 부과하는 배출권거래제 그 기준이 될 수 있다.

규제를 통한 보호주의의 핵심에는 공공 선택적 우려(public choice concerns)가 있다. 이익단체들은 정부로 하여금 긍정적 환경영향을 의도하는, 그러나 실제로는 자신들의 이익을 보호하기 위한 규제조치를 도입하도록 영향력을 행사할 수도 있다. 이러한 보호는 국내 소비자, 특히 수입품을 사용하는 생산자의 비용으

---

2 Alan Sykes, 'Regulatory Protectionism and the Law of International Trade' (1999) 66 *University of Chicago Law Review* 1, at 3.

* 역자 주: Deadweight loss는 경제학적으로는 조세와 같은 인위적인 경제 유인의 왜곡에 따라 발생하는 경제적 순손실을 의미한다.

로 이루어진다. 그러나 정치인들은 특정한 규제가 선거지원, 선거자금 또는 미래의 취업기회와 같이 그 자신에게 돌아올 혜택을 제공할 경우 특정한 형태의 규제에 대한 요청을 기꺼이 들어주고자 할 것이다.

5.2 내국민대우

WTO는 내국민대우로 보호주의적 규제를 해결하려고 하는데, 그 전신인 GATT와 마찬가지로 WTO의 핵심원칙인 비차별원칙의 한 형태이다. 비차별원칙은 부정적인 방향으로 규제하는 것으로 분류될 수 있다. 즉, 국가들이 정책결정의 도입 시 다른 국가들을 공평하게 대우할 것을 보장함으로써 국가의 행동범위를 제한한다. 동 원칙은 1940년대 초기 GATT에 규정되었지만 그보다 더 오래된 역사를 갖고 있으며,[3] 여기에는 두 가지 요소, 즉 최혜국대우와 내국민대우가 있다. 이 장에서는 특히 규제를 통한 보호주의에 입각하여 내국민대우에 대해 살펴보도록 한다.

5.2.1 내국민대우에 대한 두 가지 시각

내국민대우조항은 국내생산품과 수입제품 간 차별을 금지하는 규정으로, 이러한 점에서 기후변화대응정책에 관한 모든 분쟁의 중심이 될 수 있다. 다수의 WTO협정에서 내국민대우원칙을 발견할 수 있는데, 규제조치에 관한 한 GATT 제3조가 중요하다. 제3조 1항은 내국민대우조항의 목적을 규정하고 있으며,[4] 국내생산품을 보호하기 위해서 수입제품이나 국내생산품에 규제조치와 세금을 포함하는 조치들을 적용시키는 것이 금지된다.

---

3 Michael Trebilcock and Shiva Giri, 'The National Treatment Principle in International Trade Law', in Choi and Hartigan (eds), *Handbook of International Trade*, Volume II (Oxford: Blackwell, 2005).

4 규제에 관한 이외의 주요협정으로는 TBT협정이 있다. 후술하는 바와 같이 이 협정에도 내국민대우조항이 있다.

항소기구는 내국민대우조항의 목적이 보호주의적 국내조치를 막는 것이라고 밝힌 바 있다.[5]

> 이러한 목적을 위하여, 제3조는 WTO회원국들로 하여금 의무적으로 국내생산품과 수입품 간에 동등한 경쟁조건을 제공하도록 한다 … 제3조는 어떠한 특정 무역량보다는 수입품과 국내생산품 간의 동등한 경쟁관계에 대한 기대를 보호한다.[6]

항소기구는 이 일반원칙이 국내 규제조치와 어떤 관련이 있는지를 알려주고 있다는 것을 확인하였다.[7] 특히, 항소기구는 동 원칙이 규제에 대하여 적용되는 내국민대우를 규정하고 있는 제3조 4항에 대해, 제3조 4항은 그 국내 판매, 판매를 위한 제공, 구매, 운송, 유통, 또는 사용에 영향을 주는 모든 법률, 규정, 요건에 관하여 국내원산의 동종제품에 부여되는 대우보다 불리하지 않은 대우를 부여받아야 한다고 규정하고 있다는 것을 밝혔다.

내국민대우와 내국민대우의 규제를 통한 보호주의에 대한 제한에 대하여 두 가지의 매우 상이한 방법론이 있다. 첫째, 내국민대우는 국산품과 수입품 간에 어떠한 차별도 허용하지 않는 포괄적 규제(blanket rule)라고 할 수 있다. 국산품과 수입품은 국내시장에서 최대한 공개적으로 경쟁할 수 있어야 하며, 차별적 대우의 목적에 대한 고려는 없어야 할 것이다. 이러한 협의의 접근방법을 통해 국산품과 수입품이 대우상의 차별 없이 경쟁했는지 여부를 판단하는 것이다.[8] 수입자동차가 연료효율이 낮은 경우와 같이 만약 국내정부가 다르게 대우해야 할 이유가 있다고 판단하면, 모든 규제요건들은 고갈될 수 있는 천연자원의 보호 등과 같이 이 책 제9장에서 다루고 있는 GATT 제20조하의 예외로서 정당화되어야 한다.

---

5 *European Communities–Measures Affecting Asbestos and Asbestos Containing Products* (2000) WTO Doc. WT/DS135/AB/R (Appellate Body Report) at para. 97.

6 *EC–Asbestos*, ibid., quoting the Appellate Body in *Japan–Taxes on Alcoholic Beverages* (1996) WTO Doc. WT/DS8/AB/R, WT/DS10/AB/R, WT/DS11/AB/R (Appellate Body Report).

7 *EC–Asbestos*, *supra* note 5 at para. 98.

8 예를 들어 경제학과 특정 경쟁법에서 도출되는 내국민대우와 심사에 관한 경제학적 개념에 관한 토론에 대해서, Trebilcock and Giri, *supra* note 3 참조.

또 다른 방법론으로는 제품이 '동종'제품인지 여부를 판단함에 있어 명백히 유사한 두 제품에 대한 대우가 다른 것의 적법성을 판단하기 위한 기준을 만들려고 한 것이 있다.[9] 그러한 방법론의 초기형태는, 조치의 목적과 또는 영향이 국내산업을 보호하려는 것인지를 심사하는 '조치목적론(aims and effects)'이다. 이것은 합법적인 규제목적을 달성하기 위한 규제적 구분을 어느 정도 허용하는데, 이는 명백히 합법적인 규제적 구별의 근거로 '예외'를 찾아야 할 필요가 없다는 것을 전제로 한다. 그러한 규제조치는 국내규제권한의 허용범위 내에 있어야 한다.

이들 두 방법론의 차이는 패널이나 항소기구에게 제공된 정보에 있다. 만약 패널이나 항소기구가 조치에 숨겨진 실제 의도를 판단할 수 있다면 그러한 조치가 비효율적이고, 숨겨진 보호주의적인 조치일 수 있다는 규제조치에 관련된 일반적인 우려와 마주하게 될 것이다. 경제성 심사를 하는 이유는 어떤 조치의 목적과 비경제적 효과에 대한 정보를 입수하는 것이 어려우므로 경제성 심사가 패널이 적용하기에 상대적으로 명확하기 때문이다.

내국민대우에 관한 보다 넓은 '조치목적론적' 접근방법의 또 다른 잠재적 문제는 정당한 규제 목적을 판단하는 데 패널에게 너무 많은 재량을 준다는 것이다. 이러한 주장에 따르면, 합의된 예외사항들은 제20조에 열거되어 있으며, 만약 그 밖의 적법한 목적이 있다면 회원국들은 이에 대해서 동의를 해야 한다. 내국민대우기준에 따라 규제적 구별의 목적을 심사하려는 모든 시도는 패널과 항소기구에 너무 많은 권한을 부여하게 한다. 규제목적에 대한 검토를 제20조에 남겨두는 것은 마치 기후변화와 같은 새로운 문제들을 이러한 문제들에 대해 전혀 고려를 하지 않는, 쉽게 개정될 수 없는 조항에 억지로 맞추어 넣어야 한다는 것을 의미한다.

---

9 Michael Trebilcock and Robert Howse, *The Regulation of International Trade*, 3rd edn. (London : Routledge, 2005).

5.2.2 내국민대우에 대한 WTO의 접근방법

이처럼 두 가지 별개의 내국민대우에 대한 방법론이 있을 경우 패널과 항소기구는 어떻게 이 문제에 접근해왔는가? 우선, 패널과 항소기구는 제3조 4항의 적용범위를 매우 넓게 설정하였다. 그들은 '법률, 규정, 요건'에 전통적인 형태의 법률과 규정도 포함되도록 해석하였다. 가령 제3조 4항은 법률에 명시적으로 규정되었거나 수권조항에 의거하여 규정 내에 명시되었는지 여부에 관계없이 자동차 최소연료효율기준에 적용된다. 그러나 패널과 항소기구는 '법률, 규정, 요건'을 사적 주체가 이득을 얻기 위해서 받아들이는 임의조건을 포함한 넓은 범위의 정부행위를 포함하는 것으로 해석하였다.[10]

이러한 해석은 자동차회사가 자동차에서 배출되는 온실가스량을 줄이는 조치를 약속하는 자발적 협정처럼 규제의 대상이 되는 당사자와 정부 간 자발적 협정도 충분히 포함할 광의의 해석이다. 마찬가지로, '영향을 주는'도 또한 '국산품과 수입품 간의 경쟁조건을 불리하게 바꾸는' 모든 법률, 규정, 요건들을 포섭할 수 있도록 광범위하게 해석되어왔다.[11]

그러나 제3조 4항의 내국민대우조항은 패널이나 항소기구에게 두 가지 어려운 판단을 내릴 것을 요구한다. 첫 번째, 국산품과 수입품이 '동종'제품인지 여부이다. 만약 동종제품이라면, 두 번째로 수입품이 '덜 유리한 대우'를 받았느냐 하는 것이다. 이에 대해서는 이후의 각 부분에서 차례로 논의할 것이다.

---

10 예를 들어 *Canada–Certain Measures Affecting the Automobile Industry* (2000) WTO Doc. WT/DS139/R and WT/DS142/R (Panel Report) 참조. 이 건은 상소되지 않았다. 캐나다는 자동차 제조사의 현지 생산이 캐나다 부가가치의 최소량 이상이고, 캐나다에서의 판매율이 일정량에 달하는 경우, 수입 자동차의 관세를 면제해주고 있었다. 이러한 조건들은 정부의 명령(orders)과 정부에 대한 보증서(letters of undertaking)에 따른 것이었으나, 캐나다 정부가 합법적으로 실시할 수 있다고 여겨지지는 않았다. 패널은 이러한 조건들이 3조 4항의 '요구'에 해당하는 것이라고 보았다.

11 *Canada–Autos Panel Report, supra* note 10 at para. 10.80.

'동종'제품인가?

두 제품이 '동종'제품인지 여부를 결정하는 것에 대한 논란이 많다. 가령 두 대의 차량이 모든 면에서 동일한데, 다만 한 대가 연비가 50% 좋다면 어느 정도까지 이들을 '동종'제품이라고 할 것인가? 생애주기 동안 온실가스 배출량이 다르다는 주장이 있는 미국산 옥수수로 만든 에탄올과 브라질산 사탕수수로 만든 에탄올의 경우는 어떠한가? 화력발전으로 생산된 전기를 이용하여 생산된 강철 1톤과 수력발전이나 천연가스에서 얻어진 동력으로 생산된 강철 1톤은 동종제품인가?

'동종'이라는 용어는 WTO협정의 여러 부분에서 언급되고 있으며, 항소기구는 이 단어가 포함된 각 조항의 문맥에 따라 그 범위가 달라진다고 하면서 다음과 같이 언급한 바 있다.

> 무엇이 '동종'인지에 대해 정확하고 절대적인 한 가지 정의만이 있을 수는 없다. '동종성'의 개념은 아코디언(accordion)의 형태를 떠올리게 하는 상대적인 것이다. WTO협정의 각 조항이 적용되는 가운데, '동종성'이라는 아코디언이 팽창과 수축을 반복하고 있다.[12]

'동종'제품인지 여부를 결정하는 핵심 요소는 국산품과 수입품 간에 경쟁관계에 있는지 여부이다. 항소기구는 석면 섬유와 석면이 포함된 시멘트에 대하여 프랑스가 취한 수입제한에 대한 판결에서 제3조 4항의 '동종성'은 제품 간 경쟁관계의 본질 및 범위와 관련 있다고 하였다.[13] 이와 함께 항소기구는 다른 사건들에서 '동종성' 판단의 중심이 되어 왔던 확립되지 않은 4가지 요소를 원용하였다. (i) 제품의 특성(properties), 성질(nature), 품질, (ii) 제품의 최종용도, (iii) 소비자들의 기호와 습관, (iv) 제품의 관세분류가 바로 그것이다.[14]

---

12 *Japan–Alcoholic Beverages AB Report*, *supra* note 6 at p. 23.

13 *EC–Asbestos AB Report*, *supra* note 5 at para. 99.

14 이러한 요소는 '동종' 제품 결정에 대한 다수의 결정에서 사용되어왔다. 이는 처음 세 가지 요인을 결정했던 국경세조정작업반(Working Party)의 초기 GATT보고서(BSID 18S/97, 1970년 12월 2일 채택)에 기반을 두고 있다. 이 세 가지 요소는 관세분류에 관한 네 번째 요소와 함께 초기 GATT의 세금결정에 사용되었다. *Japan–Customs Duties, Taxes and Labelling Practices on*

심사는 대체로 시장을 기준으로 해서 내국민대우에 대한 경제적 접근에 편향된 것처럼 보이게 한다. 특히, 예를 들자면 특정 제품을 소비자가 어떻게 보느냐를 판단하기 위해서 패널 및 항소기구는 경제성 심사를 해왔다. 사실, 항소기구는 적어도 세금과 관련된 문제에 대하여 '조치목적론'을 사용하는 것을 거부해왔다.[15] 개인들은 특정 제품 간에 차이가 있다고 여기기 때문에 경제적 접근방법은 행동을 변화시키고자 하는 일부 적법한 규제조치를 반영하지 못한다는 문제가 있다. 예를 들어 소비자들은 자신의 결정에 대한 비용을 완전히 이해하지 못하고 있거나 조바심 때문에 다른 선택을 할 수도 있는 등, 그러한 선택을 반복하지 않을 수 있다.[16] 만약 완전한 정보와 이성이 있었다면 다른 선택을 하였을 개인을 돕기 위해서 규제조치가 설계된 것일 수 있다.[17]

항소기구는 이 방법을 이용한 심사 시 일정 범위에 대해 더 넓게 보기도 하였다. 가령, *EC-Asbestos* 사건에서 석면과 석면함유제품에 관한 수입제한을 심사할 때, 항소기구는 국산품과 수입품 간의 경쟁관계를 바탕으로 석면이 건강에 미치는 영향의 효과에 중점을 두었다. 항소기구는 석면이 암을 유발한다는 것에 대한 과학적으로 상당한 수준의 합의가 이루어졌다는 것에 주목하고 캐나다에서 수입된 석면제품 중 하나를 건강에 미치는 영향을 고려하여 이 석면과 국산 대체재인 PCG섬유[18]가 '동종'이라는 것을 입증하도록 하는 것은 큰 부담이라고 판단하였다. 또한 항소기구는 석면섬유의 높은 발암위험성 때문에 석면섬유와 PCG섬유가 물리적으로 같다고 할 수 없으므로 양자는 동종제품이

Imported Wines and Alcoholic Beverages B.I.S.D. (34th Suppl.) 83 para. 5.8 (1988) (adopted 10 November 1987).

15 *Japan–Alcoholic Beverages* AB Report, *supra* note 6.

16 Posner, *supra* note 1; Sunstein, supra note 1; and A. Green, 'Self-Control, Individual Choice and Climate Change' (2008) 26 (1) *Virginia Environmental Law Review* 77 참조.

17 Gabrielle Marceau and Joel Trachtman, 'The Technical Barriers to Trade Agreement, the Sanitary and Phytosanitary Measures Agreement, and the General Agreement on Tariffs and Trade : A Map of the World Trade Organization Law of Domestic Regulation of Goods' (2002) 36 (5) *Journal of World Trade* 811; and Trebilcock and Gin, *supra* note 3. 경제성에 근거한 내국민대우심사는 그러한 조치들에 대해서 편향적일 수 있지만 국가들은 자신들의 조치를 정당화하기 위해서 제20조를 원용할 수 있다.

18 PCG는 폴리비닐알코올섬유('PVA'), 셀룰로오스 및 유리섬유 모두를 통칭한다.

아니라고 판단하였다. 이러한 물리적 차이로 인해 캐나다는 두 제품이 경쟁관계에 있음을 입증해야 했으나 두 제품의 최종사용용도가 거의 겹치지 않았고 소비자 기호나 제품에 대한 관세분류가 다르다는 것도 입증하지 못하여 두 제품의 경쟁관계를 증명하지 못하였다.

더욱 흥미로운 것은, 항소기구가 석면이 포함된 시멘트에 대해서는 더 넓은 접근방식을 취하였다는 점이다. 만약 소비자들이 석면이 포함된 시멘트와 PCG섬유가 포함된 시멘트가 건강에 미치는 위험을 올바로 이해하고 있다면, 이 둘을 다르게 볼 것이라고 판단하였다. 그러나 캐나다는 이 문제에 대해 아무런 정보를 제공하지 못하였다. Howse와 Tuerk는 항소기구에서 사실상 문제된 제품이 소비자가 완전한 정보를 가지고 불법행위책임을 지울 수 있는 완전경쟁시장에서 경쟁해왔는지 여부를 심사하는 방식을 항소기구가 채택하였다고 주장한다.[19] 그 결과 소비자 기호는 동종성의 판단과 연관된다. 심지어 이상화된 소비자 기호의 경우에도 그럴 수 있지만, 이러한 경우 소비자가 연관된 제품 간의 환경적 차이를 알고 있으면서도 이에 대해 상관하지 않는다는 반증이 있을 수 있다.

'덜 유리한 대우'가 존재하는가?

문제의 제품에 대해서 패널이 '동종'이라고 판단해도, 패널은 동 수입품이 국산품보다 '덜 유리한 대우'를 받았는지에 대해 판단해야 한다. 다시 한 번, 초점은 경쟁관계에 맞추어진다. 항소기구에 따르면 "수입품이 동종의 국내 제품보다 '덜 유리한' 대우를 받았는지는 그 조치가 관련시장에서의 '경쟁조건'을 수입품에 불리하게 변경하는지에 의해서 검토되어야 한다."[20] 그러나 이들 대부분의 조항에서 경쟁조건을 변경하는 것을 판단하는 실제적 심사에 대해 명확히 규정하고 있지 않다. 이는 단순한 규제적 구별만으로는 충분치 않아 보인다. 항

---

19 Robert Howse and Elizabeth Tuerk, 'The WTO Impact on Internal Regulations－A Case Study of the Canada-EC Asbestos Dispute', in G. de Burca and J. Scott (eds), *The EU and the WTO; Legal and Constitutional Issues* (Oxford : Hart Publishing, 2001).

20 *Korea－Measures Affecting Imports of Fresh, Chilled and Frozen Beef* (2001) WTO Doc. WT/DS161. WT/DS169/AB/R (Appellate Body Report) at para. 137 (emphasis in original).

소기구는 다음과 같이 언급하였다.

> 만약 '동종'의 수입품에 대한 '덜 유리한 대우'가 존재한다면, 이는 뒤집어 보면 동종의 국내 제품을 보호하는 것이다. 그러나 회원국은 '동종'이라고 판단된 제품 간에 구별을 둔다는 이유 하나만으로 동종의 수입품에 '덜 유리한 대우'를 하고 있는 것은 아니다.[21]

따라서 '동종'의 수입제품을 국산품보다 '덜 유리하게 대우'하는 것을 정당화하는 합법적인 구별이 존재할 수도 있다.

'덜 유리한 대우' 여부의 판단에 규제 의도를 고려해야 할 것인지에 대한 논의가 있었다. 규제의 차이에 의한 여지가 있음에도 Porges와 Trachtman은 차별 취급의 목적이 환경을 위한 것과 같이 보호주의에 있지 않다는 것이 제3조에 의해서 허용될 수 있을지 또는 '덜 유리한 대우'가 내국민대우 위반이 아닌지는 확실하지 않다고 주장하였다.[22] 한편, Regan은 규제목적은 이러한 차별에만 관계된 것이며, '덜 유리한 대우'는 단지 보호주의적 목적만을 다룬다고 주장하였다.[23]

최근 패널은 Regan의 주장에 따르는 것 같다. 패널은 *EC-GMOs* 사건에 대한 판결에서 아르헨티나가 제품의 원산지를 이유로 '덜 유리한' 대우를 받았다고 단언할 수 있는 증거를 제시하지 않았다고 기술하였다. 이 사건의 판결에서 패널은 "수입된 생명공학제품을 덜 유리하게 대우한 이유가 안정성과 관련하여 인식된 생명공학제품과 비생명공학제품 사이의 차이라기보다는 이 제품들이 외국제품이기 때문이라는 것은 자명하지 않다"라고 언급하였다. 이는 원고가 '관련 생명공학제품이 수입품이라는 점에서 덜 유리한 대우가 있었음을 알 수 있다'는 점을 증명해야 하는 것으로 보인다.[24] 이 판결은 '덜 유리한 대우'

---

21 *EC–Asbestos*, *supra* note 5 at para. 100.

22 A. Porges and J. Trachtman, 'Robert Hudec and Domestic Regulation : The Resurrection of Aim and Effects' (2003) 37 (4) *Journal of World Trade* 783.

23 Donald Regan, 'Further Thoughts on the Role of Regulatory Purpose Under Article III of the General Agreement on Tariffs and Trade' (2003) 37 (4) *Journal of World Trade* 737.

24 *European Communities–Measures Affecting the Approval and Marketing of Biotech*

여부를 결정하는 데 있어 규제적 의도를 검토할 수 있는 가능성을 열어준 것이라 볼 수 있다.

5.2.3 기후변화, 제품관련 구분과 내국민대우

내국민대우 기준의 이러한 조문규정은 제품관련 국내규정에 어떠한 영향을 미치는가? 이 질문에 대한 답은 부분적으로 수입제품과 국내제품에 대한 대우가 다르다는 주장에 대한 근거가 되는 차별의 유형에 따라 달라진다. 조치들은 '제품관련조치'와 같이 제품의 특성을 기준으로 하거나 '공정 및 생산방법(process and production methods : PPMs)'과 같이 제품의 생산방식을 기준으로 한다. '제품관련조치'들은 자동차를 이용함으로써 발생하는 탄소배출 수준, 비료의 특정 성분, 또는 특정 연료의 탄소성분과 같이 제품 자체가 갖고 있는 특성을 기준으로 한다. 반면 PPMs에 기초한 조치들은 자동차를 생산하는 데 필요한 전기에서 발생하는 온실가스 배출, 비료를 생산하는 데 필요한 연료, 또는 연료를 생산하는 과정에서 발생하는 배출과 같이 제품이 만들어지는 방법과 관련이 있다. 제품을 생산할 때 사용된 화학물질의 일부가 제품이 판매될 때까지 제품 안에 남아있는 것과 같이 이 두 가지가 상존하는 경우도 있다. 여기서는 PPMs 중에서도 가장 논쟁의 여지가 많은 제품 그 자체의 차이를 야기하지 않는 원론적인 PPMs, 즉 비제품관련 PPMs(non-product-related PPMs)에 대하여 주로 논의한다. 따라서 5.2.3에서는 제품관련조치들에 대해 다루고, 다음으로 5.2.4에서는 PPMs에 대해 검토하도록 한다.

제품관련조치의 분석은 경쟁적 관계가 있는지 여부에 따라 이루어지고, 이는 주로 물리적 특성, 최종용도, 소비자기호, 그리고 관세분류의 네 가지 요소를 바탕으로 한다. 예를 들어, 만약 두 제품의 최종용도가 동일하면, 다음으로 두 제품의 물질적 특성과 소비자가 두 제품을 구별하는지 여부가 문제될 것이다. 이와 관련하여 패널은 에너지 효율성과 배출이 관련된 문제에 대하여 판단

Products (2006) WTO Doc. WT/DS291/R, WT/DS292/R and WT/DS293/R (Panel Report) at para. 7.2505.

한 바 있다. 미국은 1갤런당 22.5마일보다 적은 수준의 연비를 가진 차들에 대하여 '연비가 큰 차'에 부과되는 세금(gas guzzler tax)을 부과하였는데, 이에 대해 연료 효율성이 낮은 경향이 있는 수입품에 대한 차별적 조치라는 이유로 소가 제기되었다. 채택되지 않은 보고서에서 패널은 1갤런당 22.5마일보다 적은 수준의 연비를 가진 자동차는 연료 효율이 그보다 낮은 자동차와 '동종의' 차가 아니라고 판단하였다. 패널은 문제된 미국의 조치는 적법한 규제목적을 가지고 있으며, 국산품과 수입품 모두가 동일한 기술에 대한 접근성을 지니고 있었기 때문에, 국산품과 수입품 자체의 차이에 기인한 제품 간 구별로 인해 여하한 경쟁적 효과도 발생하지 않았다고 판단하였다.

이 판결이 연료 효율성을, 그리고 아마도 배출을 대상으로 하는 조치를 지지하는 것처럼 보이지만 선례로써 인용하기에는 여러 가지 한계가 있다. 첫째, 이 사건은 세금과 관련이 있지만 규제조치와는 관련이 없어서 제3조 4항보다 '동종성'을 좁게 해석하는 제3조 2항의 세금관련 조항이 적용된다. 이와 관련된 자세한 내용은 제6장에서 다룬 바 있다. 게다가 패널은 이 사건에서 현재는 잘 원용하지 않는 '조치목적론'을 동종성 판단기준으로 사용했었다.

수입제품과 국내제품이 물리적으로 동일하고 같은 용도라 하더라도 소비자가 양자를 다르다고 인식한다면 '비동종'제품이 될 여지가 있다. 다시 말해 온실가스 배출이나 연료 효율성이 서로 다른 제품에 대한 소비자 기호가 다를 수 있다는 것이다. 그러나 이는 매우 제한적인 경우이고, 소비자는 일부 제품을 다르게 인식하지만 항상 그런 것은 아니기 때문에 결국 정부는 이를 규제하게 된다.[25] 만약 소비자가 실제로 제품을 구별하지 않는다면 패널이 모든 정보를 갖고 있는 '이상적인' 시장에서 소비자가 어떠한 선택을 할지 예측하기 힘들다. *EC-Asbestos* 사건에서 항소기구가 '동종제품'의 정의를 넓게 해석했던 점을 고려했을 때 소비자가 에너지 효율성의 차이를 실제로 고려한다는 확실한 증거 없이 단순히 에너지 효율성 차이를 이유로 제품이 같지 않다고 할 수는 없다.

앞에서 언급했던 바와 같이 만약 제품이 '동종제품'이라 하더라도 제3조 위반이 되기 위해서 패널은 여전히 수입제품에 덜 유리한 대우가 있었는지 여

---

25 Marceau and Trachtman, *supra* note 17.

부를 찾아내야 하는데, 이는 문제된 조치로 인해 조건이 변경되었는지 여부에 달려있다. *EC-Asbestos* 사건은 수입제품군이 차별을 받지 않는 한 국내제품과 수입제품에 대한 규제의 차이를 허용하는 길을 연 것으로 보인다. 자동차들의 온실가스 배출이 서로 다르듯이 수입품 전반에 대한 규제에 차이를 두는 데 적법한 근거가 있다 하더라도 그러한 조치는 내국민대우를 위반하는 것이다. 예를 들어, 패널은 수입차가 EU 내에서 생산된 차에 비해 덜 유리한 대우를 받았는지 판단하기 위해 EU의 자동차 엔진의 크기에 대한 규칙의 조항의 구조가 의미하는 바를 검토해야 한다. 패널은 그 조항의 목적에 대한 고려와는 별개로 이에 대한 판단을 할 것이다. 만약 문제된 조항이 수입품을 차별하고 있다고 판단되면 이를 정당화하기 위한 제20조가 매우 중요해질 것이다. 반면, 덜 유리한 대우가 실제로 있었는지 여부를 판단하기 위해 조치의 목적을 고려하는 대안적 접근법은 패널에게 그 조치의 진정한 목적이 국내산업의 보호가 아니었다고 믿어야 한다는 것 외에는 별다른 명백한 제한 없이 상당한 재량권을 부여한다.

5.2.4 PPMs와 내국민대우

이러한 논의는 제품관련조치보다 PPMs, 즉 제품 그 자체에는 영향을 미치지 않는 제품의 생산방법과 관련된 조치들을 목적으로 한 조치들과 관련하여 더 극명하게 제기된다. 일례로 철강의 질에는 아무런 차이가 없다고 가정했을 때 패널은 철강의 생산에 사용된 전력에서 발생한 온실가스 배출에 기초하여 철강의 생산방법에 대해 규정하고 있는 규칙이 내국민대우기준을 위반하였는지 여부를 결정해야 하는 것을 들 수 있다. 다른 예들로는 연료가 생산되는 방법에 기초한 바이오연료에 대한 규제가 있다. 이렇듯 제품 자체에 대한 직접적 관련성에서 한 걸음 물러나 생각해 보면 내국민대우의 위반 여부를 판단하는 것은 더 난해해진다.

'동종성'이란 맥락에서 PPMs나 그 최종용도가 다르다는 이유로 제품이 물리적으로 다르다고 할 수는 없다. 따라서 이러한 점에 근거했을 때만 PPMs가 다른 제품들도 '동종'이라고 판단될 것이다. 그렇다면 다음으로 문제가 되는 것은 소비자 선호이다. 소비자가 PPMs에 따라 제품들 간 차이를 고려한다는 것이 입증되면 패널은 이들을 '동종'이 아니라고 판단할 수 있기 때문에 이를 입증할 직접적인 증거가 없다면, *EC-Asbestos* 사건에 따른 동종성 판단기준은 완벽한 정보와 아마도 손해에 대한 배상이 존재하는 시장에서 소비자가 차이를 고려하는지 여부를 판단하는 것과 연관되어 나타날 것이다. 이 사건에서 패널의 결정은 건강에 영향을 미친다는 것에 영향을 받았다. 기후변화와 관련해서는 그러한 결정을 내리는 데 패널이 어떤 요소를 이용할지 확실하지 않다.

내국민대우의 판단기준의 하나인 '덜 유리한 대우(less favorable treatment)'도 난해한 것은 대동소이하다. 위에서 언급했던 바와 같이 *EC-Asbestos* 사건에서 항소기구는 수입품 전체가 차별적인 대우를 받지 않는 한 조치에 대한 제품들 간 차별이 있을 수 있음을 언급한 바 있다. 그러나 이것이 PPMs에 기초한 조치들에 대해서도 적용될 수 있을지는 미지수다.[26] 만약 적용될 수 있다고 본다면, 판례법은 패널에게 어떻게 PPMs에 기초한 차별이 적법한지 여부를 판단하는지에 대한 명백한 지침을 제공하지 않는다. 따라서 그것은 Hudec이 '직관 테스트(smell test)'라고 부르는 것, 즉 패널이 문제의 조치가 보호주의적 조치인지에 대하여 직관적으로 판단하는 것에 의해 결정될 수도 있다.[27]

5.3 국제표준과 TBT협정

우루과이라운드 이후 발효된 TBT협정 또한 규제적 조치와 관련된 요건들을 규정하고 있다. 이는 어느 정도 국가들이 국제표준을 더 많이 사용하고 다른 회원국들에 의해 취해진 규제적 조치들을 인정해가는 방향으로 나아가는 것을 고려한 것으로 보이며, 또한 규제가 만들어지는 그 '절차'를 강조하기도 한다. 이들 규정은 적어도 우리가 다룰 규제적 조치들이 보호주의적 목적으로 사용되지 않도록 하는 것이 목적이다.

TBT협정은 기술규정이라 불리는 규제조치들 일부에 대해 적용되며, 기술

---

26 일례로 Howse and Tuerk, *supra* note 19와 Marceau and Trachtman, *supra* note 17 참조.

27 Robert Hudec, 'GATT/WTO Constraints on National Regulation : Requiem for an "Aim and Effects" Test' (1998) 32 *International Lawyer* 619.

규정을 "제품의 특성 또는 관련 과정과 생산방법을 규정하는 문서"라 정의하고 있다. 따라서 이 협정은 제품의 연료 효율성 또는 온실가스 배출 조건 또는 의무적 라벨링과 같은 의무적 기후변화 규제에 적용된다.[28] 그러나 이것은 또한 인정되는 기구에 의해 승인되고 제품의 공통된 그리고 반복적인 사용, 규칙들, 지침, 또는 특성 또는 관련 과정 또는 생산방법을 제공하는 특정한 자발적 기준에 적용되기도 한다. 기후변화대응과 관련한 '표준'은 단순히 민간부문에 의해 설정된 것이 아닌 정부기관과 같이 승인된 기구에 의해 설정된 기준인 자발적 환경라벨링을 포함한다.[29] 마지막으로 협정에는 기술규정이나 기준이 모든 실험 또는 검사절차를 준수하였는지를 판단하는 데 이용되는 절차들을 포함하고 있다.

TBT협정의 조항규정과 관련하여 본 협정이 제품의 생산에서 발생하는 온실가수 배출과 같은 비제품관련 PPMs까지 포함하도록 확장되는지 여부가 문제된다. 지금까지 어떠한 패널 또는 항소기구도 특별히 이 문제에 대해 다루지 않았기 때문에 관련된 절차 또는 생산방법이 무엇을 의미하는지, 그리고 얼마나 넓게 이것이 해석될 수 있는지가 명확하지 않다. 그래서 '기술규정'의 정의가 '제품, 과정 혹은 생산방법에 적용하는 라벨링 요건들'을 포함하도록 구체적으로 명시하고 있기 때문에 라벨링이 비제품관련 PPMs에 포함된다고 강력히 주장하는 측도 있다.[30]

만약 GATT 제3조가 적용되는 일부 규정에 대하여 TBT협정도 적용된다면 어떤 조항이 적용될 수 있을까? 불행히도 그 관계는 불분명하다. WTO협정은 충돌이 있을 경우 TBT협정과 같은 협정의 조항들이 GATT의 조항들보다 우선적으로 적용된다고 규정하고 있다. 그러나 TBT협정에 합치하는 조치는 GATT에 합치하는 것으로 간주되므로 안전하게 피할 곳은 없다.[31] 지금까지의 WTO

---

28 항소기구는 '기술규정'을 매우 넓게 해석하였다. *EC-Asbestos AB Report*, *supra* note 5, and *European Communities-Trade Description of Sardines (EC-Sardines)* (2002) WTO Doc. WT/DS231/AB/R (Appellate Body Report).

29 Mattias Buck and Roda Verheyen, 'International Trade Law and Climate Change — A Positive Way Forward' (FES-Analyse Okologische Marktwirtschaft, Bonn : Friedrich Ebert Stiftung, July 2001).

30 TBT Agreement, Annex 1. Marceau and Trachtman, *supra* note 17.

31 SPS협정 제2조 4항은 "이 협정의 관련 규정에 따르는 위생 또는 식물위생 조치는 동 조치의 이용

판결들은 TBT협정이 회원국들에게 GATT 1994의 의무와는 다른, '추가적인' 의무를 부과한다는 것 외에 두 협정 간 관계를 이해하는 데 아무런 도움이 되지 않았다. 따라서 양 협정이 다 적용되는 모든 규제조치들은 아마도 양 규정의 기준을 모두 따라야 할 것이다.[32]

그렇다면 TBT협정이 요구하는 것은 무엇인가? TBT협정은 GATT의 내국민대우조항과 매우 유사한 내국민대우조항을 갖고 있다.[33] 이 조항은 아마도 GATT의 내국민대우조항과 유사하게 해석될 것이다.[34] 그러나 TBT협정이 제20조와 동등한 예외조항을 갖고 있지 않다는 사실은 패널로 하여금 '동종'제품을 좁게 해석하도록 할 수 있다.[35] TBT협정은 회원국이 "국제무역에 불필요한 장애를 초래할 목적으로 또는 그러한 효과를 갖도록 기술규정을 준비, 채택 또는 적용하지 아니할 것"을 보장하고 "비준수에 의해 야기될 위험을 고려하여, 정당한 목적 수행에 필요한 이상으로 무역을 규제하지 아니 하여야 한다"는 요건을 규정하고 있다.[36] 또한 TBT협정은 환경보호를 적법한 목적으로써 특별히 규정하고 목록화함으로써 제20조와 같은 예외조항은 없지만 국가들이 취한 규제적 조치가 환경을 보호하기 위해 필요한 것보다 교역을 더 제한하고 있지는 않다고 주장할 수 있는 여지를 제공한다.

더 흥미로운 점은 TBT협정의 다른 요건들이다. 첫째, TBT협정은 기술규정과 표준의 사용에 있어 공통점을 찾고자 한다. 그 중 한 방법이 국제표준의 사용을 강조하는 것이다. 만약 '관련' 국제표준이 존재하거나 그 완성이 임박한 경우, 회원국은 "예를 들어 근본적인 기후적 또는 지리적 요소나 근본적인 기술문제 때문에 그러한 국제표준 또는 국제표준의 관련 부분이 추구된 정당한 목

과 관련된 1992년도 GATT 규정, 특히 제20조 (b)호의 규정에 따른 회원국의 의무에 합치하는 것으로 간주된다."고 규정하고 있다.

32 Buck and Verheyen, *supra* note 29.

33 TBT협정 제2조 1항은 "회원국은 기술규정과 관련하여 어떤 회원국의 영토로부터 수입되는 제품이 자기나라 원산의 동종제품 및 그 밖의 국가를 원산지로 하는 동종제품보다 불리한 취급을 받지 아니 하도록 보장한다."고 규정하고 있다.

34 제2조 1항의 '동종성'이란 단어는 아직 해석된 바 없어서 패널이나 항소기구가 이 조항을 얼마나 넓게 해석할지는 명확하지 않다.

35 Marceau and Trachtman, *supra* note 17.

36 TBT협정 제2조 2항.

적을 달성하는 데 비효과적이거나 부적절한 수단일 경우를 제외하고는" 이러한 국제표준을 자국의 기술규정의 기초로서 사용한다.[37] 그리고 TBT협정은 이후 국제표준에 따른 모든 규정은 무역에 불필요한 장애를 초래하지는 않는다고 가정한다.

항소기구는 표준이 만장일치에 의해 채택될 것을 요구하지 않는 등 국제표준을 광범위하게 보는 관점을 택해왔다.[38] 그 결과 TBT협정은 국가들이 국제표준을 이용하는 방향으로 돌아서게 하는 한편 개별적으로 국가들에게 표준을 채택할 수 있는 여지를 준다. 제2장에서 논의한 바에 의하면 선진국들과 같은 일단의 국가들은 그들의 생산자에게 유리한 기술규정을 택할 수 있다. 항소기구는 이러한 재량의 제공에 대해 불평하는 국가는 국제표준이 효과적이고 적절하다는 것을 증명해야만 함을 요구함으로써 어느 정도 균형을 맞춰왔다.[39] 게다가 TBT협정은 선진국들이 규정과 국제표준과 관련하여 개발도상국에 기술지원을 제공할 것을 요구하는 조항을 포함하고 있다.[40]

TBT협정은 또한 기술규정의 상호승인을 약하게 요구함으로써 공통점을 찾으려 한다. 즉, 동 협정을 회원국들이 "비록 그 밖의 회원국의 기술규정이 자국의 기술규정과 다를지라도 자국의 기술규정의 목적을 충분히 달성한다고 납득할 경우 이러한 기술규정을 자국의 기술규정과 동등한 것으로 수용하는 것을 적극 고려"할 것을 요구하는데,[41] 이는 해당 국가에게 단지 '적극 고려할 것'만을 요구하고, 만약 "그 밖의 회원국의 기술규정이 자국의 기술규정의 목적을 충분히 달성한다고 납득하는 경우"[42]에 이러한 기술규정을 자국의 기술규정과 동등한 것으로 받아들일 것을 요구하기에 요건이 엄격하지 않다.

둘째, TBT협정은 의사결정과정의 투명성을 목적으로 하는 조항들을 다수

37 TBT협정 제2조 4항. 항소기구는 '관련' 국제 표준이 무엇인지에 대해 넓게 보았지만 국제 표준과 기술규정의 사이에 '모순'이 규정의 기초가 되지 않을 것만을 요구한 것으로 나타났다. *EC–Sardines AB Report*, *supra* note 28.

38 *EC–Sardines*, ibid.

39 *EC–Sardines*, ibid.

40 TBT협정 제11조.

41 TBT협정 제2조 7항.

42 TBT협정 제2조 7항.

포함하고 있는데, 여기에는 국제표준에 따르지 않은 기술규정에 대한 다른 회원국에의 통지, 기술규정의 정당성에 대해 다른 회원국에게 설명할 의무, 다른 회원국이 의견을 제시할 수 있는 합리적인 시간 허용, 그러한 의견의 고려, 그리고 기술규정의 공포가 포함된다.[43] 이러한 절차적 요건들을 통해 다른 국가들이 미리 해당 규정에 대해 검토하고 의견을 제시하게 함으로써 의도하지 않은 차별적 규정의 가능성을 줄일 수 있다.[44] 그러나 그러한 절차적 요건들은 다른 국가들에게 새로운 기술규정을 감시할 수 있는 능력과 자원이 있어야 그 유용성이 발휘되는데, 이는 개발도상국들에게는 현실적이지 않을 수 있다. 한편, 절차적 요건들은 규정과 관련된 결정의 질을 높이는 것과 같은 추가적 이점이 있기도 하다. 다시 말해 이러한 요건들은 규제기관으로 하여금 규정을 정당화하기 위해 국민으로부터 더 많은 양질의 정보를 얻도록 하고, 지대추구(rent-seeking)* 를 국민이 심사할 수 있도록 공개하도록 한다.[45] 그러므로 패널이나 항소기구는 회원국들이 채택한 모든 규정들이 이러한 절차를 준수하고 있다고 믿으려 할 것이다.[46]

5.4 규제조치의 적절성에 대한 판단주체의 문제

WTO협정의 구조와 패널, 항소기구에 의한 협정의 해석은 어떤 규제적 조치가 적법하고, 어떤 규제적 조치가 무역 약속에 위반되는 것인지를 판단하는 주체에 대한 문제를 제기한다. 일례로, 제3조는 차별적 조치를 금지할 뿐이므로, 만약 문제된 조치가 수입품에 대해 차별적이지 않다면 패널과 항소기구는 이에 대해 판단할 권한이 없다는 것을 들 수 있다. 조치의 효율성과 일반적 교

---

43 TBT협정 제2조.

44 Report Howse, 'Democracy, Science and Free Trade : Risk Regulation on Trial at the World Trade Organization' (2000) *University of Michigan Law Review* 2329.

* 역자 주 : 경제 주체들이 그들의 이익 추구를 위해 비생산적인 활동에 경쟁적으로 자원을 낭비하는 현상을 의미한다.

45 Howse, ibid.

46 Howse and Tuerk, *supra* note 19.

역효과를 포함한 규제조치의 성질을 결정하는 것은 규제조치를 실시하는 정부의 재량사항이다. 정책결정을 위한 이러한 재량은 국내비용과 이득에 대한 유연성과 가치에 따른 선택을 할 적법성의 두 가지 선택과 관련이 있다. 그러나 TBT 협정은 심사로부터 보호받고 있는 이러한 영역을 고려하지 않는다. TBT협정이 적용되는 모든 조치들은 무역제한이 최소한이어야 하며, 이는 협정에 규정되어 있다. 이러한 견지에서 Hudec은 이를 'post-discriminatory'라 명명하였다.[47] 따라서 대부분의 경우 조치가 WTO의 심사대상에 포함된다.

또한 제3조의 해석을 통해 조치의 위반 여부를 누가 판단할지 결정한다. 적어도 패널이나 항소기구에 의해 살펴진 바에 의하면 '조치목적론'에 따른 심사는 규제기관의 동기를 상당히 강조한다. 이 접근법은 적어도 제품 간 관계를 시장이 결정하는 경제적 기준을 지지하는 입장에 의해, 그리고 이들이 두 번째 '덜 유리한 대우' 심사로 옮겨갔는지 여부에 의해 전적으로 경제적 심사를 하는 쪽으로 기울어지면서 이용되지 않고 있다. 그러나 *EC-Asbestos* 사건에서 항소기구는 완벽한 정보를 지닌 소비자들이 제품을 어떻게 보는지 살펴보기 위해 경제적 심사를 광범위하게 시행하였다. 게다가 항소기구는 수입품 전체가 차별받지 않았다는 조건하에 일부 규제적 차이는 허용가능하고, 이는 '덜 유리한 대우'를 구성하지 않는다고 하였다.

수입품 전체가 차별받지 않았다면 일부 규제적 차이는 덜 유리한 대우를 구성하지 않는다는 항소기구의 결정은 패널 또는 항소기구에 재량권을 부여하는 경향이 있다. 예를 들어 패널과 항소기구는 이상적인 소비자가 제품의 차이를 고려하는지 여부나 패널이나 항소기구의 조치에 대한 적법성의 관점을 배경으로 수입품 전체에 대한 대우에 차별이 있는지 여부를 결정한다.[48] 이러한 재량적 결정에는 무역과 그 밖의 가치의 조화를 명시적으로 규정하고 있는 GATT 제20조의 명료성이 결여된 것으로 보인다. 더욱이 어떠한 가치가 우선시되어야

---

47 Robert Hudec, 'Science and "Post-Discriminatory" WTO Law' (2003) 26 *Boston college International and Comparative Law Review* 185.

48 Marceau and Trachtman, *supra* note 17 at 855, 예를 들어 덜 유리한 대우가 있는지 여부를 결정함에 있어 패널은 '짐작컨대 명백하게 또는 암시적으로 덜 유리한 대우가 적절한 규제 목표에 의해 정당화되는지 여부를 검토한다'는 점에 주목할 필요가 있다.

하는지를 결정하는 것이 WTO 패널 혹은 항소기구라는 점에서 적법성에 관한 우려가 제기되기도 한다.

TBT협정은 어떤 의미에서 이 문제로부터 뒷걸음치고 있다. 다시 말해 동 협정은 이러한 문제를 직접적으로 언급하는 것을 피하기 위해 약간의 적법성의 표시나 적어도 방법을 강조한다. 이 협정은 국내절차를 속이는 것에 대한 관리 또는 감시와 일정 정도의 국제적 압력을 강요하는 의사결정에 있어서의 적법절차를 고려한다. 또한 TBT협정은 순수하게 보호주의적이지 않을 것 같거나 적어도 특정 국가에게는 보호주의적인 국제표준을 선호한다.

소비자 또는 국민으로서의 개인, 완전한 정보를 갖고 있는 것과 관계없이 존재하는 시장, 국내 규제기관, 국제기구들, 또는 WTO 분쟁해결기구 등 누구의 선호와 이익이 고려되는지에 따라 어떤 조치가 적법한지의 문제에 대한 다양한 답이 있을 수 있다. 이러한 정책결정자들 간에 존재하는 차이로 인한 갈등에 대해서는 다음 장들에서 살펴보고, 이러한 갈등이 제20조의 맥락에서 어떻게 작용하는지에 대해서는 제9장에서 더 자세히 다루도록 한다. 그전에 먼저 세금과 관련된 문제부터 시작하여 다양한 종류의 국내조치에 대해 다음 장에서 논의할 것이다.

6. 조　　세

6.1 도　　입

제2장에서 언급한 것처럼, 지구온난화는 시장실패를 반영하고 있다. 이는 대기로 방출되는 온실가스에 대해 대부분의 국가들이 비용을 부과하지 않기 때문이다.[1] 따라서 많은 경제학자들은 온실가스 배출에 가격을 책정하는 것이 기후변화에 대응하는 가장 효과적이고 효율적인 메커니즘 중 하나라고 주장한다. 그들의 논리는 이러한 가격 책정으로 인해 에너지 효율성을 통한 단기이익과 연구에 대한 투자 및 더 청정한 대체연료를 사용하는 것으로 인한 장기이익이 발생한다는 것이다.[2] 온실가스 배출에 가격을 매기는 것은 제5장에서 살펴본 배출권거래제나 조세부과를 통해서 이루어질 수 있다. 조세는 기후변화대응에 잠재적으로 긍정적인 역할을 하고 있긴 하지만 보호주의를 위한 도구로 남용될 수 있다. 따라서 특히 개발도상국의 희생을 가져오는 방향으로 조세가 남용되지 않도록 보장하기 위해서 국제무역의 규율 필요성이 대두된다.

---

1 Kevin L. Doran and Alaine Ginnochio, *United States Climate Policy: Using Market–Based Strategies to Achieve Greenhouse Gas Emission Reductions* (University of Colorado Law School, 2008) at 3.

2 Ibid.

이 장에서는 기후변화에 대응하기 위해 조세를 사용하는 사례를 간략하게 소개하고 현재의 사용법 및 제안된 사용법의 범위를 조망할 것이다. 그 후 회원국들의 내국세 사용을 규율하는 WTO의 비차별원칙을 살펴본다. 이러한 원칙과 원칙의 사용 및 이행에 관한 국가들의 분쟁을 가장 적절하게 다루는 제도적 틀을 고려할 경우 조세가 어떻게 사용되는지를 이해하는 것이 중요하다.

6.2 기후변화대응관련 조세

조세도 배출권거래제처럼 온실가스에 가격을 책정하여 시장의 태도에 영향을 미치는 것을 목표로 하는 시장기반 메커니즘이다.[3] 에너지세와 배출세, 이산화탄소세 혹은 탄소세 간에는 중요한 차이점이 존재한다.[4] 에너지세(energy tax)라는 개념은 일반적으로 에너지 또는 열 함유량에 따라 화석연료 및 무탄소 에너지원에 부과되는 조세를 지칭하는 데 사용되며 보통 재생에너지는 부과대상에서 제외된다.[5] 이와 대조적으로 이산화탄소세(carbon dioxide tax) 또는 탄소세(carbon tax)는 탄소 함유량에 따라 공기 중으로 배출되는 탄소 톤당 세금이 부과되는 것이 보통이다.[6] 에너지세는 탄소보다 에너지에 따라 부과되기 때문에 상이한 종류의 에너

3 Joseph E. Aldy, Eduardo Ley and Ian W.H. Parry, *A Tax-Based Approach to Slowing Global Climate Change* (Washington, DC : Resources for the Future, 2008) at 2.

4 이 조세들은 '환경세'(특정한 환경적 연관성을 가지는 것으로 여겨지는 조세기반을 바탕으로 한 정부에 대한 의무적 납부를 포함하는 광범위한 개념)의 하부개념에 해당한다. Organisation for Economic Co-operation and Development (OECD), *Environmentally Related Taxes in OECD Countries : Issues and Strategies* (Paris : OECD, 2001) at 15.

5 Zhong Xiang Zhang and Andrea Baranzini, 'What Do We Know About Carbon Taxes? An Inquiry into Their Impacts on Competitiveness and Distribution of Income' (2004) 32 *Energy Policy* 507 at 508. David G. Duff, *Tax Policy and Global Warming* (University of Toronto, Faculty of Law, Public Law and Legal Theory Research Paper No. 03-03 and Law and Economics Research Paper No. 03-04, 2003) at 34 참조. Duff는 많은 국가들이 에너지와 탄소 모두에 조세를 부과하고 있는 현실, 에너지세 감면 및 청정하고 재생가능한 에너지원에 대한 리베이트, 에너지집약적 산업을 위한 감면 또는 리베이트의 존재 때문에 에너지세와 탄소세 간의 구별이 모호해지고 있다고 말한다.

6 탄소 1톤이 이산화탄소 3.67톤에 해당하기 때문에 탄소세는 이산화탄소세로 환산될 수 있다.

지가 가지는 탄소에 대한 통일된 가격을 감안하도록 설계되지 않았다는 측면에서 탄소세와는 다르다.[7] 마지막으로 배출세(emissions tax)는 이탄화탄소의 배출에 대해 부과되는 조세를 지칭하기 때문에 일반적으로 탄소세와 동일한 의미로 쓰인다. 이 책에서는 메탄(CH_4), 아산화질소(N_2O), 육불화황(SF_6), 과불화탄소(PFCs), 수소불화탄소(HFCs) 등 다른 온실가스에도 조세가 부과될 수 있다는 가능성을 감안하여 탄소세로 개념을 통일한다.[8] 이러한 온실가스를 대상으로 하는 조세는 이에 상응하는 이산화탄소 온난화지수를 사용할 가능성이 높다.[9]

OECD 국가에서 인위적 온실가스의 가장 큰 배출원은 에너지를 사용하기 위해 화석연료를 연소하는 것이다.[10] 이에 따라 화석연료와 에너지소비가 탄소세의 주요대상이 된다.[11] 조세는 상류(upstream) 또는 하류(downstream)로 부과될 수 있다.[12] 상류 탄소세는 석유, 석탄, 천연가스와 같은 화석연료의 생산에 집중되는 반면, 하류 탄소세는 자동차의 사용과 같이 이산화탄소의 주요 배출원에 집중하는 방식으로 생산사슬 하단 단계에서 발생하는 배출에 부과된다.[13] 상류

Zhang and Baranzini, ibid. Kevin L. Doran and Alaine Ginnochio, *United States Climate Policy: Using Market-Based Strategies to Achieve Greenhouse Gas Emission Reductions* (University of Colorado Law School, 2008) at 5 참조.

7 Bilbert Metcalf and David Weisbach, *The Design of a Carbon Tax* (John M. Olin Law and Economics Working Paper No. 447 (2nd series), Public Law and Legal Theory Working Paper No. 254, The Law School, The University of Chicago, 2009) at 9.

8 이 온실가스들에 대해서 교토의정서는 UNFCCC 부속서 I 국가들이 감축하도록 하고 있고 UNFCCC의 보고서 가이드라인도 이 온실가스들을 포함하고 있다. 잠정적으로 일산화탄소(CO), 질소산화물(NO_X), 비메탄계 휘발성 유기화합물(NMVOCs), 황산화물(SO_X) 등과 같은 간접적 온실가스도 감축하도록 조세를 사용할 수 있다. Climate Change Secretariat, *United Nations Framework Convention on Climate Change: Handbook* (Bonn, Germany: United Nations Framework Convention on Climate Change, 2006) at 184.

9 Duff, *supra* note 5 at 1.

10 Ibid. at 23.

11 Ibid.

12 Reuven S. Avi-Yonah and David M. Uhlmann, *Combating Global Climate Change: Why a Carbon Tax is a Better Response to Global Warming than Cap and Trade* (Ann Arbor: University of Michigan Law School. Public Law and Legal Theory Working Paper Series, 2008) at 32.

13 Ibid., Metcalf and Weisbach *supra* note 7 at 25.

탄소세는 산업계가 배출하는 이산화탄소보다 거기로 투입되는 화석연료에 세금을 부과하는 것과 연관된다.[14] 경제학자들은 상류 탄소세가 가장 포괄적이면서 직접적인 접근법이라고 주장한다.[15] 추후에 연료가 연소되기 때문에 모든 가능한 배출원을 포괄할 수 있고 하류에 위치한 소비자보다 상류에 위치한 생산자의 수가 훨씬 적기 때문에 징수비용 및 감시비용을 최소화할 수 있다.[16]

탄소세는 경제학자들에 의해 온실가스 배출을 안정화하고 감축하는 가장 비용효율적인 방법 중 하나로 널리 여겨지고 있다.[17] 그 이유는 이산화탄소 배출량을 측정하는 데 있어 훌륭한 대체물이며, 탄소세가 에너지효율을 향상시키고 고탄소연료 대신에 저탄소연료를 사용하는 것을 장려하기 때문이다.[18] 여기서의 논리는 과세 결과 에너지 가격이 상승하여 경제권 전체에서 연료절약기술 및 에너지절약기술을 채택하도록 장려하고 석탄과 같은 탄소집약적인 연료보다

---

14 Metcalf and Weisbach, ibid at 23. 여기서 유념할 것은 배출되는 것보다 투입되는 것에 조세를 부과하는 것이 조세를 누가 부담하느냐의 문제에 반드시 영향을 주지는 않는다는 것이다. 그러나 공급이 탄력적이고 수요가 비탄력적이라면 결국 소비자가 조세부담을 지게 된다. 탄력성의 정도에 따라 투입에 대한 조세는 화석연료 생산자가 받는 가격의 하락과 소비자가 지불하는 가격의 상승을 가져온다.

15 Ian W.H. Parry and William A. Pizer, 'Combating Global Warming' (2007) 30(3) *Regulation* 18 at 19. Metcalf and weisbach, ibid.도 참조.

16 Avi-Yonah and Uhlmann, *supra* note 12 at 33. Metcalf and Weisbach, *supra* note 7 at 23. Metcalf and Weisbach는 미국에서 상류 탄소세의 이행을 위한 다양한 제안을 제시하고 있다. 이들은 천연가스의 경우 천연가스처리장이 간편한 징세지점이 될 것이라고 제안한다. 천연가스는 추출되었을 때 습성인데 수송관에 넣어지기 전에 건성화되어야 한다. 미국의 남쪽에 위치한 48개 주에는 약 530여개의 천연가스처리장이 있는데 미국에서 사용되는 천연가스의 100%에 가까운 양을 처리하고 있다. 반면 미국에는 거의 450,000여개의 천연가스전이 있고 미국의 천연가스 생산의 90%를 과세하기 위해서는 100,000여개 업소에 대해 세금이 부과되어야 한다. 따라서 처리지점에서 과세를 하는 것이 더 간편하다. Metcalf와 Weisbach는 이 조세기반에 캐나다로부터 천연가스가 수입되는 55개 지점(5개의 액화천연가스시설과 50개의 수송관)을 추가한다. 석탄에 대해서는 광산에 대해 과세를 하면 현재 운영하고 있는 1,438개의 광산을 그 대상으로 삼으면서 미국의 석탄 생산의 거의 대부분을 범위에 넣을 수 있다고 제안한다. 마지막으로 석유에 대해서는 이들은 2007년에 미국 내에 운영 중인 정유소가 149개인 것에 비해 차량운전자가 2억 4700만 명, 석유증류물의 사용자가 수백만에 이르기 때문에 정유소를 과세하는 것을 제안한다. 이들은 석유증류물의 탄소 함유량에 따라 정유소들이 별도의 조세를 납부할 것을 제안한다. 원유 및 정제유의 수입도 정유소에 부과되는 세금을 납부해야 할 것이다.

17 Duff, *supra* note 5 at 34.

18 Ibid.

덜 탄소집약적인 연료로의 전환을 촉진하는 결과를 가져온다는 것이다.[19] 모든 탄소세의 핵심요건 중 하나는 전체 배출 인벤토리를 최대한 많이 포섭하는 것이기 때문에 상류접근법이 매력적일 수밖에 없다.[20]

특히 경제학자들은 규제적 수단 및 자율적 수단과 같은 비 시장기반 메커니즘에 비해 탄소세가 우월하다고 널리 인정한다.[21] 시장기반 메커니즘은 이산화탄소 감축에 따른 비용을 경제 전체에 더 균일하게 배분한다.[22] 또한 시장기반 메커니즘은 정적 효율성과 동적 효율성을 실현할 수 있다. 탄소세를 부과하면 배출자들이 배출감축기술의 혁신에 착수할 것이기 때문에 동적 효율성이 달성될 수 있다. 정적 효율성은 주로 배출자로 하여금 더 저렴한 저감수단을 찾도록 하는 방식으로 달성되는 조세의 비용효율성에 의해 이루어진다.[23] 또한 적어도 화석연료의 도매가 이루어지는 상류에 조세가 적용될 경우, 다른 대체수단에서보다 행정비용 및 준수비용이 일반적으로 낮아서 비용효율적이다.[24] 반면 규제의 경우 서로 다른 경제 행위자에 대해 동일한 잣대를 적용하며, 정해진 요건 이상의 개선사항을 이루도록 하는 인센티브가 거의 없다.[25]

탄소세가 배출권거래제에 비해 가지는 유리한 점에 대한 논의가 있다. 몇

---

19 Parry and Pizer, *supra* note 15 at 20.

20 Kevin L. Doran and Alaine Ginnochio, *United States Climate Policy: Using Market-Based Strategies to Achieve Greenhouse Gas Emission Reductions* (University of Colorado Law Schoool, 2008) at 3.

21 Duff, *supra* note 5 at 11. Referring to, *inter alia*, OECD, *Environmentally Related Taxes in OECD Countries: Issues and Strategies* (Paris: OECD, 2001) at 14 and 22. Joseph E. Aldy, Eduardo Ley and Ian W.H. Parry, *A Tax-Based Approach to Slowing Global Climate Change* (Washington, DC: Resources for the Future, 2008) at 2도 참조.

22 Avi-Yonah and Uhlmann, *supra* note 12 at 32.

23 Romain Duval, *A Taxonomy of Instruments to Reduce Greenhouse Gas Emissions and Their Interactions* (Paris: Organization for Economic Co-operation and Development, Economics Department Working Paper No. 636, ECO/WKP(2008)44, 2008) at 9.

24 Ibid. at 10. 하지만 Duval은 특정 배출원을 감시하는 데 드는 높은 비용, 정보실패의 대응 부족, 에너지 생산 및 사용에 대한 재정적 인센티브 및 농업보조금과 같이 대체를 유도하는 조세의 인센티브를 왜곡하는 정책, 공기업 및 준공기업의 경우 이윤극대화 이외의 목적을 두고 있고 민간 부문보다 완화된 예산제약 때문에 조세가 강력한 인센티브가 되지 못한다는 점 등의 여러 요인으로 인해 비용효율성이 떨어질 수 있다고 지적한다.

25 Duff, *supra* note 5 at 10.

몇 경제학자들은 조세의 이점으로 다음 몇 가지를 이야기한다. 가장 눈에 띄는 것은 탄소세가 비용확실성을 보장하기 때문에 투자자들에게 안정적인 가격신호를 제공한다는 것이다. 하지만 배출자들은 납세 또는 배출감축 중에서 선택할 수 있는 여지가 있어서 전체 배출량의 변동 여부는 불확실하다.[26] 조세로 인해 목표한 것보다 감축을 많이 할 수도 있지만, 일단 정해진 감축목표의 달성을 보장하기 위해서는 환경적인 전망의 관점에서 조세를 정기적으로 검토하여야 한다. 만약 조세가 '과도하게 억제한' 결과, 예상했던 것보다 많은 감축이 발생했다면 그 부과수준을 낮추면 되고 그 반대의 경우에는 높이면 된다. 하지만 조세의 확실성을 유지하기 위해서 자주 갱신을 해서는 안 되고 원칙과 제약에 따라야 한다. 따라서 조세를 설계하는 국가들이 직면하는 핵심문제는 환경적 전망과 감축비용에 따른 조세의 변경이 연구 및 개발과 기술채택 인센티브에 미칠 수 있는 악영향을 제한할 수 있도록 충분히 예측 가능하게 설계되어야 한다는 것이다.[27] 모든 경우에 있어서 탄소세가 원하는 목표에 해당하거나 하회하는 배출수준을 보장하는 것은 아니라는 전제하에 Doran과 Ginnochio는, 임시적으로 온실가스 배출량이 증가하는 것이 허용되고, 일정기간 동안 배출정도를 재조정할 수 있는 여유가 있으며, 배출에 대한 단기적인 수량통제가 불필요한 상황에서만 탄소세가 적절하다고 주장한다.[28] 하지만 이에 대해 조세의 경우는 인구밀집지역에서의 오염물질의 양을 통제하는 것이 목적인 전통적인 대기오염물질과는 달리 탄소가 어디서 배출되는지를 통제하기보다 대기에 내보내는 탄소의 양을 감소하는 것만을 걱정하면 되기 때문에 기후변화에 최적인 수단이라고 반박할 수 있다. 각 국가는 세계적인 탄소의 양 중 일부에 대해서만 책임을 지기 때문에 탄소가 언제, 어디서 배출되었는지는 중요하지 않고 유일한 걱정거리는 시간의 경과에 따라 전체 배출량을 감축하는 것이다.

---

26 Duval, *supra* note 23 at 12. National Round Table on the Economy and the Environment (NRTEE), *Getting to 2050: Canada's Transition to a Low-emission Future* (Ottawa: NRTEE, 2007) at 22도 참조.

27 Avi-Yonah and Uhlmann, *supra* note 12 at 33.

28 Kevin L. Doran and Alaine Ginnochio, *United States Climate Policy: Using Market-Based Strategies to Achieve Greenhouse Gas Emission Reductions* (University of Colorado Law School, 2008) at 6.

둘째, 특히 상류에 부과되었을 경우 탄소세는 더 간편할 수 있다는 잠재성이 있다. 반면 배출권거래제는 배출권이 어떻게 창출될지, 무상 또는 유상으로 배분할지, 거래를 관리하고 감독할 시스템의 설계, 배출권의 이월과 차입을 통한 비용불확실성의 방지, 탄소격리와 같은 사업을 위한 상쇄 등과 같은 다양하고 복잡한 요인을 가지고 있다.[29]

셋째, 탄소세는 탄소상쇄사업과 같이 온실가스의 감축에 도움이 되거나 대중교통의 개발과 같이 온실가스의 배출을 감소시키는 사업을 지원하는 데에 사용될 수 있는 세수를 창출한다.[30] 이런 식으로 세수를 사용하는 것은 배출감축에 대해 가지고 있는 불확실성을 감소시키는 데 도움이 될 수 있다.[31] 탄소세는 또한 세수중립적인 조세를 보장하기 위해서 소득 혹은 기타 다른 조세감소를 재정적으로 지원하도록 사용될 수 있다.[32] 배출권거래제도 모든 배출권이 무상할당되지 않고 유상할당된다면 더 많은 수익을 창출할 수 있지만, 실제 현재까지 채택되었거나 제안된 제도들은 배출권의 어느 정도를 무상할당하고 있다.[33]

가장 최적의 탄소세 세율이 얼마인지는 경제학자들 사이에서 논란이 되고 있다. 탄소 톤당 최적 세율의 예상치는 톤당 3달러에서 95달러에 이르고 있다.[34] 세율을 계산하기 어려운 이유는 기후변화가 국내에 미치는 효과를 예측하는 것과 같이 과학적 불확실성을 먼 미래의 경제 및 기술 발전에 대한 예측과 결합시켜 현재가치로 할인해야 하기 때문이다.[35]

탄소세 도입의 제안은 국내의 정치적인 반대에 부딪히기 쉽다.[36] 국제경쟁

---

29 Avi-Yonah and Uhlmann, *supra* note 12 at 40.

30 Ibid. at 42.

31 Ibid.

32 Parry and Pizer, *supra* note 15 at 20. Gilbert E. Metcalf, *A Green Employment Tax Swap: Using a Carbon Tax to Finance Payroll Tax Relief* (Washington, DC : The Brookings Institution, 2007)도 참조.

33 Avi-Yonah and Uhlmann, *supra* note 12 at 42.

34 Metcalf and Weisbach, *supra* note 7 at 12.

35 Ibid.

36 조세가 부과하는 비용이 매우 투명하고, 즉각적으로 적용되며, 상대적으로 잘 조직된 집단에 집중되기 때문에 쉽게 반대에 부딪히게 된다. 그러나 탄소세의 혜택은 분명하게 특정할 수 있는 행위자에게 부여되는 것이 아니고, 널리 흩어져서 부여되며, 미래시점에 대해서만 부여된다. 정치경

력에 부정적인 영향을 미칠 것을 걱정하는 산업이 가장 강력하게 반대한다.[37] 이러한 반대가 초래할 수 있는 결과 중 하나는 탄소세를 이행하고 있는 정부가 조세의 효과를 약화시키고 그 구조를 더 복잡하게 만들 영향을 받는 산업들을 위한 면제를 두도록 압박을 받는 것이다.[38] 이와 같은 면제는 조세를 국내 제품과 외국제품에 불균형적으로 부과하는 것과 같이 국내이익을 위한 다른 조치와 마찬가지로 보호주의를 위한 조치라는 우려를 자아낸다. 그러나 조세제도는 과도하게 복잡하다는 성향을 가지는 배출권거래제보다 성질상 더 투명한 경향을 가지고 있다. 또한 일관적이지 않게 면제하는 것을 찾아내고 이러한 적용이 보호주의인가 아닌가를 알아내는 데 더 용이할 수 있다.

정치적인 반대에도 불구하고 탄소세는 에너지세와 결합한 형태로 다양한 국가에서 이행되었다. 핀란드, 덴마크, 노르웨이, 스웨덴은 1990년대에 탄소세를 도입하였다.[39] 이 국가들의 조세제도는 굉장히 좁은 조세기반을 두고 있는 경향이 있고 대상배출원에 대해 통일된 세율을 적용하지 않는다. 더군다나 이 조세들의 파급효과는 에너지집약적 산업에 대해 두고 있는 면제로 인하여 약화된 것으로 보고되고 있다.[40] 예를 들어 스웨덴에서는 산업계가 조세의 50%만을 납부하고 상업적 원예업, 광업, 제조업, 제지업은 모두 면세를 받고 있다.[41] 영국은 2001년부터 산업 · 상업 · 공적부문에서의 에너지사용에 대해 부과하는 세

제학적 문헌에 따르면 조세의 유지에 강한 이해를 가지고 있는 정치적 유권자층이 부재하다면 탄소세의 영향을 받는 집단들은 성공적인 반대 로비를 펼칠 수 있는 위치를 점할 수가 있게 된다. 이러한 반대는 탄소세의 수익을 영향을 받는 산업에게 부분적인 재분배를 하는 것으로 누그러뜨릴 수도 있다. Duval, *supra* note 23 at 12.

37 이로 인한 잠재적인 효과는 국경세 조정을 다루고 있는 제8장에서 더 자세히 살펴볼 것이다.

38 Avi-Yonah and Uhlmann, *supra* note 12 at 50에서 상류 탄소세가 석탄, 석유 그리고 천연가스 등 세 가지 산업에게만 영향을 주기 때문에 감면을 위해 정부들이 받을 압력을 최소화할 것이라고 지적한다.

39 Metcalf and Weisbach, *supra* note 7 at 10.

40 Simonetta Zarrilli, 'Domestic Taxation of Energy Products and Multilateral Trade Rules : Is This a Case of Unlawful Discrimination?' (2003) 37 (2) *Journal of World Trade* 359 at 365. IEA, 'An Overview of Green Tax Reform and Environmentally Related Taxes in OECD Countries' (IAE, First Quarter 2002) 인용.

41 T. Tietenberg, 'Can Eco-taxation be Effective in Reducing Carbon Emissions?' Online at : www.colby.edu/personal/t/thtieten/eco-taxation.htm (2009년 11월 6일 최종검색).

수중립적인 조세인 기후변화세(Climate Change Levy : CCL)를 이행하였다.[42] 이 조세에는 국내산업 · 운송산업 · 자선산업 · 소규모산업 분야 등에서의 사용을 위한 다양한 감면제도를 두고 있다. 이외에도 에너지집약적인 산업들은 에너지효율을 개선하거나 이산화탄소 배출을 감소하는 목표에 합의하여 조세의 80% 감면을 협상의 결과 얻을 수 있었다.[43] 프랑스에서는 톤당 25달러라는 탄소세가 전력을 제외한 석유 · 가스 · 석탄의 소비에 적용되고 세수중립적이 되도록 설계되었다. 감면은 유럽연합의 배출권거래제가 인정하는 범위 내에서 중공업, 그리고 그 외에 어업, 농업분야에도 적용된다. 유럽에서의 에너지세는 특정 수준 이상의 이산화탄소를 배출하는 자동차 등에 대해서 부과된다. 예를 들어 프랑스에서는 이산화탄소배출량이 킬로미터당 160g를 초과하는 자동차를 구매할 때 소비자는 세금도 내야 하고, 아일랜드에서는 자동차의 등록 시에 이산화탄소 배출량 기준으로 부과가 된다.[44]

캐나다의 British Colombia주에서는 상이한 화석연료에 대해 탄소를 기준으로 하는 통일된 세율을 적용하는 탄소세를 2008년 7월에 도입하였다.[45] 이 조세는 휘발유, 경유, 천연가스, 석탄, 프로판가스, 가정용 난방연료 등의 거의 모든 화석연료를 조세대상으로 삼을 만큼 광범위하다.[46] "미래에 다른 기후변화정책에 의해 다루어지거나 효율적인 행정처리하에서 다루어질" 배출에 대한 감면이 있다.[47] 이 감면은 계획된 배출권거래제의 대상이 되는 대규모 산업계 배출

---

42 Finance Act 2000, section 30 and Schedules 6 and 7.

43 Department of Energy and Climate Change, online at: http://www.decc.gov.uk/en/content/cms/what_we_do/change_energy/tackling_clima/ccas/ccas.aspx (2009년 11월 6일 최종검색)에서 세부사항 참조.

44 European Automobile Manufacturers' Association, 'Overview of CO_2 Based Motor Vehicle Taxes in the EU', 22 February 2008, available online at : www.acea.be (2009년 11월 6일 최종검색).

45 Government of British Columbia, *Balanced Budget 2008, Backgrounder: BC's Revenue-Neutral Carbon Tax* (Victoria, 2008). Available online at : http://www.bcbudget.gov.bc.ca/2008/backgrounder_carbon_tax.htm (2009년 11월 6일 최종검색).

46 Ibid.

47 British Columbia Ministry of Finance, *Budget and Fiscal Plan 2008/09–2010/11* (19 February 2008), available at : http://www.bcbudget.gov.bc.ca/2008/bfp/2008_Budget_Fiscal_Plan.pdf (2008년 6월 16일 최종검색) at p.12.

원에서 비롯되는 배출도 포함하는 것으로 보인다. Quebec주도 2007년에 탄소세를 도입하였다. 이 조세는 모든 소매업자에게 대량으로 판매되는 비재생연료를 대상으로 모든 석유회사 및 가스회사에 부과된다.[48]

OECD 국가들은 탄소 이외의 온실가스에 널리 조세를 적용하고 있지 않지만, Duff는 유럽에서 사용되었던 생산 및 사용시 질소산화물이 발생하는 합성비료와 메탄의 가장 중요한 인위적인 배출원인 매립지에 매립된 포장물 및 폐기물에 부과된 두 가지 조세를 지적한다.[49]

탄소세가 세계적 차원에서 부과되거나 국내조세가 완전히 조화를 이루는 것이 가장 효율적이라고 경제학자들 간에 의견이 일치하는 것처럼 보인다. 그러한 조세는 "모든 배출원들이 한계적 감축비용을 조세의 수준과 동일하게 만들도록 해서 그들로 하여금 보다 저렴한 감축 수단을 선택할 수 없도록 할 것이다."[50] 그러나 그러한 의견일치에 도달하기 위해 거쳐야 하는 정치적 장벽도 무시할 수 없다. 세계적인 탄소세 또는 국가 간에 완전히 조화를 이룬 조세가 없는 현 상황에서 WTO규범이 보호주의 목적으로 조세가 이용되는 것을 방지하기 위해 활용될 것이다. 다음 절에서 핵심조항 및 그 적용을 살펴본다.

6.3 조세와 비차별원칙

조세를 위한 WTO 체제는 제5장에서 논의한 규제조치를 위한 체제와 비슷하지만 몇 가지 중요한 차이점이 있다. 규제조치에서와 같이, 탄소세에 대한 주요한 제약방식으로는 GATT 제3조가 있다. 제3조 1항은 조문의 광범위한 목적

48 *Regulation Respecting the Annual Duty Payable to the Green Fund*, R. Q. c. R-6.01, available online at: http://canlii.org/qc/laws/sta/r-6.01/20080515/whole.html (2008년 6월 16일 최종 검색).

49 Duff, *supra* note 5 at 38. WTO/UNEP Report는 또한 노르웨이가 수소불화탄소(HFCs) 및 과불화탄소(PFCs)의 수입과 생산에 과세를 부과하고 있고, 덴마크는 HFCs, PFCs와 육불화황(SF_6)에 과세를 하고 있다고 지적한다. Ludivine Tamiotti et al., *Trade and Climate Change:* A Report by the United Nations Environment Programme and the World Trade Oraganization, (Geneva: WTO, 2009) at 91.

50 Duval, *supra* note 23 at 9.

을 제시하면서 국내판매, 판매를 위한 제공, 구매, 운송, 유통, 제품의 이용에 영향을 주는 국내세 및 기타 부과금을 포함하는 조치들이 국내생산을 '보호하기 위하여' 수입품에 대해 적용되어서는 안 된다는 것을 회원국들이 인정함을 기록하고 있다. 제3조 2항은 내국민대우원칙을 조세에 구체적으로 적용하는 조항인데 이를 위해서 제1문과 제2문에 각각 별개의 요건을 두고 있다. 제3조 2항은 "다른 체약 당사자의 영토 내로 수입되는 체약 당사자 영토의 제품은 동종의 국내제품에 직접적 또는 간접적으로 적용되는 내국세 또는 그 밖의 모든 종류의 내국과징금을 초래하는 내국세 또는 그 밖의 모든 종류의 내국과징금의 부과 대상이 직접적으로든 간접적으로든 되지 아니한다. 또한, 어떠한 체약 당사자도 제1항에 명시된 원칙에 반하는 방식으로 수입 또는 국내제품에 내국세 또는 그 밖의 내국과징금을 달리 적용하지 아니한다"고 규정하고 있다.

제3조 2항은 제3조에 관한 주해에 의해 보완되고 있다. 제3조에 관한 주해 두 번째 문장은 "제2항 제1문의 요건에 합치되는 조세는 과세된 제품을 일방으로 하고 유사하게 과세되지 아니한 직접적으로 경쟁적이거나 대체가능한 제품을 타방으로 하여 양자 간에 경쟁이 수반된 경우에만 제2문의 규정에 불합치되는 것으로 간주된다"고 규정하고 있다.

따라서 제3조 2항 제1문과 제2문 간에는 두 가지 중요한 차이점이 존재한다. 첫 번째 차이점은 제1문에 따르면 문제의 조세가 "동종"의 수입품과 국내제품에 적용될 때에만 내국민대우원칙의 위반이 있게 된다. 하지만 제2문에 따르면 수입품과 국내제품이 직접적으로 경쟁적이거나 대체가능하기만 하면 위반이 있을 수도 있다.

두 번째 차이점은 제1문과 관련해서는 최소허용기준을 두고 있지 않아 동종의 수입품과 국내제품에 부과된 조세 간의 조그마한 차이도 용납되지 않아 위반판정을 가져온다. 하지만 직접경쟁제품 또는 대체제품에 적용되는 제2문은 문제의 제품들이 '유사하게 과세되지 않았을 경우'에만 내국민대우 위반이 있는 것으로 규정하고 있다. 따라서 제품들의 관계가 제3조 2항 2문의 적용을 받는 직접경쟁관계 또는 대체관계인 것으로 판명된다면 조세상 어느 정도의 차이가 있는 것도 허용된다.[51]

6.3.1 제3조 2항 1문

제3조 2항 1문에서 따져야 할 두 가지 쟁점으로는 첫째, 조세의 대상이 되는 수입품 및 국내제품이 '동종제품'인지 둘째, 수입품에 부과된 조세가 국내제품보다 '초과하여' 부과되었는가이다.

'동종제품'

GATT가 제3조 2항 조문에서 '동종제품'을 정의하지 않고 있어서 규제조치에서와 마찬가지로 '동종제품'의 의미를 둘러싼 분쟁이 상당수 있었다. 그러나 이들 사건은 대체적으로 일관되게 주어진 시장에서의 제품의 최종용도, 동일한 물리적 특성을 가지고 있어야 하는 점을 포함하여 제품의 특징 · 성질 · 품질, 특정 국가의 소비자들이 가지는 기호 및 습관, 관세분류의 네 가지 기준을 이용해서 사안별로 동종성 여부를 판단하여왔다.[52] 게다가 항소기구는 동종성의 해석이 개별적인 재량판단의 요소를 필연적으로 가지고 있는 것으로 받아들이고 있다.[53]

제3조 4항이 규제조치와 관련하여 적용하는 기준과 위와 같은 기준은 동일하긴 하다. 하지만 제3조 4항상의 규제조치보다 제3조 2항 1문상의 조세에 대해서 '동종성'의 의미는 더 엄격하게 해석되어왔다. *Japan–Taxes on Alcoholic Beverages* 사건에서 항소기구는 제3조 2항은 서로 다른 제1문상의 의무와 제2문상의 의무 모두의 의미를 살리면서 조화롭게 해석되어야 한다고 보았다. 항

---

51 *Japan – Taxes on Alcoholic Beverages* (1996) WTO Doc. WT/DS8/AB/R, WT/DS10/AB/R, WT/DS11/AB/R (Appellate Body Report) section H(2)(b) at p. 28.

52 Ibid. at section H (1)(a). 이 요건 중 처음 세 가지는 1970 GATT Working Party Report on Border Tax Adjustment: BSID 18S/97, adopted on 2 December 1970, para. 18에서 상세하게 다룬 바 있다. *Japan – Alcoholic Beverages*의 항소기구는 마지막 기준인 관세분류가 *EEC – Measures on Animal Feed Proteins* B.I.S.D.(25th Supp.) 49 (1979)(adopted 14 March 1978) at para. 4.2; *Japan – Customs Duties, Taxes and Labelling Practices on Imported Wines and Alcoholic Beverages* B.I.S.D. (34th Suppl.) 83(1988) (adopted 10 November 1987) at para..5.6; and *United States – Standards for Reformulated and Conventional Gasoline* (1996) WTO Doc. WT/DS2/R (Panel Report) at para. 6.8에서 언급된 바가 있다는 것을 확인하였다.

53 *Japan – Alcoholic Beverages AB Report*, *supra* note 51 at section H(1)(a).

소기구는 "제3조 2항 2문은 제1문에서 다루고 있는 '동종제품'으로 볼 수 없는 더 넓은 범위의 제품에 대한 적용을 검토함에 있어서 조치의 보호주의적 측면에 대한 별도의 독특한 고려사항을 규정한다"고 지적하였다.[54] 따라서 제3조 2항 1문에서의 동종성은 좁게 해석되어야 한다고 하였다.[55] 이에 따라 직접적으로 경쟁적이거나 대체가능한 제품에 대해서 제2문이 적용될 수 있는 여지가 보장된다.

동종성의 판단은 사안별로 검토해야 하고 비교되는 모든 제품들이 다른 특성을 가지고 있다는 점을 생각하면 동종성 기준과 관련해서 탄소세에 대해 어떠한 일반화된 결론을 내리는 것은 불가능하다. 하지만 여기서 두 가지의 가상적인 사례를 평가하고자 한다. 첫째 사례는 A국가가 정제소에서, 그리고 수입 시 국경에서 부과하는, 석유에 대한 상류 탄소세이고 둘째 사례는 이산화탄소 배출(이산화탄소 배출량g/km) 수준에 따라 자동차에 부과되는 하류 탄소세이다.

A국가의 상류 탄소세의 경우, A국가에서 생산되는 해초바이오연료(algae biofuel)는 탄소세가 부과되지 않는 것에 반해 B국가가 A국가에 수출하는 휘발유는 탄소세가 부과되고 있어 A국가의 운송시장에서 해초바이오연료가 경쟁적 우위를 차지하고 있는 것에 대해 B국가가 제소한 경우를 가정해보자.[56] B국가가 제기한 청구에서는 휘발유가 해초바이오연료와 '동종'인지에 대한 판단이 이루어져야 한다. 휘발유가 석유를 기반으로 생산된 것과는 달리 해초바이오연료는 조류 또는 식물을 기반으로 생산되었으므로 이 두 연료의 물리적 특성은 매우 다르다. 휘발유는 탄화수소의 혼합물로 구성되어 있고 이산화탄소를 배출한다. 반면 해초바이오연료는 화학적으로 조정된 천연유로 구성되어 있고 이산화탄소를 배출한다기보다 조류가 그 성장단계에서 공기 중의 이산화탄소를 소모한다.[57] 하지만 반대로 특히 이 두 연료가 운송연료로 쓰이고 있다는 점에서 최종

---

54 Ibid. The Appellate Body affirmed this interpretation in *European Communities—Measures Affecting Abestos and Asbestos—Containing Products* (2000), WTO Doc. WT/DS135/AB/R (Appellrate Body Report) at para. 95.

55 Ibid.

56 해초바이오연료는 아직 개발 초기단계에 있기는 하지만 이 사례에서는 상업적으로 유통되고 있는 것으로 가정한다.

57 해초바이오연료에 관한 전반적인 설명을 위해서는 John Sheehan et al., *A Look Back at the*

용도가 매우 유사하다. 관세분류는 당사자가 누구인지에 따라 달라질 문제이다. 소비자의 기호와 습관은 구체적인 사실에 따라 달라지겠지만 기후변화를 둘러싼 여론과 우려를 감안했을 때 두 제품의 상이한 탄소함유량 때문에 소비자들이 이들을 다른 제품이라고 볼 여지가 많다. 두 제품의 물리적 특성이 매우 다르고 소비자 선호 또한 다를 수 있다는 것을 감안하면 휘발유와 해초바이오연료가 제3조 2항 1문상의 동종제품이 아닌 것으로 판단된다.

A국가에서 이산화탄소 배출수준에 따라 자동차에 부과되는 하류 탄소세는 위 경우와는 약간 다르게 고려되어야 한다. A국가에 수입되는 B국가 자동차에 A국가 내에서 생산되는 유사한 자동차 모델보다 더 높은 세율이 적용되고 있다고 B국가가 불만을 제기하였다고 가정하자. 또한 문제의 자동차들이 유사한 엔진 크기를 가지고 있고, 같은 해치백 자동차 범주에 속하며, 동일한 기본적인 특징과 품질을 가지고 있지만 이산화탄소 배출수준만은 다르다고 가정하자. A국가 자동차의 평균 배출량은 95g/km이지만 B국가 자동차의 평균 배출량은 150g/km이 넘는다. 이 시나리오에서 패널이 당면하게 될 문제는 이러한 배출수준의 차이로 두 자동차가 '동종'이 아닌 것으로 충분히 판단될 수 있는지이다. 배출수준이 자동차의 물리적 특성의 일부가 아닌 것으로 여겨진다하더라도 '상류' 조세 사례에서와 같이 소비자 기호가 감안될 수 있다. 지금까지 항소기구가 동종성 개념을 좁게 해석하는 것을 채택한 점을 생각하면 어떠한 방식으로든 분명한 증거가 없는 한에서는 소비자의 선호만으로는 두 자동차를 '동종'이 아닌 것으로 판단하기가 수월하지 않다. 주어진 사건에서 사실관계의 미묘한 차이가 결과에 결정적인 역할을 할 것임에는 분명하다.

위 사례들은 제3조 2항의 주요점을 설명하는 매우 단순화한 사례들이다. 동종성 여부를 판단해야 하는 모든 사건에서 패널은 어려운 판단을 내려야 하기 때문에 그 결과가 불확실할 수밖에 없다. 그러나 세밀한 검토를 받을 수 있는 제품의 종류가 무궁무진하다는 점을 감안하면 미리 동종제품에 해당하는 제품의 짝을 정하는 것은 불가능한 것으로 보인다. 그럼에도 불구하고 무역과 기

U.S. Department of Energy's Aquatic Species Program : Biodiesel from Algae, Close-Out Report (Golden, CO : National Renewable Energy Laboratory, 1998) 참조.

후변화체제들은 패널과 항소기구가 진정한 의미의 환경적인 조세와 보호주의를 위한 시도를 효율적으로 구분할 것을 요구하고 있다. 이에 따라 패널과 항소기구는 문제의 제품들이 상대적인 환경영향을 반영하는 기준을 고려하도록 하여야 할 것이다. 여기서 제품의 환경영향이 완전히 알려져 있지 않을 경우 정보문제가 발생할 수 있다. 더 나아가 두 제품이 어느 정도의 배출량 차이를 가져야 동종이 아닌 것으로 판단되는 것인지, 소비자가 어느 정도의 환경에 대한 우려를 보여야 제품 간에 차이가 있는 것으로 인정되는지와 같은 문제가 제품을 비교했을 때 발생할 수 있다. 또한 제3조 4항 위반을 결정할 때와 마찬가지로 이보다 더 다루기 힘든 문제 중 하나는 공정생산방식(PPMs)이다. 제5장에서 논의한 바와 같이 동종성 판단에서 일부 PPMs를 인정하는 것은 국가들이 조세를 부과할 때 제품의 환경영향을 완전히 고려할 수 있도록 하기 위해서 필요하다. 그러나 상대적인 환경영향에 대한 정보가 적을수록 보호주의로 악용될 수 있는 범위가 커진다. 따라서 규제의 맥락에서 살펴본 제5장의 PPMs에 관한 논의는 조세의 경우와도 관련이 있을 뿐 아니라 중요하다.

동종의 국내제품에 적용된 것보다 '초과하여' 적용된 조세

수입품과 국내제품이 동종제품인 것으로 판단되었다면, 첫 번째 요건의 두 번째 요소인 수입품에는 국내제품보다 '초과하여' 조세를 부과할 수 없다는 점은 비교적 쉽게 판단될 수 있다. 항소기구는 조세부과에도 불구하고 무역량의 변화가 없는 경우처럼 조세가 무역에 미치는 영향이 전혀 없는 때에도, "조금이라도 초과하는 부분은 과도하다"고 판시하였다.[58] 따라서 제소국 측은 문제의 제품들이 동종 관계에 있다고 주장하는 것이 유리한데, 이는 일단 동종성이 입증되면 나머지 요건은 쉽게 충족될 수 있기 때문이다. 이러한 점은 패널들이 동종성을 판단하는 것이 얼마나 중요한 일인지를 강조한다. 패널들이 동종성 개념을 좁게 해석하게 되면 수입국의 기후변화 조세정책에 더 많은 유연성을 부여하게 된다. 반면 넓게 해석할 경우, 그 유연성은 줄어들게 된다.

---

58 *Japan–Alcoholic Beverages AB Report, supra* note 51 at section H(1)(b).

6.3.2 제3조 2항 2문

제3조 2항 2문은 제소국이 문제의 국내제품과 수입품이 동종인 것을 입증하지 못할 경우 구제 받을 길을 마련하고 있다. 제2문상의 위반을 증명하기 위해서 회원국은 (i) 두 제품은 '직접적으로 경쟁적이거나 대체가능할 것', (ii) 두 제품은 '유사하게' 조세가 부과되지 않았을 것, (iii) 그 유사하지 않게 부과된 조세가 국내제품에 대해 '보호를 할 목적'으로 운용이 될 것 등의 세 가지 요소가 존재한다는 것을 제시하여야 한다.

'직접적으로 경쟁적이거나 대체가능한' 제품

'동종'제품 개념에서와 마찬가지로, GATT는 '직접적으로 경쟁적이거나 대체가능한'의 정확한 정의를 마련하고 있지 않아 결국 사안별 검토가 필요하다. 이 개념은 '동종'제품보다 더 넓은 범위의 제품을 포괄한다고 봐야 할 것이다. 항소기구가 지적한 것처럼 '동종'인 모든 제품은 당연히 직접적으로 경쟁적이거나 대체가능하지만, 그 반대는 성립하지 않는다. 즉, 직접적으로 경쟁적이거나 대체가능한 제품은 반드시 '동종'의 제품이 아닌 것이다.[59]

지금까지 제3조 2항과 관련된 결정들은 '동종제품'을 검토할 때보다 훨씬 더 분명하게 경제학적인 접근법을 채택하여왔다. *Japan-Taxes on Alcoholic Beverages* 사건에서 항소기구는 물리적 특성, 공통된 최종용도, 관세분류뿐 아니라 '시장'까지 살펴봐야 할 필요성을 역설한 패널의 의견에 동의하였다. 더 나아가 항소기구는 관련시장에서의 경쟁을 검토하는 방법 중 하나로 대체탄력성을 검토한 것을 포함하여 패널의 법적 분석을 지지하였다.[60] 대체탄력성은 모든 다른 변수가 동일할 때 하나의 제품에 대한 수요가 다른 제품의 가격변화에 민감할수록 더 직접적으로 경쟁적이라는 것을 뜻한다.[61] 패널은 또한 시장에 나

---

59 *Korea-Taxes on Alcoholic Beverages* (1999), WTO Doc. WT/DS75/AB/R, WT/DS84/AB/R (Appellrate Body Report) at para. 118.

60 *Japan-Alcoholic Beverages, supra* note 51 at section H(1)(b).

61 *Japan-Taxes on Alcoholic Beverages* (1996), WTO Doc. WT/DS8/R, WT/DS10/R, WT/DS11/R

와 있는 다양한 제품에 소비자들이 어떻게 반응하는지가 관건이기 때문에 마케팅 전략과 같은 요소들도 관련이 있을 수 있다고 보았다.[62]

Korea–Taxes on Alcoholic Beverages 사건에서 항소기구는 수요의 교차가격 탄력성이 관련 있다고 받아들였지만, 성질상 다른 요소의 검토를 배제하는 것은 아니며 심지어 결정적인 증거가 될 수는 없다는 점을 지적하였다.[63] 패널은 경쟁 여부나 대체가능 여부를 평가할 때 최종용도가 특히 관련 있다고 지적하였지만 '직접적으로 경쟁적이거나 대체가능'한지를 판단할 때 가격의 책정 및 유통경로도 검토될 수 있는 요소로 추가하였다.[64] 항소기구는 이러한 기준을 검토해달라는 요청을 받지 않았지만, 경쟁관계가 현재의 소비자 선호의 관점에서만 분석될 필요가 없다고 본 패널의 판시가 잘못되었다는 한국의 주장을 검토하였다. 항소기구는 '경쟁적이거나 대체가능'의 개념을 정적인 개념으로 보는 것을 배척하였다. 항소기구는 소비패턴의 추세나 변화의 흔적도 관련 있고, 더 나아가 "현재 소비자들이 대체재로 여기지 않았을지라도 서로를 대체할 수 있는 제품 간"에는 그 필요한 경쟁관계가 존재할 수 있다고 보았다.[65]

Korea–Taxes on Alcoholic Beverages 사건에서 항소기구는 제품에 대한 잠재된 수요가 있을 수 있고 제품들이 직접적으로 경쟁적이거나 대체가능한지 여부를 판단할 때 이러한 점도 검토되어야 한다고 판시하였다.[66] 국내제품을 위한 선호를 창출하거나 동결시키는 차별적인 조세체제와 같이 무역 또는 경쟁에 대한 규제장벽을 포함한 여러 이유에 의하여 잠재적인 수요가 존재할 수 있다.[67] 항소기구는 더 나아가 제품들이 서로 교체될 수 있을 때, 또는 이보다 덜 엄격한 요건으로 '특정한 필요 또는 기호를 충족시킬 수 있는 대안'을 제공한다

(Panel Report) at para. 6.31.

62 Ibid. at para. 6.28.

63 *Korea–Alcoholic Beverages, supra* note 59 at 109.

64 *Korea–Taxes on Alcoholic Beverages* (1999), WTO Doc. WT/DS75/R, WT/DS84/R (Panel Report), at 10.43 and 10.78.

65 Korea–Alcoholic Beverages, *supra* note 59 at 114 (emphasis in original).

66 Ibid. at 115.

67 *Japan–Alcoholic Beverages, supra* note 61 at para. 6.28.

면 경쟁적이거나 대체가능한 것으로 판시하였다.[68] 하지만 항소기구는 '직접적' 이라는 단어가 국내제품과 수입품 간의 경쟁관계의 범위의 정도를 가리킨다고 강조하였다.[69]

Korea–Taxes on Alcoholic Beverages 사건의 항소기구 보고서가 채택된 지 수개월 후, 칠레와 EC 간에 발생된 이와 유사한 분쟁이 패널에 제기되었다. 이 사건에서 패널은 제품들이 경쟁적이라고 여겨지기 위해서 모든 목적을 위해 항상 대체가능할 필요는 없다고 보았다. 오히려 "일부 소비자들이 일부 목적을 위해 때때로 대체될 수 있다는 경향이 있는 것으로 충분하다"고 보았다.[70]

Chile–Taxes on Alcoholic Beverages 사건에서 패널은 소비자이론의 개념을 도입하였다. 이 이론에 따르면, 소비자 관점에서의 최종용도를 판단하기 위해서는, 제품의 유용성이 유래하는 그 제품의 특성이나 성질이 고려요소이지 제품 그 자체가 직접인 사용목적이 되는 것은 아니다. 패널은 제품들이 "공통의 특성을 가지기는 하지만 질적으로 다른 특성을 가지고 있거나 같은 특성을 가지고 있기는 하지만 양적으로 다르게 결합되어 있을 수 있다. 대체의 가능성은 이러한 공유된 특성에서 비롯된다"고 지적하였다.[71] 패널은 버터와 우유는 중요한 특성을 공유하는 유제품이지만 마가린은 그렇지 않다는 교과서적인 사례를 들었다. 그러나 버터와 마가린은 각기 빵에 대한 보완재로서 서로를 충분히 대체할 수 있는 특성들을 결합하고 있지만 우유의 경우에는 그렇지 않다. 버터와 마가린이 결합하고 있는 특성들로는 퍼짐성, 맛, 색, 농도 등과 같은 물리적인 특징들이다.

앞서 살펴보았던 가상적인 사례들에서 해초바이오연료와 휘발유가 동종제품이 아니고, 200g/km이 넘는 이산화탄소를 배출하는 자동차와 95g/km정도를 배출하는 자동차가 동종제품이 아닌 것으로 결정되었다고 가정하자. 이제 문제되는 것은 이들 제품들이 '직접적으로 경쟁적이거나 대체가능한지'이다. 첫

68 *Korea–Alcoholic Beverages, supra* note 59 at para. 115. '대체적 수단' 또는 '호환성'의 해석에 관해서 Raj Bhala, *Modern GATT Law: A Treatise on the General Agreement on Tariffs and Trade* (London : Sweet & Maxwell, 2005) at 41 참조.

69 *Korea–Alcoholic Beverages, supra* note 59 at para. 116.

70 *Chile–Taxes on Alcoholic Beverages* (1999) WTO Doc. WT/DS87/R, WT/DS110/R (Panel Report), at para. 7.43.

71 Ibid. at para. 7.82.

째, 연료에 대한 상류 조세와 관련해서 조류 바이오연료와 휘발유는 물리적으로는 큰 차이를 가지고 있지만 유사한 최종용도를 가지고 있는 것이 증명되었기 때문에 이제 관심의 초점은 *Korea–Taxes on Alcoholic Beverages* 사건에 따라 제품들이 서로 대체될 수 있는지를 따지는 제3조 2항 2문상의 대체탄력성 검토에 모아진다. 이 시나리오에서 해초바이오연료가 상용화된 뒤 휘발유를 주입하는 동일한 자가용에 주유되어 소비자들이 주유소에서 어떤 것을 주유할 것인지 선택 가능하게 된다면, 휘발유와 직접적으로 경쟁적이거나 대체가능한 것으로 판시될 수 있다. 달리 말하면 이들 제품은 주로 가연성과 같은 특성을 공유하고 있어 대체가능하다. 하지만 해초바이오연료를 활용하기 위해 변환장치가 필요하다거나 특정 자동차만이 연료로 사용할 수 있다면, 이 제품들은 대체가능하지 않은 것으로 판시될 수도 있다. 따라서 제시되는 증거 사실에 따라 판가름날 공산이 크다.

둘째, 자동차에 대한 하류 조세에 관하여서도 많은 부분 소비자의 선호와 대체탄력성의 증명에 따라 판가름이 날 것이다. 실무적인 관점에서 이 두 가지 종류의 해치백 자동차는 같은 기능을 수행하기 때문에 실질적으로 서로를 대체할 수 있다. 그러나 소비자들이 이 자동차들을 그렇게 여기는지 여부는 또 다른 문제이다. 이 두 가지 시나리오에서 패널들은 대체가능성의 한도를 결정할 수 있는 재량을 가지는데 제품들이 대체가능하다고 더 기꺼이 판시할수록 수입국들이 다른 제품들을 상대로 기후변화 관련 조세를 시험할 수 있는 여지가 적어진다. 패널들이 판시를 할 때 불가피하게 가지는 재량은 국내 규제 의사결정에 실무적으로 중요한 영향을 끼칠 것이다.

'유사하게 과세되지 않은'

제3조 2항 2문상의 위반을 증명하기 위해 충족해야 할 두 번째 요소는 당해 제품들이 '유사하게 과세되지 않았다'는 것이다. 조그마한 차이만으로도 위반을 증명하기에 충분한 제3조 2항 1문과는 달리, 여기서는 과세차이가 '유사하지 않기' 위해서는 사소한 차이보다는 많아야 한다. 이러한 해석이 나오게 된 논리는 제소국이 이미 어렵사리 동종제품임을 증명하였다면 제소국의 입증책임을 완화해줄 필요가 있지만, 제소국이 문제의 제품들 간의 관계가 경쟁적이거

나 대체가능한 것으로만 보여줄 수 있을 뿐이라면 입증책임의 부담이 더 무거워지는 것으로 보인다.[72]

패널들은 조세들이 '유사하게 과세되지 않았는지' 여부의 판단을 사안별로 할 것이다.[73] 이러한 사안별 접근법은 언제 과도하게 과세했는지를 불확실하게 만들지만 그 수준이 어느 정도인지를 가치의 백분율로 정하는 것으로 분명한 선을 긋기란 어려울 것이다. 국내제품과 수입품이 유사하게 과세되었는지 여부를 판단하기 위해서는 세율뿐 아니라 계산방식과 같은 조세의 다른 측면도 검토가 된다. 따라서 국내제품과는 상이한 조세수준을 수입품이 따르고 있다 하더라도, 그 조세수준이 예를 들어서 탄소함유량과 같이 같은 계산방식에서 유래된 것이라면 '유사하게 과세'한 것으로 여겨질 수 있다. *Japan–Taxes on Alcoholic Beverages* 사건에서 패널은 문제의 제품들이 유사하게 과세되었는지 여부를 판단하기 위해 여러 지표들을 사용하였다. 이러한 지표로는 제품 리터당 세율, 알코올 도수당 세율, 종가세, 조세 대비 가격 비율 등이 있다.[74]

'보호하기 위하여'

제3조 2항 2문 위반을 증명하기 위해 필요한 마지막 요소는 당해 조세조치가 '보호하기 위하여' 적용되었어야 한다는 것이다. 이러한 판단을 하기 위해 가장 결정적인 문제는 이 조세조치가 실제 어떻게 적용되었는지와 어떤 효과가 있는지이다. 즉, 실제 국내생산자들을 보호하고 있는지가 문제된다. 원래 의도된 조치의 목적이 무엇이었는지는 문제가 되지 않기 때문에 규제조직의 목적이나 실제 의도를 조사할 필요는 없다.[75] 또한 항소기구는 제3조의 목적이 제품간의 경쟁관계 보호에 있지, 기대되는 무역규모의 보호에 있지 않다는 것을 확인하였다.[76] 달리 말하면 제품이 차별될 수 있다는 위험성에 노출되어 있다는

---

72 Raj Bhala, *Modern GATT Law : A Treatise on the General Agreement on Tariffs and Trade* (London : Sweet & Maxwell, 2005) at 119.

73 *Japan–Alcoholic Beverages, supra* note 51 at section H(2)(c).

74 *Japan–Alcoholic Beverages, supra* note 61 at para. 6.33.

75 *Japan–Alcoholic Beverages, supra* note 51 at section H(2)(c).

76 Ibid. *Korea–Alcoholic Beverages, supra* note 59 at para. 119.

것만으로 이미 차별을 받고 있는 것이고 수출량의 감소가 있다는 것을 보여줄 필요는 없다. 이러한 접근법은 대부분의 경우 조세를 부과하는 국가들이 과세하면 그 당시 수입물량 감소의 형태로 수입품과 국내제품 간의 경쟁관계가 영향을 받는지 여부를 판단할 수 있기 때문에 어느 정도의 확실성을 가지고 의사결정을 할 수 있게 해준다.

Japan – Taxes on Alcoholic Beverages 사건에서 항소기구는 "수입품과 비교하여 국내제품에 대한 문제의 조치의 구조 및 적용을 전반적이고 객관적으로 분석"할 필요성을 지적하였다. 이에 더하여 항소기구는 "특정 조세조치가 국내제품을 보호할 수 있는 방향으로 적용되었는지를 확인하기 위해 그 조치에서 사용되고 밑바탕이 된 기준, 구조 및 전반적인 적용"의 객관적인 검토를 요구하였다.[77] 조치의 목적이 쉽게 확인되지 못할 수도 있다는 점을 지적하면서 항소기구는, 그럼에도 불구하고 "조치의 보호주의적 적용은 대부분의 경우 그 조치의 설계, 구성 및 드러나 있는 구조로부터 판단될 수 있다"고 제안하였다.[78]

Korea – Taxes on Alcoholic Beverages 사건에서 항소기구는 비록 과세율의 차이가 있다는 것은 그 조세가 '보호하기 위하여' 적용되었다는 증거가 될 수도 있지만, 조세의 구조와 설계와 같은 다른 요인들도 판단과정에 연관성을 가질 수 있다고 강조하였다.[79] 예를 들어 이전의 가설적인 사례에서 휘발유에 대한 상류 탄소세가 A국가의 해초바이오연료 생산자들에게는 조세를 부과하지 않는 방식으로 설계되었는데, 그 조세가 휘발유뿐 아니라 자트로파나무[80]로 만든 수입 바이오연료에도 과세되었다면, 이것은 그 조세가 시장 내에서 수입품과 국내제품이 가지는 경쟁관계를 변경하였으므로 그 진정한 목적이 국내제품의 보호일 가능성이 있다. 만약 자동차에 대한 조세가 수입차에는 높은 세율을, 국산차에는 낮은 세율을 부과하는 구조를 가지고 있다면 위와 동일한 결론을

---

77 *Japan – Alcoholic Beverages*, *supra* note 51 at section H(2)(c).

78 Ibid.

79 *Korea – Alcoholic Beverages*, *supra* note 59 at paras. 148 and 150.

80 자트로파나무(Jatropa tree)는 중앙아메리카의 토종 수목으로 바이오디젤을 생산할 수 있는 것들 중 가장 촉망받는다. 이 가설은 자트로파나무에서 생산된 바이오디젤은 이산화탄소 배출 정도가 높지 않다고 가정한다. 이러한 가정은 순전히 가설을 위해 세워진 것이다.

내릴 수 있을 것이다.

6.4 제도적 틀

일괄적으로 부과되는 국제적인 탄소세나 국가 간에 조화를 이룬 탄소세가 없는 현 상황에서, 국가들의 조세가 국제통상규범과 합치되는지를 판단하기 위해서 WTO 분쟁해결절차가 이용될 가능성이 높다. 이 장은 GATT 제3조 2항의 해석을 둘러싼 몇 가지 불명확한 점을 지적하였다. 제품들이 어떤 경우에 제3조 2항 1문에 따라 '동종성'이 인정되고 어떤 경우에 제3조 2항 2문에 따라 "직접 경쟁적이거나 대체가능"한 것이 되는가? 또한 조세가 어떤 경우에 '보호하기 위하여' 적용이 되는지도 불명확하다. 이러한 문제점들에 대해 내리게 될 결론은 일반적으로 기후변화에 미치는 영향에 따라 제품을 구별할 수 있는 국가들의 능력의 범위를 정하는 데에 중요한 역할을 할 것이다. 현재 규범이 가지는 해석상, 그리고 적용상의 불명확성을 감안했을 때, 이를 명확하게 하는 것이 필요하다. 특히 중요한 것으로 PPMs 문제가 있는데, 이는 허용되는 조세정책과 허용되지 않는 조세정책을 구분 짓는데 핵심적인 역할을 하기 때문이다.

불행하게도 패널 또는 항소기구가 새로운 해석을 하려면 분쟁이 다루어져야 하기 때문에 분쟁해결절차를 통해 명확하게 한다는 것은 필연적으로 오랜 시간이 걸릴 것이다. 제10장은 이 과정에 명확성을 좀 더 부여할 수 있는 대안을 다룰 것이다. 현상유지를 하면 국가들은 조세정책을 설계하는 데에 있어서 어느 정도의 유연성을 가지게 된다. 조세를 어떻게 부담할 것인지와 같은 국가적인 가치를 충족시키고 어떤 제품이 얼마나 친환경적인가와 같은 정보처럼 당시에 얻을 수 있었던 정보에 대응하기 위해 조치가 설계되고 개정될 수 있다. 그러나 이러한 결론은 미래의 분쟁의 결론에 따라 달라질 수 있다. 따라서 이러한 유연성은 주어진 조세 조치가 GATT 규범과 합치되는가와 같은 불확실성 때문에 상쇄가 된다.

PPMs를 기반으로 하는 구분법이 유효한지에 대한 의문이 아직 해결이 되지 못했을지라도 기후변화의 관점에서 봤을 때 이 구분법이 가지는 긍정적인 측면은 WTO 회원국들이 조세의 이용을 통한 탄소감축을 지지하는 해석을 옹호할 수 있는 위치에 서게 된다는 것이다. 규범들이 모호하기 때문에 국가들은 어떤 종류의 조세를 어떤 종류의 제품에 사용하는 것이 가장 환경적으로 효율적인 것인지를 결정하는 데에 일정한 유연성을 가지게 된다. 하지만 다시 지적을 하자면, 특정한 정책이 WTO에 따른 제소를 당하게 될지는 확실하지 않다. 더구나 이러한 상황은 형평성의 차원에서도 문제를 일으킬 수도 있다. 선진국들은 규범에 내재되어 있는 불확실성을 악용하여 기후변화대응이라는 명목으로 보호주의 조치를 취할 수 있고, 이 조치가 보호주의 조치로 의심된다는 이유로 제소할 수 있는 능력을 모든 회원국들이 가진 것이 아니라고 합리적으로 예상할 수 있다. 이러한 가능성은 제10장에서 논의될 것처럼 규범을 더 명확하게 만들어야 한다는 주장을 뒷받침한다.

7. 보 조 금

7.1 보조금 지급의 이유

많은 국가들은 개인에게 비용을 부담시켜 기후변화에 대응하도록 강제하기보다, 보조금을 제공한다. 이러한 보조금은 풍력, 바이오연료, 연구 · 개발(R&D), 가정의 단열, 절전 제품의 구입이나 탄소흡수원을 위해 쓰인다. 보조금 중에서는 한 국가의 기후변화계획에 요긴한 요소도 있을 수 있다. 하지만 관세, 규제, 조세와 마찬가지로 보조금 역시 무역에 영향을 미친다. 이러한 보조금은 보조금 미지급 국가의 수출 제품이 보조금 지급 국가나 제3국 시장으로 수출되는 것에 방해요인이 될 수 있다. 또한 보조금 미지급 국가의 국내시장에서 국내제품이 보조금 지급국가의 제품으로 대체되는 결과를 야기할 수도 있다.

이 장에서는 보조금과 관련된 WTO규범을 살펴보고 이것이 국내 기후변화 정책에 어떠한 의미를 가지는지를 알아본다. 알려진 바와 같이 보조금에 대한 WTO규범은 특히 수출보조금에 대해서는 매우 엄격하다. 우선 국가들이 왜 보조금을 이용하고자 하는지와 이러한 접근이 기후변화에 대해 가지는 장 · 단점을 살펴본다. 그 다음 구체적인 WTO규범으로 가서 무엇이 WTO규범상의 보조금에 해당하고 무엇이 국내보조금 및 수출보조금을 둘러싼 기본 규범인지를 검토한다. 마지막으로 우리는 WTO규범이 기후변화에 효율적으로 대응할 수 있는지와 과연 누가 어떤 정책적 선택이 허용되는지를 결정하는가에 대한 규범의 함의에 대한 핵심 질문으로 돌아가 교훈을 이끌어내 보도록 한다.

7.1.1 보조금과 외부효과

많은 국가들은 기후변화에 대응하는 주된 수단으로 보조금에 의존한다. 경제학자들은 보조금을 선호하지 않지만 시장실패에 대응하는 데에 도움을 줄 수 있다.[1] 기후변화가 공유지에 관한 문제라는 측면에서, 보조금정책은 개인 또는 기업이 온실가스를 배출하는 활동을 할 때 직면하게 되는 유인체계를 바꿀 수 있다. 온실가스를 더 많이 배출하여 보조금을 지급받지 못하는 활동에 대해 기회비용을 만든다는 점에서 보조금은 결과적으로 조세의 다른 측면이다.

보조금정책은 다양한 목적을 포괄할 수 있다. 첫째, 어떻게 보면 논란의 여지가 가장 적지만 정치적으로 이루기 힘든 것으로서, 정부는 온실가스를 발생시키는 활동에 대해 현존하는 보조금을 줄일 수 있다. 이러한 보조금의 가장 명백한 형태는 석탄과 같이 에너지를 생성하는 데 사용되는 화석연료에 대한 보조금이다. 최근의 한 추정치에 따르면 석탄 생산 보조금을 축소하는 것이 이산화탄소의 세계 배출량을 배출전망치(business as usual : BAU) 대비 8%까지 감축시킬 수 있다.[2] 더군다나 일부 선진국은 경제성장을 촉진시키기 위해 보조금을 이용해서 전기료를 인위적으로 낮추고 있다. 전기 생성이 온실가스를 발생시키는 한, 전기에 대한 수요의 증대는 기후변화 측면에서 본다면 해롭다. 그러나 기존의 보조금을 축소시키는 것은 일반적으로 강력한 정치적 저항에 부딪혀서 성사되기 어려운 것으로 나타났다.

둘째, 정부들은 온실가스 배출을 줄이는 산업에 대해 보조금을 지급할 수 있다. 예를 들어 벌목량을 줄이면 정부가 보조금을 지급하는 것처럼 생산감소

---

1 Alan O. Sykes, 'The Economics of WTO Rules on Subsidies and Countervailing Measures', in A. Appleton, P. Macrory and M. Plummer (eds), *The World Trade Organization : Legal, Economic and Political Analysis*, vol. II (New York: Springer Verlag, 2005).

2 Kym Anderson and Warwick McKibbon, 'Reducing Coal Subsidies and Trade Barriers: Their Contribution to Greenhouse Gas Abatement' (2000) 5 *Environment and Development Economics* 457, and Anthony Owen, 'Environmental Externalities, Market Distortions and the Economics of Renewable Energy Technologies' (2004) 25 (3) *The Energy Journal* 127.

에 대해 보조금을 지급할 수 있다. 반대로 일정 수준의 생산과 관련해서 배출되는 온실가스 양을 낮추면 보조금을 제공하는 것으로 할 수도 있다. 이러한 보조금은 배출통제기술이나 그 외의 에너지 효율적인 설비를 채택하기 위한 보조금 형태로 제공될 수도 있다.

셋째, 보조금은 온실가스를 덜 배출하는 새로운 형태의 생산을 촉진하도록 사용될 수 있다. 이러한 보조금의 대표적인 사례는 재생에너지에 대한 보조금이다. 많은 국가들은 풍력, 태양력 및 그 외의 '청정' 에너지를 위한 다양한 형태의 보조금을 제공하고 있다. 대부분 최저가격제, 조세감면이나 직접적인 생산보조금의 형태로 지급되는 이러한 보조금은 석탄이나 천연가스와 같은 화석연료가 가지는 가격우위를 줄이는 것을 목표로 한다.[3] 생성되는 폐기물에 대해 어떠한 의견을 취하는지에 따라 달라지기는 하지만, 원자력 에너지에 대한 보조금도 온실가스 배출량을 감축하는 결과를 가져올 수 있으므로 이 범위에 포함될 수도 있다.

넷째, 여기에 관련 있는 또 다른 보조금의 형태로 탄소흡수원이 있다. 숲 또는 농경지와 같은 탄소흡수원은 대기 중의 이산화탄소를 흡수한다. 배출권거래제하에서 이러한 서비스에 대한 가격이 책정될 수도 있다. 그러나 이러한 체제가 존재하지 않고 이러한 서비스를 위한 시장이 없다면 탄소흡수원을 생성할 유인이 없다. 따라서 이러한 탄소흡수원을 양성하기 위해 보조금을 이용할 수도 있다.

마지막으로 정부는 연구 및 개발에 대한 보조금 지급을 위해 상당한 자금을 지출하였다. 기후변화에 대한 연구와 온실가스 배출의 감축 및 이에 대한 적응을 위한 기술에 대한 연구 모두에 대해 보조금이 지급되고 있는 실정이다. 기본적인 연구 및 개발은 공공재의 성격을 가지고 있다. 국가의 지적재산권법이 미약한 경우처럼 연구 및 개발을 행하는 당사자가 그 혜택을 제대로 받을 수 없다면 보조금 없이는 적절한 정도로 이루어질 수 없다. 탄소흡수원과 연구 및

---

3 Owen, *supra* note 2, and A. Green and D. Duff, 'Market-Based Policies for Renewable Energy : A Comparative Evaluation', in N. Chalifour, J. Milne, H. Ashiabor, K. Deketelaere and L. Kreiser (eds), *Critical Issues in Environmental Taxation: International and Comparative Perspectives*, vol. V (Oxford : Oxford University Press, 2008).

개발을 위한 마지막 두 가지 형태의 보조금의 경우 다른 보조금 형태와는 달리 탄소배출의 가격을 낮출 염려는 없다. 예를 들어, 풍력만을 지원하는 보조금은 전력가격이 지나치게 낮게 책정되도록 만들 수 있는데 그 이유는 환경에 영향을 미치는 석탄에너지의 진정한 가격 또는 풍력의 진정한 가격을 반영하지 않기 때문이다. 그 결과 소비자가 절전을 할 유인이 없어진다. 하지만 탄소흡수원과 연구 및 개발을 위한 보조금은 이와 유사한 문제를 일으키지 않는다.

온실가스 배출 감축으로 이어질 수 있는 활동을 하도록 개인에게도 보조금이 지급될 수 있다. 예를 들어 정부는 더 에너지효율적인 자동차 또는 가전제품을 구매하거나, 대중교통을 이용하고, 가정집을 친환경적으로 개선하도록 개인에게 유인을 제공할 수 있다. 산업계에서 흔히 그렇듯이, 주차 또는 전기의 사용에 대한 보조금과 같이 간접적 또는 잠재적 보조금을 포함하여 온실가스를 상당히 배출하는 활동에 대한 보조금의 지급을 줄이는 것은 유익하지만 시행되기 어렵다. 개인의 행태를 바꾸는 것이 기후변화대응을 위해서 중요하고 보조금이 비록 가장 효율적인 수단이 아닐 수는 있지만, 적어도 정치적으로는 실현가능한 수단이다.

7.1.2 보조금 지급의 가치

그렇다면 보조금은 기후변화와 같은 공유지의 비극에서 보여지는 시장실패를 극복하는 데에 사용될 수 있다. 보조금이 사용될 수 있는 또 다른 용도로는, 시장실패에 직접적으로 대응하는 것 외에도 한 사회 내에서 특정한 가치를 보호하거나 생성하는 것이다. 예를 들어 Sykes는 "유권자는 전원생활이나 농촌생활을 선호하고 그것이 보존되기를 원하는 사회"를 상정하면서 농업을 보존하는 보조금을 지지한다.[4] 그는 이러한 경우 그 보조금이 적법한지에 대하여 결정하기 어렵고 부분적으로 이 보조금이 농업 이익집단의 압박의 결과물이라기보다 선호하는 바를 합법적으로 반영하는가 아닌가에 달려 있다고 지적한다.

그러나 보조금은 특정 선호를 입증하는 것 외에 선호하는 바를 만들어 내

4 Sykes, *supra* note 1 at 8.

는 데에도 사용될 수 있다. 일부 환경주의자들은 기후변화가 탄소에 대한 가격 책정과 같은 기술적인 수단으로는 기후변화에 적절하게 대응할 수 없고 개인이 환경을 어떻게 보고 있는지에 대한 근본적인 변화가 필요하다고 주장한다.[5] 기후 관련 규범의 변경은 어느 정도 시장실패에 대응하는 수단에 해당한다. 환경에 대한 개인의 가치체계를 바꾸는 것은 개인이 배출을 줄이도록 유도할 수도 있다. 이는 이들이 자신들의 행위가 지닐 수 있는 금전적인 가치의 증가를 경험해서라기보다 친환경적이지 않은 행위에 대한 다른 비용을 부담하게 되기 때문이다. 이러한 비용으로는 예를 들어 양심의 가책을 느낀다거나 동료 시민의 존경을 상실하는 것이 있을 수 있다.[6] 자신의 신념에 반하기 때문에 SUV를 타는 것이 선택목록에 포함될 수 없는 것처럼 개인이 특정 온실가스 배출 행위를 더 이상 적법한 선택으로 여기지 않을 때에도 행태에 변화가 올 수 있다. 보조금은 소비자의 습관을 바꾸거나 다른 사회 구성원들이 선호하는 바를 보여주는 것과 같은 여러 방식으로 선호하는 바를 변화시킬 수 있다.

보조금과 관련해서 어려운 문제는 정부가 보조금을 이용해서 상기 규범 또는 가치를 창출하는 것이 용납되는지에 관한 것이다. 국민이 기존에 선호하는 것을 반영하는 보조금은 보조금지급 결정에 이르게 된 절차에 따라서 달라지겠지만 정치적 선택의 적법한 표현이라고 볼 수 있다. 선호하는 바를 만들어내려고 하는 보조금에 대해서도 같은 말을 할 수 있을 것이다. 하지만 이 경우 이 보조금이 심사숙고한 공정한 절차의 결과인지, 아니면 조직과 이해집단의 정치

---

5 예를 들어 James Gustave Speth, *Red Sky at Morning* (New Haven : Yale University Press, 2004) 및 D. Boyd, *Unnatural Law : Rethinking Canadian Environmental Law and Policy* (Vancouver : UBC Press, 2003) 참조.

6 법과 사회적 규범에 관한 문헌은 상당히 많다. 규범 또는 가치가 어떻게 생성, 내면화 및 강제되는지에 관한 논의를 위해서는 예를 들어 C. Sunstein, 'Social Norms and Social Roles' (1996) *Columbia Law Review* 903 at 905, 918 and 958-9; R. McAdams, 'The Origin, Development and Regulation of Norms' (1997) 96 (2) *Michigan Law Review* 338 at 353-4; A. Sen, *Rationality and Freedom* (Cambridge, MA : Harvard University Press, 2002); Richard McAdams and Eric Rasmusen, 'Norms in Law and Economics' in A. Mitchell Polinsky and Steven Shavell (eds), *Handbook of Law and Economics* (Amsterdam : Elsevier Science, 2007) and A. Green, 'You Can't Pay Them Enough : Subsidies, Environmental Law and Social Norms' (2006) 30 *Harvard Environmental Law Review* 407 참조.

적인 압력의 결과인지 판단하기가 훨씬 어려울 수 있다.

7.1.3 보조금의 단점

보조금은 온실가스 배출을 감축하고 가치를 보호하거나 창출할 수도 있겠지만 단점도 있다. 일반적으로 경제학자들은 대부분의 경우 보조금이 문제의 해결책 중 가장 효율적인 수단에 해당하지 않기 때문에 보조금을 선호하지 않는다. 시장실패를 해결하기 위한 적법한 목적을 가지고 있다 하더라도 보조금을 지급하기 위해서는 조세를 늘려야 하고 그로 인해 왜곡이 발생하므로 보조금은 후생손실(welfare loss)을 가져올 수 있다. 더군다나 집단행위문제(collective action problem) 때문에 보조금이 효율적으로 사용되지 않을 것이라는 우려도 있다. 보조금의 혜택은 눈에 보이고 대부분의 경우 집중되어 있지만, 그에 반해 불투명한 조세증가를 통해 적용되기 때문에 그 비용은 숨어있고 분산되어 있다.

보조금이 단지 그것을 제공하는 사회의 관점에서 비효율적인 것이라면 WTO는 보조금관련 규정을 두지 말아야 할 것이다. 그러한 규정은 참견에 불과하다. 하지만 보조금은 무역에 미치는 효과의 측면에서 관세와 유사한 결과를 가져올 수 있다. 어떤 제품을 생산하는 국내생산자에게 주는 보조금은 가격을 낮추어 결국 수입품의 수량보다 국내제품의 수량을 증대시키는 결과를 가져올 수 있다.[7] 예를 들어 풍력발전용 터빈의 생산을 위한 보조금은 수입품에 비해 국내생산자의 비용을 감소시켜 수입량을 감소시킬 수 있다. 흥미롭게도 보조금은 관세, 규제나 조세와 달리 보조금을 지급하는 국가의 소비자에게 손해를 끼치지 않는다. 작은 국가의 경우에는, 계속해서 국제가격으로 제품을 수입하기 때문에 제품의 소비량은 변하지 않는다. 관세, 조세 및 규제와는 달리 소비자는 가격상승에 직면하지 않아도 되고 가격상승 때문에 제품을 구입하지 못하는 사태도 벌어지지 않는다. 하지만 보조금이 생산의 국내가격을 낮추는 경우 수입 또한 감소할 것이다. 제5장에서 논의된 것처럼 생산에 대한 보조금을 지급하는

7 Alan Sykes, 'Regulatory Protectionism and the Law of International Trade' (1996) 66 *University of Chicago Law Review* 1, at 3.

국가가 지불하는 사회비용은 규제조치에 드는 비용보다는 적겠지만 실제 정부 세수를 증대시켜주는 조세나 관세보다는 높다.[8]

게다가 보조금은 다른 국가와의 무역에 영향을 미칠 수 있다.[9] 예를 들어 보조금은 보조금을 지급하는 국가가 수출하는 제품의 비용, 그리고 가격까지도 낮출 수 있다. 더 저렴한 수출품들은 보조금을 받은 수입품과 경쟁할 수 없는 다른 국가들의 산업에 해를 입히게 된다. 나아가 더 저렴한 수출품들은 제3국으로 수출하는 다른 국가들의 수출품에 피해를 입힐 수 있다. 즉 어떤 국가들이 수출하는 시장으로 보조금을 지급하는 국가의 산업도 수출하여 전자의 수출량을 감소시킬 수 있기 때문이다.

어떤 보조금의 경우 수입품 및 다른 국가의 국내산업에 부정적인 영향을 미칠 수 있다는 것은 분명하다. 하지만 모든 보조금에 대해 이런 무역효과가 있다거나 최소한 우려할 만한 부정적인 영향이 있지는 않다.[10] 보조금의 부정적인 영향은 상대적인 생산비용에 미치는 영향 때문에 나타난다. 보조금이 이러한 비용에 영향을 미치지 않으면 무역에도 영향을 미치지 않게 된다. 더군다나 보조금은 정부에 의해 제공되는 다른 이점이나 약점을 대신하는 것일 수도 있기 때문에 규범적으로 본다면 보조금이 문제가 될지는 불분명하다. 예를 들어 석탄에 대한 보조금을 상쇄하기 위해 설계된 태양에너지에 대한 보조금은 문제가 있을까? 보조금의 실제적인 영향 및 규범적 이해와 관련된 문제의 이면에는 과도하게 광범위한 WTO의 보조금 규정에 대한 우려가 존재하고, 이에 관해서는 다음 절에서 논한다.

보조금은 우연하게 무역을 해할 수 있지만 더 우려가 되는 점은 힘있는 국내 이익집단의 지대추구(rent-seeking)의 결과로서 그렇게 된다는 것이다. 정부는 적법한 환경보호적 목적을 가지면서 외국생산자에 대해 차별적인 방식으로 특정 산업이나 활동에 보조금을 지급을 할 수도 있다. 반면 기후변화대응이 목적인 것처럼 보이지만 실제로는 오직 국내산업을 보호하는 것이 목적인 보조금도

8 Ibid.

9 Sykes, *supra* note 1; Michael J. Trebilcock and Robert Howse, *The Regulation of International Trade*, *3rd Edn* (London : Routledge, 2005).

10 Sykes, *supra* note 1.

있을 수 있다. 이러한 관점에서 보조금이 조세나 관세 기타 다른 수단보다 지대추구의 결과인지 구별하기 더 어렵다면 특히 치명적일 수 있다. 보조금의 투명성과 정보에 관한 우려도 WTO규범을 논의하는 데에 있어서 중요하다. 이러한 점들은 다음에 보는 것처럼 무엇이 보조금에 해당하고 여러 보조금의 특징이 무엇이며 그 효과를 어떻게 발견할 것인지에 대한 논의에서도 나타나고 있다.

7.2 보조금 해당 여부

보조금에 관한 WTO규범들은 GATT가 창립된 이래로 많은 변화를 겪어왔다. 최초의 GATT는 보조금의 이용, 특히 국내 보조금정책에 관해서 몇 가지 제한만을 두었다. 국내 보조금에 대해서는 일방 당사국이 타방 당사국의 보조금에 의해 피해를 입었을 경우 상계관세(countervailing duty)의 부과를 허용하는 조항이 직접적인 주요 제한에 해당한다.[11] 또한 제23조에 따라 체약 당사국은 관세 양허와 같이 GATT로부터 부여 받은 혜택이 GATT의 조항과 "저촉되는지 여부와 상관없이 타방 체약 당사국이 그 어느 조치를 적용하는 … 결과 … 무효화 또는 침해되고 있다"고 청구할 수 있다. 이 조항은 경쟁기회가 박탈되지 않도록 보장하는 것이 목적이므로 해당 조치가 청구당사국의 혜택을 무효화하거나 침해하는 것으로 판단될 경우, 해당 조치를 취한 당사국은 당사국 간의 경쟁적 관계를 복원시켜야 한다.[12] 청구당사국은 양허가 성립되었을 당시 해당 조치가 취해질 것이 '합리적으로 기대(reasonably anticipated)'될 수 없다는 것을 증명하여야 한다. *Japan – Film and Paper* 사건에서 패널은 협상 당시에 조치가 이행되고 있지 않았다면 합리적으로 기대된 조치가 아닌 것으로 간주된다

11 보조금에 관한 GATT 1947 조항들은 보조금을 지급하는 당사국에 의해 보조금을 지급하지 않는 당사국의 산업이 피해를 입을 경우, 보조금을 지급하지 않는 당사국이 보조금을 지급하는 당사국에게 상계관세를 부과할 수 있도록 허용하였다. GATT 1947의 내국민대우조항들은 국내보조금의 경우 예외를 두고 있다. Sykes, *supra* note 1.

12 *Japan – Measures Affecting Consumer Photographic Film and Paper* (1998) WTO Doc. WT/DS44/R (Panel Report).

고 보았다.[13] 그러나 당해 조치가 보건이나 환경과 같이 제20조와 관련된 사항과 관련 있다면 당해 조치의 기대가능성에 대한 청구당사국의 입증책임이 더 무거워지는데, 그 이유는 GATT가 이러한 사항을 중요하게 보고 있기 때문이다.[14]

보조금에 대한 주요 제한들은 보조금 및 상계조치에 관한 협정(보조금협정 또는 SCM협정)에서 찾을 수 있다.[15] 보조금협정하에서 '보조금(subsidy)'은 '혜택(benefit)'을 부여하는 '회원국의 영토 내의 정부 또는 그 어떠한 공공기관에 의한 재정적 기여'라고 정의되어 있다.[16] '재정적 기여(financial contribution)'라는 개념은 직접적인 무상지원, 대출, 정부에 의한 제품 또는 용역의 제공을 포함해서 일반적으로 보조금으로 생각되는 거의 모든 조치를 포섭한다. 이 개념은 또한 '받아야 할(otherwise due)' 정부세입을 포기하거나 징수하지 않는 것도 포함한다. 항소기구는 '받아야 할'의 의미에 대해서 각 회원국은 자신의 조세수준을 결정할 권리를 가지고 있기 때문에 회원국의 조세규정을 기초로 판단해야 한다고 보았다.[17] 예를 들어 모든 오염제어장치에 세금이 부과되지만 온실가스의 배출을 제어하는 장치에 대해서는 면제를 하고 있다면 패널이 그 면제를 보조금으로 볼 확률이 높다. 따라서 '재정적 기여'의 정의는 기후변화영역에서 보조금이라고 생각될

13 Ibid.

14 *EC–Measures Affecting Asbestos and Asbestos–Containing Products* (2000) WTO Doc. WT/DS135/R (Panel Report) at para. 8.282. 제23조에 관한 판정으로 항소기구가 이를 지지, *EC–Measures Affecting Asbestos and Asbestos–Containing Products* (2001) WTO Doc. WT/DS135/B/R (Appellate Body Report).

15 농업협정(Agreement on Agriculture) 또한 일부 기후변화대응조치와 관련 있다. 특히 바이오연료와 관련 있는 여러 보조금이 있기 때문에 농업협정이 관련된다고 말할 수 있다. 에탄올에 대한 보조금은 농업협정의 대상으로 보이지만 바이오디젤에 대한 보조금은 무엇보다 보조금협정의 대상인 것으로 보인다 (Doaa Abdel Motaal, 'The Biofuels Landscape : Is There a Role for the WTO?' (2008) 42 (1) *Journal of World Trade* 61 참조). 이 장은 주로 보조금협정에 관해서 논의하고 있기는 하지만, 마지막 절에서 농업협정의 접근에 대해서도 논의하고 있다.

16 보조금협정 제1.1조. 항소기구는 입목을 수확할 권리를 포함하도록 정부에 의한 제품 및 서비스 제공을 넓게 해석한 바 있다. *US–Final Countervailing Duty Determination Softwood Lumber with Respect to Certain Softwood Lumber from Canada* (2004) WTO Doc. WT/DS257/AB/R (Appellate Body Report).

17 *United States–Tax Treatment for 'Foreign Sales Corporations'*, (2002) WTO Doc. WT/DS108/AB/R (Appellate Body Report).

대부분의 조치를 포괄한다.[18]

하지만 '혜택'의 정의에 대해서는 논란이 있다. 당해 조치가 혜택을 부여했는지를 판단하기 위한 대조군은 시장이다. 즉, 당해 조치 또는 당해 조치의 조건이 그 조치의 상대방이 스스로 시장에서 구할 수 있는 것보다 더 유리한지,[19] 대출이 시장금리보다 낮은 금리로 제공되었는지, 제품 및 용역이 개인 판매자로부터 구매하는 것보다 더 낮은 가격으로 매도되었는지를 판단한다. 하지만 그러한 결정은 쉽지만은 않다. 예를 들어 Howse는 보조금협정하의 보조금 정의는 배출권거래제하에서 정부가 무료 또는 시장가격보다 낮은 가격으로 배출권을 제공하는 것도 포괄한다고 주장한다.[20] Howse에 따르면, 배출권의 배분은 대기라는 소진 가능한 자연자원을 이용할 수 있도록 하는 형식의 제품 및 서비스 제공으로 볼 수 있다. 하지만 혜택이 있는지의 여부와 그 규모가 어느 정도인지를 결정하는 것이 어렵다. Howse는 정부가 배출권에 대해서 시장가격을 부과하지 않는 한에서 혜택이 있다고 주장한다. 그는 WTO 판례법이 시장가격이 국내시장에 의해서 결정될 수 있고 국내시장이 없는 경우에는 작동하는 다른 시장을 기준으로 결정할 수 있는 것으로 보고 있다고 지적한다. 예를 들어 미국의 배출권거래정책이 있기는 하지만 아직 완전하게 운영하고 있지 않는 상황에서 패널은 시장가격을 EU시장에서 찾을 수 있을 것이다.

어떤 경우에는 시장가격을 결정하는 데에 어려움이 뒤따르겠지만, 혜택이 있는지 여부를 평가하는 기초로 시장을 활용하는 것은 행정적으로 단순하다는

---

18 경제학자 Joseph Stiglitz는 기후변화 규제 자체가 부족하다는 것이 조치가능한보조금에 해당할 수 있다고 주장한다(J. Stiglitz, 'A New Agenda for Global Warming' (2006) 7(3) *The Economists' Voice* (http://www.bepress.com/ev/vol3/iss7/art3에서 다운로드 받을 수 있음)). 그러나 그러한 규제 부족은 아마도 보조금협정상의 보조금 정의를 충족한다고 보기 힘들 것이다(J. Bhagwati and P. Mavroidis, 'Is Action Against US Exports for Failure to Sign the Kyoto Protocol WTO-legal?' (2007) 6(2) *World Trade Review* 299).

19 *Canada–Measures Affecting the Export of Civilian Aircraft* (1999) WTO Doc. WT/DS70/AB/R (Appellate Body Report). 혜택은 수출국이 아닌 보조금을 지급하는 국가의 지배적인 시장조건을 참조하여 검토되어야 한다(*United States–Preliminary Determinations with Respect to Certain Softwood Lumber from Canada* (2002) WTO Doc. WT/DS222/R (Panel Report)).

20 R. Howse, 'Subsidies to Address Climate Change: Legal Issues' (Winnipeg, Canada: International Institute for Sustainable Development, 2009).

이점이 있다. 하지만 안타깝게도 시장을 기반으로 하는 결정은 다음 두 가지 점에서 기후변화영역에서의 조치에 적용되기 힘들다. 첫째, 재정적 기여의 조건이 시장의 것보다 더 낫다고 하더라도 정부의 비용과 혜택 모두를 감안했을 때 '혜택'이 부여되지 않았을 수도 있다.[21] 예를 들어 정부가 산업계에 대해 오염제어장치와 같은 비용을 부담시키면서 그러한 비용을 상쇄하기 위해 보조금을 제공했을 수 있다. 반면 석탄에 대한 보조금과 같이 다른 산업계에 제공한 혜택이 있기 때문에 정부가 공정한 경쟁의 장을 만들기 위해 보조금이나 세금면제를 사용할 수도 있다. Sykes가 언급하는 것처럼 혜택이 부여되었는지를 판단하기 위한 기준이 될 수 있는 완벽한 시장균형점(market equilibrium)은 존재할 수 없다. 하지만 항소기구는 보조금이 여러 규제정책이나 조세정책을 감안하려 하기보다 현존하는 그대로의 시장을 검토하는 방법으로 결정되어야 한다고 판단하였다. 이러한 접근은 간단하고 상대적으로 적용하기 쉽다는 이점이 있지만, 지나치게 포괄적이다.

둘째, 시장기반기준은 생산에 영향을 미칠 수 있다는 것을 요구하지 않는다.[22] 보조금은 단지 보조금협정에서 제시된 재정적 기여의 형식 중 하나이고 시장과 비교했을 때 혜택을 제공해야 한다. 그러나 몇몇 일시불로 제공되는 보조금처럼 보조금이 기업 또는 산업계가 생산을 늘리도록 유도하지 않을 수도 있다. 보조금이 산출의 변화를 가져오지 않거나 외국제품과 관련해서 시장에 아무런 영향을 미치지 못한다면 국제무역규율의 대상이 되어서는 안 될 것이다. 다시 말하지만 생산에 미치는 영향을 하나의 기준으로 삼고 있지 않은 것은 행정적으로 적용하기 쉽게 만든다는 이점이 있지만 더 정교한 기준을 적용하였을 때보다 더 많은 조치를 그 대상범위에 넣게 된다.

따라서 보조금협정의 대상범위에 속하는 것을 정의하는 데에 있어서, 항소기구는 정부들에게 더 많은 정책적 재량을 줄 수 있는 더 정교한 기준보다 행정적 단순함을 택하였다. 더 단순한 이러한 초기의 검토는 더 광범위하게 조치를 걸러낼 수 있어 한 가지 점에서 이로울 수 있다. WTO가 어느 조치들이

21 A. Sykes, 'The Questionable Case for Subsidies Regulation : A Comparative Perspective'(Stanford University School of Law, Law and Economics Research Paper Series, No. 380, 2009).

22 Ibid.

정말로 무역장벽인지를 결정하기 위해 잠재적으로 무역에 더 많은 영향을 주는 조치를 평가할 수 있도록 해주기 때문이다. 그러나 이 접근법은 보조금협정 하의 다른 요건들이 허용되는 보조금과 허용되지 않는 보조금을 얼마나 잘 분리할 수 있는지의 영향을 받는다.[23] 아래에서 이에 관한 조문들을 살펴보고자 한다.

7.3 금지보조금

보조금협정은 금지보조금, 조치가능보조금, 허용보조금 등 세 가지 종류의 포괄적인 보조금을 규정하고 있다. 금지보조금(prohibited subsidy)에는 두 가지 종류가 있다.[24] 첫째, 보조금협정은 법률상 또는 사실상 수출실적에 따라 지급되는 보조금으로 정의되는 수출보조금을 금지한다. 학계에서 수출보조금이 어떤 경우에 후생을 증대하는지에 대해 논란이 있다. 개념상 보면 보조금을 받은 제품이 수출되기 때문에 무역을 증대시킨다는 점에서는 수출보조금이 이로운 것으로 보일 수 있다.[25] 그러나 여타의 보조금처럼 수출보조금은 더 효율적인 생산자로부터 보조금을 받은 생산자에게로 시장을 빼앗아 오기 때문에 시장을 왜곡한다.[26] 이 책의 목적상 중요한 점은 수출보조금은 시장실패에 대응하도록 설계되어 있을 가능성이 낮다는 것이다.[27] 그런데 기후변화에 대응하는 보조금이 제품 수출에 따라 지급될 필요가 없는 것으로 보인다. 따라서 수출보조금의 금지는 기후변화대응의 측면에서는 별 문제가 되지 않는다.

---

23 N. Chalifour, 'Encouraging the Transition to Sustainable Forestry in Canada with Ecological Fiscal Reform-Potential and Pitfalls' (2004) 14 *Journal of Environmental Law and Practice* 254.

24 보조금협정 제3조.

25 K. Bagwell, 'Remedies in the WTO : An Economic Perspective', in Merit E. Janow, Victoria J. Donaldson and Alan Yanovich (eds), *The WTO : Governance, Dispute Settlement & Developing Countries* (Huntington, NY : Juris Publishing, 2008).

26 A. Green and M. Trebilcock, 'Enforcing WTO Obligations : What Can We Learn from Export Subsidies?' (2007) 10 (3) *Journal of International Economic Law* 653, and Sykes, *supra* note 1.

27 Sykes, *supra* note 1.

두 번째로 금지되는 보조금의 형태는 수입품 대신 국내제품의 사용을 조건으로 지급되는 보조금이다. 이러한 금지는 어쩌면 기후변화 조치와 더 관련 있을지도 모른다. 예를 들어 어떤 정부가 국내 재생에너지산업을 발전시키기 위해서 전력 구매를 무상지원을 해줄 수도 있다.[28] 하지만 보조금협정에서 보조금을 다루는 방식이 일관되지만은 않다. 소비자에게 지급되는 보조금은 금지되는 것과 달리 근본적으로 같은 효과를 가지는 생산자에게 지급되는 보조금은 조치가능하다. 즉, 다음 절에서 후술하는 바와 같이 일정 형태의 피해를 야기하는 경우에만 보조금은 제거되어야 한다.[29] 항상 옳은 것은 아니지만 소비자에 대한 보조금보다 생산자에 대한 보조금을 찾는 것이 더 쉽기 때문에 여기서도 WTO 규범은 적용의 용이성 쪽으로 기울어져 있는 것일 수도 있다.

그러나 여기서도 이러한 간단한 분류로 인해 간과되는 점들이 있다. 첫째, 소비자에 대한 보조금은 생산자에 대한 보조금보다 유권자에게 더 투명할 수도 있다. 소비자들은 자신의 자금으로 국내제품을 구매할 때 보조금을 받는다는 것을 안다. 이러한 투명성은 정부가 자신의 정책에 더 책임감을 가지도록 하고 보조금이 실제로 시장실패에 대응할 가능성을 증대시킬 수 있다. 생산자에 대한 보조금은 일반대중으로부터 더 가려져 있고 따라서 더 손쉽게 후생을 증진시키지 않는 보호주의 목적으로 설계될 수 있다.

둘째, 보조금은 사회적 가치 표현기능도 가질 수 있다. 기후변화에 대비하는 조치는 사회적 규범의 변화를 필요로 할 가능성이 크다. 개인들은 자신의 조치가 가져올 결과를 이해하고 자신들이 다른 국가, 미래세대 및 환경 자체에 끼치는 피해를 인식할 필요가 있다. 소비자 및 생산자에게 보조금을 제공하는 것은 한 가지 면에서 동일한 효과를 가질 수 있다. 예를 들어 재생에너지의 가격이 낮아지고 생산량 또한 증대된다. 게다가 소비자에게 보조금을 제공하는 것은 개인들에게 직접적이고 분명하게 이러한 조치의 중요성 및 가치에 대한 사회적 승인과 인정을 표현하게 된다.[30] 이러한 표현기능은 생산자에 대한 보조금에 대해서

28 Z. Zhang and L. Assuncao, 'Domestic Climate Change Policies and the WTO' (2004) 27 *The World Economy* 360.

29 Sykes, *supra* note 1.

30 Green, *supra* note 6.

도 존재하지만 명확히 드러나지 않으므로 상대적으로 효율성이 떨어질 수 있다.

그러나 수출보조금이나 국내제품의 구매를 조건으로 지급되는 보조금의 경우, 당해 목적은 국내생산자를 지나치게 우대하지 않는 보조금으로도 달성될 수 있다. 예를 들어 이 보조금들은 제품이 수출되는지 또는 국내 혹은 국외에서 생산되는지 여부와 상관없이 기후친화적인 제품의 생산에 지급될 수 있다. 따라서 이러한 종류의 보조금을 금지하는 것은 무역장벽으로 보이는 보조금을 제거함으로써 효율적인 결과를 가져올 수 있다. 수출보조금이나 국내생산을 조건으로 하는 보조금이 상대적으로 정치적으로 용이하게 설정될 수 있기 때문에 기후변화대응조치를 약화시키는 형태로 손실이 나타날 수 있다. 따라서 이 경우에는 잠재적으로 보호주의적인 조치를 포함하는 어떤 형태의 기후변화조치를 두는 것과 무역장벽의 비효율성을 감소시키는 것이 서로를 상쇄시키는 것이 될 수 있다.

7.4 조치가능보조금

일부 보조금이 금지되고 있는 것과는 달리, 또 다른 일부 보조금은 일정 요건에 해당할 경우 허용되지 않지만 그 이외의 경우에는 허용이 되는 '조치가능(actionable)'한 보조금이다. 금지되지 않는 보조금의 경우에도 '특정적'이고 일정 형태의 피해를 야기할 경우에 제소가 가능하다. 두 가지 요건 모두 논란의 여지가 있는데, 이는 보조금 중에서도 허용되는 보조금을 명확하게 가려낼 수 있으면서도 쉽게 집행이 가능한 기준의 형성이 어렵다는 점에서 기인한다. 보조금의 정의의 문제와 마찬가지로, 집행이 용이한지 여부가 자율적인 규제를 하고자 하는 국가들을 억누르는 경향이 있었다.

'특정성(specificity)' 요건은 회원국들이 일반교육이나 보건과 같은 프로그램들에 대하여 협정이 보조금의 대상으로 삼지 않도록 보장하려는 의도에서 비롯되었다. 이렇게 폭넓게 적용될 수 있는 보조금은 무역을 왜곡하지 않는 것으로 주장되고 있다.[31] 보조금협정은 보조금이 조치가능하기 위해서는 '특정 기업'에

---

31 Sykes, *supra* note 1; Trebilcock and Howse, *supra* note 9.

게 '특정적'이어야 하는데, '특정 기업'을 "어떤 기업이나 산업 또는 기업군이나 산업군"이라고만 정의하고 있다.[32] 하지만 보조금의 특정성과 관련하여 다음과 같은 일정한 원칙을 제시하고 있다.[33]

- 정부당국이 명시적으로 특정 기업에게만 보조금을 제한하여 부여하는 것[34]
- 보조금이 수혜요건 또는 금액을 결정하는 객관적인 기준 또는 조건에 따라 배분되고 이러한 기준은 어떤 기업을 다른 기업보다 우대하지 않으며 "종업원 수 또는 기업의 규모와 같이 성격상 경제적이며 수평적으로 적용"되는 것을 말함
- 보조금이 객관적인 기준에 기초하고 있음에도 불구하고 사실상 특정적이고, 사실상 특정적인지 여부가 보조금이 적은 수의 기업에 의한 전적인 또는 지배적인 사용과 같은 요인에 의해 결정되는 특정 기업에게만 명시적으로 제한되지 않음
- 보조금이 지정된 지역의 기업에게만 지급하는 것으로 제한

그렇다면 핵심은 특정적이라고 여겨지기 위해서 보조금이 얼마나 좁게 설정되어야 하는지를 결정하는 것이다. 기후변화영역에서 사용되는 많은 보조금들은 사실상 특정 산업에만 불균형적으로 제공될 수 있기 때문에 특정적이라고 여겨질 것이다. 모든 분야에 걸쳐서 에너지효율성이나 온실가스의 배출감축을 촉진할 목적을 가지는 보조금은 특정적이지 않은 것으로 본다. 그러나 배출규모가 큰 몇몇 사업이 이러한 보조금을 '불균형'적으로 사용하고 있다면 이러한 보조금은 사실상 특정적인 것으로 여겨질 수 있다. '불균형'적인 이용의 수준은 명확하지 않다. 예를 들어서 석유산업, 가스산업 및 화석연료를 기반으로 하는 발전은 일부 국가에서 온실가스 배출의 상당 부분을 차지하고 있어 배출감축을

32 보조금협정 제2조.

33 보조금협정 제2조.

34 그러한 설정이 의도적으로 이루어질 필요는 없다. *United States—Final Countervailing Duty Determination with Respect to Certain Softwood Lumber from Canada* (2003) WTO Doc. WT/DS257/R (Panel Report) at para. 7.116.

위한 보조금의 대부분을 지급 받을 수 있을 것이다. 그렇다면 이러한 보조금은 그런 산업에게는 '특정적'이라고 볼 수 있을 것이다. 그러나 화학산업 · 제련산업 · 정련산업과 같이 배출의 상당부분을 차지하면서도 석유산업, 가스산업 및 발전만큼 규모가 크지 않은 몇 개의 분야들이 있다.[35] 이들 몇 분야에서는 상기의 광범위하게 지급되는 보조금들이 그렇게까지 특정적으로 보이지 않을 수 있다.

재생에너지의 개발을 위한 보조금도 우려할 점이 있다. 이들 보조금은 에너지분야 전반이 아닌 하나의 세부분야에 제공된다는 점에서 특정적인 것으로 볼 수 있다. 반면 이들 보조금이 여러 가지 다른 종류의 재생에너지에 지급된다는 점을 들어 특정적이지 않다고도 주장할 수 있다. 그러나 여러 패널 결정에 따르면 '특정 기업'은 '목재 부엌 수납장'산업의 경우와 같은 특정한 최종산물보다 '목제품'과 같은 '제품의 종류'를 말한다.[36] 그러나 한 패널은 석유, 가스 또는 물처럼 부수적으로 일부 자연자원은 광범위하게 사용될 수 있다는 점을 들어 자연자원에 대한 정부의 모든 제공이 특정적인 것은 아니라고 지적하였다.[37] 만약 석유가 많은 산업에 유익하다는 점 때문에 정부가 석유에 부여하는 보조금이 특정적인 것으로 여겨지지 않을 수 있다면 연구와 개발을 위한 보조금과 같은 재생에너지에 대한 특정 보조금은 특정적이지 않은 것으로 여겨질 수 있다.

Sykes가 주장하는 것처럼 특정성의 기준에서의 어려움은 "보조금을 정당화하는 원칙이 있다고 하더라도 이러한 정당화는 좁게 사안별로 이루어질 가능성이 높기 때문에 대부분의 경우 정책적 대응이 특정적으로 보일 것이다."[38] 기후변화에 대응하는 보조금이 널리 지급되는 에너지효율성 보조금처럼 시장실패

35 C. Forcese, 'The Kyoto Rift : Trade Law Implications of Canada's Kyoto Implementation Strategy in an Era of Canadian-US Environmental Divergence', in Kevin Kennedy (ed.), *The First Decade of NAFTA; The Future of Free Trade in North America* (Ardsley, NY: Transnational Publishers, 2004).

36 *US-Final Determination Softwood, supra* note 34. *US-Subsidies on Upland Cotton* (2005) WTO Doc. WT/DS267/R (Panel Report)도 참조. 패널은 같은 기준을 이용해서 오직 육지면(upland cotton)에만 지급되는 보조금은 특정적이고, 면을 비롯한 다른 세부적인 농산물에도 지급되는 보조금 역시 특정적이라고 하였다.

37 *US-Final Determination Softwood, supra* note 34 at para. 7.116.

38 Sykes, *supra* note 1 at 20.

나 가치선택에 기초하는지에 상관없이 지급대상이 폭넓을 수도 있다. 그러나 재생가능한 에너지원이나 자동차와 같이 특정한 에너지효율적인 제품에 지급되는 보조금처럼 보조금이 한 산업의 세부분야에만 혜택이 제한될 수도 있다. 국가들의 보조금이 이렇게 제한을 받게 되면 이들 국가들이 기후변화에 효율적으로 대응할 수 있는 능력에 상당한 영향을 미칠 수 있다. 따라서 지나치게 많은 종류의 보조금을 대상에 포함하게 된다는 면에서 과도하게 포괄적이게 된다. 많은 판례법이 보여주는 바와 같이 패널들이 특정적인 보조금과 특정적이지 않은 보조금을 구별하는 데 어려움을 겪기 때문에 실제 시행하기도 힘들다.

보조금협정상에서 보조금이 "조치가능"하기 위해서는 특정적이어야 할 뿐 아니라 다른 회원국의 국내산업에 대한 피해, 다른 회원국을 위한 관세양허의 특혜에 대한 침해, 다른 회원국의 이익에 대한 심각한 손상 등 세 가지 종류의 피해 또는 '부정적 효과(adverse effect)' 중 하나를 야기해야 한다.[39] 이러한 피해는 근본적으로 보조금이 다른 국가의 시장으로 보조금을 받은 제품을 수출하거나 보조금을 지급하는 국가로의 수출을 감소시키거나 제3국가 시장으로의 수출에 영향을 미치는 등 다른 국가 생산자에게 피해를 입히지 않도록 보장하는 것과 관련이 있다. 보조금협정상의 다른 기준의 범위를 감안했을 때 이 피해요건은 실제로 무역에 부정적인 효과를 주는 보조금을 구별하는 필터의 역할을 할 수 있다.

그러나 안타깝게도 부정적 효과에 관한 기준 역시 아주 상세하게 규율되어 있지 않다. 현재의 기준에 관해 두 가지 우려할 점이 있다. 첫째, 보조금이 조치가능한지의 증거를 구하는 것이 어렵다. 이러한 증거의 예로는 국내시장 내의 가격, 보조금이 이를 지급하는 국가 또는 제3국내로의 동종제품 수입을 대체하거나 방해하는 것, 또는 보조금이 제품의 가격을 상당히 깎아버린다는 것이 있다.[40] 게다가 보조금의 액수에 관한 증거도 있어야 할 것이다. 그러나 패널들이 가격이나 효과에 관한 상당한 증거를 확보하기는 하지만, 패널이 심각한 손상의 판정 시 보조금의 액수를 확정하지 않고 보조금의 액수가 '매우 크다'는 것에 전적으로 의존한 것에 대하여 항소기구는 패널이 오류를 범한 것으

---

39 보조금협정 제5조.

40 보조금협정 제15조 및 제6조.

로 보지 않았다. 항소기구는 단지 일부의 경우 액수의 확정이 중요할 수 있고 "현재 사건에서 패널이 좀 더 분명하게 자신이 '아주 큰 액수'로 무엇을 의미했는지를 구체적으로 말했을 수도 있었다"고 언급할 뿐이다.[41]

둘째, 허용되지 않는 보조금이 되기 위해서는 그 보조금은 다른 국가의 생산자들이 받은 피해의 원인이 되어야 한다. 실제로 국제무역에 피해를 주는 보조금만이 WTO의 관심대상이 되어야 할 것이다. 그러나 WTO 패널 및 항소기구가 발전시킨 기준들은 인과관계보다 상관관계에 더 의존하는 경향이 있었다. 즉, 보조금의 지급과 피해가 동시에 있었다면 그러한 사정은 그 보조금이 그 피해의 원인이었다는 판결을 뒷받침하기에 충분하다.[42] 최근 사건인 *US-Cotton* 사건에서 항소기구는 인과관계의 증명을 더 강조한 것으로 보인다.[43] 항소기구는 "보조금의 지불과 상당히 억제된 가격 간의 상관관계만으로는 보조금 때문에 가격이 상당히 억제되었다는 것을 증명하기는 불충분하다"고 지적하였다.[44] 유감스럽게도 항소기구는 패널이 제시한 이유에 대해서 완화된 기준을 설정하면서 "패널이 가격과 연관 있는 보조금과 상당한 가격의 억제 간의 관계와 관련된 상이한 요소들을 정확하게 어떻게 평가를 했는지를 제시하여 … 이 분쟁에서 일어나고 있는 복잡한 사실관계와 경제학적 관계에 대한 자신의 분석을 좀 더 자세하게 설명을 할 수 있었다"고만 언급할 뿐이다.[45] 그렇다 하더라도 Howse가 지적하는 것처럼 화석연료와 같이 다양한 시장에 영향을 미치는 굉장히 다양한 요소를 감안했을 때 많은 경우 인과관계를 결정하는 것은 어려울 것이다.[46]

이러한 판정들은 증거 및 인과관계에 대해 완화된 기준을 설정하게 된다. 패널들은 반드시 결론에 도달한 과정을 상세하게 설명을 할 필요가 없고 심지어 보조금의 금액을 정확하게 산정할 필요도 없다. 다른 국가의 생산자에게 피해를 주는 보조금과 그렇지 않은 보조금을 구별하고 무역에 부정적인 효과를 주지 않

---

41 *US–Subsidies on Upland Cotton* (2005) WTO Doc. WT/DS267/AB/R (Appellate Body Report) at para. 468.

42 Sykes, *supra* note 21.

43 *US–Cotton AB Report*, *supra* note 41.

44 Ibid. at para 451.

45 Ibid. at para 458.

46 Howse, *supra* note 20; Sykes *supra* note 21.

는 보조금을 이용할 수 있는 국가들의 재량을 허용하는 패널들의 능력의 측면에서 본다면 강한 인과관계를 요구한다는 것은 중요하다. 여기서도 행정적인 편이가 보조금을 정책적 도구로 사용하는 국가들의 능력보다 우세한 것으로 보인다.

7.5 허용보조금

상기한 바와 같이 보조금협정은 지나치게 넓은 보조금의 정의와 보조금이 언제 조치가능한지를 결정하는 데 충분하지 못한 일련의 기준들을 두고 있다. 그러나 이러한 제약은 국가들이 국제무역에 끼치는 피해에도 불구하고 보조금이 시장실패에 대응하고 있다거나 그 외 적절한 목적을 두고 있어 적법하다고 주장할 수 있는 능력이 있다면 큰 문제가 되지 못할 것이다. 애초에 보조금협정은 사실상 특정적이긴 하지만 연구 및 개발(R&D), 낙후지역개발, 환경규제준수를 위한 비용 일부 등 세 가지 예외에 해당하는 일련의 허용보조금(non-actionable subsidy)을 두고 있었다.[47]

불행하게도 이러한 예외들은 매우 좁게 규정되어 있다. 예를 들어 환경준수비용 예외에 해당하기 위해서 당해 보조금은 "기업에 대한 보다 많은 제약과 재정적 부담을 초래하는 법 또는 규정에 의하여 부과되는 새로운 환경요건에 기존 시설의 적응을 촉진"하는 지원을 제공해야 한다. 또한 일회적이어야 하고, 적응비용의 20%로 한정되며, 지원되는 투자의 교체 및 운영비용을 보전하지 않고, "기업의 공해 및 오염의 감축계획에 직접적으로 연계되고 비례"하여야 하며, 제조비용 절감을 보전하지 않고 신기술을 채택할 수 있는 모든 기업들에 의해 이용 가능하여야 한다.[48]

아마도 더 중요한 것은 이 조항들이 2000년에 종료하여 다시 갱신되지 않았다는 점이다.[49] 따라서 이제 기후변화대응과 같은 합법적인 공익상 목적을 가

47 보조금협정 제8.2조.

48 보조금협정 제8.2조 (c). 이 조항을 폭 좁게 적용하는 것과 자의성 때문에 발생하는 어려움에 대한 논의에 관해서는 Howse, *supra* note 20 및 Sykes, *supra* note 21 참조.

49 보조금협정 제31조.

지는 보조금에 관한 일반적 예외조항이 없다. 제9장에서 후술하지만, 공익상 예외조항의 부재는 GATT 제20조와 같은 다른 WTO협정상의 요건에 대한 예외와 극명하게 대비된다.

7.6 보조금 제한의 목적

상기한 바와 같이 보조금은 WTO규범들에 의해 상당한 제한을 받고 있다.[50] 이 규율들은 현재 동시에 지나치게 제한적이면서 동시에 포괄적이다. 기후변화의 관점에서 봤을 때의 어려움은 이 규범들이 지나치게 포괄적이라는 것이다. 기후변화문제에 내재된 시장실패에 대응하고자 하는 정부들은 이 규범들 때문에 유용한 도구를 잃게 된다. 이 경우, 복잡한 정책형성에서 비롯된 혜택의 감소로부터 손실이 발생한다. 이 규범들은 특히 보조금이 정치적으로 유일하거나 가장 그럴듯한 수단일 때의 정치적 대처비용과 같이 국가에 따라 다른 대처비용을 감안하지 않는다. 또한 국가마다 가지고 있는 다양한 가치를 감안하고 있지 않다. 이 규범들은 보조금이 사회에 내재되어 있는 선호를 합법적으로 반영하고 있을 때에도 부정적 효과를 야기하고 있다는 이유로 금지될 수 있다. 게다가 이 규범들은 연구 및 개발을 위한 특정 대상을 위한 보조금을 허용하지 않기 때문에 배출 감축의 수단으로서의 혁신을 억제하게 된다. 또한 이 규범들은 보조금이 무역에 영향을 미치면 정부가 보조금을 기후변화대응의 수단으로 사용하려는 시도를 차단하기 때문에, 정부들이 기후변화에 대응하기 위해 사용

---

50 회원국들은 WTO규범에 합치하지 않는 다른 회원국의 보조금에 대처할 수 있는 방안으로는 두 가지가 있다. 첫 번째 방안은 보조금협정에 따른 청구를 통하여 패널이 문제의 조치가 WTO규범에 합치하지 않는다고 선언하도록 요구하는 것이다. 피청구국은 지체 없이 조치를 철회하거나 청구국은 상계조치(countermeasure)를 발동하겠다고 요구할 수 있다. 회원국이 취할 수 있는 두 번째 방안은 회원국이 보조금을 지급하는 회원국에 대해 상계관세(countervailing duty)를 발동하는 것이다. 두 방안 모두 수출보조금에 대한 청구를 제외하고 널리 이용되고 있지 않다. A. Sykes, 'The Questionable Case for Subsidies Regulation : A Comparative Perspective' (Stanford University School of Law, Law and Economics Research Paper Series, No. 380, 2009) 및 Green and Trebilcock, *supra* note 26 참조. 구제에 관해서는 제10장에서 더 자세히 논하고 있다.

하는 도구의 형태로 이루어질 수 있는 혁신을 허용하지 않는다.

왜 WTO규범들은 보조금에 대해서 이렇듯 엄격한 태도를 취하는 것인가? Sykes는 WTO 회원국들이 보조금을 규제하는 원칙을 두려는 이유로 세 가지를 지적한다.[51] 첫째, 상술한 것처럼 보조금은 시장접근을 제한한다는 측면에서 관세와 유사한 효과를 가질 수 있고 문제의 규범들은 이러한 효과에 대처하기 위한 것들이었다. 상대적으로 더 투명한 관세에 의한 무역효과를, 잠재적으로 훨씬 덜 투명한 보조금에 의한 것으로 대체하였을 때 발생할 수 있는 위험이 너무 크게 느껴졌을 수도 있다. 둘째, 정부들은 산업계로부터 보조금을 지급하라는 압박을 받고 이는 '보조금전쟁(subsidy war)'으로 이어질 수 있다. 문제의 규범들은 경쟁적으로 지급되는 보조금의 피해 위험성을 감소시키는 목적을 가지고 있을 수도 있다. 마지막으로 정부들은 보조금을 지급하라는 압박을 저지하기 위하여 다자적인 회원국 간의 약속인 규범을 이유로 제시할 수 있다. 그러나 위의 모든 경우에 있어서 손실이 발생하게 된다. 그 손실은 정부들이 시장실패에 효율적으로 대응하기 위해, 또는 일부 경우 국내가치를 정당화하기 위해 보조금을 이용하지 못하는 것에서 비롯되는 유연성의 손실을 뜻한다.

국내정부들이 완전히 독립적으로 보조금을 사용할 수 있는 유연성의 혜택이 없고 현존하는 규범이 이러한 유연성을 제공하는 데에 부적절하다면 개혁을 위해 선택할 수 있는 것에는 무엇이 있겠는가? 한 가지 가능성은 유연성이 더 나은 기준 또는 현존하는 기준의 더 나은 해석과 적용을 통해 개선되는 것이다. 예를 들어 정부에 의해 부여되는 다른 비용 · 혜택, 또는 조치가 무역에 미치는 영향을 감안하는 방식으로 보조금의 정의가 개선될 수도 있다. 또한 특정성의 정의를 개선하여 기후변화대응과 같이 시장실패에 따라 필요하게 된 조치를 명시적으로 고려하게 될 수도 있다. 하지만 이러한 요인을 감안하는 규율을 만드는 것이 어려울 뿐 아니라 이러한 세세한 검토에 필요한 정보를 습득하는 것은 더더욱 어렵고 비용도 많이 든다.[52] 상기 수단들은 기후변화 보조금에 대응하는

51 Sykes, *supra* note 21.

52 R. Howse, 'From Politics to Technocracy – And Back Again : The Fate of the Multilateral Trading Regime' (2002) *American Journal of International Law* 94; Sykes, *supra* note 1; and Trebilcock and Howse, *supra* note 9. 예를 들어 Sykes는 "허용되는 국내보조금 사업을 허용될

세련되지 못한 수단에 해당할 것이다. 게다가 피해의 개념을 개선하는 것은 기후변화 맥락과 자명한 연관성을 가지고 있지 않다. 기후변화문제의 한 측면에 효율적으로 대처하는 국내보조금이 단지 다른 국가의 산업에 피해를 입혔다는 이유로 금지되어야 하는지가 분명하지 않다. 따라서 보조금 지급에 관한 허용성의 개념을 더 개선할 필요가 있다. 그러나 Sykes가 지적하는 것처럼 "기업들의 활동을 격려하기도 하고 좌절시키기도 하는 현대 경제의 복잡성과 광범위한 정부활동으로 인해 원치 않는 보조금의 측정은 둘째 치고 판별을 위한 일반원칙을 설정하는 것은 불가능하다고 주장하는 것이 가능하다."[53]

규범의 개혁이 이루어질 수 없다면, 흥정을 통해서 보조금을 통제하는 것이 가능할 수도 있다.[54] 이러한 흥정은 허용될 수 있는 보조금의 형태 또는 수준을 나열하는 세분화된 목록의 형태로 이루어질 수 있다. Howse는 그러한 흥정은 국가들이 자신들을 구속하는 보조금의 수준 및 화석연료에 대한 것과 같은 해로운 보조금의 감축 약속과 WTO에 합치하는 보조금에 대한 합의의 두 가지 차원을 포함할 수 있다고 했다.[55] 여기서의 희망사항은 농업협정(Agreement on Agriculture)의 전철을 밟아 구체적인 기후변화 보조금에 대한 협정을 개발하는 것이다.[56]

이러한 접근법에서 비롯되는 어려움은 흥정에 따른 거래비용이 매우 높다는 것이다. 협상에 연관되었거나 관심이 있는 집단이 많을 뿐 아니라 기후변화 영역에서 사용될 수 있는 보조금의 형태나 종류를 파악하기 위해서는 방대한 양의 정보가 필요하다. 충분히 세부적인 규범사항에 합의하기 위해 들여야 할 비용이 매우 높을 수 있다. 게다가 Howse가 지적하는 것처럼 과연 WTO가 기후변화대응에 관한 협상을 하기에 적절한 장인지에 대한 우려가 있다.[57]

수 없는 국내보조금 사업으로부터 분리하는 기본원칙이 성공적으로 창안되고 운영될 수 있는지는 절대 분명하지 않다"고 주장한다(Sykes, *supra* note 1 at p. 26).

53 Sykes, *supra* note 21 at 2.

54 Ibid.

55 Howse, *supra* note 20.

56 예를 들어 에너지 보조금에 관한 논의가 농업협정의 접근법에 따라야 한다고 주장하는 M. Buck and R. Verheyen, 'International Trade Law and Climate Change–A Positive Way Forward' (FES-Analyse Okologische Marktwirtschaft, Bonn: Friedrich Ebert Stiftung 2001)을 참조.

57 Howse, *supra* note 20. 제도적 선택에 관한 쟁점에 관해서는 제16장을 참조.

허용성을 평가하는 형태 중 하나는 환경적 예외(environmental exception)와 같이 현재 보조금에 적용되지 않는 것이다.[58] 보조금협정에는 GATT 제20조에 상응하는 조항이 없다. 상술한 바와 같이 허용보조금은 좁게 분류되어 있었고 현재 종료된 상태이다. 제20조에서와 같은 더 광범위한 예외조항에 의해 보조금을 허용하는 것이 하나의 해답이 될 수 있겠지만 제20조의 구조 및 해석방법에 대해 먼저 논해야 할 것이다. 이에 대해서는 다음 장에서 다루고 있고 조세 및 보조금의 성격 모두를 가지고 있는 국경세조정을 살펴본 후 제9장에서 논의하도록 하겠다.

58 회원국이 보조금협정을 위반하였더라도 GATT 제20조에 호소하는 것을 패널이 허용할 가능성에 대해서 논의가 이루어진 바 있다. 그러나 패널이 협정을 그렇게 해석할 가능성은 낮아보인다 (Howse, ibid.).

8. 국경세조정

국경세조정(Border Tax Adjustments : BTAs)은 국제통상규범과 기후변화정책이 중첩되는 분야로 이에 관한 논쟁의 여지가 많다. 규정 또는 세금을 통해 탄소에 가격을 책정하려는 대부분의 선진국 정부들은 자국 내 산업계로부터 심각한 반대에 직면하고 있다. 이러한 조치로 인해 추가적인 가격부담이 없는 개발도상국 산업에 비해 선진국의 산업이 경쟁력을 상실할 것이라고 선진국 내 산업계가 우려하기 때문이다.[1] 이와 관련된 문제 중 하나로서, 기후변화정책으로 증가한 생산비로 인해 선진국에 위치해 있던 사업체들이 탄소배출 규제가 상대적으로 엄중하지 않은 개발도상국으로 옮겨가는 현상인 '탄소누출(carbon leakage)'이 있다. 이러한 탄소누출은 선진국 경제의 경쟁력에 부정적인 영향을 미칠 것이고, 또한 결과적으로 국외 배출량이 증가함으로써 국가적 환경정책이 환경적 통합성(environmental integrity)을 저해할 것이라는 문제점이 논의되어왔다.[2]

이러한 우려를 불식시킬 수 있는 대안 중 하나가 제품의 생산 시 발생하는

1 일례로 오스트리아에서는 자유-국민 연립정당이 기후변화법안이 무역의존적 산업과 농업과 광업분야에 미칠 영향에 대하여 반대하는 뜻을 공개적으로 밝힌 이후 상원에서 부결되었다. 'Climate Defeat', *The Economist*, 14 August 2009.

2 John Stephenson and Simon Upton, *Competitiveness, Leakage, and Border Adjustment : Climate Policy Distractions?* (Paris : Organisation for Economic Cooperation and Development (OECD)), Round Table on Sustainable Development SG/SD/RT(2009)3, 2009) at 11.

온실가스 배출량을 상대적으로 감축하지 않은 국가들로부터의 수입품에 대해 국경에서 세금을 부과하여 조정하는 것이다.[3] 그 대신에 수출품에 대한 조세를 부과하지 않거나 환급할 수 있다. 이를 통해 국경세조정은 국내산업의 국제 경쟁력을 보호하고 탄소누출을 방지해준다. 이론상으로 국경세조정은 WTO규범과 합치하도록 고안된 것이다. 국경세조정의 기대되는 이점은 경쟁력이 보장되고 탄소누출이 최소화될 경우 기후변화 관련규정과 세금을 도입하는 데 훨씬 수월할 것이라는 점이다. 그러나 국경세조정은 이를 통해 보호받는 산업 및 산업계가 더 이상 온실가스배출을 감축할 유인이 사라지게 함으로써 결국 기후변화의 목적을 저해할 수 있고, 더 나아가 무역마찰 그리고 정치적 마찰을 초래할 여지가 있다.[4]

이 장에서는 국경세조정이 국내의 기후변화대응조치에 대한 반대여론을 무마하기 위한 수단으로 이용되는 것을 둘러싼 법적 쟁점에 대해 다루도록 한다. 먼저 경쟁력 문제와 마찬가지로 탄소누출 관련 문제에 있어 국경세조정을 도입하게 된 배경에 대해 간략하게 소개하고, 이후 국경세조정이 어떤 방식으로 작용하는지, 그리고 이들의 WTO규범과의 합치성에 대해 알아보도록 한다. 첫 번째로 세금을 조정하기 위한 국경세조정의 사용을, 두 번째로 배출권거래제에 의한 잠재적 경쟁력 상실을 상쇄하기 위한 수단으로써 국경세조정이 사용될 경우의 시나리오에 대해 알아보도록 한다. 마지막으로 국경세조정을 사용함으로서 발생할 피할 수 없는 무역관련 쟁점들에 대해 다루는 데 가장 적합한 제도적 장치와 관련해 결론을 내리고자 한다.

---

3 International Centre for Trade and Sustainable Development (ICTSD), Trade and Climate Change Briefing, Issue 3, Border Carbon Adjustment, UNFCCC COP 15, Copenhagen 2009, 5 December 2009.

4 이러한 예는 Angel Gurria, 'Carbon has no Place in Global Trade Rules', *Financial Times*, 4 November 2009 (reporting on a statement by the Secretary General of the OECD)와 Jagdish Bhagwati and Petros C. Mavroidis, 'Is Action against US Exports for Failure to Ratify Kyoto Protocol WTO-legal?' (2007) 6(2) *World Trade Review* 299 참조.

8.1 경 쟁 력

제6장에서 다루었던 바와 같이 환경세는 국가의 기후변화완화정책과 관련하여 중요한 역할을 담당한다. 그 영향을 고려함에 있어서는 국가적 수준의 영향과 분야별 수준의 영향을 구분하는 것이 중요하다. 경제학자들은 국내 차원에서 환경세와 경쟁력 사이의 직접적 인과관계를 밝히지 못하였다.[5] 그러나 여러 연구를 통해 분야별 수준에서 환경세의 사용은 배출집약적이고 무역의존적인 특정 산업분야의 국제경쟁력에 부정적인 영향을 미칠 것이라는 것을 알 수 있다.[6]

연구에 의하면 선진국은 국내 GDP의 0.5% 내지 2% 정도만이 탄소세 부과로 인한 상당한 수준의 생산비 상승을 겪을 것이라고 한다.[7] 이 수치가 그리 커보이지는 않지만 정부가 맞닥뜨릴 현실은 기후변화정책에 의해 국내에서 부정적인 영향을 받는 분야로부터의 반발이다.[8] 산업계가 우려하는 것은 탄소세의 부과로 유사한 세금을 부과하지 않은 국가들의 경쟁자들에 비해 상대적으로 가격이 상승하여 국제경쟁력을 상실하게 됨으로써 결국 시장 점유율과 이익이 줄어드는 상황으로 이어질 것이라는 것이다.

---

5 Organisation for Economic Co-operation and Development (OECD), *The Political Economy of Environmentally Related Taxes* (Paris : OECD, 2006) at 91.

6 OECD는 환경세의 영향에 대해 다음과 같은 세 가지 주요 결정요인에 대해 서술하고 있다. (1) 비용 상승을 가격에 전가하는 능력이 낮을수록, (2) 대체물질의 실현 가능성이 낮을수록, (3) 해당 분야의 에너지 집중도가 높을수록 경쟁력에 대한 영향이 클 것이라는 점을 OECD는 발견하였다. Ibid. 71. 영향 받는 분야는 석회, 시멘트, 평로선철과 철강, 정제된 석유, 알루미늄, 무기화학, 그리고 펄프와 종이이다. Stephenson and Upton, *supra* note 2 at 8.

7 Ibid.

8 OECD 보고서에 의하면 국제경쟁력 문제로 인해 1993년 미국의 BTU 세금법안, 1994년 호주의 "온실가스배출에 대한 과세(Greenhouse Levy)", 2003년 EU 의회의 에너지세금에 대한 EU 공동의 체제를 설립하기 위한 지침을 도입하기 위한 일련의 제안들이 나타나게 되었다. 이것은 또한 결국 EU에서 에너지집약적이고 무역의존적인 산업에 대한 부정적 영향을 줄이기 위한 양해가 포함된 배출권거래제에 관한 논쟁의 대상이었다. OECD, ***Linkages Between Environmental Policy and Competitiveness*** (Paris: Organisation for Economic Co-operation and Development ENV/EPOC/GSP(2008) 14/FINAL, OECD, 2009).

최근의 여러 연구는 세금과 관련하여 기후변화정책이 경쟁력에 미치는 실제 영향을 살펴보았다. 2006년 OECD는 온실가스를 감축하기 위해 경제적 수단을 사용하는 것은 일부 산업분야의 국제경쟁력에 부정적인 영향을 미치며, 이는 특히 그 수단이 전 세계적으로 동일하게 사용되지 않았을 경우에 더욱 그러하다는 것을 발견하였다.[9] 이로 인해 OECD 회원국들은 철강과 시멘트 산업에 대한 탄소세 부과를 추진하였고, 각각의 세금부과에 있어 상당한 모순점을 발견하였다.[10] 전체 철강생산은 단기에서 중기에 9%까지 떨어질 것으로 예측된 반면, OECD 외부의 생산량은 거의 5% 상승하여 결국 세계 철강 생산량은 약 2% 감소하였다. 시멘트생산량의 하락은 철강분야보다는 적었는데, 연구에 의하면 이는 생산비용을 소비자에게 전가시킴으로써 영업이윤을 상승시켰기 때문이다.[11]

OECD의 결론에도 불구하고 Stern 보고서는 탄소에 가격을 책정함으로 인해 영향을 받을 탄소집약적 산업의 수는 상대적으로 적다는 점을 강조하였다. 이 연구는 영국의 예를 들면서, 123개 산업 중 가스공급과 유통, 정유산업, 전기생산과 유통, 시멘트, 비료, 어업 등 단지 6개 분야에서만 이산화탄소 1톤당 30달러라는 예상탄소가격에 근거하여 5% 또는 그 이상의 변동원가 상승에 직면할 것이라는 것을 발견하였다. 원래 이런 종류의 산업들은 국제무역에 의존하기보다는 해당 지역 내에서 경쟁하는 경향이 있다. 더욱이, 이 연구는 장소선정과 무역의 결정요인으로 환경정책보다 더 중요한 다수의 국가별 요소들을 밝혀냈는데, 여기에는 자본집약도, 기술과 숙련된 노동의 유효성, 시장과 기술에 대한 접근성, 그리고 세금과 규제 체제의 효율성 등이 있다.[12]

경쟁력상실에 대응하기 위한 조치들이 타당한지 여부를 보여주는 추가적인 요소들은 다음과 같은 것들이 있다. 첫째, 일부 기업들이 이윤을 유지하면서 가

9 OECD, *supra* note 5 at 17.

10 Ibid. at 79.

11 Ibid.

12 Nicholas Stern, *The Economics of Climate Change: The Stern Review* (Cambridge: Cambridge University Press, 2007) at Part III The Economics of Stabilisation. Stephenson and Upton, *supra* note 2 at 18 참조.

격 상승분을 소비자에게 전가할 수 있는 점인데, 그렇게 할 수 있는 범위를 확인하기 어렵다. 둘째, 자원분배의 변화를 이끄는 것이 기후변화정책의 핵심인데, 그러한 결과 배출집약적 제품에 대한 수요가 감소하여 일부 기업이나 산업 분야의 이윤이 감소된다는 점이다. 그렇다면 기업들은 어느 정도까지 저하된 경쟁력으로 받은 손실을 보상받아야 하는가?[13]

세계은행은 2008년 보고서에서 통계적으로 탄소세가 양자 간 무역에 부정적인 영향을 미침에도 불구하고 국가들은 대개 에너지집약적산업과 수출산업에 전부 또는 부분적으로 세금을 면제해줌으로써 경쟁력상실을 막기 위한 조치를 취하려 한다고 밝혔다. 경우에 따라서는 보조금과 면제가 너무나 관대한 결과 무역이 실질적으로 증가할 수 있다. OECD 보고서에 의하면 OECD 국가들이 부과한 약 375개 세금 항목 중 1150가지 이상의 세금면제가 있다.[14] 여기에는 화석연료, 자동차, 그리고 해상 및 항공 교통과 관련된 연료의 다양한 분야에 대한 다수의 세금면제를 비롯하여 경쟁력상실에 직면한 산업의 세금부담을 덜어주기 위해 고안된 세금환급제도도 포함된다.[15] 이러한 세금면제는 산업계에 큰 위안이 되겠지만 기후변화정책의 환경적 유효성을 저해하는 심각한 부작용이 있다. 온실가스를 많이 배출하는 분야 대부분에 세금을 부과하지 않는 기후변화정책은 배출감축을 많이 달성하지 못할 것이다.

세금 또는 규제가 산업의 경쟁력에 실제로 미치는 영향, 또는 경제전반에 미치는 광범위한 영향에 상관없이, 기후변화조치를 취하고자 하는 다수의 정부는 여전히 국내 이익집단들이 자신의 지위를 보호하기 위하여 행사하는 압력을 받고 있다. Stephenson과 Upton이 언급했듯이 최근의 연구가 경쟁력 위험의 존재 또는 정도가 확실하지 않다는 점을 고려해봤을 때 이것은 피할 수 없는 현상이다. 따라서 정책적 토론은 극단적인 영향을 포함한 다양한 견해를 인정해야만 하고 단적으로 부인할 수 없다.[16]

---

13 Stephenson and Upton, ibid.

14 OECD, *supra* note 5 at 43.

15 Ibid. 일부 사건에서 향상된 환경수행 상황에만 적용되었다는 점을 알아야 한다. OECD는 기후변화협약에서 협상된 목표를 이룬 영국의 에너지집약적 회사들은 80%가 감축되었던 예를 언급하였다.

16 Stephenson and Upton, *supra* note 2 at 10.

8.2 탄소누출

탄소누출은 산업들이 낮은 환경비용을 부과하는 국가로 이전하는 현상을 말한다. 여기서 다룰 탄소누출의 경로는 에너지집약적인 산업이 탄소감축의무가 없는 국가들로 옮겨가는 것이다. 하지만 더 중요한 것은 만약 동참하는 국가들이 고탄소 화석연료, 석탄, 그리고 석유의 소비를 줄이는 데 성공한다면 수요가 줄 것이고 다른 모든 조건들이 동일하다고 할 때 이러한 연료의 국제시장가격은 하락할 것이다. 비참여국가들은 소비를 증가시킴으로써 국제가격의 감소에 반응할 것이다.[17]

탄소누출을 야기하는 국가는 온실가스배출 감축 없이 국내산업의 이윤을 상실하게 되는 상황에 직면하게 된다. 그래서 탄소누출은 국가 전반에 걸친 문제이자 기후변화정책의 효과를 감소시키는 것으로 간주된다.[18] 기업의 수준에서 최우선적으로 고려해야 할 경쟁력과 달리 탄소누출은 국가차원의 더 광범위한 문제이다.[19] 즉, 그것은 분야별로 상승하고 하락하겠지만 경제의 전반적인 영역에서 배출량이 이동한 정도에 대한 문제이다.[20]

탄소누출에 대응하는 데 있어 문제는 그 범위를 결정하는 것이다. 분야별 수준과 경제전반적 수준에서 수행된 연구들 모두 배출감축이 0.5%에서 75%에 이르는 탄소누출률을 보여주는 넓은 범위를 설정하고 있다.[21] 특정 분야에서 탄소누출을 확인하는 것은 수학적으로는 가능하지만 기후변화를 안정화시키고자 하는 전지구적 목표를 저해할 수 있는 전체에 영향을 주는 탄소누출을 확인하

17 Peter Wooders, Julia Reinaud and Aaron Cosbey, *Options for Policy-Makers: Addressing Competitiveness, Leakage and Climate Change* (Winnipeg, Canada: International Institute for Sustainable Development, October 2009) at 9-10.

18 OECD, *supra* note 5.

19 Stephenson and Upton, *supra* note 2 at 10.

20 Ibid. at 12.

21 Ibid. at 11. 흥미롭게도 Stephenson과 Upton은 탄소누출의 가장 중요한 형태는 일명 화석연료가격 방법을 통해 발생하는 것이라고 주장한다. 기후변화대응조치를 취하는 국가들에서 화석연료에 대한 수요가 줄어든 것은 화석연료의 국제가격을 낮추고 전 세계적 수요와 이산화탄소 배출을 상승시킬 것이다.

는 것은 그렇지 않다.[22] 만약 탄소누출이 상당하더라도 국가들은 이 문제에 적극적으로 대응해야 할까? 사실상 탄소누출을 방지하고자 하는 환경적 목적이 정당화될 수 있다 하더라도, 문제는 국경세조정이 부과됨으로써 개발도상국의 생산품이 선진국의 제품과 가격이 같아진다면 공통의 그러나 차별화된 책임원칙이 저해될 것이라는 점이다.[23]

경쟁력 문제와 마찬가지로 탄소누출 조정의 이득과 여타의 문제들에도 불구하고 정부는 탄소누출에 대응하라는 압박에 놓이게 될 것이다. 다음 섹션에서는 국경세조정이 어떻게 국내 경쟁력을 보호하고 탄소누출을 막도록 작용하는지에 대해 서술하도록 한다.

8.3 조세와 국경세조정

각국의 과세당국은 국경을 넘는 제품의 이동에 대하여 이중과세를 피하기 위해서 뿐만 아니라 바람직한 과세기준을 유지하기 위해 조세체계를 조정해야 한다는 점을 인식해왔다. 또한 그들은 무역거래형태를 결정하는 비교생산비세를 허용하기 위해 세금과 관련하여 국내제품과 외국제품 사이의 경쟁조건을 동등하게 해야 한다는 것을 인식해왔다.[24] 소비지과세원칙을 적용하는 국경세조정은 (i) 수입된 제품에 대해 국내에서 생산되고 국내 소비자에 의해 소비되는 제품과 동일한 세금이 부과될 것과, (ii) 국내에서 생산되고 외국에서 소비되는 제품은 세금환급을 받을 것을 요구한다.[25] 소비지과세원칙(destination principle)의 효과는 수입은 국내시스템에 반영되게 되고 수출은 공제되는 것이다.[26] 이 장에

---

22 Stephenson and Upton, *supra* note 2 at 13.

23 Ibid. at 20.

24 Harry Johnson and Mel Krauss, 'Border Taxes, Border Tax Adjustments, Comparative Advantage, and the Balance of Payments'(1970) 3(4) *The Canadian Journal of Economics* 595 at 596.

25 Ibid.

26 Michael Keen and Sajal Lahiri, 'The Comparison between Destination and Origin Principles under Imperfect Competition'(1998) 45 *Journal of International Economics* 323 at 324.

서는 국가가 수입품에 세금을 부과함으로써 국내시스템에 반영하는 것을 '수입제품에 대한 국경세조정', 수출품에 대해 세금을 면제해주거나 환급해줌으로써 국내시스템에서 제품을 공제하는 것을 '수출제품에 대한 국경세조정'이라고 한다.

국경세조정은 관세와 같은 국경을 넘는 제품에 부과하는 국경세와는 구분된다. 비교우위에 따라 무역이 이루어졌을 경우, 국경세는 바람직하다고 여겨지는 수준 이하로 무역의 흐름을 제한한다.[27] GATT하에서 국가들은 특정 제품에 대해 협상한 수준 이상의 관세를 부과하지 않을 것을 약속하였다. 반면 소비지과세원칙에 기초한 국경세조정은 일반적으로 무역중립적이다. 2006년 OECD 보고서는 생산 하락에 대한 국경세조정의 효과를 검토하였고, 철강의 경우 그 디자인에 따라 OECD 총생산량의 감소를 9%에서 최소 1%까지 줄일 수 있다고 밝혔다. 더욱이 국경세조정으로 인해 OECD 지역 내 세계철강생산 할당량이 높은 비율을 유지하여 더 많은 철강 생산업자들이 시뮬레이션을 통해 추정한 OECD 전역의 광범위한 탄소세의 대상이 됨으로써 세계 온실가스 배출량 감축은 더욱 커질 것이다.[28]

국경세조정은 특정 국가를 대상으로 하는 원산지특정이거나 원산지를 고려하지 않는 방식으로 도입된다.[29] 후자는 일반적으로 화석연료와 알코올을 포함한 다양한 제품에 부과되는 소비세와 판매세와 관련하여 사용된다.[30] 기후변화와 관련된 맥락에서 국경세조정이 경쟁력상실을 상쇄시키기 위해 사용되는 것은 원산지특정적인 방식인 것이다. 이는 국가들 간 차별이 금지되는 WTO규범과 명백히 관련되어 있음을 시사한다.

환경적 관점에서 봤을 때 만약 국경세조정이 더욱 탄소효율적인 제품의 생산과정을 개발하는 것이나 재생에너지와 같은 탄소중립적 에너지자원으로의 전환을 위한 감세조치를 없애거나 줄이게 된다면 국경세조정은 효과적이지 않다

Gene M. Grossman, 'Border Tax Adjustments : Do they Distort Trade?'(1980) 10 *Journal of International Economics* 117 at 127 참조.

27 Johnson and Krauss, *supra* note 24 at 596.

28 OECD, *supra* note 5 at 78.

29 Stephenson and Upton, *supra* note 2 at 15.

30 예를 들어 OECD 보고서는 재정적 목적으로 화석연료에 세금을 부과하는 국가들에 의해 이용된다. OECD, *supra* note 5.

할 것이다.[31] 중요한 것은 국경세조정이 탄소세 메커니즘을 도입하지 않고 있는 국가들, 특히 개발도상국들에 의해 경쟁우위 상쇄를 목적으로 악용됨으로써 공정성의 관점에서 멀어진다는 것이다. UNFCCC의 원칙인 공통의 그러나 차별적인 책임원칙에 의해 개발도상국들은 현재 배출감축에 대한 국제적 의무를 지고 있지 않다. 다음 절에서는 관련 WTO규범을 설명하고 국경세조정이 기후변화의 관점에서 경쟁력에 대한 문제를 다루기 위해 사용되었을 때 드러나는 법적 문제에 대해 다루도록 한다. 마지막 부분에서 왜 정책적으로 국경세도입을 반대하는지에 대해 다루고 이를 제12장에서 다시 다루도록 한다.

8.4 국경세조정과 WTO규범

국경세조정은 1960년대 말 GATT에서 간접세 통일을 시도했던 일부 국가들에 의해 처음 다루어졌다. 간접세는 특정판매세, 물품세, 그리고 부가가치세와 같이 제품에 부과된 세금이다. 1968년에 GATT는 국경세조정의 이용과 관련된 다양한 사안을 검토하기 위해 국경세조정작업반(Working Party on Border Tax Adjustments : Working Party)을 설치하였다. 동 작업반의 최종 보고서는 국경세조정을 "수출국에서 국내소비용으로 판매되는 유사한 국내제품에 부과되는 세금을 감면하고, 수입국에서 유사한 국내제품에 부과되는 조세를 소비자에게 판매되는 수입제품에 부과하는 소비지과세원칙이 전적으로 또는 부분적으로 적용되는 재정조치"라고 정의하였다.[32]

국경세조정과 관련된 WTO규범은 국경세조정이 수입품에 부과되는 것인지 또는 수출품에 부과되는 것인지에 따라 다르다. 둘 다 허용되지만 수출제품에 대한 국경세조정은 GATT의 최혜국대우와 내국민대우조항에 따라 불법적으로 차별해서는 안 되며, GATT와 SCM협정에 따라 불법적으로 보조금을 부여하면

---

31 Frank Biermann and Rainer Brohm, 'Implementing the Kyoto Protocol without the USA : the Strategic Role of Energy Tax Adjustments at the Border' (2005) 4 *Climate Policy* 289 참조.

32 GATT, *GATT Working Party on Border Tax Adjustments*, BSID 18S/97, GATT, 1970 (emphasis added).

안 된다.

8.4.1 수입제품에 대한 국경세조정

수입제품에 대한 국경세조정은 국가들이 수입제품에 대한 내국세 부과를 허가하는 GATT 제2조 제2항 (a)호에 따라 허용된다.[33] 제2조는 통상적으로 각 체약당사자가 다른 체약당사자에게 관세양허표에 제시된 대우보다 '불리하지 아니한' 대우를 부여할 것을 규정하고 있다. 그러나 제2조 제2항 (a)호는 앞에 언급한 약속은 체약 당사자들이 '동종의 국내 제품에 대하여 또는 당해 수입 제품의 제조 또는 생산에 전부 또는 일부 기여한 물품에 대하여 제3조 제2항의 규정에 합치되게 부과하는 내국세에 상당하는 과징금'을 부과하는 것을 금지하지 않는다.

국경세조정은 오직 간접세에만 적용된다. 지불급여세, 소득세, 그리고 이윤과세와 같이 제품에 부과되는 직접세는 적용대상이 아니다.[34]

더욱이 제3조 주해는 수입제품과 동종의 국내제품에 모두 적용되는 수입 당시에 징수했던 모든 국내세 또는 과징금은 내국세 또는 그 밖의 과징금으로 간주된다는 것을 규정하고 있다. 이로 인해 국경세조정은 제1조 '최혜국대우원칙'과 제3조 '내국민대우원칙' 의무의 범위에 속한다.

수입제품에 대한 국경세조정과 관련하여 가장 논쟁적인 요건은 제3조 2항의 내국민대우에 따라 비합법적인 차별이 있어서는 안 된다는 것이다. 제6장에서 살펴보았듯이 제3조 2항은 문제된 국내제품과 외국제품이 '동종' 또는 '직접적으로 경쟁 또는 대체'제품인지 여부를 결정하기 위한 개별적 기준을 제시하는 두 문장을 포함하고 있다. 제1문은 수입된 제품이 "동종의 국내제품에 직접적 또는 간접적으로 적용되는 내국세 또는 그 밖의 모든 종류의 내국과징금을 초과하는 내국세 또는 그 밖의 모든 종류의 내국과징금의 부과 대상이 직접적

33 Ibid.

34 Ibid. at para. 14. 제2조 2항 (a)는 "제3조 2항의 규정에 합치되게 부과하는 내국세에"를 규정하고 있다. 제3조 2항은 "동종의 내국제품에 직접적 또는 간접적으로 적용되는 내국세 또는 그 밖의 과징금"을 규정하고 있다. 따라서 세금 또는 과징금은 제품에 적용되는 것이다.

으로든 간접적으로든 되지 아니한다"고 규정하고 있다. 제2조 2항 (a)호에 따라 국경세조정이 동종제품에 대해서만 허용된다는 것을 고려할 때 국경세조정의 경우 오직 제1문만이 적용가능하다. 그래서 제3조 2항에 위반되는 국경세조정이 되기 위해서는 첫째, 국내제품과 동종제품이어야 하고, 둘째, 수입에 부과된 세금이 동종의 국내제품에 부과된 세금을 초과하여야 한다.

동종성의 의미는 제6장에 설명되어 있으므로 여기서 반복하여 설명하지는 않을 것이다. 다만 첫 문단의 '동종'이 두 번째 문단, '직접 경쟁 또는 대체제품'의 적용을 위한 여지를 남겨놓기 위해 좁게 해석된다는 것을 언급해둔다.[35] 국경세조정이 동종제품에 대해서만 허용됨에 따라 패널이 '동종'의 범위를 더 넓게 해석할 가능성이 있다. 그러나 이 문제를 실제로 다룬 사건은 없다. 제6장에서 다뤄졌던 공정 및 생산방식(PPMs)문제 또한 이와 관련이 있다. 다시 말해 PPM이 다르면 '비동종'제품이라고 할 수 있는가의 문제이다. 국경세조정을 하는 국가는 수입품에 부과된 세금이 국내제품에 부과된 세금보다 많고 세금이 정말로 높다는 것에 대한 불만을 듣게 되는데, 이때 그 국가는 내국민대우원칙 위반을 피하기 위해 PPM이 다르므로 동종제품이 아니라고 주장할 것이다.

동종의 국내제품에 적용된 세금을 '초과하여' 부과하는 것을 금지한다는 것은 만약 수입품과 국내제품이 동종제품으로 판명될 경우 무역규모와 같이 세금의 무역효과가 존재하지 않는 것을 포함하여 아주 사소한 초과도 매우 크게 느껴질 것이라는 것이다.[36]

8.4.2 수출제품에 대한 국경세조정

전통적으로 수출제품에 대한 국경세조정은 제품이 그 목적지에 도달하여 관세가 부과됨을 가정하는 소비지과세원칙에 따라 적용되어 왔다. 그래서 공제 또는 면제는 제품에 대한 이중과세를 방지한다. 하지만 기후변화의 관점에서는

---

35 *Japan–Taxes on Alcoholic Beverages*, WTO Doc. WT/DS8/R, WT/DS10/R, WT/DS11/R, 1996 (Panel Report) at para. 6.21.

36 *Japan–Taxes on Alcoholic Beverages* (1996), WTO Doc. WT/DS8/AB/R, WT/DS10/AB/R, WT/DS11/AB/R (Appellate Body Report), at p. 23.

가정이 약간 다르다. 즉 제품이나 경쟁자들 어느 쪽도 소비지 국가에서 세금이 부과되지 않을 것이고, 따라서 제품과 비과세 경쟁자들 간에 공평한 경쟁의 장을 보장하기 위해 국경세조정이 필요하다. 이러한 국경세조정이 필요한 근본적 이유는 기후변화조치의 도입을 희망하는 국가들에게 그 효용성에 대한 의문을 제기하게 한다. 만약 국내생산자들이 탄소가격을 의사결정에 고려할 경우, 그들이 탄소배출량을 감축했을 경우 받게 되는 이익과 동등한 정도의 이익을 받을 수 없을 것이기에 수출제품에 대한 국경세조정은 환경적 혜택을 약화시킬 수 있다는 위험이 있다. 따라서 만약 부과된 모든 탄소세가 국제경쟁을 공평하게 하기 위해 조정된다면 탄소세부과는 유명무실이 될 것이다.

GATT 제16조나 SCM협정 제1조 1항 (ii)호에 의거하여 수출제품에 대한 국경세조정은 불법적인 보조금을 부여해서는 안 된다. 양 협정은 세금공제를 포함하여 수출품에 대한 보조금을 금하지만 국경세조정이 (i) 수출제품에 대하여 국내소비를 목적으로 하는 '동종'제품에 대해 부담하는 의무나 세금을 면제한다면, 또는 (ii) 납부액을 초과하지 않는 한도 내에서 국내소비를 목적으로 했을 때 '동종'제품에 의해 부담하는 의무 또는 세금을 면제한다면 보조금을 구성하지 않는다.[37] 수입제품에 대한 국경세조정과 함께 WTO규범하에서는 간접세만이 국경에서 감세 또는 면제된다.[38]

GATT 제16조 4항 또는 SCM협정의 제1조 1항 (ii)호의 "동종"의 의미에 대해서는 패널 또는 항소기구가 다룬 것이 없다. 분쟁해결패널은 제3조 2항과 관련하여 발전된 것과 유사한 기준을 적용할 것이다.[39] 수입제품에 대한 국경세조정과 관련하여 국내 동종제품에 부과된 것을 '초과하는' 것인지 여부에 관해서는, 최소허용조건이 없고 제품이 '동종'일 경우 사소한 차이라도 국경세조정이 불법적 보조금임을 뒷받침한다.

---

37 GATT, Ad Article XVI. 4; footnote to SCM Agreement Article 1.1(a)(1)(ii).

38 보조금협정의 부속서 I (c)는 불법 보조금의 예시목록에서 산업 또는 상업기업에 의해 지불되는 또는 지불될 직접세의 면제를 포함하고 있다. 1976 GATT의 미국 "세법"사건(DISC) 패널은 직접세는 국경세조정의 대상으로 적합하지 않다고 판단하였다. *United States Tax Legislation (DISC)* BSID 23S/98, 1976.

39 위에 언급했던 바와 같이 비록 패널이 '동종'의 의미를 더 광범위하게 해석할지도 모르지만, 여기에는 제3조 2항의 두 번째 문단과 상응하는 것이 없다.

8.4.3 생산과정에서 포함되거나 소멸된 투입요소에 대한 국경세조정

중요한 쟁점은 제품생산과정에서 최종재에 남아 있거나 또는 그 과정에서 소진된 투입요소에 부과되는 국경세조정이 허용되는지 여부이다. 이 문제는 수입제품에 대한 국경세조정과 수출제품에 대한 국경세조정인지에 따라 개별적으로 다뤄져야 한다. 두 경우 모두에 있어서 국경세조정이 허용되는지의 여부는 불확실하다.

수입제품에 대한 국경세조정

GATT 패널은 제2조 2항 ⓐ호가 물리적으로 최종재에 포함된 수입제품에 대한 세금과 관련하여 국경세조정을 허용한다고 해석해왔다.[40] 그러나 생산과정에서 소비, 소진되거나 또는 배출된 투입요소에 부과된 세금에 대해서는 명확하지 않다. 첫째로, 만약 국경세조정이 단지 제품에 부과되는 세금인 간접세에만 허용된다면 생산과정에서 소진되거나 배출된 투입요소에 부과된 세금이 '간접적인지' 여부가 문제되는데, 이에 대하여 일부 학자는 간접적이지 않다고 하였다.[41] 하지만 투입요소 또는 배출에 부과된 세금이 수입 등에 대하여 부과된 직접세보다 제품에 부과되는 세금에 가깝다는 것은 분명하다. 따라서 생산과정에서 포함되거나 소진된 투입요소에 대한 국경세조정은 간접세이다. 게다가 Pauwelyn이 주장하는 바처럼 세금의 본래 목적은 탄소집약적 생산품을 더 비싸게 만드는 것이기 때문에 여타의 간접세와 동일하게 이 세금은 소비자에게 이전되어 국경에서 조정되어야 한다.[42]

둘째로, 제2조 2항 ⓐ호의 '동종의 국내제품'과 '수입제품의 제조 또는 생

40 *United States - Taxes on Petroleum and Certain Imported Substances ('Superfund')*, BSID 34S/136/154, 1987.

41 Zhong Xiang Zhang and Lucas Assunção, 'Domestic Climate Policies and the WTO' (2003) 27 (3) *The World Economy* 359.

42 Joost Pauwelyn, *US Federal Climate Policy and Competitiveness Concerns: The Limits and Options of International Trade Law* (Nicholas Institute for Environmental Policy Solutions, Duke University, 2007).

산'의 일반적 의미가 일견 최종재 이외의 것을 의미하지 않는다는 점이 문제된다. WTO 체약국이 이것을 의도하였다는 것을 증명할 것도, 반면에 그렇지 않다는 것을 명확히 할 수 있는 것도 없다. 소멸된 투입요소나 배출은 분명 제품의 일부분으로, 특히 제품생산과정에 대한 환경적 관점에서 보았을 때 그러하고, 이에 대한 세금은 법적으로 '제품에 대한' 세금으로 간주될 것이다.

1970년에 GATT 국경세조정작업반은 이 문제에 관하여 해답을 미루었는데, 이는 국경세조정작업반이 이 분야 과세제도의 중요성은 더 이상의 해명을 정당화하기 위한 것이 아님을 느꼈기 때문이다.[43] 그 이후 이 사안과 관련하여 두 사건이 지엽적으로 다뤄졌다. 먼저, *Argentina-Hides and Leather* 사건에서 EC는 다른 무엇보다도 아르헨티나에 수입되는 가죽제품에 부과된 부가가치세에 대하여 소를 제기하였다.[44] 패널은 이 사건에서 제3조하에서 차별이 있었는지 여부를 평가함에 있어 적용 가능한 국내세 비율뿐만 아니라 다양한 종류의 내국세, 최종재에 대한 직접세 또는 다양한 생산 단계에서 제품에 사용된 원자재에 부과한 간접세 등의 '과세방식'과 과세기준과 같은 '세금징수법'에 대해서도 고려해야 한다고 판단하였다.[45] 원자재에 대한 언급은 분명 생산과정에서 사용된 에너지 투입과 유사해 보일 것이다. 그러나 이는 투입요소 또는 배출에 대한 국경세조정이 허용된다는 것과는 거리가 있으며, 만약 그렇다 하더라도 이후의 패널들은 여기에 구속되지 않는다.

분쟁해결패널은 이 쟁점에 대하여 *US-Taxes on Petroleum and Certain Imported Substances* 사건(일명 *Superfund* 사건)에서 더 직접적으로 다루었다.[46] 이 사건에서 문제된 미국법은 오염된 폐기물 처리장의 정화에 드는 비용충당에 필요한 신탁자금을 조성하기 위해 제정되었다. 이를 징수하기 위해 동 법의 목록에 규정되어 있고 미국 내에서 판매되는 다양한 화학약품과 물질에 세금이 부

---

43 *GATT Working Party on Border Tax Adjustments, supra* note 32 at para. 15.

44 *Argentina-Measures on the Export of Bovine Hides and the Import of Finished Leather* (2001), WTO Doc. WT/DS155/R (Panel Report); *United States-Taxes on Petroleum and Certain Imported Substances* (1987), WTO Doc. BSID 34S/136/154 (Panel Report).

45 *Ibid.* at 101. *Japan-Taxes on Alcoholic Beverages* (1996), WTO Doc. WT/DS8/AB/R, WT/DS10/AB/R, WT/DS11/AB/R (Appellate Body Report), at para. 5.8.

46 *Supra* note 40.

과되었다. 동 법은 또한 과세대상인 화학약품의 제조에 공급원료로 사용된 비과세대상 화학약품에 대해서도 적용되었다.

이러한 과세는 수입품뿐만 아니라 수출품에 대해서도 적용되었다. 수입된 화학약품은 미국 제조업자들에게 부과된 세금과 동일한 수준으로 부과되었으나 이전에 수출품에 대하여 징수한 세금은 환급되었다. 현재의 논의에 있어 국경세조정이 갖는 중요성은 세금이 제조과정에서 사용된 화학약품의 양에 의해 계산되었다는 점이다. 과세대상 화학약품에 포함된 모든 원자가 최종물질에 물리적으로 포함될 필요는 없고, 만약 최초 화학물질의 일부만이 실제로 마지막에 존재한다면 세율은 조정되지 않은 것이다. 따라서 이는 OECD가 언급한 바 있듯이 실제 과정 중심적 국경세조정이라고 할 수 있다.[47]

캐나다와 EC, 멕시코는 미국의 동 세금에 대해 GATT의 내국민대우조항을 위반하였다고 주장하며 소를 제기하였다. 패널은 수입제품에 포함된 화학물질에 대한 세금은 제품에 직접적으로 부과된 세금이므로 조정에 적합하다고 판결하였다. 투입요소에 따라 수입된 물질에 부과된 세금과 유사한 국내제품에 부과된 세금은 동일하다. 따라서 이는 내국민대우의무에 합치하는 것이다. 패널은 GATT가 내국세 부과대상인 물질을 함유하고 있는 수입품에 대한 국경세조정의 가능성을 고려하였다는 미국의 주장을 받아들였다. 유감스럽게도 패널은 화학물질이 물리적으로 최종재에 포함되었는지 여부나 생산과정에서 소비될 수 있는지 여부에 대해서는 언급하지 않았다. 따라서 투입요소나 배출이 최종재에 분명히 드러나지 않는 생산과정에서 소비되거나 또는 배출되는 투입요소에 부과된 세금의 경우 이 판결의 유용성은 제한적이다.

그러나 실제로는 그러한 조정에 대한 판례가 있다. 1990년대 말, 미국은 오존층파괴물질의 규제에 관한 몬트리올의정서(Montreal Protocol on Substances that Deplete the Ozone Layer)를 시행하기 위해 오존을 파괴하는 특정 화학물질(Ozone-Depleting Chemicals : ODCs)에 대하여 내국소비세를 도입하였다.[48] ODCs는 수입 시 내국세와 동일한 수준의 세금이 부과되었고, 수출품에 대해서는 세금을 환급해주

47 OECD, *supra* note 5 at 101.

48 Pursuant to the Omnibus Budget Reconciliation Act of 1989.

었다. 세금은 물질 그 자체 또는 그 물질이 함유되어 있거나 그 물질로 생산된 제품의 수입에 대하여 조정되었다.[49] Hoerner는 세금으로 인해 미국 국내산업이 외국제품으로 인해 단기간에 피해를 입지도 않았고, 결과적으로 환경에도 별다른 이득이 없다고 언급하였다. 이러한 시장현실을 고려해보았을 때 정치적 현실은 미국 의회가 국경세조정 없이는 결코 세금관련 법을 제정하지 않을 것이라는 것이다.[50] 이러한 세금은 WTO규범하에서 한 번도 이의가 제기된 바 없다.

수출제품에 대한 국경세조정

수출제품에 대한 국경세조정은 다소 어려운 상황에 있다. 보조금협정 부속서1 (아)항은 회원국이 폐기물을 참작하여 수출품의 생산에 사용되는 전 단계 누적 간접세를 면제하거나 경감하는 것을 허용한다. 만약 수출품 생산에 소비된 투입요소에 실제로 부과된 세금을 초과한 경감은 이 협정에 반할 것이다.

'소비된 투입요소'는 부속서2 각주 61에 물리적으로 포함된 투입요소뿐만 아니라 생산과정에서 사용된 에너지, 연료 그리고 기름도 포함하는 것으로 정의되어 있다. 표면적으로 보조금협정은 생산과정에서 소비된 투입요소와 관련하여 수출품에 대한 국경세조정에 상당한 유연성을 제공하는 것으로 보인다.

그러나 '전 단계 누적 간접세'의 정의와 관련하여 복잡한 요소가 있다. 보조금협정에서 '전 단계 간접세'는 "제품 생산에 직접적 또는 간접적으로 사용된 제품과 서비스에 부과된 조세"이고 '누적세'는 "어떤 생산 단계에서 과세된 제품 및 서비스가 다음 생산 단계에서 사용되는 경우, 기 과세분에 대한 공제 제도가 없는 다단계 조세"라고 정의되어 있다.[51]

이를 통해 에너지에 대한 국경세조정은 누적세 체제를 갖춘 국가들에서 허용되지만 부가가치세와 같이 누적세체제를 갖추지 않은 국가들에서는 허용되지

---

49 Duncan Brack, *International Trade and Climate Policies* (London : Earthscan, 2000).

50 J.A. Hoerner and F. Miller, 'Compatibility of Offsets with International Trade Rules', in E. Staehelin-Witt and H. Blöchliger (eds), *Okologisb orientierte Steuerreformen : Die fiskal-und außenwirtschaftspolitisben Aspekte* (Bern : Haupt 1997) 235.

51 Annex I, 주석 58.

않는다는 것을 알 수 있다.[52] 누적세 형식으로 에너지에 대한 국경세조정을 허용하는 보조금협정 조항은 관련체제를 통일하고자 하는 인도를 비롯한 여러 국가들의 요청에 따라 삽입되었다.[53] 그러나 많은 국가들은 전 단계 누적세를 갖고 있지 않고, 이런 이유로 동 조항을 통한 이득이 없다. 보조금협정만으로는 이러한 국가들이 에너지에 대한 국경세조정을 이용할지 여부에 대해 명확히 알 수 없지만 미국은 이에 대해 부정적임을 표명해왔다. 우루과이라운드 협상기간 동안 동 조항이 보조금협정에 삽입되었을 때 한 미국 통상관료는 서한을 통해 누적세 형식의 에너지에 대한 국경세조정을 허용하는 조항은 넓게 해석되도록 의도된 것이 아니라고 주장하였다. 이 서한에 의하면 보조금협정의 부속서1 (아)항[54]은 "국가들, 특히 개발도상국들이 에너지에 대하여 광범위한 세금을 국경에서의 조정에 적용할 수 있는 권리를 근본적으로 확대하기 위한 의도가 결코 아닌"[55] 비공식적인 합의로 생겨난 것이다. 다수의 학자는 이 서한이 보조금협정의 해석에 있어 제한적으로 영향을 미쳤다고 주장한다. 게다가 Pitchas,[56] Hoerner와 Muller,[57] 그리고 Biermann과 Brohm[58]은 수출품에 물리적으로 포함되지 않은 투입요소에 부과하는 세금은 조정에 적합하다고 주장한다. 그러나 보조금협정에 기준이 부재한 상황에서 이러한 결론은 확실하지 않다. 특정 국가의 세제에 관한 해석과, 그리고 문제된 세금이 누적세인지 여부에 대하여 관련된 세부조항들이 문제될 것이다.

---

52 Javier de Cendra, 'Can Emisions Trading Schemes be Coupled with Border Tax Adjustments? An Analysis vis-à-vis WTO Law' (2006) 15 (2) *RECIEL* 131 at 140.

53 Ibid.

54 이 문구는 1979년 보조금 및 상계조치협정에는 없었다. 보조금협정은 제품에 물리적으로 포함된 생산요소에 부과되지 않는 한 전 단계 누적 간접세의 조정을 금지하였다.

55 USCIB 의장 Abraham Katz가 Clinton정부에 보낸 편지는 수출품에 대한 국경세조정의 허용성과 관련된 설명을 요구하는 것이었다.

56 C. Pitschas, 'GATT/WTO Rules for Border Tax Adjustment and the Proposed European Directive Introducing a Tax on Carbon Dioxide Emissions and Energy' (1995) 24 (3) *Georgia Journal of International and Comparative Law* 479.

57 J. Andrew Hoerner and Frank Muller, *Carbon Taxes for Climate Protection in a Competitive World* (Swiss Federal Office for Foreign Economics Affairs, 1996).

58 Biermann and Brohm, *supra* note 31 참조.

8.5 국경세조정과 배출권거래제

배출권거래제는 점차 많은 국가들에 의해 도입되고 있는 행정제도로, 배출될 탄소양의 한도를 정하고, 일정량을 배출할 수 있는 권리를 기업들에게 주는 배출권을 발행한다. 정해진 양을 초과하여 배출해야 할 필요가 있는 생산자들은 덜 배출하는 생산자들로부터 배출권을 구입해야 한다. 이때 생산자들은 배출권을 확보할 필요가 없는 외국 생산자들과의 경쟁력 문제를 고려하게 된다. 수입품에 대한 경쟁에 직면한 생산자들은 정부에 그들이 구입해야 하는 배출권에 대하여 조정의 형식으로 수입품에 세금을 부과할 것을 요청할 것이다.[59]

수입업자들에게 세금을 부과하고자 하는 경우에는, 배출권을 보유하도록 하는 국내의무가 GATT 제2조 2항 (a)호하에서 수입품에도 부과될 수 있는 세금과 같이 "내국세에 상당하는 과징금"인지 여부가 문제된다. WTO는 이 문제에 대하여 언급하지 않음으로써, 경쟁력 문제를 해결하기 위해 무역조치를 사용하는 것이 WTO규범에 합치하는지에 대한 난해한 문제에 또 다른 불확실성을 추가하였다. 제2조 2항 (a)호의 표현은 '내국세'와 '과징금'이 구분됨을 나타낸다. 이 구문들은 내국민대우에 대해 규정하고 있는 제3조에서 사용되었지만 제2조 2항 (a)호는 '내국세'에 대해서만 언급하고 있으므로 국경세조정은 '내국세'에 대해서만 허용된다는 것을 나타낸다. 그러나 Pauwelyn은 제2조 2항 (a)호가 '내국세'만을 언급하고 있지만 이 조항은 제3조 2항과 상호 참조되므로 '내국세 또는 그 밖의 모든 종류의 과징금'을 포함하는 넓은 개념이라고 주장하였다.[60] 이 주장은 '세금'과 '과징금'이란 단어가 모두 제3조 2항에 있다는 점에서 타당하다. 그러나 단어의 일반적인 의미를 고려했을 때 오직 세금만이 조정될 수 있다는 주장이 더 설득력 있다. 만약 협상가들이 세금 이외에 과징금까지 조정가능하다는 것을 의도하였다면 그들은 제2조 2항 (a)호에서 동일한 종류의

---

59 Stephenson과 Upton은 배출량거래제의 경우 부과되거나 환급된 양은 우세한 시장허용가격과 관련이 있다고 적었다. 국경세조정과의 이러한 차이는 세율이 정부에 의해 고정되는 세금체제에 기초하고 있다. Stephenson and Upton, *supra* note 2 at 16.

60 Pauwelyn, *supra* note 42 at 21.

형용사를 사용하여 명확히 규정했어야 한다. 그렇게 하지 않았다는 것은 오직 세금만이 제2조 2항 (a)호에 해당한다는 것을 의미한다. 이 문제의 불확실성에 더하여 배출권을 확보해야 하는 의무가 세금으로 간주될 수 있는지에 대해서도 고려해보아야 한다.

세금의 일반적 정의는 "정부에 의해 납세자들에게 부과된 직접적인 반대급부 없는 의무적 기여"이다.[61] 이는 정부에 의해 납세자들에게 부여되는 혜택은 대개 그들의 지불금에 비례하지 않다는 점에서 '상대방이 알아주지 않는' 것이다.[62] 이러한 정의에 기초하여 Ismer와 Neuhoff,[63] 그리고 de Cendra[64]는 원칙적으로 배출권을 확보하기 위해 드는 비용은 세금으로 간주될 수 있다고 주장한다. De Cendra는 몇몇 사건의 경우에는 배출권을 위한 비용은 '상대방이 알아주지 않는' 것으로 간주될 수 있다고 하였다.[65] 마찬가지로 Pauwelyn은 이산화탄소 배출권을 확보하는 것의 필요성은 공동체 전체의 이익에 배타적으로 기여하는 것이라고 주장한다. 즉 '의무의 주체인 기업들은 그 대가로 특정한 어떤 것이나 확인 가능한 것을 받지 않는다.' 탄소배출은 공동체 전체에 영향을 미치는 외부효과를 갖고 있고, 탄소배출감축은 결국 국내와 전 지구 공동체 모두에 이득이 된다. 따라서 Pawelyn은 원칙적으로 배출권을 위한 비용은 세금으로 간주될 수 있다고 주장한다.[66]

반대 견해는 배출권은 세금이 아니라는 것이다. 기업들은 사실상 배출권을 소유함으로써 혜택을 받는다는 견해가 있다. 배출권거래제를 창설한 규제제도는 이산화탄소를 배출하기 위해 배출권을 보유하는 것을 요건으로 만들었다. 따라서 이산화탄소를 배출할 수 있는 능력은 대가로 얻은 이득이며, 배출할 수 있는 양은 직접적으로 지불한 양에 비례한다.

결국, 이러한 딜레마에 대한 답은 문제된 배출권거래제의 특정성을 고려한

---

61 Roland Ismer and Karsten Neuhoff, 'Border Tax Adjustment : A Feasible Way to Support Stringent emission trading' (2007) 24 *European Journal of Law and Economics* 137.

62 de Cendra, *supra* note 51 at 135.

63 Ismer and Neuhoff, *supra* note 60. Pauwelyn, *supra* note 42 참조.

64 de Cendra, *supra* note 51 at 135.

65 Ibid.

66 Pauwelyn, *supra* note 42 at 21.

개별적인 판단에 맡길 수밖에 없다. De Cendra는 정부가 배출권을 경매를 통해 파는 경우 배출권은 세금이고, 그렇게 함으로써 경매기간 동안 배출권거래가 세금 또는 추가부담금으로 전환된다고 주장한다. "그 기간 동안 정부는 경매에서 생기는 모든 이익을 가지고 이후 그것을 경제 속으로 재활용할지 여부와 만약 재활용한다면 어떤 방식으로 할지를 결정해야 한다."[67] 그러나 배출권거래제에는 다양한 형태가 있고 이러한 논쟁이 언제나 벌어지진 않을 것이다.

만약 배출권이 세금으로 정의된다면 배출권거래제를 갖고 있는 국가들은 수출제품에 대하여 국경세조정을 할 수 있고, 그렇게 함에 있어 해당 국가들은 GATT의 최혜국대우와 내국민대우에 따라야 한다. 만약 배출권을 확보하기 위한 요건이 GATT하에서 세금으로 간주되지 않는다면 배출권을 소유비용에 기초하여 수입품에 세금을 부과하려는 시도는 제2조 2항의 규율의 대상이 될 것이다. 배출권 소유비용에 기초한 세금의 적법성은 그것과 비교할 수 있는 동등한 내국세가 없기 때문에 탄소세에 근거한 국경세조정보다 더 큰 불확실성을 갖고 있다.

Pauwelyn은 만약 배출권을 소유하기 위한 국내 요건이 내국세로서 인정받을 수 있다면 국경에서 수입품에 대한 배출권 소유를 위한 제도적 요건도 동일하게 인정받을 수 있다고 주장한다. 국경세조정은 분명 내국세의 한 종류로 배출권을 보유하기 위한 국내요건에 동등한 과징금이다.[68] 만약 Pauwelyn이 틀렸다면 배출권을 확보하기 위한 수입국들의 요건은 제4조 4항에 의해 규율될 것이므로 외국제품을 동종의 국내제품보다 불리하게 대우하였다면 규정을 위반한 것이 된다.

8.6 국경세조정의 평가

이 장에서 다룬 내용은 WTO규범이 국가들로 하여금 기후변화정책에 대한

---

67 de Cendra, *supra* note 51 at 136.

68 Pauwelyn, *supra* note 42.

국내 반대여론을 불식시키기 위한 수단으로서 국경세조정을 부과하는 것을 허용하는지 여부이다. 앞의 논의에서 봤듯이 이에 대해 상당한 법적 불확실성이 있다. 이는 국경세조정의 사용을 두고 그 적법성을 결정함에 있어 WTO의 역할이 중요하다는 것을 의미한다. 주요 쟁점들로는 첫째, 수입과 수출에 대한 국경세조정이 생산 투입요소와 함께, 또는 배출에 있어 허용되어야 하는지, 둘째, GATT 제2조 2항 ⓐ호에 의해 배출권을 확보하기 위한 요건이 '세금'인지 또는 '과징금'인지 여부이다.

법적 복잡성과 불확실성 외에도 정부는 국경세를 사용하라는 국내의 정치적 압력에 직면하게 될 것이다. 이는 2009년에 분명하게 나타났으며 더 자세한 사항은 제12장에서 다루어질 것이다. 특히 미국 민주당은 수입품에 대한 관세를 통해 국경세조정이 미국 제조업자들에게 공평한 경쟁의 장이 되도록 수용되지 않는다면 기후변화법제를 지지하지 않을 것이라고 주장한 바 있다.[69]

이러한 법적 결정의 결과는 국내정책을 평가함에 있어 선진국들에게 중요한 의미를 가진다. 또한 상대적으로 덜 엄격한 환경조치를 통해 얻은 경쟁우위의 이득을 잃을 상황에 놓인 개발도상국들에게도 중요한 의미를 가진다. 이는 국경세조정을 통해 기후변화조치에 대한 반대를 누그러뜨리려 하는 선진국들 간에 유용할 것이다. 물론 수출국들은 적대적으로 변하여 보복으로 원래 받는 압박보다도 더 영향을 주는 제재를 가할 수 있다. 선진국의 개발도상국제품에 대한 국경세조정 사용은 공통의 그러나 차별화된 책임원칙을 저해할 것이다. 정치 및 무역마찰의 잠재성과 함께 국제관계에 있어서도, 특히 국경세조정이 차별적이고 위장된 보호주의가 될 가능성이 있다는 점에서 의미가 있다.

제12장에서 논의할 정치적 영향은 법적 문제를 다음과 같은 중요한 정치적 문제로 변형시킨다. WTO규범과 분쟁해결이 그러한 문제를 해결할 수 있는가? WTO 패널과 항소기구는 점차 광범위한 사회적 중요성의 문제에 대해 판결을 내리는 역할을 담당하게 되었고, 환경목표와 무역목표 간의 균형을 찾을 수 있는 능력을 증명하여왔다. 보호주의를 그만두게 하고 기후변화를 완화하는

---

69 *The wall Street Journal*, Environmental Capital, 'Cap and Trade : Will the Senate Go for Carbon Tariffs, Too?' 1 October 2009.

두 가지 목표를 동시에 달성할 수 있는 국경세조정의 사용을 규율할 가장 효과적인 체제는 곧 보호주의 조치를 잘 찾아낼 수 있는 것이다. WTO 분쟁해결패널은 이와 관련하여 다양한 사건들에서 그 전문성을 발전시켜왔기 때문에 이 체제를 명백하게 대신할 것은 없다.

이행단계에서 국경세조정 사용의 실현가능성에 대한 수많은 문제가 있으며, 특히 적절한 조정수준을 어떻게 결정할지가 문제된다. 이러한 문제에는 제품에 포함된 배출의 근원을 결정하는 것 또한 포함된다. Stephenson과 Upton이 언급한 바와 같이 배출의 근원을 계산하는 것은 교역 당국에 복잡하고 비용이 많이 드는 부담을 더하는 것이 된다. 이들은 또한 현존하는 문서에 따르면 배출의 기원을 밝히기 위한 비용은 무역가치의 2% 내지 3% 사이일 것이라 예측하였다. 많은 기업들은 배출의 근원을 밝히기 위한 비용을 부담하는 것보다 제품의 원산지에 관계없이 가격상승에 직면하는 것을 선택할 것이다.[70] 국가들은 필연적으로 법제화된 기준치를 이용하는 것과 같이 적절한 조정의 양을 결정하기 위한 다양한 방법들을 채택할 것이다.[71] 다양한 국가들로부터 수입된 제품에 대한 조정의 수준을 결정하는 것과 관련된 잠재적 복잡성은 위장된 보호조치로 악용될 가능성을 제공할 것이다. 국경세조정을 심리하도록 부탁받은 WTO 분쟁해결 패널은 조정수준의 적절성을 판단하고 보호주의인 경우를 걸러내는 과정에서 어려움에 직면할 것이다. 국경세조정은 확정적 권리와 보호주의 수단에 있어 초점이 될 수 있다.[72] 그러나 그러한 어려움들은 다른 사건들에서보다 심각하지 않을 것이고 그러한 사건들을 결정하는 데 있어 패널의 능력에 문제를 제기하지 않을 것이다.

그럼에도 불구하고 문제된 논점의 중요성과 개발도상국들에 대한 부정적 효과의 잠재성을 고려해보았을 때, 그러한 어려움들은 국경세조정과 관련된 일종의 국제협정을 체결하는 것이 바람직한 것인지의 문제를 제기한다. 국제협정은 법적 전문성을 넘어서 공평과 형평의 광범위한 문제를 고려하는 데 분쟁해

---

70 Stephenson and Upton, *supra* note 2 at 16.

71 유사 제품들 사이에서 조차도 다양한 생산방법을 이용하기 때문에 배출량을 측정하는 데 있어 오류의 가능성이 많다. 제안된 접근법 중 하나는 '최적 가용 기술(best available technology)'을 이용하여 발생한 배출량 기준을 정하고 이를 모든 제품에 적용하는 것이다. Stephenson and Upton, ibid., at 17-19.

72 Ibid.

결 패널보다 더 큰 잠재성을 갖고 있다. 그러나 그러한 협정의 세부사항을 협의하고 시행하는 데 드는 행정비용은 분명 매우 비싸다. 제6장에서 논의했던 바와 같이 현재의 규칙들은 불확실하지만 불확실성은 국가들이 기후변화를 완화하는 것을 도울 수 있는 유연성의 정도를 제공한다. 그러나 유연성은 제한적이고 패널은 보호주의를 감시할 수 있게 해주어 국가들이 일부 적대적이거나 보호주의적 방법으로 국경세조정을 사용하는 것을 막는다. 그러나 제10장에서 다루겠지만 그렇게 하는 것은 모든 국가들을 저지하고 현재 상황을 타개하기에 충분하지 않아서 국경세조정이 공통의 그러나 차별적인 책임원칙을 저해하는 것으로 보일 경우 특히 무역과 정치적 마찰을 양산할 위험이 있다. 이 때문에 정치적 협정은 국경세조정을 이용하는 것이 허용되지 않을 때 경계를 정하는 것이 바람직할 것이다.

Stephenson과 Upton이 논의한 바와 같이 UNFCCC 당사국들의 광범위하고 다양한 능력과 그들의 온실가스 배출에 대한 역사적 책임의 수준이 다른 것을 인정하는 것은 선진국의 국내정책들이 다른 곳에서 부과되지 않은 비용을 부과할 것이라는 것을 의미한다. 또한 경쟁력은 체결된 세계 협정의 가장 근본적인 흐름을 압박한다.[73] 국경세조정은 이러한 비용에 노출되는 것을 막기 위한 노력의 일환으로 이용되어서는 안 된다.

---

73 Stephenson and Upton, *supra* note 2 at 7.

9. 환경적 예외의 역할

9.1 WTO에서의 환경적 예외

지금까지는 무역에 영향을 미치는 허용가능한 형태의 국내적 조치에 있어 그 한계를 설정하는 많은 협정과 관련규정을 논의하였다. 그러나 WTO협정은 이러한 한계를 준수하지 않는 조치들이 허용될 수 있는 예외적 상황도 제시하고 있다. 이러한 예외들은 환경보호라는 목표가 존재하는 특정 상황에서 각 국가가 무역에 영향을 주는 조치들을 취할 수 있는 여지를 제공한다. 물론 어떠한 조치가 실제로 온실가스 배출 감소와 같은 환경보호를 목표로 하는지 아니면 국내산업의 보호에 초점을 두는지 여부를 판단하는 것은 어려운 과제이다.

예를 들어, 어떤 국가가 신차에 연료효율성 요건을 부과하는 규제조치를 시행하였는데, 패널이 해당조치에 대해 제5장에서 논의한 내국민대우 요건과 같은 GATT상 중요한 조항을 위반한 것으로 판단하였다고 가정해보자. 그 국가는 GATT 제20조에서 동 협정의 다른 조항을 위반하고도 각 국가들이 취할 수 있도록 한 다양한 조치들을 근거삼아 자신의 조치가 허용될 수 있음을 주장할 것이다. 이미 논의한 바와 같이 환경보호조치는 허용될 수 있는 조치 중 하나에 해당된다. 그러나 그 조치는 첫째, 환경보호의 효과를 거두지는 못하면서 오직 국내산업만 이롭게 할 수 있다. 둘째, 부분적으로 국내산업을 보호하기 때문에 그 조치를 사용하지 않는 경우보다 환경적인 효과가 반감될 수 있다. 셋째, 환경적인 효과 측면에서는 특별히 국내산업을 보호하지 않으나, 해외 생산자들의 피해를 상대적으로 줄일 수 있는 가능성이 그 규제로 인해 사라질 수도 있다. 패널들은 문제가 된 조치가 이러한 경우들에 하나라도 해당되는지 여부를 결정하여 국제무역에 불필요한 부담을 초래하지 않도록 해야 한다.

WTO협정에는 다음과 같이 환경과 직·간접적으로 관련된 여러 유형의 예외가 존재한다.

- **GATT 제20조** : 제20조는 GATT의 중요한 조항들과 두문에 대한 일련의 예외사항들을 담고 있다. 이 중 기후변화와 가장 밀접한 두 가지의 조항으로는 "인간, 동물 또는 식물의 생명 또는 건강을 보호하기 위하여 필요한" 조치인 제20조 (b)호와 "고갈될 수 있는 천연자원의 보존과 관련된 조치로서 국내생산 또는 소비에 대한 제한과 결부되어 유효하게 되는" 조치인 제20조 (g)호가 있다. 두문은 그 조치가 상기된 경우에 속한다 하더라도, "동일한 여건이 지배적인 국가 간에 자의적이거나 정당화할 수 없는 차별의 수단을 구성하거나 국제무역에 있어서의 위장된 제한을 구성하는 방식으로 적용"되어서는 안 된다는 점을 밝히고 있다.

- **보조금 및 상계조치에 관한 협정**(SCM협정), **제8조 2항** : 7장에서 논의된 바와 같이 SCM협정은 본래 '허용가능한' 보조금들을 특정 짓는 내용을 담고 있었다. 허용가능한 보조금은 환경준수비용을 보상해주는 것과 같은 좁은 범위의 보조금을 포함한다. 그러나 이 조항은 2000년을 기점으로 만료되었으며, 아직까지도 부활되지 않고 있다.

- **무역기술장벽협정**(TBT협정), **제2조 2항** : TBT협정은 기술규정이 "비준수에 의해 야기될 위험을 고려하여, 정당한 목적 수행에 필요한 이상으로 무역을 규제하지 않을 것을 요구한다. 정당한 목적이란 특히 인간의 건강 또는 안전, 동물 또는 식물의 생명 또는 건강, 또는 환경의 보호를 일컫는다."

▪ **위생 및 검역 협정**(SPS협정) : SPS협정은 대체로 특정유형의 조치들에 예외를 부여한다. 본 협정은 동·식물 또는 인간에 영향을 미치는 특정 위험을 다루는 조치들이 국제적으로 받아들여지는 기준에 따르는 경우 해당조치를 허용하고 있다. 만약 그 조치가 국제적인 기준보다 더 엄격한 요건을 채택하고 있다면, 그것은 반드시 "과학적 원칙에 근거해야 하고, 과학적 증거가 충분하지 않을 경우 허용되지 않는다."[1]

통상법과 기후변화를 둘러싼 논쟁의 많은 부분은 GATT 제20조에 그 초점이 맞추어져 있다. 이 조항은 국경세 조정뿐 아니라 잠재적으로 조세와 기타 규제에도 적용되기 때문이다. 이 장에서는 제20조의 요건을 중점적으로 살펴보고자 한다.

9.2 제20조

만일 패널이 어떤 조치에 대해 내국민대우와 관련된 제3조의 요건과 같은 GATT상 중요한 조항의 위반으로 판단했을 때, 규제당사국은 해당규제가 주로 기후변화를 다루기 위한 것인 경우, 패널의 위반 판정에도 불구하고 제20조를 원용하여 그 조치를 유지하고자 할 것이다. 제20조에 기후변화 조치와 관련된 두 가지 예외는 (b)호와 (g)호에 나타나 있다. 제20조의 두문 또한 그 조치가 어떻게 적용되어야 하는지를 서술하고 있다. 항소기구는 어떤 조치가 제20조에 해당하는지를 검토함에 있어 먼저 그 조치가 제20조 예외조항들 중 하나에 해당하는지 여부를 결정한 뒤, 이에 해당된다면 그 두문과 부합하는 방식으로 적용되었는가를 평가해야 한다고 밝히고 있다.[2] 피제소국은 해당조치가 제20조의 예외에 따라 정당화될 수 있음을 입증할 책임을 가진다.

항소기구가 어떤 조치를 제20조에 따라 구제될 수 있는 것으로 판단하는지를 검토하기 위해 다음의 네 가지 쟁점을 살펴보고자 한다.

---

1 SPS협정, 제2조 2항 및 제5조 1항

2 *United States–Standards for Reformulated and Conventional Gasoline* (*US–Reformulated Gasoline*) (1996) WTO Doc. WT/DS2/AB/R (Appellate Body Report) at 22.

1. 회원국의 규제목표에 대해 항소기구는 어느 정도까지 정밀하게 따져 조사할 것인가?
2. 항소기구는 해당조치가 그 목표와 정당하게 연관되어 있는지 여부를 어떻게 판단할 것인가?
3. 항소기구는 그 회원국이 취할 수 있었던 다른 대안의 존재 여부, 그리고 해당조치와 회원국의 다른 정책적 결정이 일관성을 지니는지 여부를 검토할 것인가?
4. 회원국의 해당 조치가 한편으로는 환경적 목표를 표방함에도 불구하고 실제로는 보호주의적으로 적용되었는지 여부를 항소기구는 어떻게 판단할 것인가?

이러한 쟁점들을 다음에서 차례로 논의하고자 한다.

9.2.1 목표의 검증

규제권한의 범위를 결정하는 것과 관련하여 중요한 것은 패널 또는 항소기구가 회원국이 표방한 규제목표를 어느 수준까지 검증할 것인지이다. 만일 패널이나 항소기구가 그 목표가 무역을 제한하는 정당한 또는 충분한 이유가 되는지 여부를 평가하려 한다면, 회원국의 정책적 재량을 제한하는 대가로 그들의 권한을 강화해 보호주의적 조치들을 감시할 수 있어야 한다. 다른 한편으로는, 그들이 이러한 목표를 평가하지 않는 한도 내에서 패널이 보호주의에 대한 감시권한을 줄이거나 보호주의를 측정하는 다른 종류의 지표에 더 큰 비중을 두어야 한다. WTO는 협정의 규칙을 정함으로써, 그리고 항소기구는 그러한 규칙을 해석함으로써, 대체로 정책목적에 대한 검토를 자제하려는 경향이 있다.

제20조 (b)호하에서, 해당 조치는 반드시 '인간 및 동·식물의 생명 또는 건강에 필요해야' 한다. '필요성' 기준은 이 예외의 핵심적인 내용이다. *Korea – Beef* 사건에서, 항소기구는 '필요성'이 무엇을 뜻하고 어떻게 그 조치의 필요성을 판단하는지와 관련해, 두 가지 유명하면서도 논란이 된 판결을 하였

다.[3] 첫째, '필요성'의 정의에 대해 항소기구는 다음과 같이 밝혔다.

제20조 (d)호에서 '필요성'은 필요한 정도의 범위를 일컫는다. 이러한 의미의 연장선(continuum)에서 한편으로는 '필요성'이 '불가결성(indispensible)'으로 이해될 수도 있고, 다른 한편으로는 '기여(contribution)'의 의미가 될 수도 있다. 항소기구는 '필요성'을 단순한 '기여'보다는 '불가결성'에 훨씬 더 가까운 것으로 판단한다.[4]

이에 따르면 조치의 필요성을 만족시키기 위해 반드시 불가결할 필요는 없다. 항소기구의 두 번째 판결에서는 필요성의 범위 내 어디쯤에 그 조치가 놓여 있는 것인지를 결정하는 방법에 대해 설명하고 있다. 판결에 따르면, 해당조치의 필요성 여부를 결정하는 것은 각각의 모든 사건에서 일련의 요소들을 비교형량하는 과정과 연관이 있다. 그 요소들은 주로 문제가 된 법률 또는 규정의 준수를 위한 해당조치의 기여도, 그 법률과 규정에 따라 보호받는 공통된 이해 또는 가치의 중요성, 그리고 그 법률과 규정이 수출입에 미치는 영향력을 포함한다.[5]

따라서 필요성에의 적용 여부는 적어도 세 가지의 요소에 따라 결정된다. 목적의 중요성, 조치의 목적에의 기여도, 그리고 무역 측면에의 영향력 등이 그것이다. 그러나 Regan이 지적한 바와 같이, 이러한 분석의 이면에는 모순이 존재한다.[6] 항소기구는 목적의 중요성을 포함하는 외견상의 균형성 기준을 설정하는 동시에, 각 국가가 그들 자신의 공중보건 또는 환경적 목적과 그러한 목적에 관련된 보호의 수준을 정할 수 있는 권리를 갖는다고 판결하였다.[7] 각 국가

3 *Korea–Measures Affecting Imports of Fresh, Chilled and Frozen Beef* (2001) WTO Doc. WT/DS161. WT/DS169/AB/R (Appellate Body Report). 이 주장은 항소기구가 제20조 (d)호의 맥락에서 내세운 것이나 일반적으로 제20조 (b)호에 적용되어왔다. 제20조 (d)호는 국가들이 "본 협정의 조항에 부합하지 않는 법률이나 규칙에 대한 준수를 확보하기 위해 필요한" 조치를 취하는 것을 허용하고 있다.

4 Ibid. at para 161.

5 Ibid. at para 164.

6 Donald Regan, 'The Meaning of "Necessary" in GATT Article XX and GATS Article XIV: The Myth of Cost-Benefit Balancing' (2007) 6(3) *World Trade Review* 347.

7 *US–Reformulated Gasoline AB Report*, *supra* note 2; *European Communities–Measures Affecting Asbestos and Asbestos–Containing Products* (2001) WTO Doc. WT/DS135/AB/R

가 스스로 보호의 수준을 정할 수 있도록 허락한다면 항소기구는 어떻게 '비교형량'을 할 수 있을 것인가? 항소기구가 필요성을 결정하는 데 있어 실질적으로 공통의 이익 또는 목표의 중요성을 검토하는가?

제20조 (b)호에서의 필요성을 평가하는 데 있어, 항소기구는 대체로 조치의 목적이 중요하며, 특히 석면, 뎅구열, 그리고 말라리아의 위험으로부터 생명과 건강을 지키는 것과 관련된 조치들, 또한 환경의 보호와 관련된 조치들은 특히 중요하다고 밝혔다.[8] 그러나 비교형량 시에 목적의 중요성을 포함시키는 것은 항소기구가 회원국에게 있어 그 목표가 더 중요한 경우 조치를 취할 수 있는 더 큰 범위의 재량을 허용한 것처럼 보인다. 사실 제20조 (d)호의 맥락에서 항소기구는 "공통된 이익이 더 필수적이거나 더 중요할수록, 집행수단으로서의 조치를 '필요한' 것으로 받아들이기 더 쉽다"고 밝힌 바 있다.[9] Regan이 말한 바와 같이, 목적의 이러한 역할은 해당조치가 목적에 기여하는 정도와 무역에 영향을 미치는 정도를 비교형량하기 위해 필요한 "판단의 여지"를 확보하는 것으로 간주될 수 있을 것이다.[10] 이에 대해 Sykes는 오류의 비용 측면에서 공익의 중요성을 고려한 '순수 비용편익분석'을 만들어내는 방식으로 조금 다르게 해석한다. 즉, 목표가 중요할수록 항소기구는 회원국에 그 분석을 맡길 가능성이 높은데, 이는 그 조치가 제20조 (b)호에 적용될 수 없다는 잘못된 결정으로 인한 비용이 너무 크기 때문이다.[11]

그러나 Regan은 '판단의 여지'가 존재한다 하더라도 항소기구의 언급과는 달리 비용편익의 비교형량은 존재하지 않는다고 주장한다. 회원국이 자신의 보호수준을 설정할 수 있는 권리는 완전한 비용편익분석과 일치하지 않는다는 것이다. 더 나아가 그는 항소기구가 불가결한 조치는 자동적으로 '필요한' 것이

(Appellate Body Report) at para. 168.

8 *EC–Asbestos AB Report*, ibid. *Brazil–Measures Affecting Imports of Retreated Tyres* (2007) WTO Doc. WT/DS332/AB/R (Appellate Body Report).

9 *Korea–Beef AB Report*, *supra* note 3 at para. 162

10 Regan, *supra* note 6 at 356. 그러나 Regan은 항소기구가 *Korea–Beef* 사건에서 해당 조치에 오류의 여지를 주는 목적의 중요성 차원에서 판결하지 않고, 한 번도 실제 적용된 바 없는 비용편익 기준의 측면에서 판결하였다고 주장한다.

11 A. Sykes, 'The Least Restrictive Means' (2003) 70(1) *University of Chicago Law Review* 403.

된다고 밝힌 바 있어, 적어도 그런 종류의 사건에 있어서는 당면한 목표의 중요성을 고려하는 항소기구의 역할을 부인한 것으로 보인다고 주장한다. Regan에 따르면 "근본적인 목표에는 비용편익의 비교형량이 개입될 논리적 틈이 존재하지 않는다."[12] 불가결한 조치는 그 목적이 중요하지 않더라도 필요성 기준을 통과한다는 것이다.

이 분야에 있어 항소기구의 가장 최근 판결인 *Brazil-Tyres* 사건에서, 항소기구는 그 기준이 엄격한 비용편익 분석이 아니라는 데 동의하는 듯하다. 항소기구는 '필요성'을 결정하는 데 있어 "패널은 반드시 모든 관련된 요소를 평가해야 하며, 특히 그 조치의 목적달성 및 무역제한성에 어느 정도의 영향을 미치는지에 대해 당면한 이해관계 또는 가치의 중요성 측면에서 살펴야 한다"고 밝혔다.[13] 이는 비례성 기준에 비해 더 완화된 형태의 기준인 것으로 보인다. 당면한 이해관계 또는 가치의 중요성은 분석의 직접적인 부분이 아니라 그 조치의 성과와 무역 효과 간의 균형에 대한 정보만을 제공하기 때문이다.

기후변화와 관련된 또 다른 예외는 제20조 (g)호로서, 조금 더 구체적으로 정의된 목표를 갖는 것처럼 보인다. 이 조항에 해당되는 조치는 '유한한 천연자원'과 관련된 것이어야 한다. 이 조항은 석탄과 같은 천연자원에만 관련된 것 같지만, 항소기구는 제20조 (g)호하의 정당한 목표에 대해 훨씬 더 폭넓은 관점을 취하고 있다. 예를 들어, *US-Reformulated Gasoline* 사건에서 패널은 깨끗한 공기를 유한한 천연자원으로 보았는데, 이는 공기가 자원이고, 천연의 것이며, 또한 고갈될 수 있기 때문이다.[14] 더 중요한 것은 항소기구가 *US-Shrimp I* 사건에서 제20조 (g)호는 반드시 발전하고 있는 국제적 관심사에 따라서 해석되어야 하며, 국제협정이 이 조항의 해석에 사용될 수 있다고 판결하였다는 점이다. 또한 제20조 (g)호가 광물자원뿐 아니라 거북이와 같은 생물체에도 마찬가지로 적용될 수 있다는 판정을 내렸다.[15] 결과적으로, 항소기구는 제20조 (g)호

---

12 Regan, *supra* note 6 at 352.

13 *Brazil–Tyres AB Report*, *supra* note 8 at para. 156.

14 *US–Standards for Reformulated and Conventional Gasoline* (1996) WTO Doc. WT/DS2/R (Panel Report) at para. 6.37. 본 판결에서 이 부분은 항소의 대상이 되지 않았다.

15 *United States–Import Prohibition of Certain Shrimp and Shrimp Products (US–Shrimp I)*

의 허용조치를 넓은 범위로 설정하면서도 국제 협정과의 연결고리를 통해 그 범위에 일정부분 제한을 두려 한 것이다.

9.2.2 조치와 목표의 연관성

어떠한 조치의 정당성을 평가하는 또 하나의 중요한 요소는 그 조치와 목표와의 연관성이다. 만약 조치가 정당한 목적과 밀접한 연관이 있다면 그 목적이 어떻게 구체화되느냐에 따라 달라질 수는 있으나 사실상 보호주의라 보기 어렵다. 그러나 이러한 연관성은 본질적으로 회원국이 추구하는 목표를 달성하는 데 있어 그 조치의 효과를 증명하기 위해 어떤 증거를 제공할 것인지의 문제를 야기한다. 효과의 증거문제는 기후변화의 맥락에서 특히 민감한데, 이는 기후변화에 실제로 어떤 조치가 효과적일지에 대해 수많은 불확실성과 논란이 존재하기 때문이다.

제20조 ⒝호의 관점에서는, 만일 그 조치가 목적을 달성하는 데 '불가결'하다면, 그것은 '필요한' 것으로 간주된다.[16] 그러나 만일 그 조치가 불가결한 것이 아니라면, 항소기구는 앞 절에서 논의된 세 가지 요소의 균형을 요구한다. 목적과 무역효과의 중요성에 더하여, 항소기구는 *Brazil-Tyres* 사건에서 "필요성"을 결정할 때, 목적달성에 있어 해당조치의 기여도를 고려해야 한다고 판결하였다. 이때, "추구하는 목적과 문제가 된 조치 간에 진정한 목적과 수단의 관계"가 수반되어야 한다는 점 또한 지적하였다.[17]

그러나 항소기구는 무역에 미치는 효과가 클수록, 필요성을 충족시키기 위해 필요한 기여도 역시 커진다는 점 또한 지적하였다. 예를 들어, *Brazil-Tyres* 사건에서 브라질은 재생타이어에 무역금지처분을 내렸다. 항소기구는 "어떤 조치가 수입금지와 같이 국제무역에 제약을 가하는 효과를 발생시킨다면, 그 조치가 목적을 달성하는 데 중대한 기여를 하지 않는 한, 패널이 이 조치의 필요

(1998) WTO Doc. WT/DS58/AB/R (Appellate Body Report) at para. 129ff.

16 *Korea-Beef AB Report*, *supra* note 3 at para. 161.

17 *Brazil-Tyres AB Report*, *supra* note 8 at para. 145.

성을 인정하기 어려울 것으로 판단한다"라고 밝혔다.[18] 또한 어떤 조치가 건강에 대한 위험을 줄이는 것을 목표로 한다 할지라도 그 회원국이 수입을 금지할 때에는 그 조치의 기여가 반드시 사소한 정도를 넘어서야 한다고 판결하였다.

조치의 기여도에 대한 이와 같은 강조는 기후변화정책과 관련해 두 가지의 이슈를 제기한다. 첫째, 목적의 구성이 중요하다. 만일 그 목적이 자동차 연료로 에탄올을 사용해 온실가스배출을 감소하는 것과 같이 매우 구체적으로 형성되어 있다면, 그 조치가 불가결한 것인지 또는 중대한 기여를 할 것인지 여부를 보다 쉽게 판단할 수 있을 것이다. 그러나 이처럼 구체적으로 정의된 목적에 대해서는 보호주의적 정책에 대한 감시기능도 같이 감소할 수밖에 없다. 한편, 만일 그 목적이 '2050년까지 온실가스배출 80% 감소'와 같이 추상적으로 형성되어있다면, 어떠한 조치도 불가결하지는 않을 것이다. 더욱이 '중대한' 기여라는 요건조차 논란의 여지가 있다. 이러한 측면은 기후변화 영역에서 만약 패널이 국내적 행위뿐 아니라 국제적 행위까지도 고려한 결과, 다른 국가들의 행위에 비춰 '중대한' 것이 아니라는 판단을 한 경우 문제가 될 수 있다.[19]

또한 '불가결한' 것 또는 중대한 기여로 인정될 가능성의 이러한 감소는 그 조치가 포괄적인 기후변화대응계획의 일부일 때에도 발생할 수 있다. 예를 들어, 신재생에너지시설에 대한 세액공제의 경우, 다른 대체 에너지 계획에 따른 조치와 결합되어 효과를 발휘한다면, 세액공제 자체만으로 중대한 기여를 한다고 보기는 어렵다. 그러나 최근 항소기구는 조치와 계획 간의 관계가 반드시 고려되어야 한다고 밝힌 바 있다.

Brazil-Tyres 사건에서 항소기구는 "몇몇 복잡한 공공보건 또는 환경문제는 상호작용하는 다양한 조치들로 이루어진 포괄적인 정책을 통해서만 다룰 수 있다. 단기적으로 하나의 특정한 조치가 공공보건 또는 환경적 목적에 기여한 부분을 같은 종합계획의 일부인 다른 특정한 조치가 그 목적에 기여한 부분으

18 *Brazil–Tyres AB Report*, *supra* note 8 at para. 150.

19 예를 들어, 청정대기법하에서 신차의 온실가스배출을 규제하려는 미국 환경보호청의 정책이 실패하였다는 문제제기의 근거로서 그 정책이 비효율적이라는 주장이 제기되었다. *Massachusetts v. EPA*, 127 S.Ct. 1438 (2007).

로부터 분리시키는 것은 어려울 것이다"라고 인정하였다.[20] 이어서 항소기구는 문제가 된 수입금지가 중고타이어로부터 발생하는 위험의 감소라는 브라질의 포괄적인 목표를 이루는 데 핵심적이라는 점을 발견했으며, 이에 따라 해당 조치가 중대한 기여라는 결론을 이끌어내었다.[21]

둘째, 증거가 본질적으로 조치의 효과를 보여주는 것이어야 한다는 것 또한 중요하다. 대체 에너지의 사용을 증가시키기 위한 많은 조치들의 효과는 불확실하다. 만일 효과성을 입증할 계량적 증거를 요구한다면, 이는 정책의 유연성과 규제하는 국가의 혁신능력을 저하시킬 것이다. 그러나 항소기구는 이러한 증거에 대해 자유주의적 접근방법을 취해왔다. 최근의 *Brazil-Tyres* 판결에서 항소기구는 기존의 입장에서 벗어나 증거구성의 요건에 대해 유연한 태도를 보였다. 즉, 제출하는 증거가 양적 분석일 필요는 없으며, 질적 분석 또한 가능하다는 것을 밝히고,[22] 기여도를 판단하기 위한 방법의 선택은 "그 분석이 이루어지던 당시에 존재하던 증거들의 양과 질, 그리고 특성"에 따라 달라진다고 판결한 것이다.[23] 나아가 항소기구는 "어떤 조치들은 시간이 경과한 후에야 그 결과를 평가할 수 있다"고 언급하였다. "이를테면 지구온난화와 기후변화를 완화시키기 위해 채택한 조치, 또는 질병 발생을 줄이기 위한 예방적 조치가 그러하다"는 것이다.[24] 이 점에서 봤을 때 규제하는 국가들이 문제가 된 조치의 기여 가능성을 주장할 수 있는 여지를 제공한다.

따라서 항소기구는 제20조 ⒝호하에서 특히 무역에 심각한 저해가 될 수 있는 조치의 기여도에 대해 높은 기준을 설정한 것으로 보인다. 그러나 항소기구는 증거요건의 완화와 더불어, 패널이 그 조치가 전체적인 계획의 중요한 부분일 수 있음을 감안해야 한다는 점을 구체화함으로써, 규제하는 국가가 기후변화와 관련된 조치를 함에 있어 더 큰 재량을 허용해왔다.

제20조 ⒢호에서의 조치와 목적 간의 연관성 기준은 대체로 덜 엄격한 편

---

20 Appellate Body, *Brazil–Tyres AB Report*, *supra* note 8 at para. 151.

21 Ibid. at paras 154 and 155.

22 *Brazil–Tyres AB Report*, ibid. at para. 146; *EC–Asbestos AB Report*, *supra* note 7 at para. 167.

23 *Brazil–Tyres AB Report*, ibid. at para. 145.

24 Ibid. at para. 151.

이다. 제20조 (g)호는 그 조치가 유한한 천연 자원의 보존과 "관련될" 것을 요구한다. 처음에는 항소기구가 '관련될 것'의 의미를 '주된 목적으로'[25] 해석하였으나, *US-Shrimp I* 사건에서는 '합리적으로 그 목적과 연관될 것'으로 범위를 확장해 해석하였다.[26] 후자의 검증방식은 '주된 목적으로'보다는 조금 더 완화된 것으로 보이며, 해당조치의 '일반적 형태와 구성' 및 목적과의 관계 등의 기준을 포함하고 있다.[27]

그러나 제20조 (g)호 기준에는 흥미로운 부가적 요소가 존재한다. *US-Shrimp I* 에서 항소기구는 문제가 된 조치의 형태를 고려할 때, 그 조치는 "정책 목표와 관련하여 그 범위가 불균형하게 넓지 않았다. 원칙적으로 그 수단은 목적과 합리적으로 연관되어 있다. 수단과 목적의 관계가 … 관찰 가능할 정도로 밀접했고 진정한 것이었다"고 밝혔다.[28] 항소기구가 이러한 '불균형' 기준에 대해서 더 확대 적용하지는 않았으나, 항소기구의 기준에 비춰 목표에 비해 지나치게 포괄적인 것으로 보이는 해당조치를 거절할 가능성과 함께 패널들이 조치의 특성과 궁극적 목표와의 관련성을 검증할 수 있도록 약간의 재량을 부여한 것으로 보인다.

요약하자면, 목표달성에 대한 조치의 기여도 측면에서, 특히 해당 조치가 무역에 미치는 영향이 중대한 경우에 대해 제20조 (b)호는 잠재적으로 높은 장벽을 세웠다. 그러나 항소기구는 해당조치의 목적이 중요하거나, 관련된 효과의 불확실성이 존재하거나 또는 해당조치가 더 넓은 범위의 계획에 일부분일 경우, 규제하는 국가들이 자신의 의견을 방어할 수 있도록 어느 정도의 여지를 남겨놓았다. 기후변화정책은 대체로 이러한 요소들 각각을 충족시키고 있다. 따라서 패널 또는 항소기구는 각 정부가 대내적으로 효과적인 조치를 결정하는 데 완전한 허용은 아니라 할지라도 어느 정도의 재량을 부여할 것으로 보인다. 제20조 (g)호의 기준은 기후변화정책과 해당정부의 구체적 목적 간의 약한 비례성

---

25 *US–Reformulated Gasoline AB Report*, *supra* note 2 at 18-19.

26 *US–Shrimp I AB*, *supra* note 15 at para. 141.

27 Ibid. at para. 141. Steve Charnovitz, 'The WTO's Environmental Progress' (2007) 10(3) *Journal of International Economic Law* 685 at 701.

28 *US–Shrimp I AB*, *supra* note 15 at para. 141.

의 요건 —즉, 해당조치가 목적에 비해 지나치게 광범위하지 않을 것— 정도만을 요구하므로 보다 더 제한적인 역할을 한다.

9.2.3 대안의 모색

그 목적이 중요하고 해당 조치가 목적의 합리적인 범위 안에 있는 것이라 하더라도, 이러한 조치가 관련 정책들과 어떻게 적합하게 조화를 이룰 것인지 여부에 대한 질문이 있을 수 있다. 그 조치는 효과적일 수 있으나 이와 유사한 조치 또는 더 효과적인 조치보다 무역에 더 큰 영향을 미칠 수도 있다. 나아가 비용문제와 정치적 문제로 인해 실현되지는 못하지만 더 효율적이고 무역의 비용을 절감해주는 정책도 존재할 수 있다. 항소기구나 WTO협정을 통한 대안의 모색은 각 회원국의 규제정책의 범위를 설정하는 데 있어서 매우 중요하다.

제20조 ⒝호는 이러한 대안의 문제를 가장 직접적으로 제시하고 있는 조항이다. *Brazil–Tyre* 사건에서 항소기구는 어떠한 조치가 앞서 언급한 '비교형량'의 기준에 부합한다 하더라도 다른 대안들과 비교되어야 한다고 밝혔다.[29] 여기에는 세 가지 핵심요건이 있다. 첫째, 제시된 대안은 "회원국이 목적한 바에 있어서 원하는 수준의 보호를 받을 권리를 보장하여야 한다"는 것이다.[30] 이러한 요건은 각 회원국이 자신이 원하는 수준의 보호를 채택할 권리를 확인하고, 패널이 회원국에 대해 무역질서에 위해를 훨씬 덜 끼치면서도 효과의 측면에서는 아주 사소한 감소만이 있는 대안적 조치를 취하도록 판결을 내릴 가능성을 부인한다는 차원에서 매우 중요하다.[31] 이러한 논리가 실제 적용할 수 있는 예를 들자면 다음과 같다. A국이 B국에 대해 신재생에너지의무할당제가 아닌 표시제도(labelling scheme)를 도입했어야 한다고 주장하는 경우 각각의 조치가 무역에 미치는 영향이 매우 다르다고 해도, 패널은 B국이 온실가스 감축을 위

29 *Brazil–Tyres AB Report*, *supra* note 8 at para. 156. 제소 당사자는 반드시 가능한 대안들을 밝혀야 하고, 피제소 측은 이러한 대안들이 합리적이지 않음을 증명할 기회를 가져야 한다.

30 *US–Measures Affecting the Cross–Border Supply of Gambling and Betting Services* (2005) WTO Doc. WT/DS285/AB/R (Appellate Body Report) at para. 308.

31 Regan, *supra* note 6.

해 명시한 목적을 유지할 수 있도록 허용할 수 있다.

둘째, 대안적 조치는 이미 문제가 된 조치보다 무역질서를 제약하는 정도가 더 낮아야만 한다.[32] 이를 첫 번째 요건과 합치게 되면 무역질서를 덜 제약해야 한다는 두 번째 요건은 그 비용이 다른 회원국들에게 부과되는 경우, 비용편익 기준을 적용하도록 만든다. 전면적인 수입금지부터 무역을 덜 제약하는 표시정책까지 각 국가가 취할 수 있는 여러 조치들이 무역에 미치는 영향은 각기 다를 수 있다. 대안적 조치는 문제가 된 조치와 동일한 한계효용을 제공하되, 더 적은 비용으로 실현가능해야 한다.

셋째, 대안적 조치가 동일한 혜택을 제공하고 기존의 조치보다 무역질서를 덜 제약한다 하더라도 '합리적으로 이용 가능한' 것이어야 한다. 항소기구는 '합리적으로 이용 가능'하지 않은 대안적 조치의 예시로 '단지 이론상으로만 가능한 조치로서 대상 회원국이 수용할 수 없는 조치이거나 해당 회원국에게 과도한 부담을 지우는, 지나치게 높은 비용을 수반하는 조치 또는 상당한 기술적 장벽을 수반하는 조치'를 들었다.[33]

Brazil-Tyre 사건의 판결에서는 이러한 요건의 적용에 대한 흥미로운 해석이 제시되었다. EC는 동 사건에서 브라질의 재생타이어에 대한 수입금지조치에 대하여 폐기된 타이어의 누적으로 인해 발생하는 건강 또는 환경상의 위협을 감소시킬 수 있는 여러 대안적 조치들을 제시하였다. 제시된 대안적 조치들 중에는 타이어의 관리 및 보관 기준 개선에 대한 방안이 포함되어 있었다. 그러나 항소기구는 패널이 이런 대안적 조치를 인정하지 아니한 패널의 판결을 지지하였다. 항소기구는 이러한 대안에는 "브라질이 수입금지를 통해 감소시키려고 하는 인간의 건강에 대한 위협의 정도와 유사하거나 더 큰 위협이 존재"한다고 판단하였다. 또한 "이러한 관행들은 수입금지와는 달리 그 자체로서도 위험을 수반하며, 패널이 결정한 바와 같이 이는 합리적으로 이용 가능한 대안이 아니다"라고 판단하였다.[34] 더불어, 항소기구는 이미 브라질이 EC가 제시한 대안들 중 일부를 수용하고 있었고, 기왕에 시행되고 있는 브라질의 "포괄적인 정책의

32 *Brazil-Tyres AB Report*, *supra* note 8 at para. 156.

33 *US-Gambling AB Report*, *supra* note 30 at para. 308.

34 *Brazil-Tyres AB Report*, *supra* note 8 at para. 174.

일부를 다른 것으로 대체하는 것은 정책수단 간의 시너지효과와 전체적인 정책의 효과를 감소시키는 것"이라고 보았다.[35]

'필요성'에 대한 이러한 해석은 기후변화정책에도 시사하는 바가 있다. 첫째, 각국은 각기 다른 환경영향목표를 세울 수 있으며 무역질서를 덜 제약하는 정책을 위해 자국의 정책을 희생할 필요가 없다. 둘째, 제소국이 제시한 대안이 자원, 비용, 또는 기술적 역량에 비추어 보았을 때 실현가능하지 않다면 규제당사국은 이러한 조치를 수용하지 않을 수 있다. 이러한 요건들은 개발도상국이 선진국과는 다른 정책을 선택할 수 있는 일정의 범위를 제공해주는 것이다. 그러나 이는 피제소국 측에 제시된 대안의 비용이 과도한지 여부를 판단할 수 있는 상당한 재량권을 항소기구와 패널에 부여하고 있는 것이기도 하다. 셋째, *Brazil–Tyres* 사건에서 항소기구는 특히 오염을 발생시키지 않는 정책과 비교했을 때, 제시된 대안이 지니는 유사한 정도의 또는 추가적인 위험을 명시적으로 고려하여 심사하였다. 이에 따라, 패널과 항소기구가 석탄에 비용을 부과하거나 대안적 에너지의 사용을 장려하는 것이 강제조치에 비해 위험발생을 방지하는 차원에서 더 합리적인 것으로 볼 수 있다는 주장도 수용할 수 있게 되었다. 나아가 패널과 항소기구는 제품의 전체수명에 대해서도 검토할 수 있는데, 이는 특히 문제된 제품이 바이오연료일 경우에 매우 중요하다. 만약 조치의 목표가 온실가스 배출의 감축과 관련된 것이라면, 이는 생산과정에서의 영향과 바이오연료로 인한 배출, 그리고 그 외 생산과정에서 발생되는 위협요소 등과 모두 연관되어 있다고 할 수 있다. 마지막으로 항소기구는 조치를 판단함에 있어 해당 국가의 전반적인 정책의 계획에서 해당 조치가 차지하는 비중도 함께 고려할 것임을 암시하였다. 만약 피제소국이 대안적 조치들을 포괄적 정책의 일부로 포함시키고 있다면, 항소기구는 해당 조치가 전체적인 정책에 미치는 중요성을 판단함에 있어 규제당사국의 의견을 더 존중할 것으로 보인다. 기후정책과 같은 정책이 여기서 말하는 포괄적인 계획의 일부가 될 수 있을 것이다.

제20조 ⒢호는 대안의 검토 범위가 제20조 ⒝호보다도 협소하다. 동 조항은 대안적 조치가 '국내생산 또는 소비와 연계되어 효과를 발휘할 것'을 의무화

35 Ibid. at para. 172.

하고 있다. 항소기구는 동 조항을 해석함에 있어서 국내생산자와 해외생산자에게 부과되는 규제가 '공평해야' 한다는 정도의 완화된 요건을 설정하고 있다. 하지만 해당 규제가 국내제품과 수입제품에게 완벽하게 동일하게 적용될 필요는 없으며 유사한 수준으로 적용되는 것으로 족하다.[36] 항소기구는 대안적 조치가 무역에 미치는 영향을 평가하는 데 있어 그 범위를 제시하지는 않았고, 단지 피제소국이 자체적으로 지닌 위험에 대해 주의를 기울일 것을 요구하고 있다. 동등하게 효과적이면서도 무역질서를 덜 제약하는 조치가 존재한다는 사실로 미루어 어떤 조치가 지나치게 비례성을 상실하였다고 판단될 경우, 패널은 분명 이러한 조치가 추구하는 목적과 '관련'되어 있지 않다고 간주할 것이다. 그러나 이러한 견해는 기존의 해석보다 많이 비약된 해석인 듯하다.

지금까지의 논의로 볼 때, 문제된 조치들에 대한 대안을 평가하는 방법은 각 예외조항에 따라 달라진다고 할 수 있다. 여러 가지 측면에서, 제20조 (b)호를 적용해 대안적 조치를 판단하는 것에 대한 항소기구의 접근법은 설득력이 있다. 이 접근법에 따르면, 회원국이 독자적인 환경보호 기준을 설정하는 경우, 회원국은 무역에 덜 제약적인 조치를 수용하기 위해 자국이 선택한 보호수준을 낮추지 않아도 된다. 회원국은 단지 무역에 제약을 덜 가하면서도 최종목표를 달성할 수 있는 다른 조치가 존재하지 않는다는 것을 입증하면 되고, 설령 존재한다 하더라도 그 비용이 과도할 경우에는 이를 수용하지 않을 수 있다. 더 나아가 항소기구는 대안적 조치들로 인한 다른 위험요소를 고려해야 한다는 점을 강조해왔다.

9.2.4 조치의 적용에 대한 검토

여기까지는 조치의 성격 그 자체에 대한 논의가 중점적으로 이루어졌다. 하지만 이러한 조치들 중 외견상으로는 정당화될 수 있지만, 실제 적용함에 있어 보호주의의 목적으로 이용될 수 있는 것들이 있다. 제20조 (b)호와 (g)호는

36 *US–Reformulated Gasoline AB Report*, *supra* note 2 at 20-22. 이러한 접근방법은 *US–Shrimp I AB Report*, *supra* note 15 at paras 143-5에서도 적용되었다.

조치의 내용과 관련된 규정인 반면, 제20조 두문은 그러한 조치들이 어떻게 적용되는지 여부와 관련된 규정이다. 두문은 해당 조치가 '동일한 여건에 있는 국가들을 임의로 차별하는 수단으로 사용하거나 국제무역에 대한 위장된 제한으로 적용'된 경우에는 이를 금지하고 있다. 항소기구는 제20조의 두문이 예외조항의 남용에 대한 것이며 당사국 간의 신뢰의 의무를 부과하고 있는 것이라 밝히고 있다. 두문을 판단함에 있어서는 다음과 같은 사항이 고려되어야 한다.

제20조의 예외를 원용할 수 있는 회원국의 권리와 제11조와 같은 1994 GATT상의 다른 주요 조항을 원용할 수 있는 다른 회원국들의 권리간의 균형점을 찾음으로써, 어느 한쪽의 권리가 다른 한쪽의 권리를 박탈하고 이로 인해 회원국들이 구성한 협정상의 권리와 의무의 균형을 무효화 또는 침해되지 않도록 해야 한다.[37]

제20조 두문에 대한 주요 판결인 *US–Shrimp I* 사건에서, 항소기구는 두문의 요건과 부합하는지 여부를 검토하였다. 첫째, 항소기구는 미국이 제시한 기준이 탄력적인지 또는 예외 없이 다른 국가들에게 적용되었는지 여부를 심사하였다. 항소기구는 미국의 기준이 예외 없이 적용되는 것이었고, 제소국들 각각이 놓인 상황의 차이에도 불구하고 미국과 동일한 규제를 따르도록 하였다고 판결하였다. 그러나 항소기구는 동 사안을 심사하면서 '자의적인 차별'이 존재한다고 판단하였다. 미국의 승인절차가 '기본적인 공정성과 적법절차'의 요건과 부합하지 않았기 때문이다.[38] 항소기구는 특히 제소국이 이의를 신청하거나, 미국의 주장에 대하여 반박하거나, 조치에 대한 사유를 요구하거나, 또는 항소할 수 있는 방법이 주어지지 않았다는 이유로 미국의 조치에 절차적 결함이 있다고 지적하였다.[39] 항소기구는 미국의 조치가 GATT가 규정하고 있는 '투명성과 절차적 공정성에 대한 최소한의 기준'에 부합하지 않는다고 판단하였다.[40]

두 번째로, 항소기구는 *US–Shrimp* 사건 제21조 5항에서 모든 당사국은 분쟁에 대한 합의를 도출하기 위한 선의의 노력을 하여야 한다고 밝혔다. 항소기

37 Appellate Body, *US–Shrimp I*, paras *supra* note 15 at 158 and 159.

38 Ibid. at para. 181.

39 Ibid. at para. 180.

40 Ibid. at para. 182 and 183.

구는 미국의 조치에 대한 최초의 이의제기에 대해서는 미국이 합의를 위한 노력을 충분히 하지 않았다고 판단하였다. 또한, 이후 미국의 수정된 조치에 대하여 다시 이의가 제기되었을 때, 항소기구는 합의가 성사되는 것 자체는 의무사항이 아니나 규제당사국은 합의를 위한 '진지한 선의의 노력'을 해야만 한다고 제시하였다.[41]

조금 더 최근의 사례를 살펴보면, *Brazil-Tyres* 사건에서 항소기구는 두문의 요건에 대한 이러한 해석을 조금 더 확장시켰다. 항소기구는 조치를 적용함에 있어서 국가 간 차별이 존재한다면 이러한 조치에서의 '차별대우가 제20조의 범위 내의 목적과 합리적으로 아무런 연관관계가 없거나 위배되는 경우'에는 두문의 요건에 위반하는 조치로 보았다.[42] 결국 항소기구는 남미공동시장(MERCOSUR) 분쟁해결규칙에 규정에 따른 일반적 수입금지에도 불구하고 브라질이 특정 타이어의 수입을 허용한 것은 타이어로 인한 위험을 감소시키기 위한 제20조 (b)호의 목적과 아무런 연관이 없으며 이것은 오히려 그 목적에 위배되는 조치인 것으로 보았다. 또한, 항소기구는 차별조치가 목적과 아무런 합리적인 연관관계도 없을 경우 차별의 효과가 작았다는 사실은 중요하지 않다고 판시하였다.

결론적으로, 항소기구는 제20조의 두문에 대하여 논의함에 있어서 절차적이고 실질적인 요소들을 포함시켰다. 항소기구는 타국에서 들어오는 수입제품에 대하여 의무를 부과하는 것은 투명성과 절차적 의무를 발생시키는 것으로 인식하였다. 합의의 의무를 포함한 이러한 '공정성 및 적법절차'에 대한 사안들은 해당조치가 실질적으로 보호주의적으로 적용되지 않도록 이전보다 더 확실히 하는 것을 목적으로 하는 듯 보인다. 나아가 최근에 항소기구는 차별조치의 이유와 해당 국가가 달성하고자 하는 목적 간의 합리적인 인과관계를 중시하는

---

41 *United States –Import Prohibition of Certain Shrimp and Shrimp Products– Resourse to Article 21.5 of the DSU by Malaysia* (2001) WTO Doc. WT/DS58/AB/R (Appellate Body) at para. 134.

42 *Brazil–Tyres AB Report, supra* note 8 at para. 227. 이와 비슷한 언급으로서, 항소기구는 "규제당사국이 주장하는 차별의 원인이 제20조의 다른 조항에 따라 정당화되는 목적과 무관하거나 상반되는 경우, 어떻게 그 차별이 제20조 두문에 부합할 수 있는지 이해하는 데 어려움을 겪었다"고 하였다.

경향을 보였다. 차별의 이유가 명백히 비보호주의적으로 보이는 것만으로는 충분치 않으며 그 목적과 합리적으로 관계가 있어야만 한다는 것이다. 따라서 어떤 기후변화정책이든 마찬가지로 이러한 요건에 합치되어야 할 것이다.

9.3 결정의 주체

따라서 제20조에 대한 항소기구의 해석은 기후변화 문제를 다루고자 하는 규제 및 조세 조치의 범위를 일정 부분 제시한다고 볼 수 있다. 항소기구는 제20조상의 많은 요건들을 확대해석하여 적절한 정책에 대한 국내정부의 결정을 많은 방면에서 인정해주는 방향으로 판시하였다.[43] 가장 중요한 제약은 해당 조치가 주어진 목적범위 내에서 취할 수 있는 무역질서에 가장 친화적인 것이어야 한다는 것과 그 조치가 보호주의적으로 적용될 가능성을 줄여주는 적법한 절차가 있어야 한다는 것이다.

기후변화 영역에 있어 무역자유화는 많은 이로움이 따르므로, 무역 제한성과 보호주의에 대한 이러한 요건들은 기후변화의 관점에서 보았을 때 긍정적인 것이다. 일례로, 저비용의 대체에너지 생산자들이 무역장벽으로 인해 불리한 대우를 받지 않으면, 대체에너지의 가격이 저하되고 이용량이 증가하게 된다. 그러나 여전히 이러한 요건들에 대한 문제점은 남아있다. 이러한 요건들은, 국가들이 겉으로는 온실가스 배출량 감소를 주장하면서 실제로는 자국의 산업을 보호하는 방식으로 무임승차를 할지도 모른다는 문제점에 대해서는 거의 다루지 않고 있다. 행동을 위한 장벽을 낮추고, 무임승차의 가능성을 줄이는 방식으로 관련규범을 더욱 엄격하게 적용하면 기후변화에 대한 행동을 촉진하고 보호주의를 감소시킬 수 있을 것이다.

이러한 측면에서 중요한 쟁점은 항소기구가 회원국의 목적에 대한 심사를 할지 여부이다. Regan은 목적의 중요성이 제20조 (b)호상의 '필요성' 테스트에

43 Robert Howse, 'Subsidies to Address Climate Change: Legal Issues' (International Institute for Sustainable Development, August 2009) 참조. Howse는 항소기구가 기후변화대응조치들에 대해서는 상대적으로 더 존중하여 수용할 것임을 암시해왔다고 주장한다.

서 얼마나 고려되는지 여부를 떠나서, 목적의 중요성은 항소기구가 아닌 회원국의 관점에서 판단되어야 한다고 주장한다. 그는 중요성에 대한 판단에 국제협정의 요소들이 부분적으로 영향을 미칠 수 있음을 인정하면서도, "정말 중요한 문제는 회원국에게 있어서의 목적의 중요성이며, 만약 그러한 회원국이 이상한 관점을 가졌다는 것이 명백하다고 하더라도 그러한 관점은 여전히 존중되어야 한다"고 주장한다.[44] 일각의 관점에서 보면 Regan의 접근법은 일리가 있다. 제20조 (b)호 뒤에 숨겨진 개념은 해당 조치가 단지 환경을 포함하여 생명과 건강을 보호하는 데 어느 정도 필요한 것이면 된다고 정의하고 있다. 왜냐하면 이러한 조치는 보호주의를 주요 목적으로 하는 것이 아니기 때문이다. 여기에서 중요한 것은 회원국에게 해당 조치가 얼마나 중요한가이다.

이러한 관점의 문제점은 '인간 또는 동·식물의 생명 또는 건강'의 분류에 있어서 매우 이상한 관점들까지 받아들임으로써 정당한 예외를 확립하고자 하는 이 조항의 효과를 현저하게 감소시키거나 사문화시키는 결과를 초래할 수 있다는 것이다. 만약 정당한 근거에 기초하지 않은 어떤 관점이 목표로서 허용되고, 그러한 목표에 대해 아무런 검토가 이루어지지 않는다면, 조치의 정당성을 감시하는 국가의 능력은 현저하게 하락할 것이다. 예를 들어, 어떤 국가는 대체에너지정책을 통해 온실가스 규제라는 절박한 목표를 내세우고, 그 정책이 정당한 목적에 근거하고 있음을 주장할 수 있으나, 실제로는 보호주의적 조치를 위한 이익집단의 압력에 대응하는 것일 수도 있다. 나아가, 국가는 원자력과 같은 위험요소에 대한 대중의 공포로 인하여 실제로 위험요소가 존재하지 않음에도 조치를 취할 수 있다.* Chang에 따르면 위험과 관련된 공포는 자신들에게 유리한 규제정책을 원하는 이익집단들에 의해 조장될 수 있다.[45] 이와 같은 보호주의적 행태에 대한 우려로 인해, 각국이 추구하는 목적의 정당성과 보호의 수준에 대한 일정한 틀을 갖춘 심사의 필요성이 제기된다.

---

44 Regan, *supra* note 6 at 353.

* 역자 주 : 그러나 일본의 후쿠시마 원자력발전소 사고는 원자력에너지 사용의 위험성을 증명하고 있다.

45 Howard Chang, 'Risk Regulation, Endogenous Public Concerns, and the Hormones Dispute: Nothing to Fear but Fear Itself?' (2004) 77 *Southern California Law Review* 743.

Regan은 무역효과에 반하는 목적에 대해 이뤄지는 어떠한 철저한 조사나 견제도 바람직하지 못하다고 주장한다. 그것은 부적절하게도 회원국이 취하는 미미한 이익과 해외 수출자들이 부담할 비용을 비교하는 데에 중점을 두고 있기 때문이다. 그는 "국내적으로 합리적인 제도는 국제적으로도 효율적"이기 때문에 이러한 해외 수출자들의 비용은 무관하다고 주장한다.[46] 그러나 이러한 주장은 규제가 국내적으로 합리적인 경우에만 유효하며 해당 조치가 "보호주의적이거나, 불필요하게 무역제한적인" 규제인 경우에는 해당하지 않는다고 지적하였다. 그러나 통상적으로 이러한 규제는 국내 소비자들, 그리고 더 나아가 해외 생산자들에게 불필요한 피해를 입히기 때문에 국내적으로도 비합리적이다.[47] 제2장에서 언급했듯이 국내 규제는 반드시 공익을 위해 도입되는 것은 아니며 권력이 있는 자 또는 그들에게 접근성을 가진 이들의 사적인 동기에 의해 의도적으로 도입될 수 있는 것이다.

이런 맥락에서, 목적의 중요성은 국내적 합리성의 대용물로 악용될 소지가 있다. 만약 목적이 집합적으로 결정된 목표에 비추어보았을 때 중요하다고 판단되고 해당 조치가 이러한 목표들을 달성하는 데 상당히 기여한다면, 이러한 조치는 국내적으로 합리성을 가진 것으로 그리고 비보호주의적인 것으로 인정될 가능성이 높다. 나아가, 만약에 무역효과가 추구하는 목적의 중요성에 비해 그렇게 크지 않다면, 해당조치가 소비자들과 그 외의 주체들에게 불필요한 비용을 부과하는 비합리적인 조치가 될 가능성은 낮다. 따라서 이에 대한 기준은 해당조치에 내재된 공공가치 및 목적에 기여한 수준 등을 파악해 보호주의가 존재하는지를 살펴보는 것과 연관이 있다.

패널 또는 항소기구는 어떻게 정책의 목표와 선택된 수단 간의 관계를 정당하게 검증할 수 있을까? 제2장에서 언급된 바와 같이 항소기구가 기후변화와 관련된 목적의 정당성을 판단하는 것은 어려운 일이다. 여기에는 다양한 편익과 비용을 지닌 대안적 정책들이 존재하기 때문이다. 더욱이 각국이 선택한 정책은 기후변화의 비용을 분배하는 데 있어서 그 국가의 국민들이 선택한 공정

46 Regan, *supra* note 6 at 367

47 Ibid.

성과 평등의 기준에 따른 윤리적 결정에 부분적으로 근거하고 있다. 그러한 선택의 기준을 판단하는 데 있어 패널과 항소기구는 각 국가의 정부보다 착오를 일으킬 가능성이 더 클 수 있다.[48] 패널은 또한 해당조치의 효율성, 무역에 미치는 효과, 그리고 대안의 실현가능성에 대한 정보를 요청할 것이다. 그러나 이러한 기준에 따르면 패널 및 당사국이 이렇게 요청한 정보를 확보할 능력이 있는지, 또한 WTO 패널이나 항소기구가 확보한 정보를 평가할 능력이 있는지 등의 문제가 제기된다.

항소기구는 이런 맥락에서 직접적으로 발생하는 최소한의 또는 부재하는 위험을 다룰 의무는 없다. 제16장에서 다뤄질 바와 같이, SPS협정에서처럼 하나의 가능성은 목적에 관련된 최소한의 과학적 증거를 요구하고, 만약 이러한 증거가 존재할 경우, 항소기구는 보호수준에 관한 피소국의 결정을 존중한다. 다음 장에서는 이러한 사안과 관련된 일련의 문제들을 제20조에 따른 기준을 비롯하여 각 국가의 기후정책에 가해지는 다른 제약들과 함께 논의할 것이다. 패널이나 항소기구는 과학적인 것을 포함한 다양한 측면의 불확실성, 그리고 각기 다른 회원국 개인들의 판단기준과 관련된 기후변화의 조치를 분석하는 것과 관련하여 어떠한 형식의 검토를 해야 하는가? 누가 이러한 주장들을 평가하는 데 있어 입증부담을 떠안을 것인가? 기후변화와 관련된 평가와 관련하여 이 분야의 전문가가 아닌 일반적인 무역전문가로 구성된 패널에게 너무 많은 것을 요구하는 것은 아닌가?

---

48 Andrew Guzman, 'Food Fears: Health and Safety at the WTO' (2005) 45 *Virginia Journal of International Law* 1. 저자는 패널과 항소기구가 각국 시민들의 판단기준을 규명하는 데 있어 각국 정부보다 뛰어날 것 같지 않다는 의견을 제시한다.

10. 국내정책의 평가

10.1 확실성, 유연성 및 이행

기후변화에 대응한다는 것은 제3부에서 논의된 규제, 세제, 보조금, 국경세 조정과 같은 모든 수단들을 함께 고려해야 한다. 기후변화의 근본적인 문제점인 시장실패를 극복하기 위해 정부는 이러한 수단들을 이용할 수 있다. 각각의 수단에 대해 여러 방법으로 언급하였지만 이러한 도구들은 보호주의 목적으로 이용될 수 있다는 문제점이 있으며, WTO는 정책이 합법적인지, 근본적으로 이 정책에 대해 국가들이 지켜야 하는 약속을 기만하기 위한 것인지를 가려내야 한다. 이러한 여러 가지 서로 다른 동기들을 패널과 항소기구가 구분할 수 있는 것이 중요하다. 이는 특히 개발도상국에게 중요한데, 이들의 성장과 발전을 더욱 가속할 수 있는 기회를 보장하는 공평하고 개방적이며 규범을 기반으로 하는 국제통상체제와 상응하도록 기후변화체제가 발전되어야 이익을 얻을 수 있기 때문이다.[1] 기후변화가 발생하고 있는 상황에서 기존의 규범들이 패널과 항소기구가 이러한 구분을 할 수 있는 최적의 도구가 아니라는 것을 앞에서 살펴

1 World Bank, *World Development Report 2010: Development and Climate Change* (Washington, DC: The World Bank, 2010) at 255.

보았다. 이 장은 기존의 현황에 대한 일반적인 우려사항을 살펴보고, 패널과 항소기구가 각국의 정책들을 심사하는 방법의 변화가 가지는 의미를 살펴본다.

앞의 장에서 국내정책에 대해 다루면서 유연성과 분권화(decentralization)가 기후변화대응에 필수적이라는 것을 살펴보았다. 기후변화는 전 세계적인 과제이며 온실가스가 어느 나라에서 배출되었건 대기에 미치는 영향이 국가마다 상이한 것은 아니다. 그러나 효율적이고 효과적인 정책을 위해서 각국의 정책입안자들은 해당 조치를 국내에서 채택하게 되는 상황적 배경을 감안하는 것이 필요하다. 각 국은 각기 다른 종류의 조치에 따른 비용과 편익을 고려해야 하는데, 비록 엄격한 비용편익 분석의 형태는 아닐지라도 적어도 행동의 직접적인 비용과 다른 정책의 기회비용은 고려해야 할 것이다. 나아가 얼마나 엄격한 조치를 취할 것인지를 결정할 때에, 국가는 국민의 가치관을 고려할 것이다. 이러한 국민의 가치관은 때로는 엄격한 조치를 선호하거나 혹은 덜 엄격한 조치를 선호하겠지만, 국가마다 다른 가치관의 차이를 고려하지 않는 적법하고 지속가능한 정책을 상정하기는 어려운 일이다. 마지막으로 조치의 필요성과 상이한 정책들의 효과에 관한 정보는 계속적으로 변하고 있다. 각국 정부는 새로운 정보에 적응하는 것은 물론, 기존의 지식이나 불확실성을 바탕으로 한 혁신을 하여야 한다.

국내정책에 관한 기존의 WTO규범들은 유연성과 분권화를 적절하게 허용하지 못하고 기존 요건의 적절한 이행을 허용하지 못한다는 점이 문제였다. 이러한 문제점은 크게 세 가지로 나누어 볼 수 있을 것이다. 첫째, 각국 정부에게 효과적인 기후 정책을 개발할 것을 허용하는 충분한 유연성이 결여되어 있고 둘째, 확실성의 결여로 인해 회원국들이 기후변화에 대한 효과적이고 효율적인 조치를 적극적으로 취하는 것을 방해한다. 셋째, 효과적인 이행 규범 및 절차가 결여되어 있고, 이로 인해 개발도상국들이 WTO규범에 의존하는 것을 저해한다. 차례로 이 문제점들을 논의할 것이다.

10.1.1 유연성의 결여

이 책의 전반에서 특정 국가의 상황에 따라 조치를 적용시키는 것과, 변화하는 정보에 대응한다는 두 가지 측면에서 유연성의 필요성에 대해서 논의하였다. 이러한 유연성은 사용될 수 있는 모든 상이한 형태의 조치를 포괄하고, 그러한 조치들의 허용가능성 여부를 사전에 명시하는 면밀하게 설계된 사전적인 규범에서 비롯될 수 있다. 그러나 그러한 설계는 그것이 가능한 범위 내에서는, 잠재적으로 높은 비용을 수반하게 된다. 이런 비용에는 최대한 정확하게 그러한 조치를 명시하기 위해 필요한 정보에 따른 비용 및 그 조치를 자신의 이익에 맞게 만들고자 하는 집단들때문에 발생하는 높은 협상 비용이 포함된다.

내국민대우처럼 조치들에 대해 기본적인 요건들을 설정한 기준을 사용하고 제20조와 같이 그런 요건들에 대한 예외를 설정하는 기준의 사용을 통하여, WTO는 다른 방식으로 유연성을 확보한다. 내국민대우의 기준은 실행되는 모든 조치들의 비차별성을 보장하려고 시도한다. 즉, 국가들은 자신이 원하는 조치를 얼마든지 취할 수 있지만, 국산품과 수입품을 차별하여서는 안 된다. 이러한 규정이 제공하는 유연성의 정도는 얼마나 광범위하게 요건들이 해석되는지에 따라 달라진다. 예를 들어 '동종성' 요건이 경제적 의미에서 좁게 해석될수록 더 많은 종류의 조치를 차별적인 것으로 규정할 것이고, 그만큼 WTO규범의 유연성이 떨어지게 된다. 제5장에서 논의되었듯이, 현재와 같은 규제적 맥락에서의 '동종성' 요건의 범위는, 이상적 소비자 선호도와 같은 요인을 감안하려는 패널 또는 항소기구의 의지에 좌우된다.

만일 어떤 조치가 차별적이라고 해도, 정확하게 어떤 조치가 허용가능한지를 명시하기보다 허용가능한 조치들의 종류를 명시한 제20조의 예외 규정에 의해 구제될 수도 있다. 적어도 최근까지의 해석례에서는 제20조는 충분한 유연성을 제공하지 못하였다. 이러한 우려는 확실성에 대한 우려로 귀결될 수 있다. 첫째, 어떤 조치가 제20조 (b)호에서 규정한 조치로서 구제되기 위해서는 엄격한 '필요성' 요건을 충족하여야 하고, 이러한 점은 요건을 충족하기 위해서 필요한 증거물에 따라 회원국들이 특정한 조치를 취할 역량을 제한할 수도 있다.

더욱이 기후변화대응조치들이 고갈될 수 있는 천연자원의 보존에 관한 제20조 (g)호에 해당할 수 있는지 여부는 아직 미지수이다. 항소기구는 *US-Shrimp* 사건과 *Brazil-Tyres* 사건에서 국내 환경정책을 상당히 존중하고자 하는 의지를 보였다. 하지만, 결국 제20조에 대한 해석이 WTO규범이 실제로 기후정책에 관해서 얼마나 유연한지를 결정할 것이다.

조세, 규정 및 국경세조정 외에도 유연성과 보조금에 대해서도 우려가 표명되고 있다. 보조금협정은 보조금에 제한을 두고 있지만 제20조와 같은 형태의 예외조항을 포함하고 있지 않다. 예외조항이 없다는 것은 보조금의 이용이 기후변화대응을 위한 정책에서 절대적 요소가 될 때 이를 이용할 수 있는 국가의 역량을 제한한다. 예를 들어, 조세와 배출권거래제는 효율과 효과의 관점에서 일반적으로 보조금보다 우수하지만, 보조금이 정치적으로 유일하게 실현가능한 대안이 되는 상황이 있을 수 있다. 정치적으로 다른 대안을 실행하는 것이 불가능한 경우, 회원국에게 보조금을 이용하지 못하도록 하거나 보조금의 이용에 비용을 부과하는 것은 이치에 맞지 않는다. 항소기구는 보조금에 대해 꽤 엄격한 규정을 발전시켜 왔는데, 적절한 유연성이 결여되어 있다는 것이 문제이다. 제7장에서 지적된 것처럼, 유연성이 없다는 점으로 인해 정치적으로 실현가능한, 경우에 따라서는 유일하게 정치적으로 실현가능한 기후변화대응조치를 국가들이 취할 수 없게 될 수도 있다.

그러므로 앞으로 이러한 조항들을 패널과 항소기구가 어떻게 해석하느냐에 따라 유연성의 가능성이 달라진다. 그리고 국내 조치에 보다 넓은 여지를 부여하는 쪽으로 진전이 있는 것 같다. 만일 이러한 기조가 계속된다면, 규제와 조세의 내국민대우에 관해서 어느 정도의 유연성이 있지만, 보조금규정하에서는 그러한 유연성이 훨씬 적다. 또한 제20조에 의해 조치를 구제하는 범위도 확장되고 있다. 이러한 쟁점들에 대한 각각의 도전을 패널과 항소기구가 어떻게 다루는지에 따라 많은 부분이 결정될 것이다.

10.1.2 확실성의 결여

유연성에 대한 우려와 매우 밀접하게 관련되어 있으며 기후변화대응정책을 실시하기를 원하는 정부들이 직면하게 되는 것으로서, 기존의 WTO규범의 불확실성을 들 수 있다. 내국민대우에 관한 규정을 예로 들어 보자. 규제를 판단할 경우에 내국민대우에 관한 판결들에는 국산품과 수입품이 '동종'인지, '동종'이라면 수입품에 대한 '불리한 대우'가 있었는지, 그리고 규범들이 PPM을 근거로 한 구분을 허용하는지 여부에 대해 불확실성이 존재한다. 조세조치에 대해서는 국산품과 수입품이 '동종'인지, 동종이 아니라면 '직접적으로 경쟁적이거나 대체가능한'지, 그리고 문제의 제품들이 '유사하게' 과세되었는지 여부를 포함하여, 보다 많은 의문점이 발생하게 된다. 이러한 문제들로 인하여 국경세조정의 검토가 중요하다. 보조금을 검토하게 되면 다른 우려사항들도 발생하고 보조금이 역효과를 가져오는지 여부와 같은 더욱 많은 불확실성이 나타나게 된다.

위의 문제들은 패널이 정리하기에 어려운 사실심사에 그치는 것은 아니다. 패널과 항소기구는 이러한 주제를 다룰 명확한 기준을 정하지 못하였다. 예를 들어 기준으로서 소비자 선호가 차지하는 비중은 불분명하지만, 다른 탄소발자국(carbon footprint)을 지닌 제품들을 소비자들이 다르게 받아들일 수 있기에 기후변화 분야에서는 매우 중요한 요인이다. 항소기구 또한 이러한 맥락에서 PPM에 대한 일관적이거나, 최소한 명확하게 제시된 접근방식을 갖추지 못하고 있다. 명확하게 제시되고 일관된 접근방식이 없으므로 정부들은 자신의 조치가 제소될 경우 어떤 대우를 받을지를 판단하기가 어렵다.

이러한 불확실성은 또한 제20조에도 적용된다. 예를 들어 그 어떠한 기후변화대응조치도 기후변화를 염두에 두고 만들어지지 않은 예외사유 중 하나에 끼워 맞추어져야 한다. 제9장에서 지적된 바처럼 기후변화대응조치의 정당성을 주장하는 회원국은, '필요성'을 판단할 때 비교형량의 성질에 따라 해석이 달라지는 제20조 (b)호에 의존할 수도 있다. 제20조 (g)호와 관련해서는 기후조치가 '고갈될 수 있는 천연자원'과 관련 있는지의 여부가 불분명하다. 더욱이, 두문을 충족시키기 위해서는 다른 회원국들과 일정한 형태의 협상이 필요한데, 이는 두문이 포섭하는 범위가 넓어 보이긴 하지만 기후변화 분야에서는 그 의미가 아직 완전히 명확하지 않기 때문이다.

상세한 규정보다 추상적인 기준을 선호하는 데에 충분한 이유가 있을 것이며, 분쟁을 해결할 때마다 추상적인 기준의 내용이 발전되고 보다 분명해질 것이다.[2] 그러나 기준이 주는 혜택을 누리기 위해서는, 시간이 지남에 따라 어느 정도의 확실성이 부여되어야 할 것이다. 패널과 항소기구가 기준에 대해 주는 일반적인 지침은 회원국들에게 미래의 결정 및 투자에 대한 자신감과 예측가능성을 준다. 패널이 관련 조문을 어떻게 해석할지에 대한 불확실성은 이의가 제기될 가능성이 있는 특정 기후변화대응조치를 취할 의지를 감소시킬 수도 있으며 이는 기후변화대응조치의 비용을 상승시킨다. 더욱이, 회원국들은 특정 조치의 WTO 합치성이나 어떤 증거가 필요한지에 대해서도 확신하지 못하기 때문에 분쟁의 빈도와 분쟁에 드는 비용이 증가할 것이다.

10.1.3 이행의 결여

확실성과 유연성의 결여는 WTO의 이행 시스템에 대한 우려로 인해 더욱 악화된다. WTO는 국제사회에서 가장 발달된 이행 시스템 중 하나를 갖고 있다. 그러나 WTO규범의 구제조치의 성격과 분쟁해결절차에 드는 직·간접적 비용 모두 때문에 시스템의 효력과 공정성에 관한 문제가 발생한다. 흥미롭게도, 구제조항에 관한 이러한 우려들이 유연성과 불확실성에 미치는 영향은 상이하다. 한편 기존의 규정을 준수할지 여부가 불확실하기 때문에 더욱 큰 불확실성으로 이어지는 듯하나, 비록 최적의 방법은 아니지만, 다른 한편으로 이행의 결여는 일종의 유연성을 제공한다.

구제와 이행의 비용 문제는 분쟁해결양해의 구제조항에서 비롯된다. 회원국들은 분쟁해결양해에 근거하여 다른 회원국의 조치를 제소할 수 있다. 이러한 제소는 협의과정을 거치고, 그래도 해결되지 않는다면 분쟁해결 패널로 넘어간다. 만일 패널 또는 항소절차에서의 항소기구가 판단하기에 해당 조치가 회원국의 WTO 하의 의무와 합치되지 않는다고 결정하면, 해당 조치를 취한 국가는 그 조치를 중단하여야 한다. 조치를 중단하지 않을 경우, 회원국들 간에

2 규범과 기준에 관한 논의로는 제2장을 참조. 이러한 구분을 위한 중요한 틀은 Louis Kaplow, 'Rules Versus Standards: An Economic Analysis' (1992) 42 (3) *Duke Law Journal* 557에서 찾을 수 있다.

보상합의가 시도될 수도 있지만, 합의에 이르지 못한다면 제소국은 해당 조치를 취한 피제소국에 대한 대응조치를 승인해줄 것을 요구할 수 있다. 이러한 대응조치는 제소국의 관세인상 등처럼 양허를 정지하는 형태를 띠게 될 것이다.[3]

이러한 구제조항들은 잠재적으로 회원국들이 WTO의 분쟁해결시스템을 이용할 역량과 의지에 영향을 미친다.[4] 먼저 WTO상의 양허를 위반할 때 구제의 성격부터 살펴보겠다. 대응조치는 일반적으로 관세 인상이라는 형태로 이루어지기 때문에, 대응조치를 취하는 회원국은 위반국과 충분한 정도의 무역량이 있어야지만 실제로 대응조치를 취한 것이 된다. 만약 대응조치를 취하는 국가가 위반국의 수출산업에 상당한 피해를 주지 못한다면, 그 제재로부터 어떠한 경제적인 효과를 얻기란 어려울 것이다. 미국이나 EU와 같은 거대 수입국들은 타 회원국들의 준수를 유도하기 위해 이러한 대응조치를 취할 수 있는 훨씬 더 큰 역량을 가지고 있다. 한편, 일부 회원국을 위해 이러한 역량의 균형을 찾아주는 것이 어렵기 때문에, 위반국에 대한 금전적 제재와 같은 것을 허용하거나 승소한 제소국이 다른 회원국에게 대응조치를 취할 권리를 경매하는 것과 같은 것이 허용되도록 구제시스템을 개정하자는 요구가 일어났다.[5]

---

3 수출보조금에 대한 구제조항은 실제 구제조치나 기간에 있어 조금 더 엄격하다. Andrew Green and Michael Trebilcock, 'Enforcing WTO Obligations: What Can We Learn From Export Subsidies?' (2007) 10 (3) *Journal of International Economic Law* 653 참조.

4 관련 문헌에서는 WTO 제재의 성격에 관한 논쟁이 있다. 그러한 제재는 일종의 보상규범(liability rule)의 형태, 즉 피제소국인 위반국가가 그러한 제재로 인한 피해가 자신이 위반으로 받게 되는 이익보다 더 큰지를 결정할 수 있도록 하는 규범이다. 이러한 관점은 효율적인 위반, 즉 WTO규범에 합치하지 않는 것이 효율적인 경우를 허용할 것이다. 그 대안으로는 WTO규범을 위반할 경우 매우 강력한 불이익을 주어 WTO규범을 위반하는 것은 엄격하게 금지된다는 것을 보여주는 것이다. 미래지향적이기도 한 WTO 구제의 성격은, 그 제재들이 일종의 보상규범 형태가 되는 경향인 것으로 보인다. 예를 들어 Warren Schwartz and Alan O. Sykes, 'The Economic Structure of Renegotiation and Dispute Resolution in the World Trade Organization' (2002) 31 *Journal of Legal Studies* S179; Joel Trachtman, 'The WTO Cathedral' (2007) 43 (1) *Stanford Journal of International Law* 127을 참조할 것. 이에 대한 반대견해로 John H. Jackson. 'International Law Status of WTO Dispute Settlement Reports: Obligations to Comply or Option to "Buy Out"?' (2004) 98 (1) *American Journal of International Law* 109와 Joost Pauwelyn, 'Optional Protection of Intenational Law: Navigating Between "European Absolutism" and "American Voluntarism" (University of St Gallen Law and Economics Working Paper, No. 27, 2007) 참조.

5 예를 들어 Trachtman, ibid.; Schwartz and Sykes, ibid.; Marco Bronckers and Naboth van den

더욱이, WTO 분쟁해결시스템의 구제조치는 미래지향적이다.[6] 일반적인 민사소송에서 계약위반에 대한 배상은 위반국이 제소국에 입힌 손해와 최소한 동일하거나 그 이상이다. 즉 가해국을 위반이 없었던 때의 상태로 되돌리는 것이라고 할 수 있다. 그러나 WTO의 경우 대응조치는 가해국이 WTO규범에 위반한 것으로 밝혀진 시점의 피해의 수준정도로만 가능하다. 즉 위반조치가 시행되고 난 이후부터 발견되기 전까지 입은 회원국의 손해는 포함하지 못하는 것이다.

WTO 배상의 이러한 미래지향적 성격에 대해서는 많은 이유가 있다. 일반적인 민사소송에서의 계약위반 구제는 대부분의 경우 최소한 위반한 당사자가 제소한 당사자에게 끼친 피해와 동일하다. 즉 그 구제는 위반이 없었더라면 제소국이 누렸을 그러한 지위로 회복시켜 주는 것이다. 그러나 WTO의 경우, 대응조치는 회원국에 자신의 WTO 의무를 위반한 것으로 결정된 시점의 피해 수준에만 상응할 수 있다. 즉, 회원국이 조치를 취하기 시작했을 때부터 위반 여부가 결정될 때까지의 피해는 고려되지 않는다.

이러한 WTO 구제의 미래지향적인 성격에 대해서는 여러 가지 이유가 제시되고 있다. 예를 들어 회원국들은 신의성실하게 행동하고 있는 것으로 여겨지고 있기 때문에, WTO협정을 준수하지 않는 것은 불확실한 협정을 두고 이루어지는 신의성실상의 의견 불일치에 불과하다는 것이다. 그렇다면 국가들이 위반조치를 취한다 해도, 체면손상에 따른 비용 외의 어떠한 즉각적인 비용도 발생하지 않는다. 비용은 다른 회원국이 제소를 하여 패널이 위반을 결정한 뒤에야 발생한다. WTO 구제의 이러한 미래지향적인 성격은 협정을 준수할 인센티브 비율을 감소시키며 때로는 회원국들로 하여금 위반이 결정되면 그 즉시 제

Broek, 'Financial Compensation in the WTO: Improving the Remedies of WTO Dispute Settlement' (2005) 8(1) *Journal of International Economic Law* 101 및 Green and Trebilcock, *supra* note 3을 참조할 것.

6 Schwartz and Sykes는 구제조치의 미래지향적인 성질 때문에 새로운 상황이 발생할 때 효율적으로 조정하는 것이 가능하다고 주장한다. 그런데 *Australia–Subsidies Provided to Producers and Exporters of Automotive Leather–Recourse by the United States to Article 21.5 of the DSU* (2000) WT/DS126/R (Panel Report)은 보조금의 영역에서 구제조치의 미래지향적인 성질의 예외를 보여주고 있다. 그러나 다른 패널들은 이 결정을 따르고 있지 않다.

거될 수 있는 단기 조치를 취하도록 유도할 수도 있다.[7]

마지막으로 구제조치 성격의 측면에서 보면, 대응조치는 제소하는 회원국의 시장에 대한 접근을 상실하는 비용을 위반국에게 부여하는 것을 목적으로 한다. 그러나 일부 국가의 경우 사건이 특히 정치적으로 민감할 경우에, 상당한 수준의 대응조치조차도 위반조치를 바꾸도록 유도할 수 없다. 예를 들어 EU가 호르몬을 이용해서 성장시킨 육류의 수입을 금지한 사건에서, EU의 이러한 수입금지는 WTO협정의무와 합치하지 않는 것으로 결정되었고, 이에 따라 캐나다와 미국은 EU에 대해서 상당한 수준의 대응조치를 가하였다.[8] 국내의 정치적 압력 때문에 EU는 수입금지조치를 해제하지 않았으며, 대신 금지조치의 정당성을 뒷받침하는 더 많은 증거를 모았다.[9] 이는 기후변화에 대해서도 유사할 것이다. 예를 들어 미국 국민들이 기후변화에 대응할 필요성을 강하게 느끼거나 다른 국가들은 기후변화대응조치를 취하지 않는데 미국은 취하는 것이 불공평하다고 충분히 강하게 인식한다면, 미국정부는 WTO에 위반되는 국경세조정조항을 제거하지 않음으로써 대응조치에 반응하지 않을 것이다.[10] 나아가 국민들이 심지어 더욱 강력한 보호주의를 요구할 수도 있고, 이럴 경우 공무원들은 여론의 공세를 걱정하지 않고 이에 대응할 수 있다. 따라서 공무원들은 타국의 보복

---

7 예를 들어 어떻게 WTO 구제의 미래지향적인 성격으로 인하여 회원국들이 일회적인 수출보조금을 이용하여 직접적인 대응조치를 상대하지 않고도 시장지배를 쟁취하는 것이 가능한지를 논의하는 Green and Trebilcock, *supra* note 3과 A. Green, 'Carbon Pricing, the WTO and the Canadian Constitution', in Thomas J. Courchene and John R. Allan (eds), *Canada: The State of the Federation 2009, Carbon Pricing and Environmental Federalism* (Montreal and Kingston: Institute of Intergovernmental Relations, McGill-Queen's University Press, 2010) 참조.

8 *EC–Measures Concerning Meat and Meat Products (Hormones)* (1998) WTO Doc. WT/DS26/AB/R, WT/DS/48/AB/R.

9 *Canada–Continued Suspension of Obligations in the EC–Hormones Dispute (2008)* WTO Doc. WT/DS321/AB/R.

10 Andrew Guzman and Beth Simmons, 'To Settle or Empanel? An Empirical Analysis of Litigation and Settlement at the World Trade Organization' (2002) 31 *Journal of Legal Studies* S205. Guzman과 Simmons는 유해물질의 수입금지를 제거하는 것과 같이, 지속적인 형태의 해결책의 여지를 주지 않는 분쟁을 '일괄적'이라고 표현하면서, 최소한 분쟁이 민주국가 간에 일어났을 경우에는 '일괄적'인 사건들이 관세수준의 인하와 같은 '계속적' 사건보다 해결될 가능성이 낮다는 사례의 증거를 찾아냈다.

위협 또는 실제 보복이 일어나도, 이에 구애받지 않고 협정에 위반되지만 정치적으로 유리한 조치를 시행하는 결정을 내릴 수도 있는 것이다.

구제책의 이러한 성격은 회원국들의 제소 의지를 경감시키고 구제조치의 효율성을 약화시킨다. 이와 관련된 것으로, 제소국이 부담해야 하는 구제비용의 문제가 있다. 대응조치는 관세인상의 형태로 이루어지므로, 피제소국에게 비용을 부담시키는 것과 동시에 제소국에게도 피해를 입히게 된다. 전반적인 관세를 인상하는 국가들은 관세가 국내의 경쟁업체들을 도와주기 때문에 이득을 얻게 되지만, 이러한 이득은 높아진 가격 때문에 소비자 등이 입게 되는 피해보다는 적다.[11] 그러나 특히 소비자와 같이 인상된 관세로 국내에서 피해를 보게 되는 자들은 집단행동 딜레마에 빠져 정치적으로 이에 대한 항의를 하기 어려우므로, 국가가 인상된 관세로부터 정치적인 이득을 가진다고 할 수도 있다. 그러나 WTO에 따라 위반국에 대한 대응조치를 취하려는 국가들은 그러한 조치를 취함으로써 자신이 받게 될 피해를 고려하여야 한다. 개발도상국들은 WTO의 구제조치 적용 시에 지불하게 될 비용이 부담스러울 수도 있다.

나아가 회원국이 구제조치를 취하는 데에 따른 간접비용이 있을 수도 있다. 예를 들어 회원국의 결정에는 체면이 중요한 역할을 할 수도 있다. 선진국은 개발도상국의 경제적 발전의 기회를 침해하여 자신들의 평판이 국내적으로나 국제적으로 훼손되는 것을 원하지 않기에, 개발도상국에 대해서 중대한 대응조치를 취하는 것을 망설일 것이다. 개발도상국의 입장에서는 선진국이 원조금의 축소와 같은 방법으로 보복을 할 수도 있다는 두려움 때문에 선진국을 제소하지 않으려 할 것이다.[12] 그런데 독립된 패널이 협정위반 여부를 판단한다는 사실로 인하여 체면효과가 감소될 수도 있다. 그러한 독립된 판정은 위반하는

11 P. Krugman and M. Obstfeld, *International Economics: Theory and Policy*, 7th edn (London: Pearson, 2005). 특히 제품의 국제가격에 영향을 끼칠 수 없을 정도로 작은 나라에서 발생하는 관세로 인한 후생손실을 논한다.

12 예를 들어 Joel P. Trachtman, 'The WTO Cathedral' (2007) 43(1) *Stanford Journal of International Law* 127 참조. 이에 대한 다른 견해로 체면이나 보복에 대한 두려움은 개발도상국에게 자원이 부족하다는 것만큼이나 WTO 분쟁의 중요한 원인이라고 주장하는 Andrew Guzman and Beth Simmons, 'Power Plays and Capacity Constraints: The Selection of Defendants in WTO Disputes' (2005) 34 *Journal of Legal Studies* 557 참조.

회원국이 제소국에 대해서 보복조치를 취할 때 생기는 비용을 증가시킬 수 있는데, 그 이유는 다른 회원국들이 독립된 판정에 반하는 보복행위가 불공정하고 신의성실의 원칙을 부정하는 증거로 볼 수 있기 때문이다.[13] 그러나 구제조치를 취하는 데 드는 이러한 간접비용 또는 이것의 위협은 약소국들의 제소를 단념시키기 때문에 보복의 형태를 확인하는 것은 상당히 어려울 것이다.

구제와 구제로부터 발생하는 비용의 이러한 성격은 WTO 분쟁해결시스템의 효율성 및 개발도상국들의 이용 빈도수 모두를 감소시킨다고 주장되어왔다. Barrett가 지적했듯이, 무임승차 문제가 있는 경우, 다른 국가들이 행동하도록 유도하는 모든 조치들은 강력하고 신뢰할 수 있어야 한다.[14] 즉 그러한 조치는 다른 참여하지 않는 국가들이 행동하도록 만들 만큼 강력하여야 하고 그러한 조치가 취해질 것이라고 충분히 신뢰할 수 있어야 한다. WTO규범과 합치되지 않는 국경세조정의 경우와 같이, 한 회원국이 다른 회원국의 위반을 문제 삼고자 하는 경우에도 동일한 상황이 벌어질 수 있다. 강대국들의 행동을 유도할 수 있을 정도로 약소국들이 강대국들에게 충분한 타격을 입힐 수 없고, 구제가 미래지향적인 성격을 가지고 있으며, 해결책이 일괄적이라는 요인 모두로 인해 구제의 엄격성이 감소된다. 더욱이, 개발도상국 또는 약소 WTO 회원국들은 그러한 비용을 부담할 의지가 없거나 그러한 비용을 정당화시킬 수 있을 만큼의 결과를 기대할 수 없다고 생각할 수도 있다. 개발도상국들은 국제무역참여도에 따라 기대한 것보다 분쟁해결시스템을 이용하는 비율이 낮다는 증거가 있다.[15]

구제조문의 효율성과 이용에 대한 이러한 문제점들은 WTO협정의 확실성과 유연성 모두에 영향을 미친다. WTO협정의 조항을 준수하지 않았다 하더라

---

13 Sykes and Schwartz, *supra* note 4.

14 Scott Barrett, *Why Cooperate? The Incentive to Supply Global Public Goods* (Oxford: Oxford University Press, 2007).

15 개발도상국이 분쟁해결시스템을 이용하기 어려워하는 이유에 대한 고찰에 대해서는 다음의 문헌을 참조. Chad P. Bown and Bernard M. Hoekman, 'Developing Countries and Enforcement of Trade Agreements: Why Dispute Settlement is Not Enough' (2008) 42 (1) *Journal of World Trade* 177; Guzman and Simmons, *supra* note 12, and Chad Bown, *Self-Enforcing Trade: Developing Countries and WTO Dispute Settlement* (Washington, DC: Brookings Institution Press, 2009).

도 제소가 자주 있는 것이 아니고, 특히 개발도상국이 제소를 하는 입장에 있다면 더욱 그러하다. 그렇기 때문에 WTO규범의 범위에 대한 불확실성은 계속된다. 이러한 불확실성은 분쟁이 일어나기 때문에 존재하는 것이 아니라, 분쟁이 제소되지 않기 때문에 존재하는 것이다.

어쩌면 이보다 더 중요한 점은, 이러한 우려들이 실제로 지금까지 그 필요성을 피력해온 협정의 유연성을 증가시킨다. 이는 회원국들이 유연하지 않은 규범 또는 기준을 근거로 제소될 가능성이 낮아지기 때문이다. 그러나 그러한 유연성은 효율적이거나 공정하지 않다. 그러한 유연성은 회원국들로 하여금 무역에 영향을 미치는 경우라고 하더라도 기후변화를 다루기 위한 합법적인 조치를 취할 수 있도록 하는 한도 내에서만 바람직하다. DSU의 구제조항의 비효율성이나 활용부족에서 기인한 유연성으로 인해, 합법적 수단의 확장뿐만 아니라 전체적 또는 부분적으로 보호주의적인 조치에 대해서도 정책을 선택할 수 있는 여지가 있다. 이러한 형태의 유연성이 순후생(net welfare)을 증진시키지 못한다고 생각할 이유는 없다. 나아가 특정 회원국(개발도상국)들에게 피해를 주어, 이들 회원국들에게 불공정한 것이 되는 조치에 대해 이러한 유연성은 더 클 것이다.

10.2 절차적 심사 vs 실질적 심사

만일 현재의 상황이 확실성, 유연성 및 효율적인 집행 메커니즘의 결여 때문에 곤란하다면, 국내조치에 대한 결정을 내리는 과정에서 분쟁해결기구가 수행하는 역할을 변경시킴으로써 이러한 우려들을 해결할 수 있을까? WTO가 행하는 심사의 형태에 대하여 많은 연구가 발표되었다.[16] 그런데 패널 또는 항소

16 예를 들어 Andrew Guzman, 'Dispute Resolution in SPS Cases', in D. Horovitz, D. Moulis and D. Steger (eds), *Ten Years of WTO Dispute Settlement* (London: International Bar Association, 2007); Andrew Guzman, 'Determining the Appropriate Standard of Review in WTO Disputes' (2009) 42 (1) *Cornell Journal of International Law*; Robert Howse, 'Democracy, Science and Free Trade: Risk Regulation on Trial at the World Trade Organization' (2000) 98 *Michigan Law Review* 2329; and Alan O. Sykes, 'Domestic Regulation, Sovereignty and Scientific Evidentiary Requirements: A Pessimistic View' (2002) 3 (2) *Chicago Journal of International*

기구는 회원국 정부의 과학적인, 또는 그 외 결정을 따라야만 하는 것일까? 엄격한 심사의 오류비용은 너무 높아서, 그러한 심사는 시도조차 되어서는 안 되는 것일까?

WTO는 절차적 또는 실질적 심사 어느 것도 할 수 있다. 절차적 심사를 한다면, WTO는 규제를 하는 회원국에게 조치를 실행하기에 앞서서 특정한 절차적 단계를 밟을 것을 요구한다. 이러한 절차들은 어느 정도 성가시게 느껴질 수도 있을 것이다. 여기에는 제안된 조치의 공지, 국민과 다른 국가들이 의견을 제시할 수 있는 기회의 부여, 그러한 결정을 내리게 된 이유의 제시와 반박할 수 있는 경로의 마련 등이 포함될 수 있다. 더욱 성가신 요건으로는 WTO의 SPS협정이[17] 요구하는 것처럼, 구체적인 위험평가 양식의 작성을 포함할 수 있도록 한 것이다. 이러한 평가는 방대한 과학적 분석 및 데이터 수집이 뒤따를 수 있다. 제9장에서 논의되었듯이, 항소기구는 GATT 제20조의 두문에서 조치의 적용을 위해 이러한 절차적 요건을 요구하였다. 그러한 요건은 또한 GATT 제20조에 의한 조치 자체의 설정에 대해서도 적용될 수 있다.

절차적 요건은 규제조치의 근저에 있는 본인-대리인 문제(principal-agent problem)의 극복에 도움이 될 수 있다. 본인-대리인 문제는 특정 정부의 집행자가 입법자 또는 일반국민을 대신하여 조치를 하는 경우에 나타난다.[18] 집행자는 보다 전문적인 기술을 가졌고 시간적 여유도 더 많으며 비교적 빨리 조치를 취할 수 있기 때문에, 입법자 또는 국민은 그들에게 권력을 위임한다. 그러나 집

Law 353 참조.

17 For an overview of these requirements under the SPS Agreement, see Tracey Epps, *International Trade and Health Protection: A Critical Analysis of the WTO's SPS Agreement* (Cheltenham, UK and Northampton, MA, USA: Edward Elgar, 2008). See also Howard Chang, 'Risk Regulation, Endogenous Public Concerns, and the Hormones Dispute: Nothing to Fear but Fear Itself?', (2004) 77 *Southern California Law Review* 743, and A. Guzman, 'Food Fears: Health and Safety at the WTO' (2005) 45 *Virginia Journal of International Law*.

18 Guzman, Simmons, *supra* note 12에서는 패널과 항소기구가 국민의 선호도를 확인하는 데 있어서 해당 국가의 정부만큼 잘 확인하지 못한다는 점과 실질적 심사가 아닌 절차적 심사의 이점을 주장한다. 또한 A. Green, 'Regulations and Rule-Making: The Dilemma of Delegation', in Colleen Flood and Lome Sossin (eds), *Administrative Law in Context* (Toronto: Emond Montgomery, 2008)에서는 국내적 맥락에서 그러한 절차적 요건이 가져올 이점에 대해서 논의한다.

행자가 이 권력을 '주인'의 정책적 선호가 아닌, 자신의 정책적 선호를 충족시키는 데에 이용할 수도 있다는 점에서 문제가 발생한다. 즉, 주인이 선택했음직한 조치를 택하기보다는 스스로 느끼기에 가장 좋은 조치를 취하는 것이다. 그는 또한 공공의 이익을 위해 규제하기보다 규제를 받는 집단들로부터 지대를 획득하는 것으로 사적 이익을 위해 권력을 이용할 수도 있다. 투명성을 강화하고 이유를 제시하는 절차적 단계를 이용하면 이러한 문제를 완전히 또는 부분적으로 극복할 수 있을 것이다. 절차적 단계는 집행자가 국민으로부터 선호에 관한 정보를 습득하고 이익집단의 압력이 국민의 감시에 쉽게 노출될 수 있는 가능성을 증대시킨다.[19] 나아가 규제를 하는 국가가 이러한 절차적 요건을 만족시키기는 방법에 따라, 조치에 대한 심의가 조치의 핵심에 있는 쟁점에 대한 집단적 가치 구축에 도움이 될 수도 있다.[20] 그와 더불어, 절차적 요건은 선택된 조치의 성격에 대한 정보를 제공할 수도 있다.[21] 그렇다면 이러한 절차적 요건의 이론에 따라 대리인의 결정은 개선된다.[22]

---

19 Howse, *supra* note 16. A. Green and T. Epps, 'The WTO, Science and the Environment Moving Towards Consistency' (2007) 10 (2) *Journal of International Economic Law* 285 참조. SPS조치의 과학적 요건을 위한 원칙의 정당화는 없지만 환경조치를 위한 것은 있고, 그러한 과학적 증거들의 요건심사는 최소한의 절차적 요건에 집중되어야 한다고 주장한다. 또한 Guzman and Simmons, *supra* note 12 참조.

20 A. Green, 'Creating Environmentalists: Environmental Law, Identity and Commitment' (2006) 17 *Journal of Environmental Law and Practice* 1.

21 예를 들어 Stephenson은 법원이 결정으로부터 얻는 이익의 수준을 판단하기 위해서 대리인들의 규제결정에 대한 설명이 가지는 정보 내용보다 설명의 질을 이용할 수 있는 모형을 개발한다. 이 모형은 대리인들과 법원의 선호도가 어느 정도 일치할 것을 필요로 하고, 법원이 대리인의 근거를 실질적으로 평가할 수 없을 때에 근거의 질이 대리인이 조치에 대해 높은 가치를 부여하고 있다는 것을 증명한다. Matthew Stephenson, 'A Costly Signaling Theory of "Hard Look" Judicial Review' (2006) 58 *Administrative Law Review* 753.

22 Ethan Bueno de Mesquita and Matthew Stephenson, 'Regulatory Quality Under Imperfect Oversight' (2007) 101 (3) *American Politic of Science Review* 605에서 감독자가 어떠한 형태의 노력을 감시할 수 있지만 다른 형태의 노력을 감시할 수 없을 때 국내감독이 규제의 의사결정의 질에 미치는 영향을 검토한다. 대리인의 행위를 통제하기 위한 의사결정비용의 사용에 대한 보다 일반적인 논의로는 다음을 참조. Matthew McCubbins, Roger G. Noll and Barry Wcingast, 'Administrative Procednres as Instruments of Political Control' (1987) 3 (2) *Journal of Law, Economics and Organization* 243, and Matthew Stephenson, 'Bureaucratic Decision Costs and Endogenous Agency' (John M. Olin Center for Law, Economics and Business, Harvard

불행하게도, 규제를 하는 회원국들은 이러한 절차적 요건을 충족시키기는 하겠지만, 그러한 방법으로 확보된 정보에는 관심을 두지 않을 것이다. 이러한 현상은 집행자에 대한 국민의 압력과 같은 절차적 요건의 근간을 이루는 책임성 메커니즘(accountability mechanism)이 효과적이지 않을 경우 일어날 수 있다. 예를 들어 커다란 피해를 가져올 수 있는 조그마한 위험의 가능성을 완벽히 이해하지 못하는 것과 같이 국민의 합리성에 한계가 있거나, 특정한 이익 집단에 의해 조장된 두려움에 빠져있다면, 절차적 요건의 이용은 규제의 개선으로 이어지지 않을 것이다.[23]

절차적 요건을 강제하는 대신, WTO는 실질적 심사를 할 수도 있다. 실질적 심사에 관해서는 논란이 있는데, 패널들이 과학적 심사 또는 위험에 대한 선호와 같은 국민들의 선호를 과학과 연결시키는 과정에서, 오류를 범할 상당한 위험이 있는 것으로 보이기 때문이다.[24] 패널들은 결정을 내리는 데에 필요한 정보를 가지고 있지 못하거나 자신들에게 제시된 정보를 완벽하게 이해하지 못할 수도 있다. 따라서 패널이나 항소기구가 정책수단의 실제 이유를 알아내려 할 때에 오류비용은 잠재적으로 높아지게 된다.

실질적 심사는 또 다른 우려를 낳는다. 만일 조치가 부분적으로나마 윤리적 고려를 바탕으로 하거나, 조치의 비례성에 관한 일정 형태의 기준을 이용해야 한다면 패널이나 항소기구는 이러한 문제에 대한 회원국의 관점을 자신들의 관점으로 대체할 수도 있기 때문이다. 즉, 특정 패널이나 항소기구의 구성원의 결정과 관련하여 본인-대리인문제가 발생하는 것이다. 국내 법원에서의 판결이 자신들의 정책적 선호 또는 '개인적 의견'의 영향을 받는 정도에 대한 경험주의적, 이론적 연구들이 많이 있었다.[25]

University, Discussion Paper No. 553, 2006).

23 이 문제의 근저에 있는 합리성과 더불어 대중의 공포와 관련된 쟁점에 관해서는 Chang, *supra* note 17, and Cass Sunstein, *The Law of Fear* (Cambridge: Cambridge University Press, 2005) discussing the underlying rationality issues as well as public fear 참조.

24 Guzman and Simmons, *supra* note 12에서 패널이나 항소기구의 실수에서 비롯되는 오류비용 때문에 SPS협정하의 위험평가에 대한 상세한 심사를 부정하는 쪽으로 논의하고 있다.

25 판사들이 특정한 사건에서 그들 자신의 정책적 선호에 따라서 판결을 하는지를 심사하는 문헌들이 점점 늘고 있다. 예를 들어 미국의 측면에서 이루어진 이 모델에 대한 논의는 J. Segal and H.

비록 그러한 개인적인 의견에 따른 의사결정의 범위가 근본적인 제도적 구조에 따라 다르다 하더라도, 패널 또는 항소기구 구성원들이 무역분야 이외의 것을 선호하는 것처럼 이들 구성원들의 선호에 관한 우려가 있을 수 있다. 이러한 개인적인 선호는 무역 대비 그 외의 가치들이 가지는 중요성에 대한 특정한 견해를 보여주는 것일 수도 있다.

WTO가 행하는 심사의 성격은 유연성, 확실성, 이행과 관련된다. 절차적 심사는 국내정부에 더욱 많은 유연성을 제공한다. 절차적 요건을 충족하기만 한다면, 정부들은 자신들이 원하는 모든 조치를 취할 수 있게 되기 때문이다. 희망사항은 WTO가 조치의 실질적 내용을 심사하지 않기 때문에 국내정부의 책임성 메커니즘이 보호주의에 제동을 거는 것이다. 또한 절차적 심사에서는 조치에 대해서 심사할 때, 패널이나 항소기구가 가지는 재량이 적어지기 때문에 정부에게 더 많은 확실성이 부여된다. 마지막으로 절차적 심사는 제소의 비용을 감소시켜, 개발도상국들도 제소절차를 더욱 많이 이용할 수 있도록 문호를 넓힌다.

문제는 절차적 심사의 가치는 책임성 메커니즘의 강도에 좌우된다는 것이다. WTO 회원국들 간, 즉 개발도상국과 선진국 간이나 민주적 정부와 비민주적 정부 간의 이러한 책임성 메커니즘은 크게 다를 것이다. 잠재적인 재난적 위해가 일어날 수 있는 낮은 가능성과 같은 중요한 특징을 개인들이 이해하는 것은 매우 어렵기 때문에, 책임성 메커니즘은 기후변화논의에서 특히 중요하다. 만일 개인들이 기본 논제를 완벽하게 이해할 수 없다면, 책임성 메커니즘은 약화될 것이고 절차와 보호수준 간의 관련성 또한 약화될 것이다. 나아가 그러한 절차로 인해 증가하는 비용은 환경적 이익의 감소로 이어지거나, 비용이 충분히 크거나 이익과 비용이 비슷하다면 국가는 규제를 하지 않는 쪽으로 기울어질 수도 있다. 또한 그러한 비용들은 WTO 회원국들 간에 상당히 다를 것이며, 개발도상국이 비용의 제약을 받을 가능성이 높은 것처럼 각국에 서로 다른 영향을 미칠 것이다.

그러므로 실질적, 절차적 심사의 가치는 패널 또는 항소 기구의 선호도와

Spaeth, *The Supreme Court and the Attitudinal Model Revisited* (Cambridge: Cambridge University Press, 2002) 참조.

해당 국가의 선호도 간의 편차, 제소비용, 그리고 절차적 요건이 실제로 국내산업에 보호주의적 혜택을 제공할 수 있는 회원국들의 능력을 얼마나 억제할 것인가 등을 포함한 많은 요인에 의해 좌우되므로, 결과적으로는 부분적으로 혼합된 형태의 전략 즉, 절차적 심사와 실질적 심사의 혼합형태를 선호할 것이다. 그러나 이러한 요인들이 기후변화 분야에서는 상당한 우려를 야기하고 있으며, 기후변화대응조치의 확산과 최근의 세계 경제 위기에 따른 보호주의적 조치를 취하여야 한다는 압력은, 머지않아 기후 관련조치에 대한 제소가 WTO의 심사과정에 부담으로 작용하게 될 것이다.

10.3 심사 이외의 해법

유감스럽게도 특정 사안에 대한 결정에 의존하는 것은 단편적 접근에 해당한다. 이는 어떤 사안이 분쟁해결시스템에서 다루어질지, 그리고 그것이 해결되기까지 시간이 얼마나 소요될지를 예측할 수 없기 때문이다. 불확실성 및 적어도 불확실성과 연관 있는 한도 내에서의 유연성 결여에 대한 우려는 기후변화에 대한 조치가 절실하게 필요한 현재에 단기적인 과제로 남아 있다. 이러한 우려와 WTO 규범의 이행에 대한 우려에 대응하기 위해서는 또 다른 해법이 필요할 것이다.

제16장에서 이러한 다른 해법들에 대해서 더욱 상세하게 논의될 것이다. 여기에는 회원국들이 일정기간, 가령 5년 동안 다른 회원국의 기후변화 관련 조치에 대해서는 제소를 하지 않는다는 데에 동의하는 평화조항(Peace Clause)을 두거나, SPS협정이 식물, 동물과 관련된 영역까지 포괄하는 것과 같은 방식으로 WTO 내 명백한 기후변화협정을 두고, UN절차에서 논의되고 있는 무역과 기후변화 관련조치가 포함되는 다자간협정이 포함된다. 무역과 기후변화의 상호작용을 개선하기 위한 여러 가지 선택사항의 상대적 장점을 추가적으로 평가하기 전에, 우리는 다른 형태의 상호작용을 살펴볼 것이다. 제4부는 기후변화에 대해서 충분한 조치를 취하지 않는 것처럼 보이는 국가들에게 회원국들이 취하는 일방적 조치에 대한 WTO규범의 영향을 다룬다. 제5부에서는 기후변화대응에 대한 다자간협정과 WTO규범 간의 상호작용을 논의한다.

제4부

기후변화대응과 일방적 조치

11. 긍정적 유인책

12. 장애물의 제거

13. 부정적 유인책

11. 긍정적 유인책

국가들이 국제기후변화협정에 가입하게 하거나 기후변화협정을 준수하도록 설득할 수 있는 한 가지 방법은 흔히 '당근'이라고 불리는 긍정적 유인책을 사용하는 것이다.[1] 긍정적인 유인책은 제13장에서 논의될 '채찍'에 대비되는 방법이다. 채찍은 목표국가가 일정 행동양식을 따르지 않았을 때, 무역제재 또는 원조 철회 등의 조치로 위협하는 방법이다. 긍정적 유인책으로는 기술원조, 역량강화, 기술이전, 투자증대, 외부원조, 부채탕감 등이 있다. 선진국은 당근으로서의 무역조치를 어느 정도 범위 내에서 이용할 수 있는데, 개발도상국에게 호혜적인 시장접근 또는 기타 무역 양허를 제안하여 그들이 기후변화완화조치를 취하도록 설득하는 것이 그 예이다. 이번 장에서는 당근 역할을 하는 일방적 무역조치의 이용에 대해 집중적으로 논의할 것이다.

당근으로 활용된 일방적 무역조치는 잠재적인 환경적 효과에 대한 문제와 더불어 WTO규범하에서 해당 조치의 합법성과 관련된 문제를 제기한다. 이번

1 Robert F. Housman and Durwood J. Zaelke, 'Making Trade and Environmental Policies Mutually Reinforcing : Forging Competitive Sustainability' (1993) 23 *Environmental Law* 545 at 561.

장에서, 우리는 당근으로서의 일방적 무역조치가 불러올 수 있는 법적 쟁점에 대해 간략히 개관하고, 그 조치가 내포하는 불확실성과 어려움에 대해 살펴본다.[2] 그 다음, 그러한 조치들이 WTO규범에 합치되는 방법으로 이용된다고 하더라도, 이를 사용하는 것이 과연 바람직한가에 대해 문제를 제기할 수 있다. 그리고 당근으로 이용된 무역조치들은 그 자체만으로는 개발도상국의 기후변화 조치에 충분한 동기부여를 제공하지 못할 가능성이 높으며, 따라서 기후변화완화 목표를 달성시키지 못할 것이라는 결론이 난다. 무엇보다 중요한 것은 정의 및 형평성에 관한 우려가 제기될 수 있다. 만약 특정이익을 얻을 수 있는 유일한 방법이 한 국가가 원치 않는 조치를 취하는 것이거나 그 국가의 이익에 부합하지 않는 것이라면 유인책은 부당하고 강압적인 것으로 여겨질 수 있기 때문이다. 또한 유인책으로 받는 '이득'이 정말로 이득인지 아니면 수혜국이 주장할 만한 것으로 다자적인 무역제도하에서 어떤 경우에라도 자신에게 어차피 부여되어야 할 시장접근일 뿐인지를 결정하는 것도 하나의 문제이다. 결론은 당근으로 이용되는 무역조치는 채찍과 무역 외 분야의 당근과 함께 결합되어 사용되는 경우에만 유용한 방법이라는 것, 그리고 다자적 조치가 모든 경우에 있어 일방적 조치보다 선호된다는 것이다.

11.1 긍정적 유인책 사용의 이유

실행력이 부진한 국가들을 압박하는 채찍과 달리, 당근은 국가들에게 자신이 이미 마땅히 받을 혜택 이상의 추가적인 이득을 얻을 수 있다는 기대를 갖게 한다. 채찍보다 당근을 사용하는 것이 바람직하다는 것은 1990년대 초 세계은행과 GATT사무국에 의해 이미 인정된 바 있다. 두 기관은 회원국들에게 타

---

2 WTO 규칙에 대한 심화된 분석에 대해서는 다음을 참조. Andrew Green and Tracey Epps, 'The WTO, Science and the Environment: Moving Towards Consistency' (2007) 10 (2) *Journal of International Economic Law* 285-361; Joost Pauwelyn, 'US Federal Climate Policy and Competitiveness Concerns: The Limits and Options of International Trade Law' (Nicholas Institute for Environmental Policy Solutions, Duke University, 2007); Thomas L. Brewer, 'The WTO and the Kyoto Protocol: Interaction Issues' (2004) 4 *Climate Change* 3-12.

국을 위협하며 환경조치를 강요하는 것을 자제하라고 요청한 바 있다. 1992년 세계은행보고서에 따르면 위협에 의해 환경조치를 강제 당한 국가의 경우 그 규제를 "매우 철저히 또는 매우 오랜 기간 동안" 준수하지 않는 것으로 나타났다.[3] 당시 세계은행 부의장이자 수석 경제학자인 Lawrence Summer는 다음과 같이 말하였다.

> 환경개선을 위한 추가비용을 부담하도록 요구하는 국가의 소비규모가 요구 받는 국가의 소비규모보다 20배 큰 경우 또는 국가의 천연자원으로 인한 이득을 포기하라는 요구를 받는 경우, 경제 논리가 아닌 형평성 관점에서 보면 빈국의 수입을 더욱 감소시키는 이러한 무역제재의 위협은 부적절하다.[4]

이와 유사하게, 무역과 환경에 관한 1990년 보고서에 따르면 GATT 사무국은 "무역조치는 환경보호를 보장하는 최선의 방법이 되기 어려울 것이며, 사실 역효과를 가져올 수도 있다"고 언급한 바 있다.[5] 사무국의 결론은 다자조약 가입을 위해 국가들을 설득하는 긍정적 유인책이 다른 부정적인 접근, 특히 차별적인 무역제재보다 훨씬 더 효과적일 가능성이 높다는 것이다.[6]

현재의 기후변화체제는 기후변화완화조치를 유도하는 데 사용할 수 있는 무역조치에 대해 어떠한 직접적인 기준도 제시하고 있지 않다. 다만 기후변화협약 제3조 5항에서 "자의적이거나 불공정한 차별 또는 국제무역에 위장된 제한을 구성하는 어떠한 무역조치도 채택하지 말 것"을 당사국들의 의무로 규정하고 있다. 제13장에서 논의할 내용이지만, 무역제재조치는 이 규정 또는 WTO 규범을 위반하지 않는 방식으로 고안될 수 있다. 그러나 제3조 5항에 따르면 당사국들은 개방적 국제경제체제를 지지해야 하는데, 이 체제는 모든 당사국 특히 개발도상국 당사국의 지속가능한 경제성장 및 지속가능한 개발을 가능하

3 David Dodwell, 'Environment Better Served by Free-trade Carrot than Protectionist Stick', *Financial Times* (13 May 1992) 4.

4 Ibid.

5 GATT 사무총장의 Trade and the Environment (Geneva: *International Trade*, vol. 1, *GATT*, 1990).

6 Ibid.

게 하여 이들이 기후변화문제에 더 잘 대처할 수 있게 해준다. 국가들에게 추가적인 이익을 부여하는 무역특혜와 같은 유인책은 강경책과는 다르게 해당국의 경제적 이익을 창출할 가능성이 있고, 이러한 맥락에서 경제성장과 지속가능한 개발이라는 기후변화협약의 목표를 더욱더 발전시킬 것이다.[7]

11.2 유인책으로서의 무역조치

무역조치의 형식을 띠는 유인책은 수혜국이 현재 무역협정하에 이미 누리고 있는 이익에 더하여 추가적인 이익을 부여한다. 기후변화의 맥락에서 일방적 유인책으로 가장 현실적으로 타당한 방법은 관련 기후변화협정에의 참여 및 준수 여부에 따라 개발도상국에 시장 접근성을 확대해주는 특혜를 주는 것이다.[8] 이 같은 특혜와 관련하여 가장 중요한 규칙이 일반특혜관세제도(Generalized System of Preferences : GSP)이다. 아래에서 이것에 관해 논의하고, 비호혜적 기반 위에 제공되는 그 밖의 무역양허에 대해서는 그 다음으로 논의할 것이다.

11.2.1 일반특혜관세제도

일시적인 최혜국대우 의무면제가 유엔무역개발회의(UNCTAD)의 지지 속에 1971년에 채택되어, 선진국은 일반특혜관세제도를 통해 개발도상국에게 특혜적인 관세대우를 제공할 수 있게 되었다.[9] 1979년에 차등적이고 보다 특혜적인

7 Robert Hudec, *Developing Countries in the GATT Legal System* (London : Gower, 1987) at 151. 위에서 언급한 바와 같이 당근의 이용으로 무역의 이득이 증가하지 않을 수 있다. 호혜적인 무역협정들을 이용하는 것에는 단점도 있는데, 이에는 물리적인 사회간접자본, 교육, 잘 작동하는 금융시장, 현대의 기술의 부족과 같은 공급 측면의 제약이 있다. 이것은 상당수의 개발도상국들이 심지어 시장이 개방된 곳에서도 시장개방의 이득을 누릴 수 있을 만한 능력을 갖고 있지 않다는 것을 의미한다.

8 Charnovitz는 'trade conditionality'라는 용어를 사용한다. Steve Charnovitz, 'The Environmental vs. Trade Rules: Defogging the Debate' (1993) 23 *Environmental Law* 475 at 492.

9 Resolution 21(II) of the Second UNCTAD Conference, in UNCTAD, Proceedings of the Conference of 1968, Report and Annexes (United Nations, TD/97) Bartels는 'generalized'라는

대우, 상호주의 및 개발도상국의 보다 완전한 참여에 관한 합의를 의미하는 권능부여조항이 채택되면서 이 의무면제는 GATT 체제 하에서 영구적으로 인정받게 되었다. 권능부여조항은 개발도상국의 수출에 대한 호혜적인 관세 대우에 관한 영구적인 법적 근거를 마련한 것이다. 오늘날 대부분의 선진국은 중국, 인도, 인도네시아 등 온실가스배출에서 큰 비중을 차지하고 있는 또는 그 비중이 증가하고 있는 국가들을 포함하는 넓은 범위의 개발도상국들에게 특혜를 제공하는 일반특혜관세제도를 운영하고 있다.[10]

선진국은 개발도상국이 기후변화완화조치를 취하도록 일반특혜관세제도에 일정한 조건을 붙일 수 있다.[11] 그러나, 일반특혜관세제도를 조건부로 실시하는 것이 권능부여 조항하에서 허용되는지는 의문이다. 특히, 특혜부여국이 수혜자들 사이에 차별을 둘 경우, 그 차별의 기준이 분명치 않다.[12] *EC-Tariff Preferences* 사건에서 항소기구가 이에 대해 몇 가지 기준을 제시한 바 있다. 이 사건은 마약생산 및 밀수 퇴치 노력을 한 국가에게 특별한 혜택을 부여하도록 하는 EU 일반특혜관세제도에 대하여 인도가 WTO에 제소한 사건이다. 이 사건은 인도가 해당 제도로부터 혜택을 받지 못한 반면, 타국은 혜택을 받은 것에서 비롯되었다. 권능부여조항에 따르면 모든 수혜국에게 동일한 특혜관세대우를 부여하지 않고 자신의 일반특혜관세제도의 대상이 되는 일부 수혜국에게만 특혜관세대우를 부여하는 것은 허용되지 않는다는 점을 근거로 인도는 EU의 일반특혜

용어에 대해, 모든 주요 선진국들에 의해 채택된 공동의 계획이 있어야 한다는 초기의 견해를 반영하는 것일 수 있다고 설명한다. 그러나 'preference'와 관련해서 이 용어가 사용되는 것은 법적인 관점에서 불필요할 것이라 설명한다. Lorand Bartels, 'The WTO Enabling Clause and Positive Conditionality in the European Community's GSP Program' (2003) 6(2) *Journal of International Economic Law* 507 at 523.

10 중국은 EU의 GSP 제도의 수혜국 목록에 있지만, 미국의 목록에는 없다. 미국의 GPS Guidebook은 다음에서 이용할 수 있다. The Office of the US Trade Representative, online: http://www.ustr.gov/assets/Trade_Development/Preference_Programs/GSP/asset_upload_file666_8359.pdf. 그리고 Council Regulation (EC) No. 732/2008 of 22 July 2008, *Official Journal of the European Union*, 6 August 2008.

11 Michael McKenzie, 'Climate Change and the Generalized System of Preferences' (2008) 11 (3) *Journal of International Economic Law* 679 at 688.

12 Ibid.

관세제도가 WTO규범을 위반하였다고 주장하였다. 따라서 패널과 항소기구는 권능부여조항하에서 차별이 허용되는지, 만약 허용된다면 어떠한 차별이 허용되는지에 대해 검토해야 하였다. 다시 말해, 모든 개발도상국이 동일한 대우를 받아야 하는가 아니면 국가들은 다른 유형의 조건에 기초하여 수혜국 간에 차별을 두어 혜택을 부여할 수 있는가의 문제였다.

권능부여조항의 제2항 (a)에 따르면 선진국들은 자신의 일반특혜관세제도에 따라 개발도상국으로부터 수입되는 제품에 세금우대혜택을 부과할 수 있다. 한편, 제2항 (a) 각주 3에서 일반특혜관세제도는 "개발도상국에 대한 일반적이고, 비상호적이며, 비차별적인 특혜적인 이익을 포함하는" 제도라고 규정하고 있다. 패널은 인도의 주장을 받아들여 각주의 설명이 사실상 특혜부여국이 모든 개발도상국에게 차별없이 동일한 이익을 제공하라는 요건을 규정하고 있는 것이라 하였다.[13] 이 같은 해석에 기초하여 패널은 EU가 인도를 포함한 다른 국가에는 부여하지 않은 추가적인 혜택을 일부 국가들에게 부여하였다는 이유로 EU가 이 조항을 위반하였다고 판결하였다.

항소심에서, 항소기구는 제2항 (a)에 따를 때 특혜관세우대는 비차별적으로 이루어져야 한다고 하여 패널의 결정에 동의하였다.[14] 그럼에도 불구하고 수혜국 간의 일정한 차별은 허용된다고 지적하였는데, 즉 항소기구는 아래의 몇 가지의 조건이 만족되고, 특혜 수혜국이 서로 다른 필요를 가지고 있다면, 개발도상국 간에 차이를 두는 것이 차별적이지 않다고 판시하였다. 첫째, 제3항 (c)에 따라 특혜대우는 개발도상국의 개발, 금융, 무역의 필요에 적극적으로 대응하기 위해 설계되어야 한다. 둘째, 특혜 공여국가는 객관적인 기준에 따라 개발도상국의 개발, 금융, 무역의 필요 여부를 결정해야 한다. 이런 점에서, 항소기구는 'WTO협정이나 국제기구가 채택한 다자적 제도에서 결정된 특별한 필요에 대한 광범위한 인정'이 그러한 기준이 될 수 있다고 판단하였다.[15] 셋째, 특혜공여

13 *EC—Conditions for the Granting of Preferences to Developing Countries* (2003) WTO Doc. WT/DS246/R (Appellate Body Report) at para.7.161.

14 *EC—Conditions for the Granting of Preferences to Developing Countries* (2004) WTO Doc. WT/DS246/AB/R (Appellate Body Report) at para.145.

15 Ibid. at para. 163.

국은 특혜관세가 해당 필요를 해결하는 효과적인 수단이라는 점을 보여야 한다.[16] 마지막으로, 특혜공여국은 유사한 상황에 있는 일반특혜관세제도의 모든 수혜자들에게 동일한 대우를 보장해야 한다.[17] 이러한 조건들이 만족되는 경우, 특혜공여국은 다른 개발도상국가들을 다르게 대우할 수 있다.[18]

그래서 일반특혜관세제도를 통한 기후변화조치를 유인하고자 하는 국가들이 고려해야 할 몇 가지 사항이 있다. 여기에서는 두 가지 단순화된 시나리오를 고려해볼 것이다. 첫 번째 시나리오는 예컨대 일반특혜관세제도의 혜택을 기대하는 개발도상국에게 기후변화협정을 발효하고 이행하라는 요구를 하거나, 이것이 어렵다면 정해진 배출량 목표를 채택하고 이를 달성하라는 요구를 하는 등 부정적 조건하에서, 각국이 기후관련 조치에 상응하여 일반특혜관세제도 내 자국의 특혜의 범위를 정하는 것이다. 오늘날 이러한 시나리오와 가장 비슷한 제도는 미국의 일반특혜관세제도이다. 미국의 일반특혜관세제도는 특혜부여가 인정되지 않는 다양한 경우를 구체적으로 나열함으로써 부정적 조건부의 형식을 띠고 있다. 여기에서는 특혜 부적격으로 판정될 국가들의 예를 나열하고 있는데, 특히 영토 내 근로자들에게 국제적으로 인정된 노동권을 부여하지 않는 개발도상국들과 최악의 아동노동착취 근절 약속을 이행하지 않은 국가 등이 포함된다.[19]

두 번째 시나리오는 모든 개발도상국가가 이용할 수 있는 기본적인 일반특혜관세제도를 그대로 유지하되, 기후변화관련 조건을 만족시키는 국가에게는 추가적인 이득을 부여하는 상황으로 긍정적 조건부의 형태이다. 이 시나리오는 현재 EU의 일반특혜관세제도와 유사하다. EU는 176개의 국가들에게 GSP 플러스를 통해 특혜를 부여하고 있다.[20] 이 제도를 통해 개발도상국은 GSP에서 일반적으로 부여되는 혜택 이상의 추가적인 혜택을 누릴 수 있게 된다. 이 추가적

---

16 Ibid. at para. 164.

17 Ibid. at para. 173.

18 Ibid. at paras. 162, 163.

19 U.S. Code Title 19-Customs Duties, Chapter 12-Trade Act of 1974, Subchapter V-Generalized Scheme of Preferences, Section 2462, paras (b),(2),(G),(H).

20 Council Regulation (EC) No. 732/2008 of 22 July 2008, *Official Journal of the European Union*, 6 August 2008.

인 특혜 수혜를 받을 자격을 갖추기 위해서 국가들은 교토의정서 등의 핵심 국제협정을 비준하고 이를 효과적으로 이행해야 한다.[21] 그러나, 그러한 자격은 협정의 비준과 효과적인 이행으로 야기되는 "특별한 부담과 책임을 지는 취약한 국가에게만" 인정될 것이다.[22]

언뜻 보기에는 모든 국가들이 혜택을 받을 자격을 갖추기 위한 기회를 갖는다는 점에서 두 시나리오 모두 수혜국 간에 차별을 두는 것으로 보이지 않는다. 다시 말해, 법률상(*de jure*) 차별은 존재하지 않는다. 그러나 만약 자원 부족으로 인하여 일부 국가가 해당 조건을 준수하는 것에 있어 타국보다 더 어려움을 겪는다면 사실상(*de facto*) 차별이 존재할 수도 있다. 그렇다면, 그 국가는 첫 번째 시나리오에서는 일반적인 특혜를 모두 받지 못하게 될 것이고, 두 번째 시나리오에서는 추가적인 특혜를 받지 못할 것이다. 이후의 설명은 두 시나리오 모두에서 차별의 가능성이 있다고 전제하고 논의될 것이다.[23]

EC-Tariff Preference 사건의 항소기구가 제시한 조건에 대해 다시 검토해보자. 첫 번째 문제는 특혜가 개발, 금융, 무역의 필요에 대한 긍정적 대응으로 간주되는가이고, 두 번째 문제는 그러한 필요가 객관적으로 확인되었는지 여부이다. 제3항 (c)의 요건에서 사용된 단어는 개발, 금융, '그리고' 무역의 필요임에도 불구하고, 항소기구는 이를 개발, 금융, '또는' 무역의 필요라는 대안을 제

---

21 European Union, Factsheet: EC Generalized Scheme of Preferences (GSP)는 다음에서 이용할 수 있다. http://trade.ec.europa.eu/doclib/docs/2008/july/tradoc_139988.pdf (2009년 1월 9일 검색). 이 특별한 제도는 기후변화정책에 효과가 없거나, 있더라도 아주 적을 것이다. 논의한 바와 같이 개발도상국은 현재 교토의정서하에서 배출량감축 의무를 지지 않는다. 이는 EU의 현행 GSP 플러스 제도를 기후변화완화조치에 대한 유인책으로서의 효과는 제한됨을 의미한다. 게다가, 오로지 '취약한' 국가들의 경우만 GSP 플러스의 혜택을 받을 적격이 인정된다는 점을 고려할 때에도 그 유인적 효과는 적을 것이다.

22 Council Regulation (EC) No. 732/2008 of 22 July 2008, *Official Journal of the European Union*, 6 August 2008 at Article 8.

23 인도는 해당기준을 따를 능력이 부족하여, 이에 따라 추가적인 혜택으로부터 이득을 얻지 못하는 나라에 대하여 특별 유인책인 EC의 GSP는 차별적이라고 주장하며 이 문제를 언급하였다. Robert Howse, 'India's WTO Challenge to Drug Enforcement Conditions in the European Community Generalized System of Preferences: A Little Known Case with Major Repercussions for "Political" Conditionality in US Trade Policy' (2003) 4(2) *Chicago Journal of International Law* 385 at 525.

시하고 있다고 보았다.[24] 항소기구는 이 해석에 대해 어떠한 설명도 제시하지 않았다. 항소기구의 재판관들은 단순히 제3항 (c)의 문맥상 '또는'은 '그리고'를 의미하고 '그리고'는 '또는'을 의미한다고 보았을 것이다. 이제 개발, 금융, 무역 필요 중 오직 한 가지 필요만이 만족되었다고 전제하고 이후의 논의를 전개하고자 한다. 이러한 필요들은 서로 상당히 관련되어 있어, 하나의 필요에 반응하는 것은 반드시 다른 필요들에도 반응할 것이다. 그러나 언제나 이런 것은 아니므로 항소기구는 자신의 해석에 일정 근거를 제시하는 것이 바람직할 것이다. 항소기구가 취한 방식은 정책과 개발의 관점에서 보면 필요들에 대해 광범위하게 고려한다는 것을 보장한다는 점에서 유효한 접근방법이다.

첫 번째 문제는 다소 혼란스러운데, 그 특혜가 개발도상국의 필요에 대한 긍정적인 대응인지 여부를 물었을 때, 특혜 자체만을 검토하는가 아니면 특혜와 함께 부가된 조건을 하나의 묶음으로 검토하는가에 관한 것이다. 이에 대한 대답은 조건이 규정되는 구체적인 방법에 따라 달라질 것이다. 국가가 기후변화완화를 위한 조치를 취하지 않을 경우 특혜를 부여 받을 자격이 없게 되는 '부정적 조건부' 특혜제도에서, 적절한 해석을 통해 특혜 공여국의 특혜관세가 개발 필요에 부응한다는 것만을 보여주면 되는지 여부에 대해서는 논쟁의 소지가 있다. 특혜관세제도의 최우선의 목적은 그 특혜이용에 부가된 조건과는 구별되는데, 결론은 물론 특혜 부여 규정의 정확한 문구에 따라 정해질 것이다. 그러한 특혜가 개발 필요에 대한 부응이라는 점을 보여주는 것은 매우 간단한 문제이다. 왜냐하면 특혜관세접근은 경제성장촉진의 수단으로 널리 여겨지며, 경제성장의 필요는 일반적으로 개발필요라고 간주하기 때문이다.

반면에 두 번째 시나리오인 '긍정적 조건부' 특혜관세제도하에서의 요건은 특혜관세 '그리고' 이와 묶음으로 부가된 조건을 함께 가리킨다고 해석될 가능성이 높다. 왜냐하면 예시된 긍정적 조건부는 일반특혜관세제도를 통해 충족시킨 필요를 넘어서 그 외의 특정 필요들을 가지는 국가들에게 특혜 공여국이 추가적인 혜택을 제공하는 상황이기 때문이다. 예를 들면 EU GSP 플러스의 경우 추가적인 특혜가 '지속가능한 개발과 바람직한 거버넌스'를 위한 유인책이라고

24 EC-*Tariff Preferences*, *supra* note14 at para.164.

명시적으로 밝히고 있다. 논란의 여지가 있기는 하지만 EU는 지속가능한 개발과 바람직한 거버넌스를 증진시키기 위한 일정협정의 비준과 이행이라는 개발에 대한 필요를 확인하고, 특혜관세를 통해 '취약한' 개발도상국들로 하여금 언급된 협정들을 비준하고 이를 이행할 수 있는 능력을 갖도록 하여 그 필요에 대응하고자 한다.

따라서, 만약 일국의 일반특혜관세제도가 수혜국의 기후변화조치를 조건으로 추가적인 특혜를 제공하는 것이라면, 특혜공여국은 아마도 이 조건 자체가 개발 필요를 위한 것임을 보여야 할 것이다. 즉 기후변화에 대한 대처가 개발적 필요에 의한 것이라는 결론에 이르는데, 이 점은 코펜하겐합의문의 당사국들에 의해 인정되었으며, 2009년 12월의 코펜하겐 당사국총회의 결과에서도 확인된 바 있다. 코펜하겐협정 제3항에서는 "저탄소배출 발전전략은 지속가능한 개발에 필수불가결하다"라고 규정하고 있다.[25] 기후변화를 관리하지 못하면 개발로 인한 진보는 후퇴되고 현 세대와 미래세대의 후생은 피해를 입을 것이라고 지적한 2010년 세계개발보고서도 이 결론을 지지한다.[26]

논란이 될 수 있는 점은, 개발과 기후 변화 간의 이러한 긴밀성에도 불구하고 기후변화를 줄이기 위한 조치는 권능부여조항에서 표상하는 개발 필요는

---

25 UNFCCCC, Conference of the Parties, Fifteenth Session, Copenhagen, 7-18 December 2009, Draft Decision -/CP.15, Copenhagen Accord, FCCC/CP/2009/L.7,18 December 2009.

26 World Bank, *World Development Report 2010: Development and Climate Change* (Washington, DC: The World Bank, 2010) at 37. Michael McKenzie, 'Climate Change and the Generalized System of Preferences' (2008) 11(3) *Journal of International Economic Law* 679 at 691. McKenzie는 기후변화 문제로 인해 지속가능한 개발로 향하는 발전의 속도가 늦추어질 것이고, 극빈곤층의 제거 및 환경적 지속가능성을 보장할 것을 선언한 유엔 새천년개발목표의 달성도 지연될 것이라는 IPCC의 보고를 지적하였다. 그는 만약 기후변화문제가 유엔이 언급한 개발 필요들을 만족시키는 데 장애물이 된다면, 기후변화에 대한 대처는 그러한 개발필요를 해결하는 데 도움을 줄 수 있다는 결론이 나온다고 주장한다. 나아가, 유엔 새천년목표들은 항소기구가 요구한 적정한 '객관적 기준'이 될 수 있다고 주장한다. 다음으로, 그는 기후변화문제가 개발에 중대한 위협이 된다는 점을 고려하면 기후변화문제에 대한 대처 그 자체가 개발의 필요라고 주장한다. 그는 기후시스템에 대한 위험한 인위적 개입을 예방하도록 하는 수준으로 대기 중의 온실가스 농도를 안정화시키고자 하는 기후변화협약의 목표, 그리고 지속가능한 방법으로 경제발전을 하면서 충분한 제한 시간 내에 그러한 목표수치의 달성이 이루어져야 한다는 기후변화협약의 선언을 언급하면서 기후변화협약가 개발 필요의 존재를 수립하는 객관적인 기준으로 기능할 수 있다고 제안하였다.

아니라는 점이다. 특혜무역제도로부터 이익을 얻고자 하는 국가 중 다수는 자신들의 배출량감소 조치와 관계없이 기후변화로 인한 피해를 입을 것이다.[27] 많은 개발도상국들, 특히 최빈국들이 지금까지 지구온난화에 기여한 정도가 매우 적으며, 앞으로도 온실가스 배출의 주요 주범은 자신들이 아닐 것이기 때문이다. 2004년 총 이산화탄소 배출량의 46%를 차지한 것은 OECD 회원국들이었다. 미국만으로도 20.6%를, 캐나다는 20.0%를 차지했고, 중앙 및 동유럽과 독립국가연합이 11%로 그 뒤를 따랐다. 개발도상국들이 42%를 차지하였으며, 이 중 17.3%는 중국이었다. 중국 다음으로 가장 많은 배출을 한 개발도상국들은 아직도 적은 책임만을 부담하는데, 이들 국가에는 인도(4.6%), 한국(1.6%), 멕시코(1.5%), 남아프리카공화국(1.5%), 이란(1.5%), 인도네시아(1.3%) 그리고 브라질(1.1%)이 포함된다. 사하라이남 아프리카 지역은 대부분이 남아프리카공화국에서 기인하는데 총 배출량의 2%만을 차지하였고, 최빈개발도상국은 1%를 차지하였다.[28]

지구온난화가스 배출을 극히 적게 하고 산업화되지 않은 어떤 한 개발도상국의 경우를 생각해 보자. 이 국가에 의한 배출량감소가 기후변화문제의 대처 및 이에 따른 개발 필요를 달성시키기 위해 반드시 필요한가? 이 국가가 배출하는 이산화탄소가 전혀 없을지라도, OECD 회원국과 중국이 급격히 자신의 배출량을 감축시키지 않는 한, 이 국가는 계속해서 부정적인 영향을 받을 것이다. 그렇다고 해서 기후변화감소조치를 취하는 것이 개발필요라는 주장을 반드시 무효화하는 것은 아니다. 논의한 바와 같이 기후변화는 공동적 조치의 문제이고 따라서 배출량의 규모를 떠나 모든 국가는 담당해야 할 역할이 있다. 그리고 공동의 조치는 결국 모든 국가에게 이로울 것이다.

그러면 기후변화감소가 개발 필요라 가정하고, 이제 다음 문제로 국제협정의 비준과 국내적 이행에 관한 조건을 달고 있는 특혜적인 관세가 개발도상국

27 Gordon이 주장한 바와 같이, 만약에 부국이 조치를 취하지 않기로 하면 빈국들은 국제체제에 전혀 호소할 수 없어 피해를 입을 것이다. Ruth Gordon, 'Climate Change and the Poorest Nations: Further Reflections on Global Inequality' (2007) 78 *University of Colorado Law Review* 1559 at 1564.

28 Human Development Report 2007/2008, 'Fighting Climate Change: Human Solidarity in a Divided World' (New York: United Nations Development Program, 2007) at 69.

의 필요에 대한 '긍정적' 대응을 구성하는지 여부에 대해 살펴보자. Bartels는 EU GSP 플러스와 관련하여 위에서 소개한 두 가지 시나리오 모두에 해당되는 역설적 상황에 주목한다. GSP 플러스제도의 목적은 지속가능한 개발과 바람직한 거버넌스의 증진에 있으며, 이를 달성하기 위해서 일부 협정을 비준 및 이행하는 데 드는 비용을 국가들이 해결할 수 있게끔 하는 것이다.[29] 그러나 Bartels는 해당 협정이 비준된 이후에야 특혜가 주어질 수 있다는 문제점을 확인하였다. 이는 특혜관세로 인한 이득을 받기 전에 비준으로 인한 비용을 감수해야 함을 의미한다. 이것은 국가가 나중에 특혜관세로부터 얻게 되는 이익으로 보상받는다고 할지라도, 그러한 비용을 부과하는 것이 개발 필요에 대한 '긍정적 대응'으로 간주될 수 있는가 하는 문제를 제기한다고 Bartels는 주장한다. 실제로, 나중에 얻은 이익은 해당국가가 '수지를 맞추는 정도' 수준일 수도 있다. 다시 말해, 이득은 문제의 협정을 이행하는 비용을 상쇄하고도 남아 추가적인 이득을 가져다 줄 만큼 충분하지 않을 것이며, 이는 국가가 다른 중요한 개발 필요를 간과하도록 만들 수 있는 것이다. 이는 당근 즉, 긍정적 유인책이란 무엇인가라는 문제를 제기한다. 당근에는 기후변화조치에 필요한 비용을 보상하는 경제적 이익보다 충분히 많은 이득을 가져오는 유인책들이 포함될 것이다. 그러나 주어진 이득이 기후변화조치에 필요한 비용만큼만을 보상하며, 더 이상의 추가적인 이득이 없다면 이는 당근이라 할 수 있을까? 그리고 농업생산성의 향상 또는 안정화 같이 기후변화완화를 위해 취하는 조치에 연동되는 이득이 되는 그 효과란 무엇인가? 그 효과는 부정적일 수 있다. 산업의 이전 또는 국제경쟁력의 상실과 같은 것이 그렇다. 게다가 기업들이 비용을 소비자가격에 전가시키고자 함에 따라 소비자가 부담하는 비용은 상승하고, 결국 이는 후생손실을 야기한다. 또 한편으로는, 기후변화완화가 기후변화의 부정적인 효과를 없애는 데 도움을 준다면, 이는 긍정적 효과로 간주되며 따라서 이득이라 말할 수 있다. 잠재적인 경제적 분산화와 같은 연동되는 이득 또한 생길 가능성도 있는 것이다. 더 나아가서, 조치 시행 첫 해에 이득이 없다 할지라도 장기적으로

29 Council Regulation (EC) No. 732/2008 of 22 July 2008, *Official Journal of the European Union*, 6 August 2008 전문 8번째 문장, 그리고 제8조. 한편, 취약성에 대한 정의는 제8조 2항에 규정되어 있다.

는 이득이 발생할 수 있는 것이다.

EC-Tariff Preferences 사건에서 항소기구가 제시한 세 번째 요건은 관세특혜가 문제의 개발 필요를 충족하는 효과적인 수단이어야 한다는 것이다. 개발 필요가 기후변화와 구체적으로 관련되지는 않았던 첫 번째 시나리오에서는 특혜관세가 경제성장에 공헌하는 것으로 인정되기 때문에 이 세 번째 요건을 만족시킴을 보이는 것은 어렵지 않을 것이라 생각된다. 기후변화에 대한 대처가 개발 필요라 가정한 두 번째 시나리오와 관련하여 McKenzie의 주장에 따르면, 세 번째 요건을 만족시키기 위해서는 특혜관세가 개발도상국의 기후변화대응조치 실시 비용을 상쇄시킬 정도의 경제적인 이익을 제공한다는 것과 해당 조치가 개발도상국으로 하여금 자신들의 개발 필요를 달성할 수 있도록 도와준다는 것의 두 가지를 증명해야 한다.[30]

마지막으로, 이 사건 판결에 따를 때 긍정적 조건부 일반특혜관세제도 또는 부정적 조건부 일반특혜관세제도를 실시하여 기후변화조치에 대한 대가적 보상금을 통해 국가들을 유인하려는 경우, 특혜공여국은 유사한 상황의 모든 개발도상국가들에게 특별한 이익이 주어질 수 있음을 보장해야 한다. 또한 개발도상국이 이익을 얻기 위해 갖추어야 하는 기준이나 요건을 일반특혜관세제도의 규정에서 구체적으로 정하고 있어야 한다. 이러한 요건의 요구는 국가들이 기후변화와 관련한 자신의 일반특혜관세제도를 마련함에 있어 부당한 방해가 될 정도라 보이지 않는다. *EC-Tariff Preferences* 사건에서 EC의 마약관련규정은 수혜국의 개발 필요보다는 다른 고려사항을 쟁점으로 하고 있었다는 점에서 상기의 조건을 만족시키지 못한 것이다.[31]

국가의 일반특혜관세제도가 권능부여조항의 요건을 만족시키지 못할 경우에, 이를 유지시킬 수 있는 유일한 다른 방법은 GATT 제20조에 의한 정당화이

---

30 McKenzie, *supra* note 11 at 692.

31 EC는 수혜국의 개발 필요를 달성시키고자 한 것이 아니라, 마약으로부터 자신의 시민을 보호하고자 하였다. Robert Howse, 'India's WTO Challenge to Drug Enforcement Conditions in the European Community Generalized System of Preferences: A Little Known Case with Major Repercussions for "Political" Conditionality in US Trade Policy' (2003) 4 (2) *Chicago Journal of International Law* 385 at 401. First Written Submission of the European Communities in EC-*Tariff Preferences*, *supra* note 13 para.166.

다. GATT 제20조는 GATT규칙에 위반될 수 있는 조치들이라도 특히, 인간, 동식물 또는 건강을 위해 필요하거나, 천연자원의 보존에 관련된 조치일 경우 허용할 수 있는 여지를 마련하고 있다. 이 부분은 제9장에서 자세히 논의되었다.

11.2.2 무역양허 (trade concessions)

일반특혜관세제도 이외에도, 국가들은 기후변화조치를 유인하기 위한 당근으로 시장접근을 확대하는 것을 이용할 수 있다. 그러나 GATT 규칙은 무역양허가 모든 WTO회원국에게 차별 없이 제공될 것을 의무화하고 있다. 최혜국대우의무를 규정한 GATT 제1조에서는 국가가 무역상대국 중 특정국에게만 이익을 주는 방식으로 차별하지 않을 것을 규정하고 있다. 따라서 국가들은 타국의 바람직한 행동을 강제하기 위한 무역양허를 이용할 때 매우 제한된 재량을 가질 것이다. 첫째, 모든 양허는 WTO회원국 모두에게 부여되어야 하는 것이다. 원교섭국만이 바람직한 행동변화에 영향을 줄 수 있다고 할지라도 말이다. 예를 들면, EU가 중국으로부터 수입되는 일부 농산물에 부과하는 관세를 낮추는 대가로 중국의 온실가스 배출량 감축 약속을 이끌어 낸 경우, EU는 제3국으로부터 수입되는 일부 농산물에 대해서도 똑같이 낮은 관세를 부과해야 한다. 이는 제3국이 중국의 배출감축조치에 무임승차할 가능성을 열어줄 것이고, 따라서 제3국에 대하여 배출감소를 강제할 영향력은 감소된다. 둘째, 만약 선진국이 개발도상국에 대해 기후변화의무를 강제하는 수단으로 WTO를 이용한다면, 그 정치적 외교적 파급효과는 클 것이다. 왜냐하면 부수적인 비용지불이나 배출량 감축에 대한 지원혜택의 유리한 배분과 같은 긍정적인 유인책의 형태와는 달리, 무역 유인책은 부당한 형식의 강제로 보일 수 있기 때문이다.[32] 개발도상국은 이미 다자적인 무역자유화로부터 자신이 얻어야 하는 만큼의 이익을 누리지 못하고 있다고 생각한다. 무역양허를 강제라고 인식하는 것은 어떤 경우에도

---

32 Robert N. Stavins and Scott Barrett, 'Increasing Participation and Compliance in International Climate Change Agreements' (Fondazione Eni Enrico Mattei Working Paper No. 94.2002, Kennedy School of Government Working Paper No. RWP02-031, 2002) at 17에서 긍정적 유인책에 대한 논의 참조.

해당국가 간 다자적인 무역제도에 대한 신뢰를 더욱 크게 훼손시키는 역할을 할 뿐이다.

11.3 긍정적 유인책의 필요성

국가들이 당근으로서의 무역조치를 WTO에 합치되는 방법으로 또는 제20조를 통해 정당화시킬 수 있는 방법으로 이용할 수 있다고 가정했을 때, 이러한 무역조치의 이용이 보다 넓은 정책적인 관점에서 과연 바람직한 것인가의 문제가 발생한다. 이를 판단하기 위해서는 이전에 논의한 세 가지 목표, 즉 기후변화완화, 보호무역방지, 개발의 진전에 대한 고려가 필요하다.

이론적으로, 일방적인 무역특혜를 통해 국가들의 무임승차를 저지시키면서 환경 목표를 촉진할 수 있다. 또한 시장접근의 확대나 무역특혜의 부여를 포함하는 무역조치는 직접적인 현금지불방식과는 달리 무역자유화로 인해 경제적 이득이 발생한다는 효과가 있으며, 따라서 개발 목표를 진전시킬 수 있다.[33] 결국 경제성장의 기대는 권능부여조항하 특혜적 시장접근 제도의 기초가 된다.[34] 이는 적어도 주요 경쟁국이 단기적 규모의 경제를 실현하는 것을 가로막는 특혜적인 시장접근을 향유하지 못할 경우에, 특혜의 사용은 유치산업보호의 경우와 달리, 국가적 차원에서 추가적인 규모의 경제를 가능하게 한다는 주장에 부분적으로 기초하고 있다.[35]

그러나 GATT나 권능부여조항을 위반할 가능성을 제외하고도 무역조치를 유인책으로 이용하는 데에는 몇 가지 우려가 있다. 첫째, 당근책이 환경적으로 그리 효과가 크지 않을 가능성이 있다. 목표국가의 기후변화완화를 진정으로 달성시키기 위해서는 다른 조치가 없을 경우, 실제 유인책이 특정국가의 기후

---

33 Robert Hudec, *Developing Countries in the GATT Legal System* (London : Gower, 1997).

34 Ibid. at 151.

35 The Danish Institute for International Studies and the Food and Resource Economics Institute, *Special and Differential Treatment and Differentiation between Developing Countries in the WTO* (Copenhagen and Frederiksberg : The Danish Institute for International Studies and the Food and Resource Economics Institute, 2005) at 6.

변화조치의 비용과 이득 간의 차이를 극복할 수 있을 만큼 충분히 커야 할 것이다. 적어도 단기적인 관점에서 이러한 차이가 일부 국가에서는 매우 커서 그들의 참여와 준수를 유도할 만큼의 재정적으로 충분한 유인을 마련하기가 어려울 것이라는 문제가 있다.[36] 그러나 그 차이가 크지 않거나 이익이 비용을 초과하는 경우 즉, 국가가 변화에 자금을 조달할 필요가 있는 경우에는 당근이 일정한 효과를 나타낼 수 있다. 조금이라도 실제적 효과를 내기 위해서는 GSP하의 특혜관세가 개발도상국에 중요한 수출이익이 걸려 있는 분야와 관련되어야 하며, 그렇지 않은 경우 그 효과는 아마도 그리 크지 않을 것이다. 현재 '민감하다'고 분류되는 분야와 관련한 특혜의 부여와 관련해서도 같은 논의가 이루어진다.[37] 따라서, 공여국에서의 정치적 실현가능성이 낮을 것이란 점을 고려하면, 진정으로 환경적 효과가 있는 그리고 개발 효과도 있는 특혜가 부여되는 경우는 거의 없을 것이다.

마지막 논의와 연결되어 있는 두 번째 우려는 특혜공여국은 특혜부여 이후에 외국산업과의 더 치열한 경쟁에 직면해야 하는 국내산업으로부터 정치적 지지를 잃는 것과 같은 정치적인 어려움에 직면한다는 것이다.[38] 특히 특혜가 '민감한' 산업에 부여되는 경우 이러한 위험은 커진다. 그러나 특혜부여로 인해 낮아진 무역장벽에 따라 수입제품 가격이 낮아져 공여국의 소비자 후생이 증가하며, 또한 기후변화대응조치에 대한 대응이라는 점에서 '환경적' 충족이라는 잠재적인 이득 또한 생긴다. 이때, 저가의 '환경적' 제품으로부터 얻는 소비자후생의 증가 이득 및 기후변화대응조치에 대한 정치적 지지의 이득이 특혜가 정치적으로 실현되어 더 이상 보호받지 못하게 되는 산업이 감수해야 하는 손실

---

36 Cass Sunstein, 'The Complex Climate Change Incentives of China and the United States' (John M. Olin Law & Economics Working Paper No. 352, The Law School, University of Chicago, 2007).

37 미국은 여러 제품을 '수입에 민감한' 업종으로 분류한다. U.S. Code Title 19-Customs Duties, Chapter 12-Trade Act of 1974, Subchapter V-Generalized Scheme of Preferences, Section 2462, para. 2463(b)(1).

38 그럼에도 불구하고, 승자와 패자가 있는 제로섬게임의 경향이 있는 금융거래보다 무역특혜가 유지되는 것이 쉬울 것이다. 무역특혜의 형태로 주어지는 당근책의 경우 이러한 위험이 줄어드는 이유는 낮아진 무역장벽이 실제로 국가후생을 증가시키며, 따라서 후생증가의 관점에서 당근책의 공여국과 수혜국 모두 승자가 되는 점에 있다. Stavins and Barrett, *supra* note 32 at 18.

보다 반드시 커야 한다.

셋째, 국가들이 기후변화협정에 가입하지 않는 데에는 각기 다양한 이유가 있다. 미국과 심지어는 중국과 같은 일부 국가들에게는 적어도 단기적인 관점에서는 기후변화조치로 얻는 이득보다 이에 들어가는 비용이 더 클 것으로 보인다.[39] 다른 국가들, 특히 개발도상국의 경우는 조치로 얻는 이득은 크지만 자원상의 제약이나 경제적 기회의 상실이라는 큰 비용에 직면한다.

마지막으로, 환경보호를 촉진시키기 위해 유인책을 이용하는 것은 적어도 단기적으로 보았을 때 환경에 사실상 피해를 주는 유인을 만든다고 Chang은 주장한다.[40] 잠재적으로 당근을 받을 자격이 있는 국가들은 그러한 자격을 갖추기 위해 새로운 방법으로 환경을 오염시킬 수 있는데, 예컨대 시장접근특혜를 얻기 위해 화석연료를 사용하여 전력생산을 할 수 있다.[41] 또한 만약에 당근의 크기가 환경오염에 비례한다면, 자격을 갖춘 국가들은 더 큰 당근을 얻기 위해 환경에 오염을 일으키는 활동을 더 많이 하고자 할 것이다. Chang은 이 시나리오에서 국가들이 그러한 활동을 지속하겠다는 위협을 통해, 타국으로부터 당근을 빼앗아오려 할 수 있다고 주장한다. 이 문제는 일반특혜관세제도에서 배출량이 많은 국가들이 이 같은 수혜국이 되지 않는 한, 그리 큰 문제가 되지 않을 수도 있다. 특혜라는 유인책의 효과에 대한 이러한 우려는 온실가스를 배출한 제품과 관련한 특혜보다는 생산 및 공정방법(PPMs)과 관련한 특혜에서 더 문제가 될 것이다. 생산 및 공정방법은 조작이 더 쉽기 때문이다.

11.4 결　　론

개발도상국들의 기후변화협정의 참여 및 준수가 증가한 것은 일반특혜관세

39 Sunstein, *supra* note 36.

40 Howard Chang, 'An Economic Analysis of Trade Measures to Protect the Global Environment' (1995) 83 *Georgetown Law Journal* 2131. Howard F. Chang, 'Carrots, Sticks, and International Externalities' (1997) *17 International Review of Law and Economics* 309. 그는 이러한 왜곡된 유인이 특히 다자간협정에서 일어날 수 있다고 생각한다.

41 Chang, ibid. at 313.

제도하에서 무역조치가 당근으로 이용된 것에 힘입은 현상일 수 있다. 그러나 기후변화협정의 참여와 준수를 확대하는 데 무역조치가 그 중심이 되기는 어려울 것이다. 충분히 영향력 있는 효과를 내기 어렵다는 점, 그리고 당근을 얻기 위해 국가가 배출량을 늘릴 경우 역효과가 날 수 있다는 점에서 무역조치는 오로지 제한적인 잠재적 효과만을 가진다. 물론 무역조치 자체만으로는 충분하지 않다. 무역조치를 당근으로 사용하고자 하는 국가들은 우선적으로 그리고 반드시 GATT의 최혜국대우의무 또는 권능부여조항의 요건을 위반하지 않았음을 보장해야 한다. 또한 WTO에 합치되는 경우라 할지라도, 개발도상국이 특혜대우를 얻는 유일한 방법이 기후변화와 관련한 조건의 준수인 경우에는 긍정적 유인책으로 보이는 당근이 실제로는 제재처럼 기능할 수 있다.

이제 형평성과 정의에 대한 심각한 우려가 제기된다. 개발도상국은 소위 당근으로 불리는 유인책을 자신의 개발 노력을 더욱 제한하려고 선진국이 부과하는 또 다른 조건으로 볼 수 있다는 점이다. 말은 추가적인 특혜대우라고 하지만 실제로 개발도상국의 수출이익이 걸린 제품이 누린 시장접근의 수준은 지금까지 매우 제한적이었으며, 그러한 대우가 '특별 특혜'의 종류라기보다는 오래전부터 이미 부여되었어야 할 대우로 보는 것이 더욱 적절할지 모른다. 따라서 기후변화협정에 대한 참여 및 준수를 유인하기 위해 특혜를 사용한다는 생각은 시대 역행적인 조치로 보일 수 있다.

권능부여조항은 우리가 정한 세 가지 목표달성에 대해 특별히 유용한 틀을 제공하지는 않는다. 그렇다고 권능부여조항 같은 당근을 이용하지 않도록 규정하는 것 또한 좋은 방법이 아니다. 당근이 환경적 효과가 있거나 개발도상국 개발을 지지하는 등 이득을 가져오는 경우도 종종 있기 때문이다. 뿐만 아니라, 당근이 효과적이지 않은 경우를 일일이 상세히 기술하려는 시도나 효과적이지 않은 당근을 이용하는 경우 높은 비용을 부과하려는 시도 역시 좋은 방법은 아닐 것이다. 특혜의 부여는 기껏해야 수혜국의 필요 때문에 발생하며, 최악의 경우 공여국의 정치적인 편의주의 때문에 발생한다. 따라서 이를 법적 규칙을 통해 규율하는 것은 극히 어렵다.

12. 장애물의 제거

지금까지 일방적인 무역조치가 '당근', 즉, 긍정적 유인책으로 이용되는 경우에 대해 살펴보았다. 한편 무역조치는 타국의 기후변화협정에의 가입 및 준수에 장애물이 되는 요소를 없애기 위한 방법으로도 이용될 수도 있다. 이 장에서는 네 가지의 그러한 장애물들을 설명하고자 한다. 첫 번째는 대부분의 개발도상국이 기후변화대응조치를 이행할 만한 기술적, 재정적 능력이 부족하다는 점이다. 두 번째는 많은 국가들이 기후변화대응조치 실행으로 얻는 이득보다 비용이 크다고 여기는 점이다. 특히 개발도상국들은 경제성장과 개발을 촉진시켜야 하는 최우선적인 목표를 가지고 있다. 따라서 이러한 목표가 기후변화완화조치와 양립하지 않을 경우, 개발도상국들은 일정한 감축의무를 부과하는 기후변화협정에 가입하지 않으려 한다. 세 번째는 형평성과 정의의 문제인데, 이는 배출량감소에 있어 주된 책임은 선진국이 져야 한다는 개발도상국의 주장과 관련이 있다. 네 번째는 선진국 및 개발도상국 모두가 자신이 온실가스 배출량감소를 위해 조세의 부과 또는 규제를 실시하는 경우 자국의 국제경쟁력이 저하되지는 않을까 하는 우려를 한다는 점이다. 무역조치는 처음의 세 장애물을 제거하는 데 중요한 역할을 하지는 못할 것 같다. 그럼에도 불구하고, 무역조치의 이용은 더 넓은 맥락의 일부로서 고려되어야 할 것이다.

12.1 역량의 부족

간단히 말해서 많은 개발도상국들은 온실가스 배출감축 조치의 실행에 필요한 경제적 또는 기술적 능력을 갖고 있지 못하다.[1] 교토 의정서의 청정개발체제(CDM)는 이 점에서 중요한 역할을 하고 있다. 청정개발체제를 통하여 개발도상국에서 배출량감축 프로젝트들을 진행하면 감축실적크레딧(CERs)을 얻을 수 있기 때문이다. 선진국들은 교토의정서에서 부여받은 자신의 의무 감축량을 달성하기 위하여 이러한 감축실적크레딧을 거래하고 판매한다. 청정개발체제가 기술이전 및 확산을 장려하는 하나의 수단으로 널리 여겨지고 있는 가운데, 개발도상국들은 자신의 기술적 역량 부족은 여전히 지속되고 있다는 점을 들어 포스트교토체제에 개발도상국의 역량강화규정이 포함되어야 한다고 강력히 주장하고 있다.[2]

1 David Weisbach, ***Responsibility for Climate Change, by the Numbers***(John M. Olin Law & Economics Working Paper No. 448(2nd Series), Public Law and Legal Theory Working Paper No. 255, 2009) at 25.

2 Raymond Clémecon, 'The Bali Road Map: A First Step on the Difficult Journey to a Past-Kyoto Protocol Agreement' (2008) 17 *The Journal of Environmental & Development* 70. 발리행동계획의 전문은 "당사국회의는 회의 결과의 효과적이며 지속적인 이행을 가능하게 하는 포괄적인 과정을 실시할 것이다. 이 과정은 특히 측정, 보고, 확인이 가능한 방법으로 기술, 재정, 능력강화를 통해 지지되는 지속가능한 개발의 맥락에서 장기적인 협력조치로서 이루어질 것이다. 특히 개발도상국 당사국들의 자발적 감축행동이 실시될" 것이라고 명시하고 있다. 청정개발체제와 관련해서는 다음을 참조. Antoine Dechezleprêtre, Matthieu Glachant and Yann Ménière, 'The Clean Development Mechanism and the International Diffusion of Technologies : An Empirical Study' (Fondazione Eni Enrico Mattei Note de Lavoro Series Index: http://www.feem.it/Feem/Pub/Publications/WPapers/default.htm (2010년 3월 3일 검색)).

12.2 비용 대비 편익

선진국과 개발도상국 모두 배출량감축에 드는 비용이 그 이익보다 크다면, 기후변화협정의 가입이 국익에 부합하지 않는다고 결정할 것이다. Sunstein의 주장에 따르면, 미국이 교토의정서에 가입함으로써 부담하게 될 비용은 3,250억 달러로 예상되는 반면, 그 기대이익은 고작 120억 달러에 지나지 않는다.[3] 이러한 연구결과가 나오게 된 부분적인 이유는 향후 몇 십 년간 미국은 기후변화로부터 심각한 피해를 입지 않을 것이라 예측되기 때문이다.[4] 오히려 미국은 온난화와 탄소시비로 인한 농업생산성이 향상되어 단기적 이익을 누릴 것으로 예측된다.[5] 또한 미국이 받을 생태적 영향은 다른 국가들이 입을 영향에 비해 그리 심각하지 않을 뿐만 아니라,[6] 그러한 변화에 다른 국가들보다 더 잘 적응할 수 있을 것이라 예측되고 있다.[7] 중국 역시 미국과 유사하게 배출감축의무를 부담하는 것과 관련하여 오히려 부정적 동기들이 강하게 작용한다. 식물의 생장기간의 연장, 탄소시비, 그리고 이에 따른 농업생산성의 향상으로 인해 향후

---

3 Sunstein은 이를 비용과 이득을 어림잡아 계산한다면 그럴듯한 수치라고 한다. Cass R. Sustein, 'Montreal vs. Kyoto: A Tale of Two Protocols' (2007) 31 *Harvard Environmental Law Review* 1 at 34.

4 Richard B. Stewart and Jonathon B. Wiener, *Reconstructing Climate Policy: Beyond Kyoto* (Washington, DC : The AEI Press, 2003) at 41.

5 Cass R. Sunstein, *The Complex Climate Change Incentives of China and the United States* (John M. Olin Law & Economics Working Paper No. 352 (2nd series), Public Law and Legal Theory Working Paper No. 176, The Law School, University of Chicago, 2007) at 12. Olivier Deschenes and Michael Greenstone, 'The Economic Impacts of Climate Change: Evidence from Agricultural Output and Random Fluctuations of Weather' (2006)를 인용. 다음에서 이용가능 www.aei-brookings.org/publications/abstract.php?pid=1031.

6 Stewart and Wiener, *supra* note 4 at 52. 그럼에도 불구하고, 미국의 해변주요도시와 Florida의 거의 모든지역이 침수될 것이라는 더 극단적인 피해에 대한 예측이 있다는 점에 특히 주의해야 할 것이다. 이에 대한 예는 다음을 참조. James Hansen, *The Threat to the Planet* (2006) 53 (1) *New York Review of Books* 4-5.

7 Michael P. Vandenbergh, *Climate Change: The China Problem* (Vanderbilt University Law School : Public Law & Legal Theory Working Paper No. 08-09; Law & Economics Working Paper No. 08-15, 2008) at 18.

몇 십 년간은 지구온난화로부터 이득을 얻을 것이라 예상된다.[8] 더욱이, 제조업이 갖는 탄소배출의 경제적 중요성과 비교우위 측면에서, 풍부한 석탄자원이 주는 저렴한 에너지 비용을 고려하면 중국은 배출을 지속할 강력한 유인마저 존재한다.[9]

많은 개발도상국들도 기후변화감소의 비용이 이익을 넘어선다는 점을 고려할 것이다. 가장 강력한 비유인적인 요소들 중 하나는 제11장에서 지적한 바와 같이 개발도상국이 가장 우선하는 것이 경제성장 및 개발목표의 장려라는 점이다. 따라서 개발도상국에게 온실가스 배출량의 감소는 자신의 목표와 양립 불가능한 것으로 여겨질 수 있고, 혹은 적어도 그 목표에 비해서는 부차적인 것으로 여겨질 가능성이 높다. 일정 수준의 재정적 · 기술적 능력을 지니고 있는 경우라 하더라도, 많은 개발도상국들은 경제성장 및 개발을 기후변화완화보다 우위에 놓을 것이기 때문이다. 일부 국가에게는 기후변화로 예상되는 피해는 단기적으로 중대한 위협이 아니며,[10] 오히려 지속되는 저개발문제가 현재 중대한 피해를 야기하고 있다. 이러한 국가들은 자신의 경제성장을 위해 온실가스 배출량을 현재수준에서 유지하거나 심지어는 증가시킬 수 있어야 한다고 주장한다. 오늘날 산업화된 국가들이 과거에 자신의 경제성장을 위해 한 것과 똑같이 말이다.[11] 실제로, 개발도상국들은 기후변화협약에 가입하는 것이 자신의 경제

8 Stewart and Wiener, *supra* note 4 at 42. 러시아의 농업부문도 기후변화로 인해 이득을 얻을 것으로 예상된다. 반면 인도는 보건과 농업부분에서 모두 큰 손실을 입을 것으로 예측된다. Eric A. Posner and Cass R. Sunstein, *Climate Change Justice* (University of Chicago, John M. Olin Law & Economics Working Paper No. 354 (2nd series), 2007) at 13.

9 Vandenbergh, *supra* note 7 at 14. Vandenbergh는 역효과에 대해서도 강조하였는데, 이러한 역효과에는 해수면이 5미터 상승할 경우 중국이 해안지역의 침수로 입는 피해와, 기후변화로 인해 무역상대국의 중국제품에 대한 수요가 감소할 경우 입을 경제적인 피해가 포함된다.

10 예를 들어 Gordon은 많은 아프리카국가들이 기후변화를 적어도 단기적으로 그들에게 직접적인 영향을 미치지 않는 먼 문제로 보며, 또한 그들이 보기에 기후변화완화노력은 자신의 개발노력을 약화시키는 효과를 가진 서구 국가들로부터의 또 다른 강요로 본다고 주장한다. Ruth Gordon, 'Climate Change and the Poorest Nations: Further Reflections on Global Inequality' (2007) 78 *University of Colorado Law Review* 1559 at 1603. Anil Agarwal, 'A Southern Perspective on Curbing Global Climate Change', in Stephen H. Schneider et al., *Climate Change Policy: A Survey* (New York: Cambridge University Press, 2002) at 375, 388-90.

11 이에 대한 예로 다음을 참조. Liu Jiang, Vice-Chairman, National Development and Reform

성장에 피해를 주지 않을 것이라 생각하고 가입한 것일 뿐이다.[12]

12.3 형평성과 정의의 문제

기후변화에 대처하는 다자적 조치에 대한 모든 논의의 중심은 형평성과 정의의 문제이다.[13] 우선, 책임에 대한 일반적인 설명은 선진국이 과거 배출량의 대부분에 대해 책임이 있다는 것이다.[14] 이 점에 근거하여, 산업화된 국가들은 온실가스배출을 통해 경제성장을 이루어 놓고는, 오늘날 배출량감소의 필요성에 의해 개발도상국의 경제성장을 제약하는 것은 부당하다는 주장이 있다. 더욱이, 이산화탄소와 그 밖의 온실가스는 배출된 후 대기 중에 매우 오랜 기간 머물기 때문에 산업국가들이 과거에 만든 배출량의 상당량이 아직도 대기 중에 남아있어, 현재의 지구온난화에 가장 크게 기여하고 있다.[15] EU와 미국은 기후

Commission of China, Keynote Speech on the Round Table Meeting of Energy and Environment Ministers from Twenty Nations (2005). 이는 Eric A. Posner and Cass R. Sunstein, *Climate Change Justice* (University of Chicago, John M. Olin Law & Economics Working Paper No. 354 (2nd series,), 2007) at 33.

12 Ruth Gordon, 'Climate Change and the Poorest Nations: Further Reflections on Global Inequality' (2007) 78 *University of Colorado Law Review* 1559 at 1601. 여기에서 Anil Agarwal et al. (eds), *Green Politics: Global Environmental Negotiations* (New Delhi: Centre for Science and the Environment, 1999)을 인용.

13 Paul Harris, 'The European Union and Environmental Change: Sharing the Burdens of Global Warming' (2006) 17 (2) *Colorado Journal of International Environmental Law and Policy* 309 at 351.

14 기후변화 Pew 센터(Pew Center on Global Climate Change)의 보고에 따르면, 산업화된 국가군은 일인당 가장 높은 에너지사용량을 가지며, 지난 한 세기 동안 엄청난 양의 온실가스를 배출함으로써 이익을 얻었기 때문에 기후변화에 역사적인 책임이 있다. Eileen Claussen and Lisa McNeilly, 'Equity and Global Climate Change – The Complex Elements of Global Fairness' (Arlington, VA: Pew Center on Global Climate Change, 29 October 1998). 또한 '역사적으로 선진국이 인위적인 온실가스의 대부분을 배출하였다'고 지적한 유엔환경계획의 보고를 참조. United Nations Environment Programme, 'Vital Climate Change Graphics' (UNEF, 2005).

15 1907년에 배출된 이산화탄소의 절반가량이 오늘날에도 대기 중에 남아있다. Posner and Sunstein, *supra* note 11 at 83. Stewart and Wiener, *supra* note 4 at 42.

변화협약에 가입하면서 기후변화에 대한 주요한 책임이 자신들에게 있다는 점, 그리고 이로부터 부정적인 영향을 받은 국가들을 도와주어야 할 책임을 지고 있다는 점을 인정한 바 있다.[16] 그러나, Wiesbach의 최근 연구는 이러한 책임에 관한 일반적 설명에 이의를 제기한다. Wiesbach가 기후분석지수도구(Climate Analysis Indicators Tool: CAIT)[17]에 포함된 자료를 검토한 결과 과거의 배출량을 포함한 기후변화에 대한 책임은 일반적으로 논의되는 것보다 훨씬 더 광범위하게 분산되어 있었다. 대기 중 온실가스 배출량을 종합적으로 측정한 목록과 일인당 배출 또는 배출강도를 기준으로 측정한 배출량 목록 모두에서 상당수의 빈국이 상위권을 차지하고 있다는 점을 발견한 것이다. 인도네시아, 브라질, 말레이시아와 같은 국가들은 총 온실가스 배출량에서 상위 20위 안에 들었고, 벨리즈, 가이아나, 카타르, 부르나이 등의 국가들은 일인당 배출량 상위 10위 안에 포함되었다.[18] 이러한 결과에 대해 Wiesbach는 다음과 같이 설명한다. 첫째, 표준자료는 배출량이 많은 빈국과 배출량이 적은 빈국의 수치를 평균시키는 경향이 있기 때문에 상위목록에 빈국이 존재하지 않게 된다는 것이다. 예컨대 높은 배출국인 벨리즈와 가이아나는 낮은 배출국인 중남미 국가들과 합해져서 해당목록들에서 보이지 않게 되는 것이다. 이와 유사하게 중동을 하나의 기준점으로 본다면 카타르, 아랍에미리트, 쿠웨이트 같은 일인당 배출량이 높은 국가들이 보이지 않게 된다.[19]

---

16 Harris, *supra* note 13 at 321. 기후변화협약의 전문에서는, 최근의 그리고 역사적인 온실가스 배출량의 대부분은 선진국에서 유래한다고 명시하고 있다. 동 협약에서는 모든 당사국들로 하여금 기후변화에 대한 부담을 나누어 부담할 것을 요청하고 있다. 부담의 방법에 대해서는 역사적인 배출에 대한 책임이 가장 큰 국가 또는 조치를 취할 능력이 가장 큰 국가들이 그 부담의 대부분을 진다. 따라서 제3조 1항에서는 경제적 관점에서 선진국들의 주도하에 공동의 그러나 차별적인 책임 및 각각의 능력에 합치하는 형평한 방식으로 이 문제를 해결하여 지구의 대기를 기후변화로부터 보호해야 한다고 규정하고 있다. 경제적으로 덜 발전한 국가 또는 개발도상국들은 선진국들이 약속을 이행한 경우에만 그들의 약속을 이행할 의무가 있을 것이라고 이해된다.

17 기후분석지수도구는 환경 연구소인 세계자원연구소(WRI)에 의해 개발되었다. 세계자원연구소는 기후변화협약, 국제에너지기구, 에너지 정보청, 이산화탄소정보분석센터에서 선진국에게 요구되는 이산화탄소 목록을 포함하여 다양한 곳으로부터 정보를 수집하였다. www.cait.wri.org 참조.

18 David Weisbach, ***Responsibility for Climate Change, by the Numbers***(John M. Olin Law & Economics Working Paper No. 255, 2009) at 10, 13.

19 Ibid.

둘째, 배출량에 대한 측정을 오직 에너지 사용에서 발생한 배출량 등에 좁게 한정시키는 경향이 있다. 그런데 빈국의 경우 이러한 측정기준으로는 배출량이 낮고, 토지사용변화와 같은 측정에서는 배출량이 높게 나타난다. 따라서 토지사용변화를 제외한 수치에서 선진국이 상대적으로 배출량이 더 많다고 보일 것이다.

Wiesbach은 기후변화에 대한 책임의 측정이 오직 몇 가지 유형의 배출량에 한정되어야 할 이유는 없다고 주장한다. 그러나 그렇다고 해서 기후변화완화에 대해 개발도상국이 선진국과 같은 책임을 부담해야 한다는 결론에 도달해야 하는 것은 결코 아니다.[20] 그가 지적한 바와 같이, 기후변화에 크게 기여한 빈국들이 부국과 같은 정도로 책임을 갖는다면, 그에 따르는 의무들은 개발도상국에게 중대한 어려움을 초래할 것이다.[21] 많은 개발도상국이 기후변화완화조치를 취할 재정적 · 기술적 능력이 부족하다. 뿐만 아니라, 배출량의 대부분은 아마도 선진국들의 요청에 따라 발생되었을 것이고, 따라서 개발도상국 자신의 사회에는 큰 이익조차 없었을지도 모른다. 이들 개발도상국으로부터의 온실가스배출은 선진국시장으로의 제품공급과 선진국 경제성장에 원동력이 되었던 자원착취를 통해서 발생했을 것이다. 따라서 개발도상국이 일반적으로 논의되는 것보다 더 많은 온실가스를 배출하였다는 점이 확인되더라도 이로써 그들이 선진국과 같은 수준의 책임을 떠안아야 한다는 결론을 내릴 수는 없다.

정의와 형평성의 문제는 중요하다. 왜냐하면 Wiegandt의 주장과 같이 기후변화체제에 있어 사회적 정의의 목표를 포함시키는 논리 중 하나는 '국가는 오직 공정한 것에 대해 합의할 것'이기 때문이다.[22] 다시 말해, 기후변화협정이 공정하고 평등한 것으로 인식되지 않는다면, 국가들은 이를 준수하지 않을 것이다.[23] 이러한 상황의 현실정치를 살펴보자. 개발도상국은 공정하거나 형평하

20 Ibid. at 16.

21 Ibid. at 25.

22 Ellen Wiegandt, 'Climate Change, Equity, and International Negotiations', in Urs Luterbacher and Detlef F. Sprinz (eds), *International Relations and Global Climate Change* (2001). 이는 Paul Harris, 'The European Union and Environmental Change: Sharing the Burdens of Global Warming' (2006) 17 (2) *Colorado Journal of International Environmental Law and Policy* 309 at 352.

23 Harris, ibid.

지 않은 어떠한 향후의 협정에도 가입하지 않을 것이라는 점, 그리고 일반적으로 받아들여지는 논의에 따라 이 문제에 대해 선진국이 역사적으로 가장 큰 책임을 가지고 있다는 점을 분명히 말해왔다.[24] Weisbach가 제시한 수정된 설명으로도 결론이 달라지는 것은 아니다.

12.4 세 가지 장애물의 해결

개발도상국의 역량과 관련한 문제를 해결하기 위해서는 국제적 차원에서의 다양한 조치들이 필요하다. 이러한 조치들로는 배출량 감축조치를 가능하게 하는 개발도상국 내에서 역량증진을 위한 노력, 선진국의 재정적 지원, 개발도상국의 기술이전이 있다. 이들은 다자적이고 지역적인 기반에 근거하여 이루어져야 할 것이며, 여기에는 청정개발체제의 개혁도 포함될 수 있다.[25] 한편, 앞서 언급된 조치들이 WTO규범하의 의무로 편입될 잠재적 가능성도 있다. 이때 가능한 방법으로는 이들을 TBT협정상의 기술원조에 관한 규정 또는 무역 관련 원조 프로그램(Aid for Trade Programme)에 포함시키는 것이다. 무역 관련 원조 프로그램은 개발도상국이 무역기회를 이용하도록 개발 원조를 제공하는 것을 목적으로 한다.[26] 개발도상국이 필요한 재정적인 규모는 엄청나며, 이는 코펜하겐 협상 때 핵심적인 난제 중의 하나였다. 2009년 세계개발보고서의 분석에 따르면 지구의 기온이 섭씨 2도 상승하는 것을 막기 위한 기후변화완화조치를 시행하기 위해서는 개발도상국에게 연간 140조 달러에서 175조 달러 정도의 재정이 필요하다.[27] 코펜하겐합의문은 3년 동안 30조 달러의 재정지원과 2020년까

24 Ibid. at 326.

25 청정개발체제가 지니는 문제점과 이를 개혁할 수 있는 가능한 방안에 대해서는 다음을 참조. Michael W. Wara, 'Measuring the Clean Development Mechanism's Performance and Potential' (http://ssrn.com/abstract=1086242에서 이용가능).

26 International Centre for Trade and Sustainable Development (ICTSD), Trade and Climate Change Briefing, Issue 2, Climate Change Financing, UNFCCC COP 15, Copenhagen 2009, 5 December 2009.

27 Ibid. 중요한 투자에는 추가적인 재정지원이 필요할 것이다. 맥캔지사의 추정에 따르면 에너지효

지 연간 재정지원액수를 100조 달러로 늘리는 목표를 정했을 뿐이다.

통상법과 정책의 논의를 벗어난 이야기지만, 경제성장과 개발목표와 관련하여 해외원조가 개발도상국으로 유입되어야 할 필요가 있을 것이다. 산업국가들은 기후변화대처에 대한 공동의 노력을 모색하는 동시에 개발도상국이 경제성장 및 개발을 추구하는 노력을 지원할 수 있는 방법을 찾아야 한다. 경제성장과 개발목표가 달성되어야 개발도상국들이 기후변화협정에 전적으로 참여할 것을 고려할 것이기 때문이다. 형평과 정의의 문제는 절대적으로 중요하다. 따라서 이 문제는 기후변화에 대한 부담을 적절히 그리고 공정한 방법으로 분산시키도록 고안된 기후변화체제를 통해 우선적으로 해결되어야 한다.

12.5 경쟁력 관련 장애물

이하에서는 기후변화조치를 가로막는 장애물 중 경쟁력과 관련한 두 가지 장애물에 대하여 논의한다. 그 중 하나는 국제 경쟁력 상실에 대한 산업 차원의 우려이며, 더 넓게는 기업이 역외로 생산기지를 이전하는 현상인 '탄소누출'에 관한 것이다. 산업들이 탄소가격을 자신의 제품가격에 반영시킬 경우 경쟁력을 잃을 수 있다는 우려, 그리고 탄소가격을 부과하지 않는 제3의 국가로 생산설비를 이전하는 것에 대한 우려에 대해서는 제8장에서 살펴본 바 있다. 제8장에서는 조세와 관련하여 검토하였지만 이러한 우려는 배출량 감축을 위해 고안된 국내규정들과 관련하여서도 제기될 수 있다. 피해 산업과 이익단체들은 경쟁력 상실을 가져올 수 있는 조치를 채택하지 않도록 정부에게 압력을 가할 것이고, 이 같은 압력은 정부가 기후변화조치를 취하는 데 있어 하나의 장애물이 될 수 있다.[28]

율성과 재생가능한 에너지원의 사용과 관련한 경제적인 저축효과는 시간이 지나야 나타나기 때문에, 일상적인 투자를 넘어 추가로 5,630억 달러가 필요할 것이다.

28 경쟁력 문제에 관한 조사를 확인하기 위해서는 다음을 참조. Cosbey and Richard Tarasofsky, *Climate Change, Competitiveness and Trade* (A Chatham House Report, London: The Royal

감축의무가 없는 국가들 또는 감축의무는 있지만 이를 준수하지 않는 국가들은 부담을 지지 않음으로 인하여 자국 산업이 지니는 경제적 이득의 유지를 원할 것이며, 향후의 감축약속은 자국의 이익을 감소시킬 것이기 때문에 이를 꺼려할 것이다. 자국의 이익을 포기하지 않으려는 국가들의 저항이 기후변화조치에 있어 두 번째 장애물이다.

이 두 가지 장애물을 없애고, 국가들에게 의무를 부담하라고 설득할 수 있는 한 가지 방법은 비가입국과 비준수국이 얻는 이익을 제거하는 것과 함께, 가입국과 준수국이 입게 될 불이익을 제거하는 것일 것이다.

12.6 경쟁력 관련 장애물의 해결

일방적인 무역조치는 경쟁력과 관련한 장애물을 제거하는 데 일정한 역할을 할 수 있다. 첫째, 국가들은 국경세조정 또는 외국생산자에게 국내생산자들이 부담하는 정도의 비용을 부담시키는 국내규정을 실시함으로써 경쟁력 상실의 우려와 탄소누출 현상의 우려를 해결할 수 있다. 국경세조정은 국내외 생산자들을 위한 '공정한 경쟁의 장'을 유지할 것이다. 뿐만 아니라, 비가입국이나 비준수국이 갖는 어떠한 경쟁우위도 제거함으로써 향후에 기후변화협정에의 가입과 준수에 대한 기회비용을 줄일 것이다.

온실가스 배출량 정도나 에너지효율성 등과 같은 국내외 제품의 특성에 대한 규제는, 규제 요건을 만족시킬 필요가 없는 해외 생산 제품이 초래하는 가격왜곡을 차단할 것이다. 제품의 생산 및 공정(PPM)과 관련한 조치 또한 왜곡을 줄이는 데 도움을 줄 수 있는 것이다. 예를 들면 석탄 화력발전을 이용한 공장에서 제조한 수입차에 대해 부과하는 국경세조정의 효과는 국내 차에 대해 배출된 탄소에 부과하는 내국세와 효과가 같아질 수 있다. 국경세조정보다 더 강한 조치로는 제품에 내재된 탄소에 따라 제품의 수입이나 판매를 금지시키는

Institute of International Affairs, 2007)와 Joost Pauwelyn, *US Federal Climate Policy and Competitiveness Concerns: The Limits and Options of International Trade Law* (Nicholas Institute for Environmental Policy Solutions, Duke University, 2007) at 2.

조치가 있다.

한편, 수입에 대한 국경세조정과 국내규정과 관련하여서는 몇 가지 우려가 존재한다. 여기에서 논의할 세 가지 우려 중 두 가지는 조치의 실행가능성 및 비용과 관련되며, 세 번째 우려는 정치와 형평성이라는 더 넓은 범위의 논의와 관련되어 있다.

첫째, 제8장에서 논의한 것처럼, 수입제품을 분류하여 적정한 세금 조정량을 결정하거나 관련 규제요건을 부과하는 데에 드는 비용이 잠재적으로 높다.[29] 자동차의 배출허용기준 같이 측정이 쉬운 일부 제품기준에서 규제요건은 그 고안과 실행이 더욱 쉬울 것이다. 특정한 제품을 목표로 하는 조치의 경우, 제품의 탄소발자국을 계산하는 것과 유사한 방식으로 해당 제품의 제조과정에서 배출된 탄소 수치를 측정해야 한다. 그러나 제품에 대한 탄소배출량을 어떻게 측정해야 하는가는 매우 논란이 되는 문제이며, 특히 전 세계적인 공급망을 가진 제품의 탄소배출량 측정에는 비용이 많이 들 것이라는 문제가 있다.[30] 생산 및 공정방법(PPM)에 대한 신뢰할 수 있는 정보를 얻는 것이 일부 국가의 경우 특히 어려울 수도 있다. 뿐만 아니라, 모든 포괄적 기후변화협정은 불가피하게 수많은 범위의 제품 및 서비스를 다룰 것인데, 거의 모든 제품의 생산과 심지어는 관광과 같은 일부 서비스산업에서 조차 어떤 제품이 국경세조정이나 국내규정에서 다루어져야 하는지를 결정하는 것은 극히 어렵다.

둘째, 국경세조정이나 국내규정들의 효과는 시장의 크기와 조치의 성격에 따라 달라질 것이다. 수입에 부과되는 국경세조정은 국내 제품이 수입제품에 대해 여전히 경쟁력이 있게끔 보장해줄 것이다. 한편, 수출품에 대한 국경세조정은 외국시장에서 그들의 경쟁력을 보장해줄 것이다. 그러나 국내규칙으로 수입국 국내시장의 공정성을 유지할 수 있겠지만 외국제품의 경쟁력을 저하시킬 수 있다. 예컨대, 국내에서 생산된 제품의 탄소배출량에 영향을 주기 위해 기준

29 Robert N. Stavins and Scott Barrett, *Increasing Participation and Compliance in International Trade Agreements* (Working Paper No. RWP02031, Kennedy School of Government, Harvard University, 2002) at 21. Stavins와 Barrett은 모든 관련된 제품에 국경세조정을 이용하려는 것은 매우 큰 비용이 들며, 국경세조정을 제품의 부분집합에 부과하는 것은 효과가 없을 것이라고 주장한다.

30 가능한 계산방법에 대한 논의에 대해서는 ibid. at 22.

을 이용한다면, 모든 수입제품에 대해 동일한 기준이 적용되므로 국내시장에 있는 모든 제품이 유사한 제약을 받는 것이다. 그러나 기준이 수출되는 제품들에 적용되는 경우에 외국의 경쟁 산업들이 특정시장에서 이와 유사한 기준을 충족할 것을 요건으로 하지 않는다면 국내산업은 국제시장에서 경쟁력을 잃을 것이다.

셋째, 국경세조정이나 국내 규정은 단지 국가후생 또는 세계후생증가만을 위해서 실시된다고 할 수는 없다. 정치관료들은 세계후생증가 목적은 차치하고서라도 국가후생증가를 목적으로 명시적 조치를 취하기보다는 자신의 이익을 위해, 예컨대 재선자금의 마련 또는 장래의 고용기회 증가에 도움이 되는 조치를 실행할 것이다. 국가행동에 관한 공공선택이론은 국가들이 제재를 부과하는 목적이 단지 기후변화조치 비용을 상쇄시키기 위해서만은 아님을 시사한다. 국가들은 특정 국내산업을 보호하거나 특혜를 주기 위해 조치를 취하기도 하는 것이다.[31] 이 같은 무역보호적 조치를 환경적으로 정당성을 갖는 조치와 구별하는 것은 무역의 상대국과 WTO 분쟁해결기구 모두에게 어려운 문제이다. 이러한 어려움은 예컨대 조치가 내국민대우를 위반하였는지 여부, 그리고 제20조에 따라 환경적으로 정당성을 갖는 조치로서 정당화할 수 있는지 여부를 결정할 때 발생한다. 패널과 항소기구가 양자를 구별하지 못하는 경우 무역보호적 조치가 슬그머니 실시되어 무역이 불필요하게 감소 또는 왜곡될 수 있다. 물론 반대로 조치가 진정으로 정당한 환경적 목표를 추구하는데도 보호무역조치로 부적절하게 판단될 가능성도 있다. 그러나 이러한 결과는 지양되어야 한다. WTO 규범을 더욱 명확히하는 것이 효과적이지 않을 수 있는데, 그 이유는 해당 조치와 같은 유형에 적용되는 특정 규칙의 변수들을 사전에 파악하기 어렵기 때문이다.

더 문제되는 점은, 패널이나 항소기구가 일정조치가 보호주의적이어서 적법하지 않다는 결정을 내릴 수는 있을지 몰라도 WTO협정위반에 대한 구제책

31 Jide Nzelibe, 'The Case Against Reforming the WTO Enforcement Mechanism' (2008) *University of Illinois Law Review* 319; Alan Sykes, 'The Economics of Public International Law' (University of Chicago Law and Economics Olin Working Paper, No. 216, 2004)를 주로 참조.

은 보호무역을 적절히 중지시키기에는 너무 약하다. 제10장은 WTO분쟁해결제도의 이행 문제에 대해 논의하였다. 특히, 책임과 관련한 규칙에 문제가 있는데, 기후변화를 핑계로 무역보호조치를 실시한 국가들은 WTO에 의해 위반판정이 나더라도, 반드시 그러한 조치를 제거할 의무를 지지 않게 되는 점이다. 그들은 양허 또는 다른 의무의 정지를 감수하는 것이 비용적으로는 낫다고 결정할 수도 있다. 기후변화의 맥락에서 보호주의의 가능성이 매우 높다는 점도 지적된다. 일반적으로 보호무역주의적 조치는 그 조치를 취하는 해당국가에게 부정적 후생효과를 가져다준다.[32] 생산자 후생은 증가하는 반면 소비자 후생은 감소하기 때문이다. 그러나 개인들이 입는 각각의 손실은 더 작고 분산되어 있기 때문에 소비자들은 보호무역조치를 취하지 말라고 공동행동으로 정부에 압박을 가하는 데 한계가 있다. 이는 국민이 기후변화조치를 지지한다면, 보호주의적 조치에 대한 반대는 함구될 것이라는 사실에 기인한다. 국민은 그 조치가 보호무역조치라는 것은 깨닫지 못하고, 이를 환경목표를 달성시키는 조치로 보아 반대하지 않을 수 있으며, 심지어는 그 보호무역주의조치를 지지할 수도 있는 것이다. 이러한 상황은 정치관료들이 일반대중으로부터 정치적 반발을 받을 위험이 거의 없이 보호무역주의자들의 압력에 대응할 수 있는 가능성을 보여주고 있다. 따라서 제3국으로부터의 보복의 위협 또는 보복이 발생하는 실제 상황에서도 조치의 실시라는 정치적으로 유리한 결정을 내릴 수 있다.

개발도상국들은 무역상대국들이 자국에 대해 보호무역조치를 부과할 큰 가능성에 직면할 수 있는데, 그 이유는 개발도상국이 WTO 이행제도를 효과적으로 이용하지 못할 수도 있기 때문이다. 개발도상국은 다른 국가들이 취한 보호무역조치를 효과적으로 확인하고 도전할 수 있는 힘이 부족한 경향이 있다. 뿐만 아니라, 개발도상국은 무역 또는 해외원조와 같은 다른 분야에서 보복을 받을 위험이 있기 때문에 더 힘 있는 국가들이 취한 보호무역조치에 대항할 의지가 없을 수도 있다. 설사 개발도상국이 WTO의 이행제도를 이용한다 하더라도 그들은 실제상의 변화를 강제할 수 있는 힘을 갖고 있지 못한 경우가 대부분이

32 P. Krugman and M. Obstfeld, *International Economic Theory and Policy*, 7th edn (London: Pearson, 2005) at 184-6. 특히 제품의 국제가격에 영향을 미치지 못하는 소국인 경우 관세로 인한 후생감소효과에 대해 논의하고 있다.

다. WTO의 보복조치가 효과를 갖기 위해서는 제소국이 보호무역조치를 취한 국가의 수출업자에게 타격을 가할 수 있는 능력을 갖추어야 하는데, 개발도상국의 경우 선진국에 대해 그러한 타격을 가할 수 있는 충분히 크거나 영향력 있는 무역규모를 가지고 있지 않다. 이에 따라 개발도상국은 WTO 이행제도를 훨씬 덜 이용하는 경향이 있다.[33] 이러한 WTO 분쟁해결절차 이용의 감소가 의미하는 바는 일국이 다른 선진국에 대해 보호무역조치를 취할 때보다 개발도상국에 대해 보호무역조치를 취할 때 제한이 적다는 것이다. 따라서 여기에서 논의된 기후변화조치에 대한 두 가지 장애물을 제거하기 위해 무역조치를 사용하더라도, 제1장에서 언급했던 세 가지 목표인 기후변화완화, 보호무역주의방지, 개발의 증진을 모두 달성하지 못할 위험이 있다.

12.7 장애물 제거를 위한 무역조치의 유용성

선진국과 개발도상국이 취할 기후변화대응조치를 가로막는 장애물을 제거하는 데 일방적 무역조치가 도움이 될 가능성이 있다. 그러나 일방적 무역조치를 무용지물로 만드는 정치적인 요소들 때문에 그 가능성은 적다. 국경세조정을 통해 무역에 노출된 산업이 받는 압력을 제거하는 것 또는 비가입국 및 비준수국의 비교우위를 제거하는 것은 공동의 그러나 차별적인 책임원칙을 훼손할 수 있으며, 무역갈등 또는 정치적 · 외교적 긴장을 야기할 가능성도 높다. 미국과 프랑스가 국경세조정을 국내산업 보호목적 뿐만 아니라, 명시적으로 다른 국가들에게 강제하기 위한 목적으로도 사용할 것을 제안한 바 있다는 점에서 이런 긴장은 이미 고조되고 있다. 예컨대 2009년 민주당 상원의원인 John Kerry와 공화당 상원의원인 Lindsey Graham은 뉴욕타임즈에 다음과 같은 글

33 개발도상국의 WTO 분쟁해결절차제도의 이용과 관련한 어려움에 대해서는 다음을 참조. Chad P. Bown and Bernard M. Hoekman, *Developing Countries and Enforcement of Trade Agreements: Why Dispute Settlement is Not Enough* (2008) 42 (1) *Journal of World Trade* 177, 177-203; Andrew T. Guzman and Beth A. Simmons, *Power Plays and Capacity Constraints: The Selection of Defendants in World Trade Organization Disputes*, (2005) 34 *Journal of Legal Studies* 557.

을 기고한 바 있다.

> 우리의 환경기준을 준수하지 않는 국가에게 우리 시장을 내주어야 할 이유가 없다. 따라서 여러 기준을 회피하는 국가에서 생산된 제품에 국경세를 부과해야 한다. 이는 WTO의 의무와 합치하고, 타국에게 높은 수준의 환경보호조치를 취할 강력한 유인을 제공한다.[34]

한편, 프랑스 Sarkozy 대통령은 다음과 같이 언급하였다.

> 만약 대국이 배출량감축에 참여하지 않는다면, 유럽의 산업은 다른 국가로 옮겨갈 유인책을 가지게 될 것이다. 따라서 세금조정이건 수입업자들에게 허가권 구입을 의무화시키는 형태이건 간에, 의무감축 약속을 거부하는 국가로부터 수입된 제품에 대해 국경에서 조정하는 병행체제(parallel mechanism)의 도입이 필수적이라 보인다. 어떤 경우에는 이것이 국가들이 그런 약속에 동의하도록 유인하기 위해 필요하다.[35]

이런 주장에 대한 반응은 명백하다. 코펜하겐에서 인도의 기후변화협상 단장은 국경세조정에 대해 "우리는 완전히 반대한다. 완전히 반대한다"라고 말한 바 있다.[36] 이전에, 인도의 환경부장관은 중국의 Cheng 환경부장관이 "국경세조정은 아마도 보복조치를 유발하여 최악의 경우 무역전쟁을 유발할 수 있다"라고 한 발언을 인용하여,[37] 국경세조정을 허용하는 것은 "위험한" 조치라고 한 바 있다.[38] 중국은 2009년 6월 기후변화협의 전체회의에서 국경세조정에 대해 반대했는데, 이 회의에서 중국은 많은 다른 개발도상국의 지지를 받아 인도와

---

34 International Centre for Trade and Sustainable Development (ICTSD), Trade and Climate Change Briefing, Issue 3, Border Carbon Adjustment, UNFCCC COP 15, Copenhagen 2009, 5 December 2009 에 인용.

35 2008년 1월 EU 집행위원장 Jose Manuel Barroso에게 보낸 서한.

36 International Centre for Trade and Sustainable Development (ICTSD), Trade and Climate Change Briefing, Issue 2, Climate Change Financing, UNFCCC COP 15, Copenhagen 2009, 5 December 2009.

37 Amy Kamin, 'India Lambasts "Pernicious" US Carbon Tariffs', *Financial Times*, 20 June 2009. 'China Joins Carbon Tax Protest', *Financial Times*, 3 July 2009도 참조.

38 Ibid.

함께 기후변화협약 초안에 국경조치의 이용을 제한하는 문구를 넣었다. 초안에 삽입된 문구는 다음과 같다.

> 선진국들은 환경보호와 기후안정을 이유로, 개발도상국으로부터 수입된 제품과 서비스에 대해 부과하는 대응적 성격의 국경조치를 포함하여 어떤 형태의 일방조치도 사용해서는 안 된다. 그러한 일방조치들은 기후변화협약의 원칙과 규정을 위반할 수 있는데, 특히 공동의 그러나 차별적인 책임원칙(제3조 1항), 무역과 기후변화(제3조 5항), 개발도상국의 기후변화감소조치와 선진국의 재정적 지원 및 기술에 대한 규정 간의 관계(제4조 3항, 7항)를 위반할 수 있다.[39]

원산지 특정적인 국경세조정의 단점은 선진국들도 인정하고 있다. 당시 EU 무역위원회 위원이었던 Peter Mandelson은 국경세조정의 이용은 '부당한 정치'이고 기후변화에서의 국제협력을 추구하는데 징벌적 접근은 탄소전쟁을 유발할 수 있어 정치적으로도 전략적으로도 서투른 방법이라고 말하였다.[40] 독일의 환경부장관은 국경세조정의 부과에 대한 프랑스의 제안을 언급하면서 국경세조정의 부과가 "새로운 형태의 환경제국주의"로 치달을 수 있음을 지적하였다.[41]

코펜하겐에서의 합의실패로 인해 무역전쟁에 대한 추측이 난무했는데, 일례로 Financial Times는 "만약 EU와 미국이 탄소에 대한 국경세로 위협하기 시작한다면, 세계는 대공황 이래 가장 큰 무역전쟁으로 돌입할 수 있다"[42]라고 언급하였다. 국경세조정은 특정 양자 간 관계에서 사용될 가능성이 있다. 그러나 국경세조정의 발동이 유익할 가능성에 대해서는 사안별로 검토되어야 한다.[43] 수입품에 대한 국내규칙의 실시는 아마도 국경세조정보다는 덜 노골적인

39 Ibid.

40 Peter Mandelson, 'How Trade Can be Part of the Climate Change Solution', Comment by Peter Mandelson, European Union Trade Commissioner, Brussels, 18 December 2006, p 17.

41 Mia Shanley and Ilona Wissenbach, 'Germany Calls Carbon Tariffs Eco-imperialism', Reuters.com, 24 July 2009.

42 Editorial Comment, 'One Easy Way to Start a Trade War', *Financial Times*, 9 December 2009. 저자는 통상전문 변호사가 돈벌이가 되는 직업이 되는 전략으로는 탄소세의 국경세조정이 완벽한 방법이지만 정책으로서는 형편없는 방법일 것이라는 의견을 밝혔다.

43 국경세조정은 배출량을 감소시킬 수 있다는 효과적인 정책신호를 줄 때에만 유용할 것이다. John Stephenson and Simon Upton, *Competitiveness, Leakage, and Border Adjustment:*

방법일 수 있으나, 이것 역시 무역 및 정치적 긴장을 유발할 수 있다.

국경세조정은 공동의 그러나 차별적 책임을 해칠 뿐 아니라, 국가들이 편법으로 보호무역조치를 취할 빌미를 제공할 것이다. 또한 세계후생의 감소를 초래할 것이다. 국가가 국제적 제품기준을 준수하거나, WTO 패널이나 항소기구가 보호무역조치와 정당한 환경조치를 잘 구분할 수 있는 경우 이러한 후생손실을 줄일 수 있다. 그러나 이 점에 대해서는 불확실성이 크다. 따라서 개발도상국이 직면하는 핵심 장벽인 역량부족, 이득 대비 큰 비용, 형평과 정의문제는 일방조치와 다자적 조치 모두의 조합을 통해서만 해결될 수 있다.

마지막으로, 정치적 관점 또는 공정성의 관점에서 볼 때 타국의 기후변화조치를 유도하는 명백한 목적을 지니는 국경세조정이나 국내규제를 이용하는 것에는 큰 문제가 있다. 제8장에서 논의한 것처럼, 경쟁력 상실의 우려에서 비롯된 장애물 제거를 위해 이들을 이용할 경우 무역분쟁이 일어날 소지가 높다. 국경세조정을 조치를 취하도록 설득 또는 강제하기 위하여 사용하는 것은 심지어 더 큰 문제가 될 것이다. 이는 타국의 비교우위를 변화시키는 도전적인 일방적 행동을 의미할 것이고, 선진국 간 혹은 개발도상국 간의 다양한 무역갈등을 조장할 것이다. 또한 이는 선진국과 개발도상국 간에 이미 존재하는 갈등을 더욱 심화시킬 것이고, 이미 어둡게 전망되고 있는 국제협력 가능성을 더욱 감소시키는 결과를 낳을 것이다.

일방적 무역조치의 가장 유용한 역할은 국가들이 일방적인 자유화에 참여하여 경제성장과 개발을 촉진하는 것을 돕는 것이다. 무역조치의 역할은 여기서 그치지 않는다. 선진국들이 빈국의 경제성장을 돕는 무역정책, 그리고 개발도상국이 필요한 조치를 취할 수 있게 하여 기후변화완화비용에 그들의 산업계가 적응할 수 있도록 돕는 무역정책을 채택하는 것이 중요하다. 가장 중요한 것은, 도하개발라운드를 시작할 때 선언한 목표를 선진국이 진지하게 받아들이기 시작해야 한다는 점이다. 선진국은 수출이익이 걸린 제품, 특히 농산품의 시장접근을 모든 개발도상국에게 확대하여 도하라운드에서 한 개발에 대한 약속을

Climate Policy Distractions? (Paris: Organization for Economic Co-operation and Development (OECD), Round Table on Sustainable Development SG/SD/RT (2009) 3, 2009).

이행해야 하는데, 이때 특히, 관세의 감축, 최고관세, 그리고 경사관세에 특별한 주의를 기울여야 한다.[44] 시장접근에 대한 그러한 약속은 최혜국대우원칙에 의해 모든 국가들에게 주어져야 할 것이다. 가장 취약한 경제를 가진 국가들에게 유리한 대우를 부여하는 것으로는 충분하지 않다. 세계시장을 왜곡하고 개발도상국경제가 세계경제로 편입하는 것을 어렵게 만드는 보조금도 함께 제거해야 한다.[45]

---

44 T. Epps and M. Trebilcock, 'Special and Differential Treatment in Agricultural Trade: Breaking the Impasse', in Chantel Thomas and Joel P. Trachtman (eds), *Developing Countries in the WTO Legal System* (Oxford University Press, 2009).

45 보조금에 관련한 문제는 제7장에서 논의하였다.

13. 부정적 유인책

13.1 부정적 유인책 사용의 이유

앞에서 살펴보았듯이 기후변화대응에 있어 핵심 관심사는 특정국이 다른 국가가 수행해온 그간의 기후변화대응 노력에 무임승차하고자 하는 유인을 제거하는 것이다. 무임승차 문제를 해결하기 위한 방안 중 하나는 해당 문제에 대해서 국가들 간에 다자간 국제협정을 체결하는 것이다. 그러나 과거 교토의정서나 최근의 포스트교토 협상들과 관련된 국제협상 사례들에서 볼 수 있듯이, 협정에 참여하게 하거나 협정을 준수하도록 하는 데 어려움이 있다. 교토의정서의 경우 일부 국가들이 교토의정서에 따른 구속적인 이행공약만은 받아들일 수 없다며 협정참여를 거부한 바 있으며, 캐나다를 비롯한 일부 국가들의 경우 협정에 참여하고 공약을 실행에 옮기기까지 했지만 이행종료 시점까지 공약을 달성하지 못할 것으로 보인다. 이러한 문제들의 구체적인 내용은 다음 장에서 논의하기로 하고, 이 장에서는 국제협정에 참여하지 않거나 또는 참여하더라도 공약을 준수하지 않을 경우에 가능한 일방적 채찍*의 사용에 대해 다룬다. 채찍을 사용한다는 것의 의미는, 협정에 참여한 어느 국가가 기후변화협정을 이행

---

* 역자 주: 본장에서 채찍은 일방적인 무역조치와 동의어로 다루어진다.

하는 일환으로서가 아니라 다른 국가들을 압박하기 위한 수단으로 관련 조치를 취하는 경우를 말한다.

'채찍', 즉 부정적 유인책(negative incentives)은 국가들이 기후변화대응에 관한 국내조치 또는 그 밖의 특정조치를 취하도록 하거나, 다자간협정에 참여하고 그 협정을 준수하도록 하는 데 이용될 수 있다. 이러한 채찍에는 특정국가의 제품이나 산업부문 전반에 대해 또는 특정 제품이나 산업부문에 대하여 매우 높은 관세율을 부과하는 방법과 교역을 금지하는 방법이 있는데, 이는 제품 자체의 특성이나 제품의 생산방식을 기준으로 한다. Barrett에 의하면 실질적 협력을 지속하기 위해 협정은 비준수와 비참여를 억제하여야만 한다.[1] 이러한 억제의 필요성은, 부분적으로는, 국가들의 참여를 독려하고 공약을 준수하도록 할 세계정부가 없기 때문에 발생한다.[2] 만약 세계정부가 존재한다면 국가들은 협정에 참여하여 공약을 준수하고자 할 것이고, 혹 그렇지 않더라도 기후변화대응조치를 취하는 등 국제적 행동규범에 따르게 될 것이다.

부정적 유인책이 효과적이기 위해서는 그 유인책이 엄격하면서도 신뢰할 수 있는 것이어야 한다.[3] 즉, 부정적 유인책은 협정에의 참여, 공약의 준수, 기후변화관련 정책의 도입 등 필요한 조치들을 취하도록 유도할 만큼 충분히 엄격해야 한다. 또한 협정에 참여하지 않은 국가들이 스스로 부정적 유인책을 따르지 않았을 때 감수해야 할 비용보다 기후변화 조치를 취함으로써 발생할 비용을 감수하는 것이 더 낫다고 판단해야 한다. 어떤 의미에서는 무역조치가 반드시 비준수나 비참여의 본질에 맞춰져야 할 필요는 없기 때문에 이렇듯 엄격한 무역조치를 고안하는 것이 어려운 것만은 아니다.[4*] 그런데 어떤 제품이 온

---

1 Scott Barrett, *Why Cooperate? The Incentive to Supply Global Public Goods* (Oxford: Oxford University Press, 2007), 82-3.

2 Barrett, ibid, Scott Barrett, *Environment and Statecraft: The Strategy of Environmental Treaty-Making* (Oxford: Oxford University Press, 2003). Henrik Horn and Petros Mavroidis, 'International Trade-Dispute Settlement' in Alan O. Sykes and Andrew Guzman (eds), ***Research Handbook in International Economic Law*** (Cheltenham, UK and Northamton, MA, USA : Edward Elgar Publishing Ltd, 2008).

3 Barrett (2003), ibid. Scott Barrett, Robert Stavins, "Increasing Participation and Compliance in International Climate Change Agreements" (2003) 3 *International Environmental Agreements: Politics, Law and Economics* 349.

실가스를 발생시키는 제품인지 또는 온실가스를 배출하는 과정을 통해 만들어진 제품인지를 결정하는 것과 이러한 비용을 상쇄시키고도 남을 관세 등의 조치를 마련하는 데에는 상당한 비용이 드는 것이 사실이다. 그러나 단순히 다른 국가들을 제재하기 위해 관세 또는 수입금지조치를 도입할 목적이라면, 국가 간 교역규모가 충분히 크다는 전제하에 보았을 때 그러한 조치를 마련하는 것은 그다지 어렵지 않을 것이다.

사실 특정 조치와 관련하여 종종 문제가 되는 것은 해당 조치가 과도하게 엄격할 수 있다는 점이다. 이론적으로 무역제재는 해당 제재조치를 취하는 국가가 비참여 또는 비준수 국가들에게 일정한 비용을 부과하는 방식이다. 이런 방식은 해당 제재를 취하는 국가가 전 세계의 후생증진을 염두에 두고 그와 같은 조치를 취한다는 이상적인 가정에 근거한다. 그러나 앞에서 보았듯이, 각국의 정부 관료들은 세계전체의 후생은 말할 것도 없고, 국가를 우선하여 일하기보다는 그들 자신의 정치적 이해, 즉 그들에게 특혜를 제공하는 특정 이해단체의 입장을 우선시한다. 그 결과 나타나는 것은 기후변화협정에 참여하기 위한 또는 과거 서명했던 공약을 준수하기 위한 명목으로 위장한 무역보호주의이다. 이러한 보호주의로 인해 결과적으로 후생에 손실을 입게 된 소비자들은 더 분산되고 조직화되지 못하게 되는 반면, 수입품과 경쟁하는 국내산업은 더욱 공고히 결속하게 된다.

게다가 보호주의 조치에 반대하는 일반대중의 목소리는 그러한 조치로 인해 대중들 자신의 복리가 감소했다는 사실을 인지하는 경우에만 나오므로, 기후변화협정의 경우 보호주의적 조치에 대한 일반대중의 반대는 더 줄어들 수밖에 없다. 대중들이 이러한 부정적 유인책을 지구적인 환경문제를 해결하기 위한 수단으로 인식하게 되면 결국 그러한 조치가 보호주의 조치라는 사실을 알아차리지 못할 것이고, 오히려 보다 강한 수준의 조치를 스스로 추진할 수도 있

4 Scott Barrett, "Climate Treaties and the Imperative of Enforcement"(2008) 24(2) *Oxford Review of Economic Policy* 239.

* 역자 주: 무역협정은 국가 간 제품 및 서비스의 교역을 통해 '현재시점에서' 상호 간에 이익을 증대시키기 위한 것이라는 점에서 미래시점의 상호 간 이익 확대를 위한 기후변화협정과 구별된다. 따라서 무역협정은 일정부분 각 국가들의 자발적인 참여가 가능한 구조인 것이다.

을 것이다. 이러한 맥락에서, 보호주의 조치를 취하는 국가들에서는 관련 정책을 결정하는 관료들이 대중에 대한 정치적 부담 없이 국내산업을 위한 보호주의적 조치를 취하게 될 수 있을 것이다.

그 결과, 국내산업의 경쟁력 강화에 도움이 되는 강력한 보호주의 조치를 취하는 데 대한 우호적인 인식이 자리 잡게 될 수 있다. 어떤 점에서는 이러한 편향된 인식으로 인해 보호주의 조치를 강화하여 더 엄격한 부정적 유인책 또는 채찍의 사용을 가능하게 한다는 점에서 이런 현상이 반드시 부정적인 것만은 아니다. 이는 오히려 유익한 점으로도 볼 수 있는데, 아래서 보듯이 이러한 편향된 인식으로 인해 보호주의 조치를 취하는 국가가 주된 비용을 부담하지 않는다는 점에서 적어도 정치적으로 안전한 것이라고 할 것이다.* 문제는 강력한 보호주의 조치가 무역제재를 받는 상대방 국가들에게 협정에 참여하거나 공약을 준수할 때까지 필요한 수준보다 더 높은 수준의 단기비용을 부과하는 등 자유무역을 불필요하게 저해한다는 것이다.

보호주의적 조치로 인한 이러한 위험은 개발도상국에서 더 심각하게 나타난다. 제10장에서 살펴보았듯이, 대부분의 개발도상국들은 WTO규범을 효과적으로 이행해나갈 능력이 부족하다. 개발도상국은 WTO에 제소하기 위해 필요한 인적, 물적 자원이 없거나, 혹은 그러한 자원이 있다고 하더라도 선진국들이 취한 보호주의 조치를 스스로 바꾸도록 할 만한 수준의 상계조치를 취할 의지나 여력이 없는 경우가 일반적이다. 더욱이 엄격한 조치는 개발도상국들의 협정으로 참여하도록 유도할 수 있지만 그들이 참여할 때까지 계속 높은 단기비용을 부과할 것이다. 그리고 이러한 비용은 결국 개발도상국의 경제발전과 세계 빈곤문제 해결에 찬물을 끼얹게 될 것이다. 게다가 제15장에서 다루게 되겠지만 선진국들의 엄격한 보호주의 조치로 인해 개발도상국들이 온실가스 감축에 대한 부담을 선진국들과 공평하게 나누지 않기로 하는 협정을 체결할지도 모른다. 부담을 공평하게 분배하는 것은 분명 결정하기 어려운 일이다.[5] 그러나 개발도상국들 자신들이 협상에 참여하지 못했거나 참여했어도 제한된 역할에

---

* 역자 주: 국민들로부터 반발이 덜할 것이기 때문이라는 점을 생각하면 그렇다.

5 Barrett, ibid.

머물고 말았던 교토의정서와 같은 협정에 참여하도록 강요받을 경우 개발도상국들은 그들 간의 별도의 협정을 체결하는 데서 오는 높은 비용부담도 감수하고자 할 것이다.

부정적 유인책은 엄격해야 하면서도 반드시 신뢰할 수 있는 것이어야 한다. 즉, 부정적 유인책은 그러한 유인책을 사용하는 국가가 과도하게 높은 비용을 지우는 방식으로는 사용되지 않을 것이다. 높은 비용이 뒤따를 경우 해당 국가는 채찍을 꺼내려고 들지 않을 것이기 때문이다.[6] Barrett과 Stavins는 제재조치가 신뢰성을 확보하기 위해서는 협정에 참여하지 않고 있는 국가를 상대로 참여하지 않을 경우 제재조치를 가할 것이라고 위협하는 국가에게 실제로 이를 사용하는 것이 사용하지 않는 것보다 더 이익인 경우이어야 한다고 주장한다.[7] 그 예로 이들은 협정을 준수하지 않을 경우 교역을 중단한다는 내용의 '오존파괴물질에 관한 몬트리올의정서'를 성공사례로 제시한다. 이 협정의 경우 국내산업의 비체약국으로의 누출 가능성을 줄였을 경우 얻게 되는 이익이 체약국들에게 충분히 컸기 때문에 체약국들 스스로 협정에 참여하지 않거나 공약을 준수하지 않는 국가들을 제재하기 위한 비용을 부담하게 되었다는 점에서 이 의정서는 신뢰성을 확보할 수 있었다는 것이다.

기후변화협정에 있어서도 기후변화대응조치가 엄격하지 않은 국가로 국내산업이 이전하는 것에 대한 우려가 존재한다. 그러나 이러한 기후변화대응조치는 조치를 취하지 않는 국가에게 제재를 가하는 국가가 부담해야 하는 비용이 너무 크기 때문에 오히려 비참여국가들이 그러한 협정을 신뢰하지 못하게 된다는 점에서 몬트리올의정서와는 다르다. 그 구체적인 이유는 다음과 같다.

첫째, 무역조치를 취하는 데 높은 행정비용이 수반될 수 있다. 예를 들어 특정제품의 원산지가 어디인지를 판단하기 위해 드는 비용이나 관세나 수입금지조치를 집행하고 감독하는 데 드는 비용이 그것이다. 이러한 비용은 제재 상대국의 각 개별조건에 따라 맞춤식으로 제재조치를 취하는 경우보다는 적을 것이지만, 여전히 상당한 비용일 수 있다.

---

6 Barrett, *supra* note 2, Barrett and Stavins, *supra* note 3 참조.

7 Barrett and Stavins, ibid.

둘째, 무역 제재조치가 광범위한 것일수록 해당 제재조치를 취한 국가에게 소비자후생의 상실 등 더 큰 비용부담이 초래된다고 할 것이므로 그런 조치는 결국 신뢰성을 확보하기 어렵게 된다.[8] 몬트리올의정서의 경우 다른 실용적인 대안이 있는 상태에서 오존파괴물질에 대해 무역 제재조치를 취한 것이기 때문에 후생감소효과가 제한적이었다. 그러나 무역제한 조치가 취해질 경우 후생이 크게 감소할 것으로 우려되는 탄소를 배출하는 다수의 탄소배출 제품 및 서비스 부문에 있어 현재로서는 대안이 될 만한 생산물이나 생산과정 자체가 존재하지 않는다. 하지만 이는 두고 볼 일이다. 위에서 언급한 것처럼 위와 같은 무역제한적 유인책은 대중이 후생감소를 느끼며 정부로 하여금 무역제한조치를 채택하지 않거나 제거하도록 압력을 가하는 경우 공공의 이익을 위해 선택한다는 공공의 선택이란 차원에서만 신뢰를 잃게 될 뿐이다. 더욱이 앞 장에서 살펴보았듯이 유인책을 구사하는 데 있어, 신뢰성을 제고하기 위해 특정영역에 보다 집중할 수도 있다. 소비자후생의 손실은 소비자가 반대하는 부분별 합의와 함께 그리 높지 않을 것이다.

그러므로 일방적인 무역조치가 다른 국가들의 참여를 유도하기 위해서는 충분히 엄격하고 신뢰할 수 있을 만한 것이어야 한다. 그러한 조치에 따른 비용이 있긴 하겠지만, 문제는 그러한 조치가 가능한지가 아니라 포함될 수 있는가에 있다. 이 문제는 아래에서 보다 자세히 살펴보고자 하는데, 먼저 WTO규범에 의한 일방적 조치의 이용에 대한 제한에 대해 살펴보고자 한다.

13.2 사용가능한 부정적 유인의 유형

사용가능한 채찍 중 가장 엄격한 형태는 특정제품에 대해 기후변화관련조치를 취하지 않는 국가의 전 산업 혹은 특정 위해 산업으로부터의 수입을 금지하는 등, 교역을 금지하거나 제한적 쿼터를 두는 것이다. 징벌적 관세(punitive

8 Barrett, *supra* note 2. 소비자후생은 한 사람이 제품을 구입하기 위해 지불할 용의와 지불되는 시장가격 사이의 차이를 나타낸다. 소비자후생은 '보너스효용'(bonus utility)이라고 볼 수도 있는데, 보너스효용은 가격이 지불할 용의보다 낮은 경우에 사람들이 느끼는 만족이다.

tariffs) 형태의 채찍 또한 가능한데, 이는 비참여국가로부터 수입하는 제품에 대해 관세를 매우 높게 부과하여 결과적으로 해당 제품이 국내시장에서 경쟁력을 상실하도록 하는 방식으로 수입을 제한하는 것이다. 그러나 이는 제12장에서 논의한 국내조치와 동등한 효과를 갖도록 하는 것이 목적인 국경세조정과는 다르다. 일반적으로 징벌적 관세는 특정한 국내정책수단에 연계되거나 채찍을 사용하는 국가와의 조치와 동등한 것일 필요가 없다. 관세가 무역을 완전히 중단시킬 만큼 높은 것이 아닐 경우 체약국에게 추가적인 이득이 있다고 하더라도, 징벌적 관세는 수입금지조치나 쿼터 조치와 동등한 효과가 있다. 국가들은 자동차의 탄소배출 수준과 같이 제품 자체의 특성이나 자동차 생산에서 사용된 에너지양과 같은 PPMs에 근거하여 그러한 징벌적 관세 조치를 취할 수 있다. 그러나 일반적으로, 징벌적 관세부과는 아래에서 보듯이 WTO규범하에서 정당화되기 어렵다.

먼저 에너지 효율성의 수준과 같은 제품특성이나 PPMs에 근거하여 제품에 대한 수입금지나 수량제한조치를 취하는 경우를 생각해보자. 이러한 모든 조치들은 GATT 제11조를 준수해야 한다. 동 조항하에서 회원국들은 '쿼터, 수입, 수출 허가 또는 그 밖의 조치 중 어느 것을 통하여 시행되는지를 불문하고, 관세, 조세 또는 그 밖의 과징금 이외의 어떠한 금지 또는 제한'을 유지해서는 안 된다. 그런데 이러한 금지 및 제한조치는 제품의 수입과 관련된 것이어야 한다. 예를 들어, WTO 패널은 바다거북을 최소량으로 포획한다는 점을 미국정부에 의해 인증 받지 못한 국가로부터의 새우수입을 금지한 미국의 조치가 GATT 제11조를 위반한 것이라고 판단하였다.[9] 한편, 패널은 GATT 제11조가 석면과 석면함유 물질의 제조, 수출입 또는 국내판매, 이전 등을 금지한 프랑스의 조치에는 적용되지 않는다고 판단하였다. 패널은 비록 캐나다가 프랑스 국내에서 생산된 석면은 존재하지 않는다고 주장하였음에도 프랑스의 조치가 국내 및 수입제품에 모두 적용되는 것이므로 GATT 제3조를 충족한다고 판단하였다.[10] 오존

9 *United States–Import Prohibition of Certain Shrimp and Shrimp Products* (1998) WTO Doc. WT/DS58/R (Panel Report) 제11조 위반에 대한 판단에 대해서 항소하지 않았다.

10 패널은 제3조 주해를 원용하였다. 그 내용은 다음과 같다. "내국세 또는 그 밖의 내국과징금, 또는 제1항에 언급된 종류의 법률, 규정 또는 요건으로서 수입 제품에 대하여 그리고 동종 국내 제

층파괴물질(ODS) 및 유사물질 사례에서 그러했듯이 채찍이 국내금지조치와 수입금지조치의 형식으로 취해질 수 있고, 이런 경우 해당 금지조치는 제3조의 적용을 받게 되는 것으로 보인다고 할 수 있다. 그러나 기후변화에 대응하기 위한 차원에서 채찍으로 이용되는 금지조치들은 새우수입금지사건에서 미국이 취한 조치와 더 유사하다. 그 금지조치들은 제품의 이용이나 생산에 대한 일반적인 금지조치의 관점에서보다는 특정 국가들로부터의 제품수입에 대해 적용될 가능성이 있는 것이기 때문에 결국 제3조보다는 제11조의 적용을 받게 된다.

비슷하게 제품의 수입에 대해 부과되는 징벌적 관세도 회원국들의 관세가 WTO 협상 당시 약속한 관세수준, 즉 양허관세를 초과하지 않을 것을 요구하는 GATT 제2조 위반이 될 수 있다. 그러므로 양허수준을 초과하는 징벌적 관세 형태의 채찍은 제2조를 위반하는 것이다. 다만 징벌적 관세가 제2조에 위배되지 않는 두 가지 경우가 있다. 첫째는 어느 나라가 특정제품에 대해서 관세수준에 제한을 두지 않은 경우이다. 둘째는 제품에 대한 모든 거래가 정지된다는 의미에서 양허관세율이 충분히 높아 그 자체로 무역을 정지하게 되어 징벌적 관세가 되고 실행관세율은 그 관세율보다 낮다면, 실제 관세를 양허관세율 내에서 높게 책정하더라도, 관세 인상으로 기대되는 효과를 누리면서도 제2조를 위반하지 않게 되는 경우이다.

그러므로 WTO체제하에서 적법성을 확보하기 위한 핵심은 위와 같은 조치들이 결국 지키지도 않을 WTO의 실체적 요건을 준수하는지 여부에 있지 않다. 왜냐하면 애초에 이러한 요건에 합치되지 못할 가능성이 높기 때문이다. 따라서 문제는 금지조치나 쿼터가 GATT 제20조로 정당화될 수 있을지에 있다. 제9장에서 살펴보았듯이 제20조는 두 단계로 적용된다. 즉, 해당 조치가 제20조의 예외에 해당하는지, 해당한다면 그 조치가 두문의 요건을 충족시키는지를 판단한다. 그런데 위에서 본 것처럼 문제되는 조치들은 무역을 제한하거나 정

품에 대하여 적용되고 수입 제품의 경우에는 수입 시점 또는 지점에서 징수되거나 시행되는 것은, 그럼에도 불구하고 내국세 또는 그 밖의 내국과징금, 또는 제1항에 언급된 종류의 법률, 규정 또는 요건으로 간주되어야 하며, 이에 따라 제3조의 규정의 대상이 된다.", *European Communities–Measures Affecting Asbestos and Asbestos–Containing Products* (2000) WTO Doc. WT/DS135/R (Panel Report).

지시킬 목적으로 취해지는 것이라는 점에서 해당조치가 위 요건을 만족시키기는 쉽지 않다.

해당조치가 제20조 (b)호와 제20조 (g)호의 각각의 예외에 해당하는지에 대한 판단은 제9장에서 다룬 일반적 사례의 경우와 동일하다. 즉, 해당조치의 목표가 제20조 (g)호의 '고갈되는 천연자원'과 관련된 것인지 또는 제20조 (b)호의 '인간과 동식물, 또는 건강'과 관련된 것인지를 기준으로 판단하는 것이다. 일방적 무역조치는 그 조치와 목표 사이의 관련성에 관한 기준을 만족시켜야 한다. 제20조 (g)호의 경우 조치는 고갈되는 천연자원의 보존과 관련된 것이어야 한다. 항소기구는 해당조치와 목표 사이의 긴밀한 관계가 존재해야만 한다고 밝힌 바 있고 비례성 기준을 완화하여 적용해온 것으로 보인다.[11] 패널이나 항소기구는 해당조치의 성격을 고려한 후 그러한 조치가 목표와 긴밀히 연관되어 있는 것인지, 나아가 그러한 조치가 회원국들이 기후변화 관련 조치를 취하도록 강제하는 목표에 비례하는 것인지 여부를 판단해야 할 것이다. *US-Shrimp* 사건에서 항소기구는 바다거북을 보호하기 위한 절차 없이 어획한 새우의 수입을 금지하는 조치는 크게 균형을 잃은 것이 아니며 바다거북을 보호하기 위한 목표와 긴밀히 연관된 것이라고 판단하였다. 이런 취지에서 항소기구는 수입의 완전한 금지도 가능하다는 입장이다. 그러나 채찍의 관점에서, 특정 조치가 제20조를 만족시키는지 여부는 해당조치의 성격과 그 조치가 어떻게 고안된 것인지에 달려있다. 따라서 특정국가와의 무역을 전면적으로 금지하는 조치는 너무 과하다고 여겨지지만 기후변화대응에 부합하지 않는 제품을 목표로 하는 조치는 보다 쉽게 제20조의 예외 해당 여부에 대한 심사를 통과할 수 있을 것이다. 패널 또한 새우가 어떻게 어획되었는지에 근거하여 새우에 대한 수입금지의 정당성을 판단했던 것처럼, PPMs에 근거하여 취해지는 조치도 제20조의 예외를 충족한다고 보려 할 것이다.[12]

---

11 *United States–Import Prohibition of Certain Shrimp and Shrimp Products (US–Shrimp Ⅰ)* (1998) WTO Doc. WT/DS58/AB/R (Appellate Body Report). 항소기구는 해당 조치가 정책 목표와 관련하여 그 적용범위가 균형을 잃을 만큼 확대된 것이 아니며, 그러한 조치는 원칙적으로 목표달성을 위해 합리적인 수준이라는 판단을 하였다(para. 141).

12 *US–Shrimp Ⅰ*, ibid. 항소기구는 또한 거북이가 특정지역에서만 서식하는 동물이 아니며, 미국 수역 내에서도 서식한다는 점이 구체적인 판단에 있어서의 적용범위를 불명확하게 한다는 점을

제20조 (g)호의 다른 측면은 특정조치가 국내생산 또는 소비를 제한하는데 있어 실효성이 있는 것이어야 한다는 것인데, 항소기구는 해당조치가 국내와 해외 생산자들이 상호간 공명정대할 것을 요구하는 것이라고 해석하였다. 결국 다른 회원국의 요구에 따른다며 그들과 동등한 수준의 국내조치를 취하였다는 것을 보여주기 위해 부정적 유인책을 사용하는 국가들에게 부담이 돌아가게 된다. 즉 이론적으로 볼 때, 항소기구의 위와 같은 입장으로 인해, 부정적 유인책은 어느 회원국이 다른 회원국으로 하여금 자신이 취한 선제적인 조치를 따르도록 할 것을 요구하는 데 있어 매력적인 수단이 된다. 이는 문제된 조치의 상한을 제시하는 것이다. 그러나 패널은 이용 가능한 기후변화대응조치의 범위가 더 확대됨에 따라 항소기구가 취하는 공평성의 관점에서 특정조치를 평가하는 데 어려움을 겪을 것이다. 예를 들어, 다른 회원국에서 종합적인 기후변화대응 정책 또는 유효한 기후변화대응정책이 부재한 상황을 이유로 징벌적 관세나 수입금지를 취하는 경우에, 패널이 그와 같은 부정적 유인책을 이용하는 회원국의 기후변화정책 전반이 다른 회원국에게 요구되는 것과 전반적으로 동등한 것인지 판단하는데 어려움이 있을 것이다. 그렇지만 부정적 유인책이 어느 특정 산업부문, 예를 들면 알루미늄산업에 대해 적용되는 경우에 있어서는 하나의 산업의 관점에서 두 개 국가에서 취해진 조치 간에 동등성을 평가하는 것이 보다 수월하기 때문에 이 경우 패널이 판단하기가 보다 용이할 수 있다.

제20조 (b)호의 경우, 특정국가의 조치는 필요성 기준을 만족해야 한다. 항소기구는 최근 관련당사자의 이해와 가치체계가 갖는 중요성의 관점에서 필요성테스트는 해당 조치의 목적과 무역제한효과의 달성에 기여하는 범위에서 모든 관련된 요소들을 평가에 포함한다고 밝힌 바 있다.[13] 부정적 유인책은 본래 그것이 무역을 제한하는 규모로 볼 때 극단적인 수단에 해당한다. 제9장에서 살펴봤듯이 항소기구는 수입금지, 더 넓게는 징벌적 관세의 경우와 같이 특정조치가 무역에 심각한 영향을 미치는 경우, 그러한 조치가 목적을 달성하는 데

지적한 바 있다.

13 *Brazil–Measures Affecting Imports of Retreated Tyres* (2007) WTO Doc. WT/DS332/AB/R (Appellate Body Report), para. 156. 제20조 (b)호에서의 필요성테스트의 범위에 관한 논의에 대해서는 제9장을 참조.

있어 실질적 기여를 할 것이라는 점이 인정되지 않는 한 패널이 해당 조치의 필요성을 인정하기가 어려울 것이라고 밝힌 바 있다.[14]

목표를 규격화하는 것은 필요성 테스트에 있어 중요하다. 지구온도의 상승을 2℃ 이내로 제한하는 것과 같이 목표가 재난적인 기후변화를 피하는 것으로 확정된다면, 패널은 어느 국가가 수입금지조치를 취하는 것이 이러한 목표를 달성하는 데 실질적 기여를 하는 것으로는 보지 않을 것이다. 결국 이는 패널의 관점에 달린 것이다. 패널은 어느 국가가 배출한 온실가스가 너무 적어서 목표 달성에 별다른 기여를 하지 않는 것으로 보아, 그 국가가 취한 조치가 필요하지 않은 것이라고 판단할 수도 있고, 기후변화를 관리하는 것은 총합적인 공공재이기 때문에 모든 국가들이 그러한 공공재를 생산하는 데 있어 일정 조치를 취해야 한다고 판단할 수도 있다. 후자의 경우라면, 국가의 기여를 더욱 중요하게 여길 것이다. 그러나 이러한 중대한 기여테스트는 특정 조치가 다른 회원국의 온실가스 배출 또는 참여나 이행준수에 실제로 영향을 미치는 것이어야 한다는 요구도 고려한다. Werksman 등에 의하면 어떤 특정제품의 무역은 비중이 너무 작아서 수출국의 정책을 변화시킬 필요까지는 없기 때문에 일방적 무역조치가 다른 회원국의 정책 결정에 큰 영향을 줄 가능성은 없다고 주장한다.[15] 그러나 시멘트 산업부문에서 배출되는 온실가스를 일정목표까지 감축하는 것과 같이 특정조치와 목표가 보다 더 구체성을 갖는 경우에는 관련된 무역조치가 더 용이하게 필요성 테스트를 통과하게 될 것이다. 따라서 적어도 온실가스 배출량이 많고, 국제적인 경쟁에 놓여 있는 영역에 있어서는 해당 무역조치가 영향력을 발휘할 것이다.[16]

필요성 테스트는 가능한 한도 내에서 가장 무역제한적이지 않은 대안을 모

---

14 Ibid at para. 150.

15 Jacob Werksman, James Bradbury and Lutz Weischer, 'Trade Measures and Climate Change Policy: Searching for Common Ground on an Uneven Playing Field' (World Resources Institute Working Paper, 2009 12월). Gary Hufbauer, Steve Charnovitz and Jisun Kim, *Global Warming and the World Trading System* (Washington, DC: Peterson Institute for International Economics, 2009) at 84. 저자들은 항소기구가 제20조 (b)호가 적용되는 범위를 면밀히 검토하지 않았다는 비판을 제기한다.

16 Barrett, *supra* note 4.

색하는 기준이라는 점에서도 의의가 있다. 그 대안은 국내산업을 보호하는 데 있어 동일한 수준을 달성하는 것이어야 하고, 부정적 유인책보다는 무역을 덜 제한하는 것이어야 하며, 과중한 비용이 들거나 높은 기술장벽에 걸리지 않아 결국 합리적으로 이용 가능한 것이어야 한다.[17] 무역을 보다 덜 제한해야 한다는 것은 부정적 유인책의 경우에도 마찬가지이다. 만약 어떤 무역조치가 완전금지 또는 징벌적 관세에 해당하는 경우, 동일한 효과를 가지면서도 완화된 무역제한적인 조치가 대안으로 제시될 수 있는 것이다. 그러나 항소기구는 목표달성이라는 보다 포괄적인 맥락에서 무역조치를 판단해왔다. 그러므로 부정적 유인책이 그러한 목표달성을 위해 반드시 필요한 요소인 경우 다른 합리적인 대안을 모색하지 않게 되는 것이다.[18]

제20조의 두문조항은 부정적 유인책이 정당한 것인지를 판단함에 있어 복잡한 문제를 일으키는데, 이는 무역조치가 어떻게 적용되는지에 대한 것이다. 무역조치는 "동일한 조건이 지배하는 국가들 간에 자의적이고 부당한 차별의 수단이나 국제간 무역에 있어 위장된 제한을 구성하는 방식으로 적용될 수 없다." 부정적 유인책의 사용이 두문에 합치되는 것인지에 대한 판단에는 세 가지 요소가 적용된다.[19] 첫째, 부정적 유인책은 유연성 있게 적용되어야 한다. 여기서 유연성이란 다른 여타 국가들이 무역조치를 취한 해당 국가와 정확히 동일한 정책이나 조치를 마련하지 않았다는 사실이 부정적 유인책사용의 근거가 될 수 없다는 것을 의미한다. 대신 부정적 유인책을 사용하기 위해서는 해당 부정적 유인책을 사용한 국가와 동등한 정책이나 조치를 다른 국가들이 취하지 않아야 한다.[20] 이러한 동등성원칙에 따를 경우, 해당 무역조치를 취하게 된 근거가 전 산업을 아우르는 포괄적인 기후변화대응계획의 부재 때문인지 여부를 판단하기가 어려워질지 모른다. 부정적 유인책이 특정 산업부문이나 온실가스 배출원과 연관된 조치가 부재한 경우에 사용되는 한도에서라야 그와 같은 판단이

17 제9장 참조.

18 *Brazil–Tyres AB Report*, *supra* note 13.

19 두문의 판단원리에 관한 구체적인 내용은 제9장 참조.

20 *US–Shrimp Ⅰ*, *supra* note 11. 정책이 완전히 같을 것을 요구하는 것이 아닌 효과 면에서 동등한 것이라는 점을 확실히 할 필요성이 있다는 것을 의미한다.

보다 용이해질 것이다. 제16장에서 살펴보겠지만, 기후변화협정이 갖는 한 가지 덕목은 이 협정이 위에서 본 동등성 판단에 대한 기초를 제공해준다는 점에 있다. 기후변화협정은 직접적인 측면에서 볼 때, 동등성의 요건을 구체화하여, 무역조치가 적용되기 위한 기반을 제공하고, 간접적인 측면에서는 패널과 항소기구가 기후변화협정의 이행공약에 근거하여 어느 국가가 동등한 수준의 조치를 취했는지 여부를 판단하기 위한 근거를 제공한다.[21]

둘째, 부정적 유인책을 사용하는 국가들은 반드시 기본적인 공정성 원칙과 적법절차를 준수해야 한다. 이러한 절차적 검토는 부정적 유인책을 사용하는 국가가 다른 국가로 하여금 설명을 듣고 자신의 의견을 표명할 권리 및 그에 대해 항소할 권리를 부여하는지에 관한 것이다. 이론적으로 볼 때, 이러한 원칙을 도입함으로써 결국 해당 부정적 유인책이 불필요한 것은 아닌지 또는 그것이 과도하게 징벌적인 것은 아닌지에 대해 판단할 수 있게 된다 할 것인데, 실제적으로도 위의 절차원리를 통해 부정적 유인책의 사용이 갖는 문제점을 제거해나가야 하는 것이다. 또한 공정성과 적법절차는 무역조치의 대상이 된 국가들이, 무역조치를 취한 국가 내의 소비자와 대중, 또는 무역보호주의적 목적으로 부정적 유인책을 사용하는 국가의 평판을 훼손하는 것과 같은 국제사회로부터의 압박을 이용하여 그러한 조치를 취하지 못하게 해줌으로써 특정 국가가 보호주의적 조치를 취하는 데 있어 신중해지도록 만들 것이다. 물론 이러한 절차적 권리가 전제되었다 하더라도 그러한 검토를 통해 문제된 조치가 보호주의적 목적이 아니라는 것을 장담할 수 없다는 데 어려움이 있다. 단지 이러한 절차를 통해 국가가 보호주의적인 조치를 취할 가능성을 줄일 수 있도록 할 수 있다는 것은 희망적이다. 그러나 앞서 본 것처럼, 기후변화에 대한 대응의 차원

---

21 Werksman 외, *supra* note 15 참조. Werksman 외는 일방적인 무역조치를 취하는 목적과 관련하여 그 목적의 동등성을 결정하는 기초를 제공한 미국의 국내 입법 및 기후변화대응 협상의 전망에 대해 논의한다. 나아가 동등성이 WTO협정과 기후변화협약의 기본원리로 자리 잡게 된 공동의 차별화된 책임의 원칙을 설명해주는 범위를 다룬다. Gary Hufbauer, Steve Charnovitz, Jisun Kim, *Global Warming and the World Trading System* (Washington, DC : Peterson Institute for International Economics, 2009). 여기서는 일방적인 조치가 제20조하에서 정당화되기 어려울 것이라고 주장한다. 한편 교토의정서에 따른 감축의무가 노력의 동등성을 판단하는 데 있어 곤란한 기준을 제시했다는 주장에 대해서는 Barrett, *supra* note 4 참조.

에서 볼 때, 대중의 시각에서 강한 무역조치가 결국 기후변화대응목표를 충족시킬 수 있는 수단으로 인식되는 경우, 정부로서도 국제사회의 일원으로서의 책임감을 덜 느끼게 될 것이다. 나아가 많은 국가들, 특히 개발도상국은 자원의 부족으로 인해 이러한 절차를 아예 이용할 수 없을지도 모른다.

마지막으로 두문의 요건을 충족시키기 위해서는 분쟁의 당사자들 간에 합의를 도출하려는 성실한 노력이 필요하다. 개발도상국을 포함하여 다른 국가들로 하여금 기후변화대응 행동을 하기 위해 무역조치를 취하고자 하는 선진국들은 교토의정서 또는 포스트교토 협상이 그러한 무역조치를 용인하며, 온실가스 감축이행에 실패한 국가에 대해 무역조치를 취하는 것은 정당한 것이라고 주장할 것이다. 그러나 교토의정서와 같이 기후변화대응의 목표에 대한 보다 일반적인 협상은 그 자체로 부정적 유인책을 사용하는 데 있어 충분한 근거가 되지 못한다. 아마도 패널은 기후변화협정에 참여하지 않거나 이행의무를 준수하지 않는 특정 국가들과의 추가적인 협상이 필요하다고 판단할 것이다. 나아가 개발도상국들의 공정성에 대한 고려는 교토의정서하에서 부속서Ⅰ 국가들과 같은 수준의 온실가스 감축을 개발도상국에게 요구해선 안 된다는 전제하에 일종의 금반언의 주장을 제기할 것이다. 따라서 포스트교토협상은 이상의 두문의 요건들이 충족되는지 여부를 결정해주는 성격이라 할 것이다.

13.3 일방적인 부정적 유인의 허용 가능성

따라서 현 WTO규범하에서 일방적인 부정적 유인책은 그것이 어떻게 구조화되었는지에 따라 사용이 가능하다. 그러나 문제는 그러한 조치가 과도하게 엄격할 수 있다는 것이다. 그러한 조치가 무역을 제한하는 힘을 고려했을 때 부정적 유인책은 특히 보호주의에 영향을 미칠 수 있다. 본장 앞부분에서 논의했듯이 그러한 보호주의는 무임승차에 맞서 강력한 행동을 필요로 하는 기후변화와 같은 목표가 존재하는 경우 국내 소비자들의 압력에도 굴하지 않는다. 무역조치가 더 제한적일수록 무역과 관련된 세계 전체의 후생은 더 감소할 것이다. 이와 관련하여 주의할 것은 부정적 유인책이 충분히 엄격하고 신뢰할만한 것이라면 조치의 대상이 되는 국가가 기후변화대응조치를 취함으로써 그러한 부정적 유인책은 결국 사용되지 않을 것이고, 무역에 미치는 영향도 없을 것이라는 점이다.

무역조치의 범위 및 그에 대한 우려는 이러한 부정적 유인책의 사용에 대해 문제가 제기되는 경우 패널이 얼마나 철저하게 판단할지에 따라 달라질 것이다. 국내조치들 간의 동등성 또는 적용된 조치에 있어서의 유연성에 대한 철저한 검토로 인해 문제된 조치가 패널의 심사과정을 무사통과하기는 힘들 것이다. 더욱이 부정적 유인책의 사용범위가 좁을수록 그 조치가 WTO규범을 준수하게 될 가능성은 높아진다. 예를 들어, 만약 어느 조치가 특정 산업에 대해 취해지는 경우, 부정적 유인책을 사용하는 국가의 해당 조치가 동등성이나 필요성과 같은 여러 테스트를 보다 용이하게 통과할 수 있을 것이다. 비례성과 공평성을 충족시키는 것은 각 국가들이 부담하는 비용의 서로 다른 성격과 그들 각각의 규제체계에 대한 상당한 이해가 요구된다. 한편 조치의 범위가 넓을수록 패널이 관련된 정보를 취합하고 이해하여 평가하는 것이 어려워질 것이다.

부정적 유인책의 효율성에 대한 우려와 더불어 합법성이라는 문제도 있다. 이는 부정적 유인책의 사용이 어느 한 국가가 다른 국가에게 자신의 가치체계와 선호체계를 강요하는 시도로 보일 수 있기 때문이다. 부정적 유인책을 사용하는 국가는 부정적 유인책을 국제적인 재난이나 불가역적 환경손실을 피하기 위해 필요한 것이라고 보지만, 부정적 유인책사용의 대상이 된 국가들이 이와 동일한 수준의 문제의식을 갖고 있다고 장담할 수는 없다. 이처럼 문제에 대한 인식수준의 차이로 인해 부정적 유인책의 사용은 결국 국가들 간에 반목을 키우게 되는 결과로 이어질 수 있다. 국가 간의 반목은 국가들 간에 호의를 통해 협력적인 해결방안을 도출해내고자 하는 의지를 없앨 수 있기 때문에 무역관계는 물론 기후변화 문제해결을 위한 국제적인 노력에도 장애가 될 수 있다.

무역조치를 취하기 전에 선의에 의한 협상을 이끌어내기 위한 제20조의 두문의 요건은 국가 간의 반목을 상쇄시킬 대안이 될 수 있다. 그러나 무역조치가 취해졌을 때 협상이 성공적이지 않았다는 사실은 부정적 유인책 사용의 합법성, 또는 적어도 인지된 합법성에 대한 끊임없는 우려를 낳게 한다. 그러한 반목은 어느 한 국가가 다른 국가에게 자신의 선호체계를 강요하는 것으로 비취지는 한 더욱 심해질 것이다. 따라서 다음 장에서는 기후변화대응에 참여하도록 유도하기 위해 취해진 무역조치가 다자간협정하에서 취해진다면 이 같은 반목의 문제가 줄어들 것인지에 대해 살펴본다.

제5부

다자간 해결방안

14. 기후변화협정과 무역조치

15. 환경친화적인 무역의 증대

14. 기후변화협정과 무역조치

14.1 무역, 참여 그리고 준수

기후변화에 관한 행동을 취하는 것을 확실하게 하기 위해 국가들이 취하는 일방적인 조치는 WTO의 도전을 받을 위험이 있다는 것을 앞의 장들에서 살펴보았다. 한편 한 국가가 자신이 선호하는 바를 다른 국가에 강요하는 것으로 비춰질 수 있는 그러한 조치가 합법적인가 하는 것에 대해서 의문이 든다. 항소기구는 회원국들이 어떠한 무역조치를 사용하기 전에 다자간협상에 나설 것을 권고해왔다.[1] 문제는 일방적인 것보다 다자간협상에 기반하여 무역조치들을 취하는 것이 희망적인지, 혹은 적어도 언제 그러한 조치가 취해질 수 있는지를 구체화한 다자간협정이 있을 수 있는지에 대한 것이다. 이 장에서는 다자간 기후변화협정 내에 무역조치들을 포함할 수 있는 가능성에 대해 검토한다. 교토의정서와 최근의 포스트교토협상들은 참여와 준수에 대한 관심을 보여준다.[2]

국제 협정들이 당사국들 간의 동의에 의존하여 성립되는 것이기 때문에,

1 *United States—Import Prohibition of Certain Shrimp and Shrimp Products (US—Shrimp I)*(1998) WTO Doc. WT/DS58/AB/R (Appellate Body Report).

2 Scott Barrett, *Why Cooperate? The Incentives to Supply Global Public Goods* (Oxford: Oxford University Press, 2007).

국가들은 자국의 이익에 부합하거나 혹은 최소한 자국의 이익에 심각하게 반하지 않도록 하는 차원에서 협정에 가입하거나 그 협정을 준수할지를 검토해야만 한다. 어떠한 강제시행체제를 사용할 경우, 그러한 제재조치는 각 국가들이 부정적인 인센티브의 비용보다 기후변화조치를 취하는 비용을 감수하는 것이 더 낫겠다고 판단할 정도로 강경해야만 한다.[3] 그러나 구제조항들(remedial provisions) 또한 협정 참여율과 당사국들이 이행하고자 하는 공약에 대해 영향력을 갖는다. Barret이 지적하듯이, 모든 포스트교토협정은 광범위한 참여를 이끌어내고, 공약준수에 대한 인센티브를 제공해야 하며 상당한 배출량 감축의무들을 달성해야만 한다.[4] 이러한 것들은 동시에 달성하기 어려운 목표들이다. 왜냐하면 어떤 하나를 달성하는 것은 다른 것들을 달성하는 것을 더욱 어렵게 하기 때문이다. 공약준수에 대한 인센티브들을 증가시키게 되면 배출량감축 목표를 줄이지 않거나 혹은 줄인다 하더라도 광범위한 참여를 이끌어내는 것이 더 어려워진다.

다자간환경협정들은 국가가 특정한 제품을 수출하거나 수입하는 능력에 제약이나 조건을 강제하는 무역조치들을 포함할 수도 있다. 다자간환경협정들은 환경에 유해한 물질들의 국가 간 무역에 제한을 가할 수 있다. 예를 들어, 유해폐기물의 국가 간 이동과 폐기에 대한 바젤협약은 유해폐기물의 무역을 제한한다. 또한 그러한 협정에서의 보존되어야 할 대상에 유해한 무역을 제한할 수 있다. 야생 동·식물 멸종 위기종의 국제 거래에 관한 협약(CITES)은 멸종 위기종들의 무역을 금지한다. 이러한 무역조치들은 최후의 수단으로써 사용되어지는 경향이 있다. 예를 들어, CITES는 협약을 이행하지 않는 당사국과의 무역을 금지하는 규정을 두고 있지만, 이는 준수를 하지 않은 국가와 함께 구제조치를 달성하는 데 그 초점을 맞추고 있다. CITES에 등록된 하나 이상의 종들의 표본을 상업적으로 또는 기타 형태로 교역하는 것을 중단하라는 권고는 회원국

3 Scott Barrett, *Environment and Statecraft: The Strategy of Environmental Treaty-Making* (Oxford: Oxford University Press, 2003), and Scott Barrett and Robert Stavins, 'Increasing Participation and Compliance in International Climate Change Agreements' (2003) 3 *International Environmental Agreements: Politics, Law and Economics* 349 참조.

4 Scott Barrett, 'Climate Treaties and the Imperative of Enforcement' (2008) 24(2) *Oxford Review of Economic Policy* 239 참조.

의 비준수가 해결되지 않거나 '지속될' 경우에 최후의 수단으로써 사용되는 경향이 있다.[5]

무역조치들은 또한 무임승차를 방지하고 참여와 준수를 촉진시키고자 할 때 사용되어져 왔다. 기후변화협정들과 관련된 무역조치들의 사용에 관하여 논의할 때 가장 강력한 사례는 아마도 오존층파괴물질(ODS)에 관한 몬트리올의정서일 것이다. 몬트리올의정서는 오존층파괴물질의 배출을 감소시키는 것을 목표로 하여 광범위한 참여와 상당한 공약이행을 통해 배출을 제한하는 데 크게 성공적이었다고 평가받고 있다.[6] 몬트리올의정서는 오존층파괴물질들과 그 물질들을 함유하는 제품들을 당사국과 비당사국 간에 교역하는 것을 금지하였다. 의정서는, 원래 의도하였듯이, 오존층파괴물질로 만들어진 제품들을 금지하지는 않았다. 그러나 여기에는 의정서가 지향하는 통제조치들을 완전히 준수하기로 결정한 비당사국들은 당사국과 교역할 수 있도록 하는 예외가 있었다.[7] 그러므로 의정서에는 당사국과 비당사국 간에 오존층파괴물질들의 무역을 제한하고 또한 차이를 두는 무역조치들이 포함되어 있었다.

Barrett가 지적했듯이, 몬트리올의정서하에서 무역금지는 한 번도 사용되지 않았고 단순한 위협만으로도 국가가 행동을 취하도록 하기에 충분하였다.[8] 한편 몬트리올의정서가 성공할 수 있었던 다른 요인들도 있었다. 국가들이 협정에 참여함으로써 잠재적인 경제적 이익을 누릴 수 있다는 점도 이러한 요인에 포함되는데, 비용편익 분석에 의하면 일반적으로 오존층파괴물질에 대한 조치를 취하는 것이 유리했고, 준수를 하는 데 시간적 여유를 주고 재정지원을 하는 것을 포함하여 개발도상국을 지원하는 조항들이 있었던 것이다.[9] 그 결과, 의정서에서 무역조치들이 한 역할이 무엇인지를 파악하기는 어렵게 되었다.

---

5 United Nations Environment Programme, *Trade Related Measures and Multilateral Environmental Agreements* (UNEP, Economics and Trade Branch, Division of Technology, Industry and Economics, 2007).

6 Barrett, *supra* note 3.

7 UNEP, *supra* note 5 at 12.

8 Barrett, *supra* note 4.

9 Barrett, *supra* note 3, 그리고 Cass Sunstein, *Worst-Case Scenarios* (Cambridge, MA: Harvard University Press, 2007).

기후변화협약은 무역과 기후변화 관련 공약이행 간의 관계에 대해서 대충 언급할 뿐이다. 그것은 '일방적인 조치들을 포함한 기부변화를 해결하기 위해 취해진 조치들은 국제무역에 인위적이고 부당한 차별의 수단이나 위장된 제한을 구성하지 말아야만 한다'라고만 언급하고 있다.[10] 그러므로 무역조치들이 기후변화를 해결하기 위한 공약이행들을 준수하거나 참여를 강제하는 수단으로서 일반적으로 고려되는 것은 아니다.[11] 그러나 만약 국가들이 무역조치들을 포함하기로 동의해서 기후변화협정에서 그러한 무역조치들을 취한다면 WTO가 어느 정도로 그것들을 받아들여야 하는지에 대한 문제가 발생한다.

14.2 WTO의 다자간환경협정들에 대한 시각

WTO와 다자간환경협정 간의 관계에 대한 질문은 WTO '무역과 환경위원회'에서 오랫동안 해결되지 않은 주제이다. 조약법에 관한 비엔나 협약(Vienna Convention on the Law of Treaties)은 국가는 그 국가가 동의하지 않는 조약으로부터의 의무 또는 권리를 지지 않는다고 규정하고 있다.[12] 그 결과, 기후변화협정의 비당사국은 협정상의 의무나 비참여나 비준수에 따른 무역조치들과 관련된 것들을 포함한 규정들에 구속되지 않는다. 그러므로 기후변화협정 비당사국은 제소국이나 피제소국 모두가 WTO 회원국인 경우 WTO규범을 위반하는 어떠한 조치에 대하여 WTO에 제소할 수 있다.

그러나 당사국들 간의 관계를 직접적으로 규명하는 데 사용되는 것이 아니라, WTO규범을 준수하는 것을 평가하는 데 제20조와 같은 이미 존재하는

10 기후변화협약, 제3조 5항.

11 무역조치에 가장 근접한 교토의정서 내용은 만약 당사국이 교토의정서 약속을 이행하지 않는다면 배출권을 거래하는 데 제한을 두자고 하는 것이다. 그러나 이것이 무역조치인지 아닌지를 결정하는 것은 배출권의 국제거래가 논란이 되는 WTO협정들에 포함되는지 여부에 달려 있다. Duncan Brack and Kevin Gray, 'Multilateral Environmental Agreements and WTO' (The Royal Institute of International Affairs and International Institute for Sustainable Development, 2003년 9월).

12 비엔나 협약 제34조.

WTO협정들의 조항들을 해석하는 수단으로서 기후변화협정을 적용할 수도 있다. 조치들을 사용하는 것에 대한 당사국들 간의 논쟁을 WTO가 이해하는 근거로 기후변화협정이 활용될 수 있다. 분쟁해결양해(DSU)는 분쟁해결기구가 WTO 협정하에서의 권리나 의무를 축소하거나 부가할 수 없으나, "국제공법의 해석에 관한 관례적인 규칙에 따라 대상협정의 현존조항을 명확히 한다"라고 규정하고 있다.[13] 국제협정에 관한 국제법의 주요 규칙은 조약법에관한비엔나협약 제31조 (3)항 (c)호가 설명하고 있는데, 동 조항은 조약들을 해석하는 데 있어, "당사국간의 관계에서 적용 가능한 국제법의 모든 관련 규범들"도 고려되어야만 한다고 규정하고 있다.

항소기구는 WTO협정들의 일부 조항들, 특히 제20조를 해석하는 데 있어 다자간환경협정들을 고려해왔다. 예를 들어, 항소기구는 GATT의 제20조 (g)호의 예외가 적용되는 범위를 해석함에 있어, 그리고 제20조 (g)호의 목적들에 비추어서 살아있는 생물종이 멸종위기에 있는지를 결정하는 데 다자간환경협정들을 사용하였다.[14] 또한 *US-Shrimp* 사건에서 항소기구는 비록 모든 당사국들이 그 법의 영향권하에 있지 않더라도 국제사회의 보다 광범위한 협정을 반영하듯이, 리우선언과 같은 국제법을 인용하였다.[15]

그러나 보다 최근에, WTO규범의 해석문제에 있어 내려진 한 패널결정 때문에 혼란이 가중되었다. *EC-Biotech* 사건에서 미국, 캐나다, 아르헨티나는 EC가 유전자변형물질(Genetically Modified Organisms : GMO)의 수입을 금지한 것에 이의를 제기하였다.[16] EC 국가들은 새로운 규범들이 입법계류 중인 동안에는 생명공학제품(biotech products)의 수입에 대해 승인을 하지 않기로 결정했었다. 더구나, 일부 신청의 경우 그 행정 처리를 지연시켰고, 일부 개별국가들은 생명공학제품의 승인에 대해 EC 전체의 입장과는 다른 입장을 취하였다. EC는 여러 가지 이유에서 자신의 행위들을 정당화했는데 이 장의 목적과 일치하는 주요한

---

13 DSU 제3조 2항.

14 *US-Shrimp I AB Report, supra* note 1 at paras 129-31, 132.

15 Ibid., para. 154

16 *European Communities-Measures Affecting the Approval and Marketing of Biotech Products* (2006) WTO Doc. WT/DS291/R, WT/DS292/R과 WT/DS293/R(Panel Report).

것 중 하나가 사전예방원칙뿐만 아니라 자신들의 행동이 카르타헤나생물안정성의정서와 합치한다고 주장하는 것이다. 카르타헤나생물안정성의정서는 유전자변형생물체(Living Modified Organisms : LMO)의 무역을 다루는 다자간협정이다. EC는 그 의정서에 가입을 했고 캐나다와 아르헨티나도 마찬가지였지만 미국은 아니었다.

패널은 제31조 (3)항 (c)호를 좁게 해석하여, WTO체제 내에서 WTO규범 외 다른 국제법 규범은 문제된 규범이 모든 WTO회원국들에게 적용되는 상황에서만 적용된다고 판단하였다. 미국은 이슈가 된 조약들의 당사국이 아니었기 때문에, 패널은 분쟁에서 이슈가 되는 WTO규범들을 해석하는 데 있어 이러한 조약들을 고려해야 한다는 EC의 주장을 받아들이지 않았다. 그 주요한 이유들 중 하나는 국가는 동의하지 않은 규범들에 구속되지 않는다는 것이었다. 이 결정은 비판을 받아왔고, 그것이 단지 패널의 결정이기 때문에, 미래에 발생할 사건들에 대해 패널이 내릴 결정들에서 어느 정도까지 위 결정을 따를 것인지는 불투명하다.[17] 위에서 언급한 것처럼, *US-Shrimp* 사건과 같은 경우에서는, 항소기구가 WTO 분쟁해결에 WTO의 법적 규범들이 아닌 것들을 합법적으로 사용할 것을 제안하였다. 이처럼 기후변화협정의 조항들이 WTO협정들을 해석하는 데 사용될 수 있다는 것을 이전 판결들은 암시한다.

그러나 다자간환경협정들 및 WTO협정들의 조항들이 상호작용할 수 있는 방식에는 여러 가지가 있는데, 분쟁의 양 당사자들이 두 협정의 당사국들인 경우가 그 중 하나이다. 이 경우 서로 충돌하는 조약들을 어떻게 해석할 것인지에 관한 국제법의 여러 가지 규칙들이 존재한다. 예를 들어, 분쟁의 당사국들이 충돌하는 서로 다른 두 협정들의 당사국들인 경우, 보다 최신의 협정이, 즉 신법이, 우선하게 된다.[18] 그리고 보다 구체적인 내용을 규율하는 협정, 즉 특별법이 일반법에 우선하게 된다.[19] 이러한 규칙들은 협정들의 복잡한 구조 때문에 다자

---

17 예를 들어, Caroline Henckels, 'GMOs in the WTO: A Critique of the Panels' Legal Reasoning in EC-Biotech' (2006) 7 *Melbourne Journal of International Law* 278과 Robert Howse and Henrik Horn, 'European Communities–Measures Affecting the Approval and Marketing of Biotech Products' (2009) 8 (1) *World Trade Review* 49 참조.

18 비엔나협약, 제30조 4항.

19 J. Pauwelyn, 'The Role of Public International Law in the WTO : How Far Can We Go?'

간환경협정들과 WTO의 경우에 적용하는 것은 어렵다. 이러한 어려움들로 인해 당사국들 간에 상당한 불확실성이 생길 수 있다. 충돌하는 경우 어떤 협정이 우선할 것인가를 규정하는 등, 협정 간의 관계에 대해 다자간환경협정상에 구체적으로 기술하는 방법이 있을 수 있다.[20]

그 관계의 성격을 구체화한 다자간환경협정의 조항에 대한 대안은 다자간환경협정들과 WTO 간의 일반적인 관계나 혹은 특정하게 거론된 다자간환경협정들과 WTO협정들에 대한 관계에 대한 WTO협정일 수 있다.[21] 다자간환경협정들과 WTO의 관계를 명확히 하는 것은 도하라운드의 협상대상들 중 하나이다. 특히, 도하협상에서는 'WTO규범들과 다자간환경협정에서 제시된 특정한 무역 의무사항들 간의 관계'에 초점을 맞추고 있다.[22] 특정한 무역 의무사항들은 다자간환경협정에 명백하게 포함되어 있는 관세나 금지조치와 같은 무역조치들이다.[23] 그러나 알다시피, 지금 현재 도하라운드의 운명은 불확실하고 도하라운드는 단지 다자간환경협정들과 WTO협정들 간에 겹치는 이슈의 일부분만을 다루고 있을 뿐이다.

좀 더 좁은 범위에서 구체화된 협정 또한 가능하다. 최근에 논의된 협정의 한 형태는 기후변화협정하에서 취해지는 행동들을 WTO 의무사항들로부터 면제하는 것이다.[24] 그러한 면제사항에는 취해지는 조치들이 비차별적이거나 감독을 받아야 한다는 조건들이 부가될 수 있다. 그러한 면제를 받기 위해서는 회원국들 간의 만장일치(consensus)를 요구하지는 않지만 회원국 4분의 3의 승인을 받아야 한다.[25]

(2001) 95(3) *American Journal of International Law* 535 참조.

20 Brack and Gray, *supra* note 11. 예를 들어, 카르타헤나생명안전의정서는 전문에서 '기존의 국제협정에 따른 당사국의 권리와 의무를 변경하는 의미로 해석되지 아니하는' 것이라고 선언하고 있다.

21 Brack and Gray, ibid.

22 도하 장관선언, 2001, para. 31(ⅰ).

23 Brack and Gray, *supra* note 11.

24 R. Howse, 'Subsidies to Address Climate Change: Legal Issues'(International Institute for Sustainable Development, 2009년 8월) 과 Brack and Gray, *supra* note 11 참조. 비록 그러한 면제는 WTO 회원국 전체의 4분의 3이 동의해야 하지만, WTO협정하에서 공식적인 해석 가능성이 있다.

25 Gary Hufbauer, Steve Charnovitz and Jisun Kim, *Global Warming and the World Trading*

14.3 무역조치들과 기후변화협정들

그러므로 이론적으로는 적어도 무역조치들과 기후변화협정이 중첩되는 부분에 관하여 특정 형태의 협정 규정이 포함될 가능성이 존재한다. 기후변화협정에 무역조치들을 포함시킨 주요한 선례인 몬트리올의정서를 기후변화협약의 맥락에 적용하는 것은 어려울지도 모른다. WTO에 합치하는가의 문제는 몬트리올의정서의 실제적인 문제가 되지 않았는데 그 이유는 몬트리올의정서의 당사국 회원 수가 WTO 회원 수보다 많기 때문이다. 다자간환경협정의 회원 수가 WTO의 회원 수보다 많고, 모든 회원국들이 조치들을 포함하는 것을 동의 할 때, 무역분쟁의 위험은 상당히 줄어든다. 무역조치들을 포함하고 있는 다자간환경협정에 회원국인 WTO회원국이 WTO 내에서 다른 회원국의 조치들에 이의를 제기하기는 어려울 것이다.[26] 좀 더 염려되는 문제는 모든 WTO 회원국들이 그 협정의 당사국으로 가입되지 않은 기후변화협정에서의 무역규제조치들과 관련해서 발생한다.[27] 회원국 수의 차이로 인해 다자간환경협정들과 WTO 간의 관계와 관련하여 심각한 문제가 발생할 수 있다.

기후변화협정의 무역조치들이 효과적인가 아닌가는 그 협정을 따르는 국가의 수와 어느 나라가 참여하고 준수하고 있는지에 달려있을 것이다. Barrett가 지적했듯이, 협정에 속해 있으면서 다른 국가들에 무역금지를 하려고 시도하는 국가들의 수가 적다면, 협정의 당사국이 아닌 국가들은 협정에 참여할 어떠한 실질적인 인센티브를 가지지 못할 것이다. 그러나 참여하면서 준수하고 있는 국가들의 수가 늘어난다면, 그 협정에 참여하지 않아 가능한 무역조치들의 적용을 받는 것보다는 국가들이 그 협정에 참여하는 것이 좀 더 이득이 있을 것이다.[28]

System (Washington D.C.: Peterson Institute for International Economics, 2009).

26 Risa Schwartz, 'Trade Measures Pursuant to Multilateral Environmental Agreements-Developments from Singapore to Seattle'(2009) 9 *RECIEL* 63.

27 Barrett and Stavins, *supra* note 3.

28 Barrett, *supra* note 3.

기후변화협약에는 매우 많은 당사국들이 있다. 교토의정서 또한 많은 수의 국가들이 참여하고 있다. 그러나 교토의정서는 특히 미국과 같은 대규모의 행위자들이 참여하지 않음에 따라 제한적이게 되었다. 협정에서 미국의 부재는 기후변화협정의 당사국들이 비참여자들에게 강한 제재를 덜 취하게 되는 것을 의미할지도 모른다. 제재를 받는 국가들을 상대로 어떠한 무역조치들을 취하는 비용은 특히 어떤 분야에서는 잠정적으로 꽤 클 수 있다. 그러나 만약 미국과 다른 주요한 선진국들이 포스트교토협정에 합류한다면 그리고 당사국들이 비참여자들에 대하여 어떠한 형태의 무역조치들에 대해 동의한다면, 그 제재조치들은 굉장히 효과적일 수 있다. 예를 들어, 그것은 참여하지 않는 개발도상국들이 협정에 참여하도록 강제하기에 충분할지도 모른다.

이러한 기후변화협정의 무역조치들과 관련하여 한 가지 우려되는 점은 무역조치들이 부당한 협정에 참여를 강요하는 데 사용되어질 수 있다는 것이다. 협정에 참여하는 국가들은 자국의 생산자들을 지원할 뿐만 아니라 협정의 모든 회원국들을 필수적으로 지원하기 위해 보호주의조치들을 사용할지도 모른다. 즉, GATT협정들이 피하려고 했던 유해한 형태의 무역 블록을 형성할 위험이 있다. 무역 관련 문헌들에서 NAFTA나 EU와 같은 지역 무역 블록들 혹은 양자간 무역협정들과 같은, 국가군들 간의 무역장벽을 줄이려는 협정의 중요성에 관한 논쟁을 발견할 수 있다.[29] 이러한 협정들을 지지하는 측은 그런 협정들이 같은 생각을 가진 국가들 간에 좀 더 큰 통합을 이룰 수 있고 모든 국가들 간에 더 크고 밀접한 통합을 장려할 수 있다고 주장한다. 그러나 비판을 하는 측은 그런 협정들이 무역을 창출하기보다는 무역을 전환시킬 뿐만 아니라 지나친 행정비용을 부담하고 파벌을 형성하게 된다고 주장한다. 그 협정에 속한 당사국들 간의 무역에 대한 장벽들을 줄이는 것으로부터 무역이 창출되는 반면, 무역전환(trade diversion)은 국제적으로 가장 적은 비용으로 생산하는 생산자로부터

---

29 Jagdish Bhagwati, *Termites in the Trading System* (New York: Oxford University Press, 2008)과 Razeen Sally, *New Frontiers in Free Trade: Globalization's Future and Asia's Rising Role* (Washington DC : Cato Institute, 2008) 참조. 선호하는 무역협정들에 관한 논쟁들을 요약한 것으로는 Michael Trebilcock and Robert Howse, *The Regulation of International Trade*, 3rd edn (New York: Routledge, 2005) 참조.

무역블록에 속한 회원국들로 무역을 이동시킨다.

GATT의 최혜국대우원칙은 한 국가가 다른 국가를 위해 관세를 낮추면 그 국가가 다른 모든 국가들에게 관세를 낮추어 가장 비용이 적게 드는 생산국으로 무역이 이루어지도록 보장함으로써 무역을 창출하려는 의도를 갖는 것이다. GATT는 제24조하에서 지역 무역블록들에게 최혜국대우원칙에 대한 예외를 허용하고 있다. 그러나 거기에는 두 가지 조건이 있는데, 협정은 무역블럭을 형성하기 전 수준 이상으로 협정에 속하지 않은 국가들에게 무역장벽을 높일 수 없으며 협정에 속한 당사국들 간의 모든 무역에 대해 상당한 정도로 무역장벽이 제거되어야만 한다는 것이다. 그러나 WTO에서는 이런 조건들이 엄격하게 시행되지 않고 있다.

기후변화협정 내에서 무역조치들을 사용하는 것을 두려워하는 이유는 모든 당사국들이 협정에 참여하는 조건들을 높게 잡아서 비참가자들이 합류하는 데 비용이 많이 들고, 이미 참여한 당사국들보다 비용이 더 들 수 있다는 것 때문이다. 그러면 비참여자들은 보호주의무역조치들의 높은 비용을 감수하느냐 혹은 그들에게 불리한 높은 비용을 부과하는 협정에 참여하느냐 둘 중 하나를 선택해야 한다. 그 결과 무역전환이 발생하거나 혹은 그 협정이 협정 비참여자들에게 부당하게 강제적이라는 인상을 주게 된다.

기후변화협정상의 무역조치에 대한 또 다른 우려사항은, 일방적 무역조치의 경우와 마찬가지로 매우 높은 행정비용이 수반된다는 것이다. 무역조치들의 형식을 협상하는 데 드는 비용은 상당할 것이다. 특히 그것들이 비참여국들뿐만 아니라 비준수국들에까지 적용되는 것이라면 문제된 조치들의 성격과 적용범위에 국가들이 동의하는 것은 어려울 것이다. 앞에서 언급했듯이, 준수를 하지 않는 것에 드는 비용의 증가는 잠정적으로 참여수준과 공약을 이행하는 측면에 부정적인 영향을 줄 것이다. 그러므로 경제성장과 관련된 제재조치와 더불어 공약을 이행하는 수준을 설정하는 데는 민감하고 어려운 협상을 해야 한다. 필요한 조치들을 적용하는 데 요구되는 제도나 절차에 좀 더 비용이 들 것이다. 어떤 종류의 수입에 대하여 비참여국이 제재를 받아야하는지를 결정하는 것이 어려울 것이다. 이러한 무역조치들의 범위를 확장하고 그것을 실행하는 국가의 수가 증가하면 조치를 실행하는 비용이 상당히 들 수 있다.

한편, 일방적인 조치들의 사용과 비교해서 기후변화협정에 무역조치들을 포함시키는 것은 장점이 있다. 주요한 이점은 그러한 조치들을 기후변화협정에 포함시킴으로써 일방적인 조치들에게는 없는 합법성을 보장한다는 것이다. 이런 맥락에서 볼 때, 기후변화협정에 무역조치를 포함하는 것은 일방적 조치들과 비교해서 효율성과 공정성 모두를 보장한다. 국가들은 요구되는 행동을 취하지 않아서 무역제재를 당하는 비용을 감당할 것인지를 가늠하면서 그들이 기후변화를 해결할 행동을 취하고 싶은지를 결정해야만 한다. 이러한 유연성은 국내적으로 어떤 것을 선택할 것인지에 대한 선호사항을 포함해서, 국가가 조치의 편익을 점검하도록 허용한다. 그들이 당면하는 비용은 일방적인 조치들에서처럼 어떤 특정국가의 선호나 균형에 달려 있는 것이 아니라, 좀 더 많은 국가들이 결정한 선호나 균형에 달려있다. 이러한 선호는 참여하지 않음으로써 받는 제재조치에 직면하는 국가들의 선호 및 균형과는 상당히 다를 것이다.

그러나 특정한 협정을 위한 협상과정의 특성으로 인해 위험이 존재한다. 위에서 언급한 것처럼, 다자간협상을 한다는 것이 꼭 공정한 것을 의미하는 것은 아니다. 그것은 누가 그 협상에 참여하고 어떻게 이러한 협상이 진행되는가에 달려있다. 몇몇 국가들이 협정의 내용을 협상하고 다른 국가들에게 참여하도록 시도한다는 점에서 협정은 합법성을 잃을 수 있다. 예를 들어, 미국과 다른 네 국가들이 만나서 합의점을 찾으려고 시도한 후, 코펜하겐 협상과정의 우려사항 중 하나는 다수 국가들이 이에 동의하고 참여할 의미있는 기회들이 부족하였다는 것이다. 특히 준수하지 않는 경우에 비하여 참여하지 않으려는 국가를 참여하도록 한다는 측면에서, 일방적인 조치들보다 잠재적으로 더 큰 합법성을 가지기는 하지만, 그것은 여전히 한 국가 그룹이 다른 국가그룹에 대하여 자신의 선호를 강요하는 것이다.

무역조항들을 포함하는 다자간기후변화협정에는 다른 잠재적인 이점이 있다. 무역금지나 관세와 같은 형태의 부정적인 인센티브들은 적대적인 것으로 보일 수 있고 기후변화협정에 무역조치들을 포함하는 것은 '채찍들'을 '당근들'과 짝을 이루도록 할 수 있다. 개발도상국들이 경제성장을 여전히 할 수 있고 그들의 국민을 위하여 삶의 질을 향상시킬 수 있는 반면 요구되는 변화를 행동으로 옮길 재정적 능력을 가질 수 있도록 보장할 필요가 있다. 논자들은 이러한

재정적인 인센티브가 무역조치들과 더불어 몬트리올의정서가 성공하게 된 주요한 이유였다고 주장해 왔다.[30]

나아가 기후변화협정에 무역조치들을 포함시키는 것은 개발도상국들에게 어떤 요구조건에도 공약을 이행할 수 있는 시간을 줄 가능성을 허용한다. 예를 들어, Zhang은 미국이 자신의 기후변화대응정책들을 설정하는 데 든 시간을 고려했을 때, 개발도상국에게 적어도 무역조치들이 효력을 가지기 전 10년의 기간을 보장해주어야만 한다고 주장한다.[31] 국가들 간에 '공동의 그러나 서로 다른 책임들'이라는 관념은 벌써 기후변화협약과 WTO협정들에 포함되어 있다.[32] 다자간 기후변화협정 내의 무역조치들을 포함시킴으로서 개발도상국들이 행동을 취할 시간을 허용하는 데 더 큰 재량을 준다.

제20조를 해석함에 있어, 단순히 회원국이 다자간기후변화협정에 참여하지 않기 때문에 WTO가 그 회원국의 이익에 반하는 무역조치들을 허가할 것처럼 보이지는 않는다. 일방적 조치들에서처럼, 무역조치들의 표적이 되는 국가가 그 협정 내의 다른 국가들에 비해 기후문제 해결을 위한 '상응하는' 행동을 취하지 않고 있는 데 대한 어떤 평가가 필요하다. '상응성'에 대한 이러한 개념은 결정하기가 매우 힘들 것이다. 기후변화협정이 그것을 정의하는 데 도움을 줄 수 있을 것이라고 희망한다.[33] 다자간기후변화협정들은 다른 형태를 취할 수도 있다. 교토의정서의 경우처럼 그 협정의 모든 당사국들에 대한 전체적인 목표가 있을 수 있다. 특히 기후변화협약 당사국들이 이러한 의무사항들이 상응성이 의미하는 바를 반영한다는 것에 명시적으로 동의한다면, 의무사항들을 준수하거나 혹은 상당한 수준으로 감축하는 것은 무역조치들이 부과될 수 있는지를

30 Zhong Xiang Zhang, 'Multilateral Trade Measures in a Post-2012 Climate Change Regime? What Can Be Taken From the Montreal Protocol and the WTO' (June 2009). SSRN: http://ssrn.com/abstract=1328548; Barrett, *supra* note 3.

31 Zhang, ibid.

32 개발도상국들에게 약속이행을 할 수 있도록 시간을 연장해주는 것을 허용하는 WTO협정들의 다양한 조항과 더불어 기후변화협약 제3조 참조.

33 Zhang, *supra* note 30; Jacob Werksman, James Bradbury and Lutz Weischer, 'Trade Measures and Climate Change Policy: Searching for Common Ground on an Uneven Playing Field' (World Resources Institute Working Paper, 2009년 12월).

결정하는 데 일정 근거를 제공한다.[34] 그러나 개발도상국들이 공약을 준수하는 것을 허락하는 데 따른 정책의 공간과 시간을 둘러싼 불확실성을 고려할 때, 아마도 다자간협정하에서든 심지어는 일방적으로든 언제 무역조치들이 취해질 수 있는지에 대한 좀 더 명확한 방향성이 필요하다.

코펜하겐에서는 실질적인 방향성이 제시되지 않았다. 일방적 무역조치들에 대한 금지를 원하는 일부 개발도상국들이 코펜하겐협상에 참여하였다는 사실에도 불구하고, 협상에 참여한 국가들은 코펜하겐 합의문에 있는 무역조치들과 직접적으로 관련된 어떠한 변화에도 동의할 수 없었다.[35] 게다가, 심지어는 당사국들이 동의한 '의무사항들'조차도 각 국가가 선언한 목표치에 있어서 최소 수준이었다.[36] 미국과 같은, 국경조정을 사용하기를 원하는 국가들은 이러한 '목표들'이 '상응하는' 노력이라고 보지 않을 수도 있다. 게다가, 코펜하겐협정은 의무이행의 감독을 개별 국가들에게 일임하도록 함으로써, 국제적인 감독과정에 대한 합의가 부족하다. 독립적인 감독과정이 부족하다는 것은 또한 의무사항들을 준수했는지에 대한 객관적인 판단에 있어 염려가 되고 따라서 무역조치들을 사용하는 것에 대한 우려사항이 된다.

WTO 회원국들이 국경조치들을 사용하는 문제에 대해 분열되어 있는 동안 WTO 사무총장인 Pascal Lamy는 '내가 말할 수 있는 것은 기후변화의 다자간 협력체계쪽으로 우리가 더 움직여 갈수록, 일방적인 무역조치들은 더욱 더 설득력이 떨어진다는 사실이다'라고 코펜하겐회의 이후에 언급하였다.[37] 기후협상과 국가들이 실행하기로 한 협정관련 무역조치들은 경쟁력, 합법성의 이슈들을 해결하는 데 도움을 줘야만 한다. 이런 사안들에 대해 얼마만큼 진전시킬 수 있는가 하는 것은 그 협정이 어느 정도의 재량을 갖고 있는가를 정하는 것일 수도 있다. 예를 들어, 분야별 협정에 무역규제를 넣는 것이 더 쉬울지도 모른

34 Werksman, Bradbury and Weischer, *supra* note 33.

35 http://unfccc.int/resource/docs/2009/cop15/eng/o7.pdf 참조 (2010년 1월 22일 검색).

36 예를 들어, 미국은 '제정될 법을 감안하여, 장관에게 최종목표를 보고할 것이라는 것을 인식하면서, 예상되는 미국 에너지기후법안에 일치하게 17%의 범위에서' 2020년까지 배출량을 감축할 것을 약속하고 있다. 2010년 1월 28일 UNFCCC 미국기후변화특사인 Todd Stern의 편지 참조.

37 WTO 'Lamy Praises Copenhagen Efforts, Calls for More To Be Done' (2009년 12월 21일) http://www.wto.org/english/news_e/news09_e/climate 21dec09_e.htm). (2010년 1월 8일 검색).

다.[38] 탄소누출에 특히 취약한 산업분야를 보호하고 충분히 심각하게 될 수 있는 분야들을 보호하는 데 무역규제를 사용할 수도 있다. 이 문제는 마지막 장에서 다시 다룰 것이다.

38 Barrett, *supra* note 4.

15. 환경친화적인 무역의 증대

기후변화와 무역 목표들 간 조화를 이루기 위한 방법 중 하나는 다자간 조치들을 개발하는 것이다. 이 장에서는 환경제품과 서비스(Environmental Goods and Services: EGS)의 무역을 증대시키기 위한 다자간협정의 가능성에 대해 살펴본다. 무역자유화에 대한 사례를 검토하는 것으로 시작하여 EGS가 무엇인지 논의하고 오늘날까지 이루어진 국제 협상들의 발달과정을 검토한다. 본 장은 기후변화완화, 보호주의 방지 그리고 개발이라는 최우선의 목표들을 염두에 두고 EGS의 무역자유화를 위한 가장 적절한 제도적 골격이 무엇인지 고려하며 결론을 내릴 것이다.

15.1 환경제품과 서비스 자유화의 이유

지난 2001년 도하각료선언(Doha Ministerial Declaration)에서 환경제품과 서비스의 비관세 장벽과 관세를 감소시키거나 혹은, 적절한 경우 제거하는 것을 요구하는 EGS의 자유화가 의무화되었다.[1] 이와 관련하여 다양한 WTO 위원회에서 협상이 진행되어왔다. 비 농업제품에 대한 시장접근(Market Access for Non-Agricultural Products : NAMA)을 논의하는 협상 그룹은 환경제품의 자유화 방식(Modalities)에 관한 협상을 한다. 서비스무역 특별분과위원회(Council for Trade in Services in Special Session)는 환경서비스에 대해 논의한다. 서비스무역에 관한 일반협정(GATS)하에서 더 넓은 범위의 서비스 협상들의 일부로서 환경서비스에 관한 협상이 이루어져왔다. 마지막으로, 무역과 환경위원회 특별회의(CTESS)는 EGS의 범주에 어떤 것이 포함될 것인가를 정의하는 임무를 맡고 있다.[2] 이 세 영역 모두 진전은 느리게 일어나고 있다. 특히, CTESS가 범주를 정의하는 것에 대한 합의를 이룰 때까지 NAMA 협상들에서 환경제품의 협의에 관한 진전이 이뤄질 수 없다. 게다가, NAMA와 농업 자유화에 관한 협의가 잘 진전되지 않아서 많은 나라들이 EGS 자유화에 깊이 관여하는 것을 꺼리는 형편이다.

EGS의 자유화가 도하선언에서 대략적인 틀을 갖춤으로써 제2장에서 언급한 목표들에 비추어 기후변화와 관련하여 특히 중요성을 갖는다. 먼저, EGS의 자유화는 무역에 대한 관세와 비관세장벽의 제거나 감소를 통해 보호주의를 저지하고자 한다. 둘째, EGS의 자유화는 기후변화적응과 완화의 관점에서 도움이 된다. 많은 제품과 서비스가 생산수단과 특성(예: 제로탄소배출 철강), 소비(예: 태양광 전지판) 혹은 폐기(예: 황마가방)로 인해 기후변화완화와 적응에 잠재적으로 기여한다.[3] EGS를 정의하는 것이 논란이 되는 문제이긴 하지만, EGS의 자유화는 생산자가 생산을 확대하기 위하여 비용 감축과 인센티브를 통해 특정 제품과 서

1 Para. 31(iii).

2 덧붙여 2002년 회의에서, 무역과 환경위원회 특별회의가 농업위원회 특별회의에서 이루어진 작업에 대해 계속 추적하도록 결정되었고 무역과 환경위원회 특별회의가 31(iii)문단에 관하여 모니터링하는 역할을 수행하는 것에 대하여 광범위한 지지를 받았다. Committee on Trade and Environment in Special Session, *Summary Report of the First Meeting of the Committee on Trade and Environment in Special Session 22 March 2002* (Committee on Trade and Environment in Special Session, 2002).

3 Mahesh Sugathan, *Liberalization of Trade in Environmental Goods for Climate Change Mitigation: The Sustainable Development Context* (International Center for Trade and Sustainable Development (Geneva), International Institute for Sustainable Development (Winnipeg), for the Trade and Climate Change Seminar, Copenhagen, Denmark, 2008) at 2.

비스에 대한 접근성을 증가시키는 상당한 잠재성을 지니고 있다.[4] 이러한 점은 국제에너지기구(IEA)의 연구에 서술되어 있는데, 증가된 효율과 비화석에너지를 대체하는 기술의 개발과 확장을 적당히 긍정적으로 가정해 보았을 때, 2050년까지 전력생산부문에서 28%, 산업부문에서 19%의 온실가스를 감축시킬 수 있다는 것이다.[5] 이를 달성하기 위하여 EGS는 무역장벽들에 의해 접근이 어려워지거나 가격이 높게 책정되지 않아야 한다.

셋째, EGS의 자유화는 더 많은 개발을 지원할 수 있다. 개발도상국들이 외국기술의 이전에 의존하는 대신 국내기술의 혁신과 기후변화적응을 위한 국가적 역량을 향상시킨다면, 지속가능한 녹색경제를 건설할 더 좋은 기회가 될 것이다.[6] 이는 오직 기업들이 합리적인 비용으로 기술에 접근할 수 있을 때 가능하다. 더 나아가서 기업들은 그들이 생산하는 EGS를 수출하기 위한 시장에 접근할 수 있어야 한다. 만약 개발도상국들이 국가적 역량을 향상시키고 수출시장에 접근할 수 있게 되면, 무역 다변화, 고용증가, 빈곤 퇴치에 있어 혜택을 볼 것이다.[7] 또한 증대된 국가의 역량으로 인해 개발도상국의 회사들이 외국 시장에서 좀 더 쉽게 환경기준을 충족시킬 수 있을 것이다. 국내적으로는, 더 청정한 기술을 사용하여 만든 제품의 시장접근이 증가함으로 인해 환경적으로 효율적인 제품들을 사용할 것을 장려하여 결과적으로 지속가능한 발전을 지원하

---

4 Ludivine Tamiotti et al., *Trade and Climate Change: A Report by the United Nations Environment Programme and the World Trade Organization* (Geneva, WTO, 2009) at 81.

5 International Energy Agency 2008. Ronald Steenblik, Takenori Matsuoka and Jim Hight, *Facilitating Trade in Selected Climate Change-mitigation Technologies in the Electricity Generation and Heavy-Industry Sectors*(OECD Global Forum on Trade: Trade and Climate Change, COM/TAD/ENV/JWPTE(2008) 28, 2008) at 7.

6 Tamiotti et al., *supra* note 4 at 81.

7 E. Claro et al., *Trade in Environmental Goods and Services and Sustainable Development: Domestic Considerations and Strategies for WTO Negotiations* (Geneva: ICSTD Environmental Goods and Services Series, Policy Discussion Paper, International Centre for Trade and Sustainable Development, 2007) at xvi. 세계개발보고서 2010은 전통적으로 개발도상국들이 청정기술의 수입국들이었지만, 투자환경이 좋아지고 소비자들이 많아짐에 따라, 그들이 점점 더 청정기술 제조에 있어 주요한 행위자들이 되어가고 있다고 언급하고 있다. World Bank, *World Development Report 2010: Development and Climate Change* (Washington, DC: The World Bank, 2010) at 254.

게 된다.[8]

EGS 자유화의 잠재적인 가치는 널리 인식되어왔다. OECD 2005년 보고서는 EGS의 무역에 있어 관세와 비관세장벽을 감소하거나 제거하는 것이 무역과 환경을 모두 고려할 수 있는 '윈-윈' 방안이라고 밝히고 있다.[9] 최근에, WTO-UNEP 기후변화보고서는 도하 의무조항이 이러한 측면에서 '다자간 무역 시스템이 무역과 환경의 상호 지지를 더욱 넓힐 수 있는 전례 없는 기회'라고 밝히고 있다.[10] EU 무역위원인 Peter Mandelson이 언급한 것처럼, 녹색기술과 에너지절약 장비에 대한 무역에서 모든 관세를 제거하려는 WTO의 폭넓은 협상은 '기후변화에 대한 친기업적이면서 세계적인 해결책'으로 더 나아가는 데 중요한 역할을 한다.[11]

EGS를 어떻게 정의하느냐에 대한 합의가 부족하기 때문에 현재 EGS에 어떤 종류의 무역 장벽들이 존재하는지 정확히 파악하기는 어렵다. 그러나 다양한 연구에 따르면 높은 관세와 무역과 투자에 관한 기타의 장벽들은 전체 국가뿐만 아니라 특히 저소득 및 중간소득 국가들의 온실가스 감축 기술에 대한 접근을 방해한다고 한다.[12] 높은 관세가 부과되고 있는 한 분야는 바이오연료 분야인데, 현재 미국과 EU에서 40%의 관세를 부과하고 있다. 반면 석유에는 관세가 부과되지 않고 있다.[13] 더 나아가서, 비관세장벽들은 여러 영역에서 존

---

8 CTE in Special Session, Environmental Goods for Development-Submission by Brazil-Paragraph 31(iii), WTO Doc. (TN/TE/W/59) 8 July 2005. 또한 E. Claro et al., *Trade in Environmental Goods and Services and Sustainable Development: Domestic Considerations and Strategies for WTO Negotiations* (Geneva: ICSTD Environmental Goods and Services Series, Policy Discussion Paper, International Centre for Trade and Sustainable Development, 2007) at 1 참조.

9 Organisation for Economic Co-operation and Development (OECD), *Policy Brief–Opening Markets for Environmental Goods and Services* (Paris: OECD, 2005) at 3.

10 Tamiotti et al., *supra* note 4 at 80.

11 The World Bank, *International Trade and Climate Change–Economic, Legal, and Institutional Perspectives* (Washington, DC: The World Bank, 2008) at 89.

12 Ibid. at 80. General Electric이 연구한 바에 따르면, 대부분의 WTO 회원국들이 풍력터빈에 관세를 부과하고 태양 전지판과 가스 터빈에 대해서도 상당한 관세를 부과한다. International Centre for Trade and Sustainable Development (ICTSD), 'GE Calls for Stand-Alone Deal on Environmental Goods and Services', (2009) 13 (37) *Bridges Weekly Trade News Digest*.

재한다. 예를 들면, 전력생산과 중공업 분야에서 까다로운 선적 검사 및 세관 절차, 기술적인 요구사항과 자발적인 표준, 까다로운 적합성 평가, 인증 및 테스트 절차, 그리고 투명하지 않는 정부 조달 절차들은 부담이 되는 비관세장벽들이다.[14]

서비스 분야에서, OECD는 다음과 같은 다양한 무역장벽들을 언급하고 있다. 수입국에서 기업활동을 하는 기업들을 통해서만 서비스의 수출을 허가하는 것, 외국사업의 범위를 특정한 활동들로 한정시키는 것, 경험이나 자질에 상관없이 외국에 설립된 회사의 상당수의 직원들이 그 국가의 국민이어야 한다는 것 등이다.[15]

물론, 무역 장벽을 낮추는 것이 EGS의 무역을 증대시키기 위한 유일한 요소는 아니다. 다른 중요한 요소는 국내총생산의 수준, 투자환경, 해외직접투자의 수준, 환경규제, 기술원조, 재정 인센티브, 그리고 지적재산 관련 비용을 포함한다.[16] 그럼에도 불구하고, 자유화는 중요한 요소이다.

15.2 EGS의 정의

제품을 정의하는 것에 관한 어려움으로 인해, EGS를 정의하는 문제는 논쟁적인 사안이 되었다. 두 가지 주요한 대안이 있는데 하나는 협의의 접근법이고 다른 하나는 광의의 접근법이다. 협의의 접근법은 '전통적인 환경제품'이라고도 알려져 있는, 환경적 목표들을 직접적으로 해결하는 제품을 정의하는 데 초점을 둔다.[17] 한편, 광의의 접근법은 최종용도의 범주를 넘어서서 환경적으로

---

13 ICTSD, ibid.

14 Tamiotti et al., *supra* note 4 at 81. Steenblik, Matsuoka and Hight, *supra* note 5. 중국, 미국, 캐나다에서 '국내제품을 구매해야 하는' 규정과 다른 국내규제를 언급하면서, General Electric의 최근 한 연구는, 비관세장벽은 특히 온실가스 감축 목표를 달성하는 것을 가로막는다고 보고하고 있다. ICTSD, *supra* note 12.

15 OCED, *supra* note 9 at 5.

16 Sugathan, *supra* note 3 at 75.

17 Ibid. at 75.

'선호되는' 제품을 정의하는 데 초점을 맞춘다.[18] 유엔무역과개발회의(UNCTAD)는 '환경적으로 선호되는 제품들'이란 제품생애주기의 어떤 단계에서 같은 목적을 충족시키는 대체제품보다 '환경적 유해성'이 상당히 덜한 제품들[19] 혹은 생산과 판매가 환경보호에 크게 공헌하는 제품들이라고 정의한다.[20]

협의의 접근법은 환경과의 양립성을 나타내는 절대적 개념이다. 제품들은 환경에 긍정적인 영향을 미쳐야만 한다. 한편, 광의의 접근법은 두 제품 간의 비교에 의존하는 상대적인 개념이다. 어떤 제품이 좋은지는 다른 비교제품이 얼마나 환경에 피해를 입히는지에 달려있다. 비교되는 제품이 석탄을 태우는 곤로라면, 가스를 사용하는 곤로가 완전히 환경친화적이라 할 수 없을 지라도 환경제품에 해당할 것이다.

협의의 접근법은 기후변화 맥락에서 혁신을 장려하는 잠재성을 지니고 있지만 또한 여러 문제점들도 있다.[21] 가장 논란이 되는 것은 제품이 이중용도, 즉 환경적인 목표와 비환경적인 목표 둘 다를 가지고 있을 때이다.[22] 어떤 제품들은 태생적으로 이중용도를 가지고 있다. 예를 들어, 파이프는 재생가능한 에너지 발전소의 설비로도 쓰일 수 있고 석유를 수송하는 관으로도 쓰일 수 있다.[23]

EGS 자유화에 있어 이중용도 제품을 포함시킬지 여부에 따라 협상에서 국가들이 나뉜다. 포함시키는 것에 찬성하는 선진국들은 단독용도 제품에 한정될 경우 자유화의 혜택이 제한될 것이라고 주장한다.[24] 그러나 개발도상국들은 이

---

18 Ibid. at 76.

19 생산, 소비, 다른 사용, 혹은 폐기 중 어느 단계에 있는 경우를 말한다.

20 United Nations Conference on Trade and Development (UNCTAD), *Environmentally Preferable Products (EPPs) as a Trade Opportunity for Developing Countries* (Geneva: UNCTAD, UNCTAD/COM/70, 1995). 개선된 고체 연료 요리용 스토브와 플라스틱이나 종이가 아닌 삼베로 만든 재사용가능한 쇼핑백과 같은 것들이 그 예다. OECD, *supra* note 9 at 2.

21 The World Bank, *International Trade and Climate Change–Economic, Legal, and Institutional Perspectives* (Washington, DC: The World Bank, 2008) at 84.

22 Ibid. at 77.

23 Ibid.

24 Mahesh Sugathan, 'Environmental Goods: A Doha Round Deliverable for Climate Change?, in *Climate, Equity and Global Trade* (Geneva: International Centre for Trade and Sustainable Development (ICTSD), Selected Issue Briefs No. 2, 2007) at 1.

중용도 제품들을 자유화하게 되면 그들의 국내산업이 영향을 받을 것이라고 우려한다.[25]

협의의 접근법과 관련한 또 다른 문제점은 국가들이 각기 다른 발전단계에 있고 기후변화문제를 해결하기 위해 해야 하는 것들이 무엇인지에 대한 견해가 다르기에, 어떤 국가에서는 특정 제품이 환경친화적인 제품이라고 생각되는 반면, 다른 국가에서는 그렇지 않을 것이라는 점이다. 국가 간에 논란이 있을 수 있다. 예를 들면, 어떤 특정한 바이오연료의 환경적 장점에 대하여 국내 및 국제적으로 상당한 논란이 존재한다.[26] 또한 기술은 지속적으로 진보하고 있다. OECD는 향후 십년 동안 사용될 가능성이 있는 환경제품의 반 정도가 현재는 존재하지 않는다고 추정한다.[27] 환경서비스 또한 진화할 것이다. 이미 현재 GATS 서비스 목록은 환경서비스 산업이 전통적인 최종사용, 오염통제, 개선, 정화에서 통합적인 오염 방지 및 통제, 보다 청청한 기술 및 자원과 위험 관리의 방향으로 진화된 것을 나타내기 위해 현재 갱신할 필요가 있다고 알려져 있다.[28] 진보하는 기술과 관련한 문제를 해결하는 가능한 한 가지 방법은 새로운 EGS가 개발될 때마다 수정되는 '개방형 리스트(living list)'를 구축하는 것이다.[29] 그러나 이것은 국가가 새로운 개발의 관점에서 그들의 책임범위를 정기적으로 검토하는 것이 필요하기 때문에 행정적으로 상당한 부담이 될 것이다. 새로운 제품들을 분류하여야 할 뿐만 아니라 제품들이 구식이 되어 환경친화적인 것으로 더 이상 분류되지 않는 경우 목록에서 제거되어야 할 필요가 있기 때문이다. 이

25 Sugathan, *supra* note 3 at 4.

26 일반적으로 'Biofuels for Transportation: Global Potential for Sustainable Agriculture and Energy in the Twenty-First Century' (Washington, DC: Worldwatch Institute, 2006) 참조.

27 Organisation for Economic Co-operation and Development (OECD), *The Global Environmental Goods and Services Industry* (Paris: OECD, 1999).

28 회원국들은 UN CPC에 근거를 둔 WTO Service Sectoral Classification List (W/120)에 따라 GATS하의 의무를 지킨다. Sugathan, *supra* note 24 at 2.

29 1996년 정보기술제품의 교역에 관한 각료선언과 의약제품의 교역에 관한 우루과이라운드 '상호무관세화(zero for zero)'이니셔티브에 포함된 제품 리스트가 진보된 기술수준에 따른 상태를 유지할 필요가 있다는 전례에 따라, 뉴질랜드는 이 개념을 지지하고 있다. New Zealand, WTO Committee on Trade and Environment Special Session, Submission by New Zealand, WTO Doc. TN/TE/W/45 (10 February 2005) at para 14.

러한 점에서 WTO규범이 양허관세를 올릴 것을 고려하지 않고 있기 때문에, 만약 국가들이 그러한 제품들에 대해 관세수준을 높이고 싶다면 문제가 될 수 있다.

협의의 접근법에는 또한 제품들이 관세 목적에 따라 분류되는 방식으로 인해 실제적인 문제점들이 존재한다. 대부분의 국가들은 세계관세기구(World Customs Organization)에 의해 관리되는 통일제품분류체계(Harmonized System(HS))를 사용한다. 이 시스템하에서, 각 제품은 제품 특성에 따라 6자리 수로 코드화된다. 어떤 나라들은 또한 ex-out을 사용하는데, 자국 내에서 제품들을 8자리 혹은 10자리 수로 식별한다. 이러한 ex-out은 보편적인 것이 아니어서 나라마다 다르다. 6자리수에서는, 제품에 대한 설명이 꽤 광범위하여 국가들이 총괄적으로 특정제품을 선별하기엔 제한이 있다. 이것은 문제가 되는데, 왜냐하면 많은 HS 6자리수 카테고리들이 환경제품과 비환경제품 모두를 포함하고 있기 때문이다. 행정적으로는, HS 6자리수 범주 전체를 자유화시키는 것이 더 쉽다. 그러나 이것은 전체 제품들의 의도하지 않은 자유화를 초래한다.[30] 따라서 행정을 수월하게 하는 것은 정치적인 실현가능성과 긴장관계에 있을 가능성이 있다. 6자리수 이상으로 환경제품들을 따로 정하는 것에는 그것이 회원국들 전체가 ex-out 제품을 표기하는 것을 조화시킬 필요가 있기 때문에 엄청난 행정비용이 들 것이다.

더 광의의 정의를 살펴보면, '환경적으로 선호되는' 제품의 정의와 관련하여, 그 제품을 단지 특징을 기준으로 정의해야만 하는지 혹은 제품생산공정(PPMs) 또한 고려해야만 되는지에 대해 의견일치가 이루어지지 않고 있다. 만약 PPMs가 유효한 고려기준이라면, 성능면에서 똑같이 에너지 저 효율적이라 하더라도 다른 세탁기보다 생산과정에서 더 적은 온실가스를 배출하는 세탁기는 '친환경제품'으로 분류될 것이다. PPMs을 고려할 것을 지지하는 입장에서는, 많은 경우에, 제품의 가장 유해한 환경영향은 생산과정에서 나오는 것이 현실이라고 한다. 많은 제품들이 성능에 있어 환경친화적인 특징들을 갖추어 설계될 수 있을 정도로 기술이 개발되겠지만, 우리가 진정으로 제품이 환경에 가하는 충격을 줄이기 위한다면 제품들의 생산공정 또한 환경적으로 건전해야 한

30 The World Bank, *supra* note 21 at 90.

다.[31] 그러나 주요한 질문은 관세분류 단계에서 PPMs 간에 이러한 비교를 하는 것이 필요한가 혹은 에코라벨링과 같은 수단을 통해 추후 판매과정에서 달라질 수 있는지 여부에 관한 것이다. 어떤 단계에서 PPMs를 고려하는 것이 제조업자들로 하여금 그들의 생산공정을 살펴보도록 할 가장 큰 인센티브를 제공할 것인가?

개념의 정의에 대한 광의의 접근법에는 여러 가지 문제가 있다. 어떻게 비교를 할 것인가? 환경적으로 건전한 생산방법이 무엇인지를 결정하기 위해 어떤 기준이 사용되는가? 그리고 더 나아가서, 제품을 환경적으로 선호되는 것으로 정의하기 위해서는 그 생산방법이 얼마나 더 환경적으로 건전한 것이 될 필요가 있는가? 석탄에 비해서 더 청정한 대체재이고 풍력에 비해서는 덜 청정한 대체재인 천연가스의 예가 보여주는 것처럼, 세계은행은 비교적 청정한 제품들을 구별해내는 것에 관한 어려움을 지적한다. 만약 풍력발전이 정부가 보조해 줄 때만 가능하다고 한다면 어떠하겠는가?[32] 다른 생산과정에 따른 온실가스 배출을 계산하는 데 효과적인 메커니즘이 없는 상황에서 PPMs를 고려하는 것은 그 비교를 더 어렵게 만든다. 그러한 메커니즘이 앞으로 만들어질 가능성이 있지만, 개발도상국들이 그것을 사용할 능력을 가질 수 있도록 보장하는 것이 매우 중요할 것이다.

예상했듯이, 도하협상에서 개념정의를 어떻게 하는가에 대해서 어려움이 발생하고 있다. 공식적으로 합의된 EGS 개념에 대한 정의가 없이 협상이 진행될 가능성이 있는 반면, 어떤 제품들이 포함되고 어떤 제품들이 포함되지 말아야 하는가가 전혀 명확하지 않다는 것을 감안해볼 때, 도하협상에는 아마도 많

---

31 이와 관련하여, 카타르가 2002년 CTE 특별세션에 제출한 것을 참고. 카타르는 에너지는 제품의 생산과정과 관련이 있다고 주장하면서 제품 최종사용과 PPMs를 구별하는 것을 주의해야 한다고 주장하였다. 카타르는 최종사용기준이 제품의 전체 에너지 생애주기를 고려할 수 있는지에 대해 의문을 제기하였다. Committee on Trade and Environment in Special Session, *Summary Report of the Third Meeting of the Committee on Trade and Environment in Special Session 10–11 October 2002* (Committee on Trade and Environment in Special Session, 2002). 이러한 논점에 대하여 사우디아라비아가 카타르를 지지하였다. *Summary Report of the Tenth Meeting of the Committee on Trade and Environment in Special Session 12–13 October 2004* (Committee on Trade and Environment in Special Session, 2004).

32 The World Bank, *supra* note 21 at 83.

은 어려움이 따를 것이다.[33]

15.3 접근법에 대한 논의

EGS의 개념정의에 관한 의견일치에 도달하려는 노력에 어려움이 있는 것과 더불어, 리스트 접근법과 프로젝트 접근법으로 국가들이 나눠지면서, 협상방식을 합의하는 것에도 실패하고 있다.[34] 리스트 접근법은 영구적인 관세철폐 혹은 관세감소에 관한 협상에 따라 제품의 목록을 작성하는 것을 지향한다. 이 접근법은 이중용도 제품문제에 대한 대응으로써 선진국의 지지를 받는다.

리스트 접근법은 OECD와 Eurostat(유럽연합통계사무국)전문가들이 1990년대에 개발한 개념을 그 시작으로 한다고 하는데, 이 접근법은 EGS산업을 "폐기물, 소음, 생태계와 관련된 문제들뿐만 아니라 물, 공기 그리고 토양의 환경오염을 측정, 방지, 제한, 최소화 혹은 수정하는 제품들과 서비스들을 생산하는 활동들"[35]로 구성된 것으로 정의한다. 이 접근법에 따라 OECD는 (i) 공해 관리, (ii) 청정기술들과 제품들,[36] (iii) 자원관리 그리고 (iv) 친환경제품들[37]로 EGS를 분류했다. OECD와 Eurostat의 개념정의와 분류는 시장접근 협상에 관한 정보를 줄 수 있는 보다 특정한 제품과 서비스를 정의하는 데 있어서의 근본적인 문제를 해결하지 못한다. 위의 분류는 '협의'와 '광의'의 개념을 모두 포함하고

---

33 New Zealand, WTO Committee on Trade and Environment Special Session, Submission by New Zealand, WTO Doc. TN/TE/W/45 (10 February 2005) at para. 5.

34 2008년 WTO는 리스트 접근법과 프로젝트 접근법의 지지자들이 서로 타협하기를 거부했다고 보고했다. The World Bank, *supra* note 21 at 78.

35 OECD, *supra* note 9 at 2. 뉴질랜드가 2002년 이것을 출발점으로 하자고 제안했다. 또한 1997년 시작한 Early Voluntary Sector Liberalization Initiative에 제품 리스트를 포함하자는 APEC 회원국들이 이러한 정의를 사용했다.

36 흥미롭게도, 비교적 최근 한 연구에 의하면 환경제품의 교역에 관하여, 단 1%만이 보다 청정한 기술에 대한 것이었다. Bora Bijit and R. Teh, 'Tarriffs and Trade in Environmental Goods', presentation to the WTO Workshop on Environmental Goods, Geneva, 2004-cited in OECD, *supra* note 9.

37 Ibid. at 2.

있다. 처음 세 개는 '전통적인 환경제품'을 포함하고 네 번째는 '친환경적인' 제품을 포함한다.

다른 대표단이 제시한 다른 리스트들은 큰 도움이 되지 못한다.[38] 소위 말하는 환경제품그룹의 우방국 모임(Friends of Environmental Goods group – 캐나다, 유럽연합, 일본, 한국, 뉴질랜드, 대만, 스위스 그리고 미국)이 다양한 제안들을 통합하려는 시도를 하였다. 이 그룹은 공동으로 '잠재적인 집합세트(Potential Convergence Set)'로 알려진 그들의 독자적인 리스트에 기반을 둔 ex-out의 수를 포함하여 153개의 제품이 통합된 리스트를 제안하였다.[39] 그러나 농업제품에 대한 문제에서는 차이점이 존재한다. 지속가능한 바이오연료와 같은 저탄소 기술들은 농업제품으로 간주될 수 있고 농업에 대한 무역 자유화는 논쟁적인 주제로 남아있다.[40] 현재까지, 예를 들어 비록 브라질이 현재 농업제품으로 분류된 바이오에탄올을 환경제품으로 고려하여야 한다고 제안했지만, 어떠한 다른 국가도 농업제품을 환경제품으로 고려하지 않고 있다.[41]

프로젝트 접근법은 인도가 제안한 방식으로서 환경프로젝트 기간 동안 일시적인 자유화를 하는 것이다.[42] 프로젝트들은 지정된 국가기관에 의해 승인되어야만 한다.[43] 프로젝트 접근법의 논리적 근거는, 통일제품분류체계와 이중사용 논란의 특성으로 인하여, 리스트 접근법이 의도한 것보다 자유화가 더 크게 진행될 것이지만 반면 프로젝트 접근법은 국가들에게 더 큰 정책 여지를 허용한다는 것이다.[44] 그러나 프로젝트 접근법은 구속력이 부족하다는 점, 영구적으로 제공된 예측 가능한 시장접근이 부족하다는 점, WTO규범들과의 부조화 가

---

38 제안을 한 국가들은 다음과 같다: EC (TN/TE/W47); 일본 (TN/MA/W/15); 한국 (TN/TE/48); 카타르 (TN/TE/W/14, W/19와 W/27); 스위스 (TN/TE/W/57); 대만 (TN/TE/W/44); 미국 (TN/TE/W/52).

39 WTO Doc. JOB(04)/98. 400개의 제품이 포함된 우방국 리스트와 비교했을 때 이 리스트는 제품의 수가 감소한 것이다.

40 The World Bank, *International Trade and Climate Change–Economic, Legal, and Institutional Perspectives* (Washington, DC: The World Bank, 2008) at 79.

41 Ibid. at 87.

42 WTO Docs. TN/TE/W/51, TN/TE/54, TN/TE/60, TN/TE/67.

43 Sugathan, *supra* note 3 at 5.

44 Ibid. at 78.

능성이 있다는 점으로 인하여 비판받아왔다.[45] 이 둘의 접근법을 조합한 다양한 다른 제안들도 있었다. 브라질은 '요청-오퍼 접근법(request-offer approach)'을 제안하였다. 이는 그들이 적절하게 모든 WTO 회원국들을 동등하게 여길 것이므로 국가들이 서로 특별한 자유화 의무사항들을 요청하여 관세감축을 확장하는 것이다.[46] 아르헨티나는 통합(integrated) 접근법을 제안했는데 이는 리스트와 프로젝트 접근법들의 특성들을 통합하는 것이다.[47] 그러나 합의는 여전히 불투명하다.

15.4 제도적인 골격의 선택

EGS의 자유화는 공정성, 효율성 그리고 정치적 가능성의 기준을 충족시켜야만 한다. 공정성 기준은 자유화가 개발의 필요와 목표를 만족시킬 경우 충족될 것이다. 이런 면에서는 개념정의 문제가 어떻게 해결되느냐 하는 점이 중요할 것이다. 브라질이 지적했듯이, 환경제품들의 어떠한 정의도 세 가지 모두를 충족시키는 상황, 즉 무역 추구, 환경개선 그리고 빈곤완화를 충족하는 방향으로 가야만 할 것이다.[48] EGS는 또한 개발도상국의 수출 이해를 충족시키는 제품들까지 포함하도록 정의되어야 할 것이다. 중국, 인도 그리고 브라질과 같은 일부 개발도상국들은 청정에너지 분야에서 선두주자가 되었음에도 불구하고, 많은 개발도상국들은 여전히 협의로 정의된 자본 혹은 기술 집약적인 환경제품에 있어서 비교우위가 부족한 것이 현실이다. 부품과 같은 보다 낮은 기술의 환경제품 일부도 이중용도 제품들이 될 가능성이 있다. 역설적이게도, 이미 지적하였듯이, 일부 개발도상국들이 우려를 표시한 제품들은 이런 제품들이었는데 그 이유는 국내산업에 그러한 자유화가 영향을 미칠 가능성 때문이다.[49] 그러나

---

45 Ibid.

46 Sugathan, *supra* note 24 at 2.

47 WTO Doc. TN/TE/W/62. 또한 아르헨티나와 인도의 비공식 제출 참조: WTO Doc. JOB(07)/77, 6 June 2007.

48 브라질의 제출, WTO Doc. TN/TE/W/59.

49 Sugathan, *supra* note 3 at 3.

개발도상국들은 환경친화적인 제품들의 범주에 에탄올과 같은 농업 혹은 자연자원에 기반을 둔 제품들과 같은 광의의 분류에 속하는 제품들을 포함할 것을 제안하고 있다.[50]

EGS의 자유화를 달성하기 위해 우리가 선호하는 제도적 골격은 현재 GATT의 관세감축 구조를 통하는 것이다. 만약 EGS 제품들에 대한 관세가 높다면 '전통적인 환경제품'을 생산하는 인센티브를 잠재적으로 제한하고 불가피하게 주관적일 수 있는 광의의 개념정의와 비교해 봤을 때, 협의의 개념정의를 사용하는 것은 자유화된 EGS가 실제 객관적으로 기후변화문제를 해결하는 데 역할을 하는 것임을 보장하는 것이다. 우리는 이중용도 제품이 제시하고 있는 문제를 인식하고 있다. 그러나 이를 극복할 방법이 있을지도 모른다. 예를 들면, 환경적인 목적으로 사용되는 제품에만 적용되는 특혜관세와 더불어 수입품의 원래 의도에 대한 세관신고를 이용함으로써 이를 극복할 수 있다.[51] 특히 개발도상국에서는 후자의 업무와 관련해서 행정비용이 소요된다. 그러나 일부 비용이 든다는 점은 불가피하고 그러한 비용들은 기후변화와 개발의 측면에서의 잠재적 이익에 대비하여 평가되어야 한다. 재정적 지원은 행정적 능력이 없는 개발도상국들을 지원하는 데 사용되어질 수 있다.

국가가 환경친화적인 제품들, 어떤 경우에는 기후친화적인 PPMs를 가진 제품들의 사용을 촉진하는 것이 중요하다. 그러나 이것은 국가들의 구속력있는 배출감축 목표들로부터 오는 인센티브와 더불어 그리고 특정한 기후변화관련 상황들에서 PPMs를 인식하는 것에 관해 WTO로부터의 제도적인 지원과 더불어 일방적 근거에서 될 때 가장 좋다. 이런 관점에서 우리는 제5장과 제6장에

50 케냐가 제출한 것을 참조. WTO Doc, TN/MA/W/40. 또한, 브라질이 에탄올에 관하여 제출한 것을 참조.

51 콜롬비아는 비공식적으로 회원국들이 오직 정해진 국가의 당국에 의해 프로젝트, 프로그램, 계획 혹은 시스템에 사용된 제품 교역의 자유화에 대한 접근법을 제안했다. WTO Doc. JOB(06) 149. 또한 Howse 등은 관세환급제를 제안했다. 관세환급제란 최종 구매자가 제품의 특정용도를 약속한 대로 실행하였을 경우 국경에서 징수된 관세가 환급되는 것을 말한다. Robert Howse, Petrus van Bork and Chartotte Hebebrand, *WTO Disciplines and Biofuels: Opportunities and Constraints in the Creation of a Global Marketplace* (Washington, DC: International Food and Agricultural Trade Policy Council, 2006).

서 논의한 내부 규제와 세금의 가능성들에 대하여 언급했고, 그리고 다음 장에서 미래의 기후변화협정에 대한 논의에서 언급한다.

불행하게도, 개념정의에 대한 이슈에서 합의에 도달하는 데 발생하는 문제점들을 극복하기 어렵다는 것이 증명되고 있다. 현재로 봐서는 정치적 가능성이 부족해 보인다. 차선의 선택은 아마도 정보기술협정(Information Technology Agreement : ITA)에서 취한 접근법을 모델로 해서, 독자적인 다자간(plurilateral) 환경제품과 서비스협정을 협상하는 방법일 것이다.[52] ITA는 자발적인 회원제의 관세감축체제이다. 그러나 양허의무는 최혜국대우원칙의 기초하에 모든 WTO회원국들로 확대되었다. 혹은, 양허의무의 최혜국대우 확대를 요청하지 않는 방식으로 협정이 타결될 수 있다. ITA는 다자간 접근법의 예를 제공하기도 하지만, 한편 그러한 접근법이 가질 수 있는 문제도 드러낸다. ITA는 기술이 발전해감에 따라 새로운 제품들을 추가하는 것을 허용한다. 그러나 협약은 그 체결 이후로 어떠한 새로운 제품도 추가하지 못하였다. 더 나아가서 다자적인 접근법은 많은 수의 회원국들이 참여하려고 하지 않는다면 영향력 또한 제한적일 것이다.[53] 이러한 접근법들 중 어느 것이든 그것들이 WTO회원국들이 합의에 도달하도록 노력하는 것에 대한 인센티브를 감소시킨다는 약점을 가지고 있다. 그러므로 협상 아젠다에서 EGS 자유화를 논의할 수 있도록 모든 노력들이 강구되어야 한다.

세 번째로 좋은 선택은 국가들이 그들의 노력을 양자 간 혹은 지역적 범위에서 추진하는 것에 초점을 맞추는 것이다. WTO에서의 협상부족이 EGS 자유화를 포기해야 한다는 것을 의미하지는 않아야 한다. 만약 양자 간 혹은 지역적 협정들이 앞으로 나아가는 데 있어 유용한 역할을 한다면, 그것은 바로 EGS 자유화영역에서의 더 큰 자유화를 이끌어내는 것에 있다는 것이다.

---

52 미국과 EU는 환경분야와 관련한 유사한 협정에 대한 공동 제안서를 작성하였다. 그 제안서는 환경제품그룹의 우방국 모임이 말한 153개의 제품들을 통합한 리스트에 근거를 둔 기후변화대응과 직접적으로 관련이 있는 43개의 제품을 언급하고 있다.

53 이것을 작성할 당시, 도하 라운드 협상이 지연됨으로 인한 불만으로 인해, EU, 미국, 중국과 다른 OECD국가들이 환경제품들의 자유화를 협상하는 데 자신들만이 참여하는 '폐쇄된 대화'를 하게 되었다고 보도되었다. International Centre for Trade and Sustainable Development(ICTSD), 'New Deal Could Slash Tariffs on Green Goods in OECD, China' (2009) 13(36) *Bridges Weekly Trade News Digest*.

제 6 부

결　론

16. 무역, 기후보호와 개발

16. 무역, 기후보호와 개발

16.1 무역과 기후정책의 상호작용

지구가 직면하고 있는 가장 큰 위기 중의 두 가지는 기후변화와 광범위한 빈곤이라고 할 수 있다. 이 책에서 지향하는 우리의 목표는 국제통상체제와 기후변화를 해결하려는 노력들이 불가분으로 연결되어 있고, 환경, 무역 그리고 개발 목표의 성취를 가능하게 하는 긍정적인 시너지가 있다는 근본적인 논의를 진전시키는 데에 있다. 우리의 목표는 기후변화와 국제통상체제가 서로 상호작용하는 다양한 방법들을 분석함으로써 기후변화대응과 개발을 지지하면서 자유무역을 촉진시킬 해결책들을 찾아냄으로써 국제무역과 기후변화정책들 간의 연결성에 관한 긍정적인 관점을 제시하는 것이었다. 두 위기를 해결하려는 노력은 중요하다. Nicholas Stern은 다음과 같이 지적한다. "우리는 늘어나는 수입을 통해 더 안전하고, 더 깨끗하고, 더 조용하고, 더 다양한 생물이 존재하는 세계를 만들 수 있다. 즉, 우리가 우리 세기의 다른 중요한 투쟁인 세계빈곤과의 싸움에서 이길 수 있다. 우리는 두 가지 다 성공하거나 혹은 두 가지 다 실패한다. 그 둘 사이에 중간은 없다."[1]

우리는 기후변화와 국제무역에 관한 중요한 우려 사항에 대해 생각해보는 것으로 이 책을 시작하였다. 기후변화와 관련하여 발생하는 주요한 문제는 그것이 공공재적 특성을 가지고 있고 그 결과 다른 국가들이 행동을 취하면 이익을 얻지만 국제적인 노력에 합류해 그들 자신이 행동을 취하기에는 인센티브가 많지 않기 때문에 개별 국가들이 그에 따르는 무임승차를 한다는 점이다. 국제무역과 관련된 주된 우려사항은 공공재를 만들어가는 데 협력을 얻을 필요가 있다는 점에서 서로 비슷하다. 통상체제가 목표로 하는 공공의 선은 전 세계 시민의 삶의 질을 향상시키는 것이다.

책의 나머지 부분은 WTO규범들과 국내 기후변화정책들 간에 세 가지 주요한 상호작용이 있다는 것에 주목하면서 그들 간의 관계에 관해 기술하였다. 첫 번째는 국제통상규범들과 국내 기후변화정책들 간의 관계이다. 각국 정부는 기후변화문제 해결을 추구함에 있어, 배출권거래제, 에너지 효율 기준, 세금, 보조금 그리고 국경세조정 조치들과 같은 규제조치들을 포함하는 다양한 정책도구들을 가지고 있다. 제3부는 국제통상규범들에 근거하여 이러한 도구들의 사용에 대한 다양한 논의들에 관해 분석하였다. 많은 WTO규범들은 GATT, SCM, TBT 협정들에서 규정하고 있는 것처럼, 회원국들이 그들의 도구를 선택하고 설계하는 데 제한을 두고 있다. 이러한 규범들을 설계하고 해석함에 있어 한편으로 국내 기후변화정책을 개혁하고 시도 할 수 있도록 유동성을 국가들에게 제공하는 것과 다른 한편으로는 경제성장, 기후변화에 대한 행동, 그리고 국제관계를 저해할 수 있는 보호주의에 반하는 정책을 만들어 나가는 것 간의 균형을 정교하게 유지해야 한다고 강조한다. 더욱이, 이러한 규범들은 국가들이 기후변화에 대한 조치를 취함에 있어서 WTO규범과 충돌하는 것이 아닌가 하는 염려를 하지 않도록 확신을 주어야만 한다. WTO규범과 충돌하는 것은 국가들의 국제적인 평판을 훼손시킬 수도 있다.

우리는 정책도구, 비용, 편익 그리고 가치, 그리고 정보의 불확실성에 있어 혁신을 허용하는 가장 효율적인 매커니즘이 되는 한도에서 가능한 분권화를 선호한다. 분권화는 각 회원국들로 하여금 세대 간 형평성이나 환경보호와 같은

1 Nicholas Stern, *The Global Deal: Climate Change and the Creation of a New Era of Progress and Prosperity* (New York: Public Affairs, 2009), at 204.

이슈들에 대한 자신들의 가치들이 정당함을 입증하도록 허용하는 동시에, WTO가 각 회원국들의 보호주의에 대한 충동을 감시할 수 있도록 하는 역할을 한다. 좀 더 엄격히 중앙집권화된 규범들보다는 표준에 초점을 맞추는 WTO의 접근법은 이러한 점에서 유용하다고 할 수 있다. 사전 규범(Ex ante rules)은 협상과 정보에 관한 비용을 포함하고 있어서 기후변화와 무역이라는 양자의 영역에서 급속히 변하는 정보와 기술을 고려해 보았을 때, 이 사전 규범을 최선의 수준으로 설계하려고 한다면 너무 많은 비용이 들 수 있다는 문제점도 있고 심지어 불가능할 수도 있다. 세금, 규제, 국경세 조정과 보조금을 다룬 각 장들에서 현재 이러한 규범을 해석하는 방법으로, 다양한 불확실성과, 부수적인 비용뿐만 아니라 불가피한 집행비용을 강조하면서 WTO협정의 요건들을 검토하였다. GATT 제20조에 관한 최근의 해석에서 더 희망적인 징후를 발견할 수 있다. 향후 무역시스템의 효율성과 공정성은 이러한 진전의 여부에 달려 있을 것이다.

제4부는 통상규범과 기후변화정책 사이의 두 번째 상호작용, 즉 각 국가들이 다른 국가들에게 기후변화에 대한 행동을 취하도록 유도할 목적으로 일방적 조치를 사용할 수 있는 범위에 대한 내용을 다루고 있다. 국가는 무역조치를 다른 국가들이 기후변화에 대한 조치를 취할 수 있도록 하는 유인책으로 사용할 수 있다. 무역특혜(trade preference)를 이러한 목적으로 사용할 가능성도 어느 정도 있지만, 그러한 행동은 제한된 효과만 있을 것이다. 더구나, 미국이나 유럽연합이 중국과 인도와 같은 비교적 더 개발된 개발도상국들에게 그러한 무역특혜를 제공하는 것을 허용할 것 같아 보이지 않는다.

국가들은 다른 국가들이 기후변화조치를 취하도록 강제하기 위한 압박조치로서 제재와 같은 무역조치를 일방적으로 실시할 수 있다. 그러한 일방적인 조치는 법적으로는 가능하지만, 그러한 조치에 대한 다른 국가들의 행동을 충분히 강제할 만한 무역조치를 제정하는 것에 대한 어려움과, 어떤 한 국가의 가치관을 다른 국가에 강제하는 것은 정치적으로 바람직하지 않다는 것 등을 포함해서 심각한 우려사항이 존재한다. 또한 무역조치는 많은 국가에서 기후변화조치를 가로막는 장애물, 특히 경쟁력의 격차에 대한 우려를 제거하는 데 사용할 수 있다. 만약 기후변화규제조치로 비용과 세금을 강제한다면 국제경쟁력을 잃을 것이라는 두려움을 가지고 있는 산업계는, 그러한 조치를 취하는 것을 단념하도록 정부를 압박할 것이다. 산업계가 충분한 힘을 가지고 있는 경우 정부에 대한 산업계의 압력은 기후변화대응조치를 취하는데 있어 심각한 장애물이 될 수 있다. 국경세조정과 같은 무역조치는 이러한 장애물을 제거하는 데 도움이 될 수 있지만 잠재적으로는 높은 정치적 비용을 부담해야 할 수도 있다. 우리가 논의한 것처럼 국경세조정이 이용될 수 있는 가능성 때문에 학자들은 그 이용이 국제적 마찰, 심지어 무역전쟁이 일어날 수 있다고 생각하게 되었다. 더 나아가서, 국경세조정을 계산하는 것에 대한 어려움은, 일단 계산을 감독하기가 매우 어렵고 따라서 그것이 보호주의의 도구로 사용될 가능성이 커진다는 것을 의미한다.

무역조치들과 기후변화의 상호작용에 대한 세 번째 영역, 즉 기후변화에 대한 다자간 해결책들은 제5부에서 논의되었다. 무역조치들은 포스트교토 다자간기후변화협정에 포함될 수 있다. 다자간협정하에서 무역조치들을 사용하는 것은 기후변화협정을 이행하고 참여하도록 유도하는 데 공정성을 증가시킬 수 있다. 무역과 기후변화에 관한 조치들에 대한 더 광범위한 다자간협정이 없다 하더라도, 환경제품과 환경서비스의 자유화에 대한 다자간협상을 통해 진전이 이루어질 수는 있다. 그러한 자유화는 개발목표들을 달성한다는 점에서는 공정성뿐만 아니라 효율성을 촉진시킬 수 있다.

16.2 전 망

이 책은 통상규범들과 기후변화조치 간에 충돌하는 영역이 존재하지만 그 두 체제 간에 어느 정도의 시너지효과도 있다는 것을 보여주는 것을 목표로 한다. 통상규범과 기후조치들 간의 이러한 상호작용으로 인해 개발도상국들의 경제성장 기회와 공정성 두 가지 측면 모두를 증대시킨다는 점에서 개발도상국을 원조할 수 있다. 통상규범과 기후변화 조치가 상호작용하는 방법에 영향을 미치는 결정들은 전 지구적 차원에서 사회후생을 증진시키고자 하는 궁극적인 목표들을 달성하는 데 도움을 주어야 한다. 전 지구적 후생은 경제성장이나 환경보호 중 어느 하나만으로 구성되어 있지 않고 두 가지 모두 포함한다. 선진국과 개발도상국이 취하는 보호주의 정책으로 인해 개발도상국이 국제통상체제에 완전히 통합되어 이득을 누리는 것을 방해받게 된다. 국제통상규범을 이행하는 것은 보호주의를 방지하고, 성공적인 경우, 개발도상국과 선진국 모두의 경제개발에 큰 도움이 될 것이다. 예를 들어, 개발도상국이 녹색경제를 확장하여 추진하고 친환경 제품의 가격인하 정책을 시행하는 것은 기후변화문제를 해결하기 위한 국제적인 노력에 이익이 될 것이다. 더 나아가서, 개발도상국이 직면할 수도 있는 부정적인 영향에 대한 전망을 고려할 때, 기후변화를 완화시키는 것은 그들의 농업과 천연자원에서의 부정적 영향을 완화시킨다는 점에서 분명히 개발도상국에 이익이 되는 것이다.

개발도상국이 주장하는 공정성을 만족시키면서 기후변화를 해결하기 위한, 정책적인 공간을 만들어내는 동시에 보호주의를 단념시키는 통상체제를 설계하는 것은 쉽지 않다. 앞에서 논의했듯이, 현행 체제는 이러한 목표의 조화에 유리한 일부 요소를 가지고 있다. 그러나 현재의 제도적인 구조와 그것의 효용성과 공정성에 관하여는 우려되는 점이 있다. 제도적인 골격을 새롭게 하거나 적어도 수정할 필요가 있다. 단독으로 혹은 다음 내용의 혼합으로 만들어 질 수 있는 몇 가지 변화들이 가능하다. 즉, 현재 존재하는 WTO규범하에서 혹은 새로운 WTO규범(혹은 다른 다자간협정의)의 평화조항(Peace Clause)하에서, 무역과 기후변화조치의 관계를 명백하게 인식하는 새로운 WTO협정, 무역과 기후변화 조치들 간의 충돌을 해결하거나 그 충돌을 피하기 위해 현존하는 통상규범을 변화시키는 것, 그리고 WTO가 아닌 무역과 기후변화의 관계에 대한 조건들을 명백히 설정하는 새로운 다자간협정이 그것이다. 이러한 방안들에 대해 차례로 논의하고자 한다.

16.2.1 '평화조항'

일부 학자들은 기후변화에 대한 조치가 장려될 수 있도록 정책적 여지가 만들어질 필요가 있다고 주장한다. 예를 들어, Hufbauer, Charnovitz와 Kim은 다른 국가들의 기후변화대응조치들에 대하여 이의를 제기하지 않을 것을 명시하는 '평화조항'에 대하여 지지한다.[2] 또한 그들은 그러한 평화조항에 어느 정도 구체화된 조치들을 포함시켜야 한다고 주장한다. 예를 들어, 그들이 주장하는 평화조항은 어느 정도의 배출 허가는 보조금으로 간주되지 않고 무상분배를 허용하고, 탄소저장과 대체에너지 등의 특정 연구와 개발에 대한 보조금을 허용한다. 한편 Howse는 기후변화 보조금에 관한 우려사항을 해결하기 위해서는, 국가들이 기후변화협약에 그들의 보조금을 보고해야만 하고 회원국은 이러한 보조금의 면제를 제도화해야만 한다고 주장한다.[3] 면제를 받는다는 것은 해당되는 보조금들이 WTO와 관련하여 문제가 되지 않는다는 것을 의미한다.

평화조항이나 면제의 이점은 분쟁을 미리 막거나, 적어도 어떠한 문제제기라도 더 쉽게 해결할 수 있는 기반을 제공한다는 것이다. 그러한 명확성은 분쟁해결 비용을 감소시킨다. 그것은 또한 회원국들에게 더 큰 확실성을 제공해 기후변화문제를 해결하기 위한 조치들을 취하도록 만든다.

그러나 그러한 평화조항이나 면제에는 많은 어려움이 있다. 첫째, 그것은 보호주의에 대해 너무 많은 가능성을 줄지도 모른다. 물론, 평화조항이나 면제는 국가들이 보호주의 목적으로 그것들을 남용하지 않도록 하는 내용을 포함할 수 있을 것이다. 예를 들어, Howse는 면제대상이 되는 보조금들은 반드시 비차별과 투명성과 같은 어떤 기본적인 WTO원칙들을 만족시켜야만 한다는 원칙근거접근법(principle based approach)을 제안한다.[4] 그러나 이러한 접근법이 보호주의를 어느 정도 방지하기는 하지만, 그것이 WTO체제를 기반으로 하고 있는 이상, 현재 WTO체제에서 발생하는 것과 동일한 확실성과 유연성에 대한 우려가 발생할 것으로 생각된다.

더욱이, 보호주의 조치의 면제는 현실화될 수 있다. 그것은 개발도상국에게 해를 미치는 형식으로 현실화되기 쉽다. 이는 그들의 무역 파트너의 보호주의 조치에 의해 야기된 손실에의 직면이라는 문제뿐만 아니라 그러한 조치에

---

2 Gary Hufbauer, Steve Charnovitz and Jisun Kim, *Global Warming and the World Trading System* (Washington, DC: Peterson Institute for International Economics, 2009).

3 R. Howse, 'Subsidies to Address Climate Change: Legal Issues' (Winnipeg, Manitoba: International Institute for Sustainable Development, 2009).

4 Ibid.

대항해서 미리 손을 쓴 개발도상국에게는 이중적 손실이 될 문제가 있다. 만약 평화조항이 국내 조치들에 대하여 너무 많은 여지를 주는 것이라면, 개발도상국들이 선진국 시장에 접근할 기회를 잃어버릴 위험도 존재한다. 기후변화대응조치를 취하기 위한 정책적 여지를 증가시키는 것에는 잠재적인 이득이 있다. 그러나 그것은 기후변화대응조치와 경제개발 모두에 있어 보호주의를 감소시키는 시너지에 대해서는 고려하고 있지 않다. 그 결과 경제성장과 좀 더 기후 친화적인 제품과 기술을 확산시키는 것을 저해하는 무역에 불필요한 제한들과 같은 비효율성과 개발도상국들에게 불공정성 모두 발생할 것이다.

둘째, 도하협상이 오래 걸렸다는 점과 만장일치를 필요로 하는 협상이라는 측면을 고려할 때 평화조항에 관한 협상은 가능할 것 같아 보이지 않는다. 합법적인 기후변화대응조치들에 대해 문제를 제기하지 않는 것이 바람직하다는 넓은 범위의 선언서보다 더 나은 어떤 협정을 만든다는 것에는 정치적인 어려움이 존재한다. 좀 더 구체적인 평화조항 혹은 면제는 시간과 정보면에서 볼 때 만들어내는 데 비용이 많이 든다. 어떤 선진국들은 기후변화대응조치와 보호주의 둘 다를 가능하게 함으로써, 아마도 단기간의 정치적인 이득을 보려 할 것이다. 그러나 성장과 공정성 모두가 감소한다면 개발도상국들은 그러한 조항에 대해서 저항할 것이다. 회원국들이 국경세조정을 강요하지 않기 위한 협정의 대가로 조치들에 대하여 문제제기를 하지 않기로 동의하는 협정이 대안이 될 것이다. 그러한 협정은 국경세조정을 피하는 데 관심이 있는 개발도상국과 그들의 정책 조치들에 대하여 일정정도 확실성을 가지길 원하는 선진국들 모두에게 도움이 될 것이다.

마지막으로, 무역과 기후변화의 시너지를 얻을 수 없고 보호주의가 발생할 가능성이 크다는 것은 평화조항의 가장 큰 위험 중 하나이다. 즉 그것은 평화를 촉진시키는 것이 아니라 더 큰 충돌을 야기한다. 기껏해야, 그것은 평화가 끝날 때까지, 즉 보호주의로 인한 모든 분노가 표출되고 많은 도전들에 직면하게 될 때까지 단순히 충돌을 연기시키는 것에 불과하다. 최악의 경우, 회원국들은 다른 무역분쟁을 증가시키거나 혹은 잠재적으로는 기후변화에 대한 것을 포함한 다른 영역에서 협조하려는 의지를 감소시킴으로써 보호주의에 대한 적의를 드러낼 것이다. 그러므로 그 결과는 평화조항의 목표와는 정반대가 될 것이다.

16.2.2 WTO 기후변화협정

더 장기적인 관점에서 볼 때는 WTO 내에서 기후변화대응조치들을 제안하도록 하는 특정한 협정을 만드는 것이 평화조항보다 더 이익일 것이다. 어떤 기후변화대응조치들이 허용되는가라는 측면에서 회원국이 적용받을 규범들이 더욱 더 명확하도록 그러한 협정에 포함될 조항들이 설계되어야 한다. 그 결과 조약국들이 기후변화조치를 취할 수 있는 재량이 커진다. 이로 인해 특정한 조치에 관한 불확실성이 감소하고 규제를 약화시키는 것이 줄어든다. 또한 분쟁해결에 드는 비용과 횟수가 감소한다.

그러한 협정의 요소들을 회원국 간에 논쟁이 될 가능성이 적은 순서대로 정리해보면 다음과 같다.

- **기후변화위원회** : SPS나 TBT위원회와 비슷한 기후변화위원회를 설립할 수 있을 것이다. SPS와 TBT위원회들은 회원국들로 이루어져 있고 자문단계 이전에 회원국들은 회의를 통해 문제를 풀기 위한 노력으로 우려사항들을 다룰 수 있다. 기후변화위원회는 패널단계 이전에 기후변화대응조치들이 적법한지에 대한 분쟁을 경청하고 해결하는 것을 시도할 수 있다. 위원회는 회원국들로 구성되어질 수 있지만 정책도구들뿐만 아니라 기후변화에 대한 과학분야의 전문가들의 협조를 받을 수 있다. 전문가위원회는 사안들을 이해하지 못함으로 인해 발생하는 오류 가능성을 줄일 수 있으므로 시스템의 효율성을 증가시키며, 전문가의 존재는 합법성을 더욱 증가시킨다. 이는 분쟁이 패널단계로까지 나아갈 수 없다는 것을 의미하지는 않는다. 그러나 어떠한 도전들에 관해 동의하지 않는 범위나 횟수를 감소시켜 분쟁해결에 드는 비용을 줄일 것이다.

- **기후변화 조치들에 대한 통보** : 당사국들은 무역에 영향을 미칠 수 있는 어떠한 기후변화 조치들에 대하여서도 위원회(그러므로 다른 당사국들)에 통지를 할 의무가 있다. 그러한 통보는 SPS와 TBT협정의 조항들과 유사하

다.[5] 그것은 국내정책들의 투명성을 유도하고 그리고 기후변화에 대한 조치를 취한다는 명목으로 보호주의 조치를 취하지 않도록 이끌 수 있고, 절차의 초기단계에서 우려사항이 제기되기 때문에 분쟁이 일어나는 횟수를 줄일 수 있다.[6]

▪ **정당한 목표로서의 기후변화완화** : 이러한 모든 협정은 '확실하게 기후변화에 적응하고 온실가스를 감축하는 것은 WTO의 관점에서 봤을 때 정당한 정책 목표'라고 명확하게 규정할 수 있다. 그러한 목표들이 GATT 제20조의 (b)호와 (g)호의 범위 내에 존재할 가능성이 있는 반면에, 제20조나 제20조가 적용되지 않는 다른 WTO협정들과 관련하여 이 사안에 대하여 불확실성이 있는 것이 좋은 것은 아니다. 게다가, 이러한 기후변화문제를 명시함으로써 정확성의 증가와 분쟁해결비용의 감소라는 이익이 생길 수 있다. 나아가 그것은 회원국들에게 가능한 조치들의 유형에 대하여 더욱 더 큰 명확성을 주기 때문에 유연성이 확대될 가능성이 있다.

▪ **불가침조항**(Non-aggression Clause) : 기후변화협정은 특정한 기간에 대한 기후변화정책들에 근거한 국경세조정을 포함한 어떠한 일방적인 무역조치를 금지하는 조항을 포함할 수 있다. 예를 들어, Zhang은 미국이 기후변화대응조치들을 실시하는 시간을 고려해봤을 때, 평화 시기는 적어도 십년이어야 한다고 주장한다.[7] 그러한 불가침조항은 특히 개발도상국들에게 중요한

---

5 예를 들어 기후변화위원회에 보고할 뿐만 아니라 TBT 위원회에 보고해야 함에 따라 기후변화대응조치를 보고하는 것이 중복될 수 있다. 이 문제에 대한 해답은 조치를 두 위원회에 모두 보고하되 TBT나 SPS위원회의 대표가 기후변화위원회에 참여하는 형식으로 기후위원회가 기후변화대응조치에 대하여 결정하는 것이다.

6 1995년과 2007년 사이에, 약 245건의 특정한 무역과 관련한 사안을 SPS위원회가 다루었다. 이 기간 동안, 단지 28건의 사안만이 DSU에 공식적인 자문을 구하였다. 이어서 이들 중, 5건의 분쟁을 분쟁패널이 다루었다. 무역 관련 우려에 대한 건수는 사무국의 요약보고서에 인용되어 있다: WTO Secretariat, Specific Trade Concerns–Note by the Secretariat (2007), WTO Doc. G/SPS/GEN/204/Rev. 7.

7 Zhong Xiang Zhang, 'Climate Change Meets Trade in Promoting Green Growth: Potential Conflicts and Synergies' (15 July 2009). Available at SSRN : http://ssrn.com/abstract=1511982.

데, 이들은 가까운 시일 내에 광범위한 기후변화대응조치를 취할 자원과 제도적 능력이 부족하기 때문이다.[8] 더 나아가 제3부에서 논의되었듯이, 일방적인 조치들은 기후변화에 관한 특이하거나 혹은 색깔이 있는 즉, 위장된 보호주의 주장들로 보여질 수 있기 때문에 국제관계에 부정적인 영향을 줄 수 있다. 그러므로 불가침조항은 국제관계에 있어 그러한 조치들의 부정적인 효과를 줄일 수 있고, 무역 시스템의 인지된 공평성을 증가시킬 수 있다.

▪ **조치들에 대한 절차적인** (위험관리) **심사 :** 조치의 정당성에 대한 모든 분쟁에서, 협정은 절차상의 표준을 위한 최소한의 경계를 충족시키는지를 결정하는 과정을 패널이 살펴보도록 협정은 명기할 수 있다. 협정은 국제표준과 IPCC 결정사항과 같은 요소들을 나열할 수 있다. 이러한 점에서, 기후변화협정의 조항들이 의사결정의 절차적인 특징과 직접적으로 관련되어 있는 점을 제외하고는 기후변화협정은 SPS협정과 유사하다. 그러한 절차적인 검토는 그것이 의사결정 과정의 투명성을 증진시키기에 그 과정의 국내 및 국제적인 책임과 엮여있다. 그러한 투명성은 집중적인 이해관계에 의한 성공적인 보호주의 압력에 대하여 그 범위를 줄일 수 있고, 의사 결정자들에게 정보를 더 많이 제공함으로써 오류 비용을 줄일 수 있다.[9]

▪ **기후 보조금들 :** 그 협정은 보조금에 대한 환경 예외를 포함해야만 한다. 제7장에서 봤듯이, GATT를 벗어난 SCM협정과 같은 다른 협정들에 제20조를 적용할 수 있는지 아닌지에 대해서는 다소 논란이 있다. 그러나 보조금을 사용하는 것을 장려하고 기후변화문제를 해결하기 위하여 취하는 연구와 개발을 포함한 특정한 행동들에 대한 유인을 제공하는 것에는 타당한 이유가 있다. 뿐만 아니라 가격을 설정하는 것과 같은 가장 최적의 도구들

8 불가침조항은 다른 회원국들에 대해 일방적 행동을 취하지 않지만 평화조항은 다른 회원국들의 조치에 대해 도전하지 않는다는 의무사항이 있기 때문에 불가침조항은 논의한 평화조항과는 다르다는 것을 인식해야 한다.

9 Robert Howse, 'Democracy, Science and Free Trade: Risk Regulation on Trial at the World Trade Organization' (2000) 98 *Michigan Law Review* 2329.

이 정치적으로 가능하지 않는 곳에 새로운 기술을 적용하는 것과 같은 다른 측면들을 장려할 타당한 이유 또한 존재한다.[10] 보조금이 보호주의적이지 않다면, 보조금을 사용하는 것은 정당해야만 한다. 과감하게 그 협정은 농업협정을 따라 기존 또는 잠재적 보조금을 기재하고 그 보조금 수준을 감소시키기 위한 양허표를 작성할 수 있다.[11]

▪ **조치들에 대한 실질적인 심사** : 조치들을 절차적으로만 심사하는 것은 회원국들이 공허한 절차주의에 빠질 수 있다는 점에서 위험하다. 즉, 회원국들은 중요한 결과를 변화시키지도 못한 채 절차적인 단계를 밟아나갈 것이다. 절차에 따라오는 투명성은 단지 효율적인 국내 책임메커니즘이 있다는 정도에서만 도움이 된다. 필요성에 대한 다른 지표들을 고려한다든가 국제표준이나 실천과 일치하는 합법성처럼 일정 정도 복합된 검토를 사용하는 것이 더 유용할 것이다. 그러나 제10장에서 지적했듯이, 실질적인 심사를 더 많이 한다는 것은 공허한 절차주의의 위험을 감소시키지만 잠재적으로는 오류 비용을 증가시킬 수도 있다.

▪ **PPMs** : 그 협정은 또한 PPMs에 대한 문제를 해결하기 위한 조치들의 범위를 제한할 수 있다. 다른 국가에서 PPMs를 고려하는 조치들의 정당성은 현재 매우 논란을 일으킬 소지가 있다. 제2부에서 지적했듯이, 어떠한 수준으로 PPMs가 GATT의 실질적인 조항들이나 예외조항하의 요건들에 통합될 수 있는지 명확하지 않다. 국가들이 그들의 조치에 PPMs를 고려하는 능력에 관해 명확하게 합의한다면 무역 충돌을 크게 줄일 수 있다. 기후변화를 다루는 협정 내에서 PPMs에 대한 제한이 정해진다는 것을 고려할 때, PPMs에 근거한 조치들을 사용하는 것에 대한 경계점이나 혹은 기준을 세울 가능성이 있다. 그러나 무역과 기후변화조치를 해결하는 WTO협정이

---

10 A. Sykes, 'The Questionable Case for Subsidies Regulation : A Comparative Perspective' (Stanford University School of Law, Law and Economics Research Paper Series, No. 380, 2009).

11 Howse, *supra* note 3.

아닌 다른 협정에 근거한 기후변화협정에 비하여 WTO에 근거한 기후변화협정이 가지는 불이익은 WTO 기후변화협정이 아마도 다른 협정에서 받아들이는 조치에 대하여 그와 유사하게 받아들여야 한다는 것이다. 협정은 타겟이 되는 회원국이 기후변화에 관해 국제적인 의무를 이행한다면 조치가 PPMs에 근거할 수 없다고 명시할 수도 있다. 그렇지 않다면, WTO에 근거한 협정 내에서 PPMs가 언제 허용되는지에 관해 받아들일 수 있는 개념을 개발시키려고 시도하는 데 많은 비용과 시간이 들 것이다.

무역과 기후변화에 관한 WTO협정의 이점은 당사국들이 WTO규범하에서 받아들일 수 있는 국내 조치들이 무엇인가에 관한 정보를 가지고 있기 때문에 이행비용이 더 적게 든다는 것이다. 또한 특정한 조치가 허용될 수 있다는 것을 입증할 수 있는 더 명확한 근거가 될 수 있고 그에 따라 분쟁의 횟수와 분쟁에 드는 비용 모두를 잠재적으로 줄일 수 있다. 더 나아가서 기후변화협정하의 과정과 규범을 통해, WTO협정들의 유연성을 확대함으로써 회원국에게 재량권을 줄 수 있다. 더욱 커진 명확성으로 인해 국가들이 그들의 국내 상황에 맞는 기후변화대응조치를 취할 수 있다.

WTO 기후변화협정에 대한 명백한 어려움은 협상비용일 것이다. 회원국들의 이해가 충돌하고 그 협정의 조건 일부를 명문화할 필요가 있는 정보의 관점에서 그러한 협정을 협상하는 데 오랜 시간이 걸릴 것이다. 그러나 이러한 우려는 단계적인 접근법 — 즉 완료된 협정을 기다리는 것보다 처음에 협정의 덜 논쟁적인 요소들에 대해 협정을 맺고 이행하도록 시도하는 것— 에 의해 감소될 수 있을 것이다. 위에서 제시된 리스트는 가장 덜 논쟁적인 것에서 가장 논쟁적인 요인들에 대하여 순서를 정해놓은 것이다. 즉 예를 들어, PPMs의 구조의 적절한 범위에 대한 동의를 얻는 것보다 기후논쟁에 대해 듣고 그것을 해결하려고 시도하는 전문가들과 회원국들로 구성된 위원회를 설립하는 것이 덜 논쟁적이다.

협상을 하는 것은 WTO 기후변화협정에 관한 다른 우려사항으로 이어진다. 어떤 규범의 합법성은 협상과정 자체와 누가 그 과정에 관여하는가에 달려있다. WTO협상은 합의에 의한 의사결정이라는 WTO 절차와 규범을 가지고 있는 이점이 있다. 권력의 역학관계로부터 자유롭지 않을지는 모르지만, 이러한 점에서 분쟁해결절차를 이용하는 것이 더 나을 수 있다. 그것은 회원국들과는 다른 선호도를 가졌을지도 모르는 패널 혹은 항소기구보다는, 회원국들 자신에 의해 의사결정이 이루어지도록 한다. 더 나아가서, 그것은 제10장에서 지적한 것처럼 개발도상국들에게 문제가 되는 분쟁해결 혹은 구제수단을 이용하는 당사국의 능력에 의존하지 않는다. 그것은 개발도상국들이 그들이 과거에 해왔고 도하 라운드에서도 하고 있는 협상들에서 블록으로써 힘을 합쳐서 그들의 의견이 힘을 얻도록 허용한다. 마지막으로, 기후변화협정에 관한 협상들은 그러한 합의에 대한 실제적이고 인식되어진 공정성을 증가시키면서, 분쟁해결을 통해 할 수 있는 것보다는 더 종합적인 방식으로 개발정책들을 통합할 수 있다.

16.2.3 현재의 규범과 절차의 수정

새로운 평화조항 혹은 WTO 기후변화협정을 제외하고, 이 책에서 제시된 목표인 기후변화를 해결하고, 보호주의를 피하며 개발을 촉진시키는 것을 돕기 위해 현존하는 WTO규범들을 다소 변화시킬 수 있다. 이러한 규범 변화들은 다음과 같은 것들을 포함한다:

- **제20조의 수정 :** 제20조 (b)호와 (g)호는 정당한 목적으로서의 기후변화대응조치들을 보다 명백하게 규정하도록 수정될 수 있을 것이다. 그러한 변화는 규범과 같은 평화조항보다는 좀 더 기준과 같은 것이다. 한편으로는 이런 기준과 유사한 형태의 이용은 회원국들이 세세한 세부사항을 자세하게 논쟁할 필요가 없다는 측면에서 협상을 더 쉽게 만든다. 그러나 그것은 비합법적인 기후변화대응조치들로부터 합법적인 것들을 구별해내는, 패널과 항소기구에 대한 회원국들의 신뢰에 달려있기에 협상은 여전히 어려울 것이다. 그것은 또한 이러한 조치들이 '필요'한 것인지 혹은 기후변화를 해결하는 목표에 단순히 '관련'된 것인지 혹은 어떤 다른 기준이 있는지에 대한 동의를 필요로 할 것이다.

▪ **SCM협정에 제20조 형태의 예외조항 추가** : Howse는 허용보조금 범주가 그 내용의 일부분을 변화시킨다면 되살아날 수 있을 것이라고 주장한다.[12] 이는 교토의정서 혹은 이후의 체제와 같은 다자간협정에서 나열된 정책수단들과 연결시킬 수 있을 것이다. 보조금은 교토의정서의 목표들과 연결되어야만 한다. 그리고 그것은 비차별 원칙과 투명성 원칙에 부합해야만 한다. 그러한 변화를 한다는 것이 중요하게 암시하는 바는 이러한 것이 정치적으로 실현가능하지 않다는 것임에도 불구하고 해석적인 이해를 통해 이러한 변화가 가능할 것이라고 Howse는 주장한다.

▪ **입증부담 혹은 심사기준의 변화** : 회원국은 또한 기후변화와 관련된 사안들을 고려하는 분쟁해결양해(DSU)를 변화시킬 수도 있다. 예를 들어, 기후변화 사안을 고려할 때 심사 기준 불확실성의 경우, 입증의 부담을 해결하는 특정한 규범들이 있을 수 있다. 위에서 언급한 것처럼, 현재 심사기준은 다소 불명확하다. 제20조하에서는, 심사기준은 실질적인 요소와 절차적 요소를 모두 가지고 있다. 심사기준은 혼합적인 형태가 더 바람직할 수 있다. 그러나 기후변화대응조치들을 고려하는 패널의 방식이 더욱 명확하다면 도움이 될 것이다. 또한 패널이 어떻게 소수의 과학적인 의견을 다룰 것인가에 대하여 계속 논란이 있다.[13] 회원국들이 적절하게 도전에 준비할 수 있도록 어떤 증거가 필요한지가 더 명확하다면 도움이 될 것이다.

이러한 변화들은 기후변화대응조치들이 WTO와 관련한 문제제기에 관하여 패널과 항소기구가 결정하는 데 더 큰 방향성을 제공할 것이다. 규범들에 관해 확실성이 더 커짐으로써 비용과 오류 비용을 줄일 수 있다. 이러한 변화들은 좀 더 일반적인 협정이나 혹은 광범위한 평화조항보다 협정을 체결하는 데 그것들이 더 쉽다는 점에서 이점이 있다. 그러나 이러한 점들은 패널로 하여금 계속해서

---

12 Ibid.

13 See, in the health context, Tracey Epps, *International Trade and Health Protection: A Critical Assessment of the WTO's SPS Agreement* (Cheltenham, UK and Northampton, MA, USA : Edward Elgar, 2008).

비전문적인 의사결정자들이 오류를 범할 수도 있다는 것을 우려하게 만든다.

물론 우려되는 점은 기후와 무역조치들에 대한 새로운 협정을 만드는 것뿐만 아니라 존재하는 규범들을 공식적으로 바꾸는 것은 너무 어려울 수도 있다는 것이다. 회원국들은 그러한 변화들로 인해, 패널들의 손에 의사결정권이 주어져서 통제하기 어렵고 예측하기 어려울 것이라고 우려하고 있다. 이러한 중요한 변화가 가능한지 여부와 상관없이 좀 더 절차적인 변화들이 제기된 문제를 해결하거나 회피하는 데 상당한 차이를 만들 수 있다. 만약 중요한 변화가 없다면, 이러한 절차적인 변화는 이 책에 언급했듯이 현재 기후변화에 대한 조치에 상당한 재량을 제공하며 현재 진화하고 있는 규범들과 더불어 존재할 것이다. 이러한 절차적인 변화는 다음과 같다:

- **통보** : 새로운 기후변화협정의 개념에 대하여 논의했듯이, 회원국들이 다른 국가들과의 무역에 영향을 미칠 수 있을지도 모르는 기후변화대응조치들을, 조치를 취하는 회원국과의 협상을 포함하여 다른 국가들이 일찍 행동을 취할 수 있도록 다른 국가들에게 통보하도록 하는 절차를 가지는 것이 도움이 될 것이다.

- **기후변화위원회** : SPS위원회처럼, 기후변화위원회가 기후변화대응조치들에 대한 WTO 합법성에 관한 분쟁에 대하여 초기에 해결책을 제시하는 데 도움을 주는 역할을 할 수 있을 것이다. 즉 WTO 합치성에 대한 선결적 견해를 제공하는 것이다. 이 위원회는 해결을 돕고, 특히 그러한 조치들을 해결하는데 전문성이나 자원이 부족한 개발도상국에게 도움이 될 것이다.

- **의사결정을 통한 절차상의 변화** : 좀 더 논쟁이 되는 것은 항소기구가 기후변화에 관한 분쟁들에 관한 증거를 구성하고 절차적인 규범들에 변화를 가져올 수 있다는 것이다. 항소기구는 최근 결정사항들에서 과학적인 그리고 다른 유형의 불확실성에 민감한 신호가 기후정책의 핵심에 있다는 진술문을 채택해왔다. 예를 들어, *Brazil-Tyres* 사건에서, 항소기구는 정책 수단들을 조치들의 한 부분으로 볼 필요가 있을 뿐만 아니라 다른 정책 수단들

의 효용성에 관한 불확실성에 민감할 필요가 있음을 지적하였다.[14] 더 나아가서 항소기구가 현행 협정들의 언어를 여전히 사용하지만 기후조치들의 정책들에 대한 특정한 우려사항들을 인정하는 방향으로 항소기구가 입장을 변화시킬 수 있다.

해석을 통해 존재하는 규범들이나 혹은 절차적인 규범들을 변화시키는 것과 관련한 공정성은 부분적으로는 분쟁해결절차의 공정성에 달려있다. 불확실성은 선진국들이 더 큰 보호주의로 빠질 여지를 허용할지도 모른다. 소송의 비용과 구제의 어려움이 결합된 불확실성은 개발도상국들이 조치들에 대하여 문제를 제기하는 것을 막을지도 모른다. 그러므로 변화를 통해서 더 큰 확실성을 갖는 것은 개발도상국으로 하여금 다양한 기후변화대응조치들에 대하여 좀 더 도전하도록 하고 그에 따라 선진국들이 그러한 조치들을 취하는 것에 대한 유인을 감소시키거나 방지한다.

16.2.4 다자간 무역과 기후변화협정

WTO를 통하여 조치를 취하는 것에 대한 대안은 기후변화협약 절차와 같은 다른 다자간 절차를 통하여 무역규범과 기후정책에 대한 협정을 만드는 것이다. 이 협정은 무역과 기후변화대응조치들의 연결에 의하여 자체적으로 작동하는 협정이 될 수도 있고 혹은 포스트교토협정과 같은 더 넓은 범위의 기후변화협정 안에 위치할 수도 있다. WTO협정처럼, 비 WTO협정은 가능한 조치들을 열거할 수도 있고 혹은 정당한 조치들에 대한 기준을 정할 수도 있다. 어떠한 경우라도, 분쟁해결메커니즘의 형태가 구축되어야만 할 것이다.

비 WTO협정이 갖는 이점은 협상의 골격과 연관된다. WTO 내에서 기후변화와 무역을 논의하게 되면 무역의 관점을 더 많이 고려하는 것이 선호될 것이다. 만약 무역 협상가들과 전문가들이 무역을 방해하는 것과 기후변화대응조치의 공간을 제공하는 것 간의 상대적인 장점에 대해 논의한다면, 그 협정이 환

14 *Brazil-Tyres* 판결문에 대한 논의에 대해서는 제9장을 참조.

경을 희생하고 무역에 우호적인 것으로 진행될 위험이 있다. 비 WTO 협정은 더 다양한 범위의 전문가들이 협상에 참여하여 무역과 기후조치들에 관한 관계의 방향을 설정하도록 할 것이다. 무역과 기후관련 우려사항들에 관한 이러한 균형은 또한 분쟁해결절차와 관련이 있을 수 있다. WTO분쟁해결시스템이 많은 점에서 매우 성공적이지만, 그 핵심적인 부분에서 기후변화의 중심에 있는 불확실성을, 심지어는 새로운 협정이 제공하고 있는 더 큰 확실성을 다룰 수 없을 것이다. 더구나, 패널과 항소기구의 회원들은 의식하거나 혹은 의식하지 않거나 간에 환경 대신에 무역에 대한 이익을 우선시할 것이다. 그러나 비 WTO 분쟁해결기구는 이처럼 치우치지 않을 것이다.

그러나 비 WTO협정의 효율성은 이행메커니즘의 특성에 달려 있으며 그러므로 낮을 수 있다. 분쟁해결조정이 무역조치들의 합법성을 밝혀내야만 한다는 점을 고려할 때, 분쟁해결절차의 효능은 협정이 규범과 기준을 정하느냐 그렇지 않느냐에 달려있을 것이다. 협정이 자세한 규범을 정한다면, 분쟁해결기구는 특정한 조치의 합법성을 정하기가 더 쉬울 것이다. 그러나 협정이 더욱 더 기준과 같은 협정이 될수록, 분쟁해결시스템이 조치가 허용될지 안 될지에 대해 결정하는 데 더 어려움을 겪을 것이다. 따라서 좀 더 세련된 근거가 필요할 것이다. WTO가 가지고 있는 것과 같은 정도로 세련된 분쟁해결메커니즘을 포함하는 비 WTO협정의 가능성은 낮아 보인다. 분쟁해결양해(DSU)는 복제하기가 어려운 이해관계들의 균형을 반영하고 있는 독특하고 복잡한 합의이다.

더 나아가서, 비 WTO협정의 공정성은 어떻게 협상들이 실행되는가에 달려있을 것이다. 현재 진행되고 있는 WTO 도하라운드협상과 기후변화협약하의 최근 코펜하겐 회의에서 보듯이, WTO와 비 WTO협정 둘 다 높은 협상비용이 소요된다. 이러한 협상을 완료하는 데 드는 시간과 비용은 부분적으로 협상에 포함되는 사안들의 범위뿐만 아니라 당사국들의 수에 달려있다. 일정 정도는, 만약 무역과 기후변화대응조치들이 상한(caps)과 다른 문제들에 대한 협상과 밀접한 관련이 있다면 비 WTO 협상이 좀 더 어렵고 비용이 들지도 모른다. 아마도 무역과 기후변화대응조치들에 대한 협상이 결론에 이를 것이라는 가능성을 지적하는 주요한 요인은 협정을 이루어내려는 절박함이 비 WTO협상에서 크다는 것이다. 그러나 최근의 코펜하겐협상은 이러한 협상들과 관련한 어려움을 보여주고 있다.

16.3 무역과 기후변화대응조치의 조화

그러므로 기후변화를 해결하고 보호주의를 방지하고 그리고 개발을 진전시키는 것을 강조하는 목표들을 달성하는 것을 지지하면서, 무역과 기후변화대응조치들 간의 연관성과 관련하여 현 상황을 개선시키기 위한 가능한 해결책들이 있다. 각각 장점과 단점이 있다. 많은 국가들은 경쟁에 불리한 영향과 누출(leakage)에 대한 두려움으로 적극적인 기후변화대응정책들을 취하는 것을 꺼려할 것이다. 경쟁에 불리한 영향을 미치는 것과 탄소누출을 방지하기 위해 국가들이 취할 수 있는 국경세조정과 같은 조치들이 있다. 그러나 이러한 조치들은 현재 존재하는 무역규범하에서는 위험하고 나아가 정치적인 불화를 일으킬 수 있다. 보호조치들에 대해 문제가 제기되고 WTO규범들과 불합치할 위험이 있다면 그들의 경쟁적인 지위를 보호하기 위한 그러한 조치들과 관련하여 심각한 기후변화대응정책들을 채택하는 것을 국가들은 꺼릴 것이다. 국가가 기후변화대응조치를 취할 여지를 가지고 분쟁의 가능성과 비용이 줄어들 수 있도록 보장하기 위하여 WTO규범들이 더 확실해야 한다. 이러한 변화들을 공정하고 효율적으로 어떻게 이룰 것인지에 대한 최상의 과정을 결정하는 데 어려움이 있을 것이다.

적어도 단기적으로 봤을 때, 최선의 접근법은 WTO 내의 단계적인 절차를 통하는 것이다. WTO는 무역과 기후분쟁을 평가하는 구조를 가지고 있지만 좀 더 공정하고 좀 더 효율적으로 만들기 위해서는 일정정도 각색하는 것이 필요하다. Stern은 '협정을 만드는 것이 너무나 시급하기에 현재의 제도적 구조 안에서 그것이 실행되어야만 할 것이다'[15]라고 언급한다. 그는 주로 기후변화협약 절차에 대하여 언급하지만, 코펜하겐합의와 같은 최근의 실망스러운 결과들을 본다면, 적어도 WTO 절차를 통한 어떤 움직임이 필요할 것으로 보인다. 아마

15 Stern, *supra* note 1 at 200.

도 가장 덜 논쟁적이고 가장 이익이 되는 것은 패널단계 이전에 분쟁의 통보와 해결에 관한 좀 더 명확하고 집중적인 절차를 만드는 것일 것이다. SPS협정의 모델에 근거해 볼 때, 이러한 절차는 회원국들과 잠재적으로 적어도 전문가들에 의해 지원되는 특정한 사안들에 초점을 맞추는 기후위원회에 분쟁을 제출하고 통보하는 것으로 구성되어 있다. 그러한 과정은 기후변화대응조치들에 대한 자신감과 존중과 규범의 공식적인 변화 없이 패널 결정들을 향상시키는 긴 여정을 가야만 한다. 더구나 항소기구는 근원적인 불확실성의 특징을 인식하면서, 무역과 환경 이슈들에 관하여 좀 더 미묘한 접근법을 찾는 것을 시도하는 현재의 행로를 계속해야만 한다.

더 넓은 범위의 협정에 관하여는, 기후조치들이 무역에 정당하게 영향을 미칠 수 있는 경우와 무역조치들이 기후변화에 대한 행동을 취하지 않는 국가들에 대하여 사용되어질 수 있는 경우에 관하여 일정정도의 합의를 명문화하는 다자간협정을 체결하는 것이 가장 좋은 경우일 것이다. 기후변화협약은 몬트리올의정서와 같은 무역조항들과 관련된 다른 분야에서의 다자간협정의 역사를 봤을 때 그러한 협정을 위한 명백한 공간으로 보인다. 그러나 개발도상국에 대한 재정지원과 배출제한을 확장하는 논의와 관련된 이해관계 때문에, 평화를 촉진하기보다 충돌을 증가시킬 가능성이 있는 평화조항을 넘어서는 이러한 과정을 통하여 무역조치들에 대한 협정을 이루는 것이 어려울 것이다. 비록 기후변화협약 접근법을 통해 거부되는 경향이 있어왔지만 과정을 더 작은 단위로 나누어서 분야별로 협정을 체결하는 가능성도 있을 수 있다.[16] 이럴 경우에는 아마도 비록 우리가 그것의 한계들을 인식하고는 있지만, WTO가 무역과 기후변화와 관련한 협정에 가장 적합한 공간일 것이다. 단계적 접근법을 설계하는 것은 현행 WTO 구조 내에 어떤 진전을 허용하면서, 협정이 시간이 지남에 따라 좀 더 종합적인 협정으로 진화하도록 할 수 있다.

어떤 절차가 사용되든지 간에, '절차'는 필수적이다. 이 책의 주요 주제는 목표가 기후변화문제를 알리거나 혹은 목적 그 자체로서 경제성장을 증가시키

---

16 S. Barrett, 'Climate Treaties and the Imperative of Enforcement' (2008) 24(2) *Oxford Review of Economic Policy* 239 참조. 부문별 협정들에 대해 논의하고 있다.

는 것이 아니라는 것이다. 사회후생을 증진시키기 위해서는 현재와 미래에 사람들의 삶을 개선하고 환경을 보호하는 의미에서 두 가지 모두가 중요하다. 모두에게 이익을 주기 위해 기후변화를 완화하고 보호주의를 방지하는 방법들이 있다. 우리는 최근의 WTO판결에서 긍정적인 발전을 이룰 필요가 있다. 통상규범들과 기후변화대응조치들 간의 시너지를 이용한다면 얻을 수 있는 것이 많을 것이다. 그러나 그렇게 하지 않는다면, 많은 것을 잃을 것이다.

찾아보기

찾아보기

Argentina-Hides and Leather 사건 158

Blue Angel 프로그램 75
Brazil-Tyres 사건 175

Chile-Taxes on Alcoholic Beverages 사건 114
Convention on International Trade in Endangered Species of Wild Fauna and Flora : CITES 69
Copenhagen Accord 5, 220

EC-Asbestos 사건 83, 87
EC-Biotech 사건 269
EC-Tariff Preference 사건 218
EGS 280
Environmental Choice 프로그램 75

GATS 28
GATT 45, 78
GATT 1994 91
GATT 제2조 254
GATT 제3조 78, 253
GATT 제11조 253
GATT 제16조 46
GATT 제20조 14, 254
GATT 제20조 (b)호 255
GATT 제20조 (g)호 255
GSP 49, 67, 214

Harmonized System : HS 286

IPCC 3, 52

Japan-Film and Paper 사건 128
Japan-Taxes on Alcoholic Beverages 사건 108

Korea-Beef 사건 172
Korea-Taxes on Alcoholic Beverages 사건 113

Montreal protocol 69, 267, 272

NAFTA 273

OECD 106, 221

Regional Greenhouse Gas Initiative : REGGI 76

SCM협정 45, 129
SPS협정 90, 170, 189, 304
Stern 보고서 148
Superfund 사건 158

TBT협정 45, 78, 89

UNCED 53
UNCTAD 283
United Nations Environment Programme : UNEP 52
US-Cotton 사건 138
US-Reformulated Gasoline 사건 175
US-Shrimp I 사건 175, 179, 255, 270
US-Taxes on Petroleum and Certain Imported Substances 사건 158

WTO 43, 78
WTO 분쟁해결기구 12
WTO 분쟁해결메커니즘 56
WTO 분쟁해결절차 242
WTO-UNEP 기후변화보고서 282

㉠
간접세 153, 160
감축실적크레딧 230
개발 5
개발도상국 28
개방형 리스트 285
경쟁관계 82
경쟁력 10, 148, 237, 238, 250
경제성 심사 83
경제적 효율성 35
공공선택이론 240
공공재 8, 296
공동의 그러나 차별적인 책임원칙 57, 234
공동이행제도 55
공익 23
공정한 경쟁의 장 69, 238
공평성 35
과세방식 158
과학적 불확실성 103
과학적 심사 205
관세 13
관세분류 287
관세양허 45
관세장벽 29
관세정책 30
관세특혜 10
관세환급제 291
광의의 효율성 62
교차가격 탄력성 113
교토의정서 3, 247
구성주의 이론 24
구제조항 196, 266
국경세 152
국경세조정 145, 162, 238
국경세조정작업반 153
국내규정 239

국제에너지기구 281
국제표준 91
군소도서 개발도상국 58
권능부여조항 49, 215
금반언의 원칙 260
금지보조금 46, 132
금지조치 254
긍정적 유인책 66, 211, 225
기술규정 45, 89
기술원조 211
기술이전 211
기술장벽 258
기후변화법제 165
기후변화세 105
기후변화위원회 309
기후분석지수도구 234

㉡
남미공동시장 185
내국과징금 107, 154, 253
내국민대우원칙 36, 45, 78, 107
내국세 65, 107, 154, 238
노르웨이 104
녹색경제 281
농업보조금 101
농업협정 129, 142
누적세 160

㉢
다자간환경협정 11, 50, 266, 271
다자적 해결방안 9, 11, 212
당사국총회 43
대체재 113
대체탄력성 112
덜 유리한 대우 84
덴마크 104
도하각료선언 279
도하라운드 28, 245, 271
동종성 82, 193
동종제품 79, 82, 108

㉣
러시아 232
리스트 접근법 288
리우선언 269

㉤
마라케쉬협정 44
멸종위기에 처한 야생동식물의 국제거래에 관한 협약 69
몬트리올의정서 69, 267, 272
무상지원 129
무상할당 103
무역 관련 원조 프로그램 236
무역 자유화 67
무역과 개발 49
무역과 환경위원회 특별회의 280
무역양허 214, 224
무역에 관한 기술장벽 협정 45
무역자유화 225
무역장벽 44, 134, 274
무역전쟁 244
무역전환 273
무역제재조치 33, 249
무역제한효과 256
무역조건이론 30
무역조치 59, 228, 268, 272
무역중립적 152

무역질서 180
무역특혜 297
무역협정 31
무역환경위원회 50
무임승차 8, 186, 225, 296
미국 221
미래세대 21

ⓑ
바다거북 253
바이오연료 88, 282
배출권거래제 13, 55, 75, 123, 162
배출규제 24
배출세 99
배출전망치 122
법률상 차별 218
보너스효용 252
보조금 13, 127
보조금및상계조치협정 45, 129
보조금전쟁 141
보조금협정 64
보호무역주의 27, 241
보호주의 5, 241, 250
본인-대리인 문제 203
부가가치세 153
부속서 I 국가 54
부속서 II 국가 54
부정적 유인책 217, 247
부채탕감 211
분권화 192
분배적인 형평성 60
분배효과 28
분쟁해결 47
분쟁해결기구 47
분쟁해결양해 47
불가결성 173
불가침조항 303
불확실성 202
비 시장기반 메커니즘 101
비관세장벽 31, 279, 282
비교우위 60, 152, 232, 290
비교형량 173, 174, 180
비례성 175, 261
비부속서 I 국가 54
비용편익분석 62, 174, 231
비용효율성 60, 101
비제품관련 PPMs 86
비차별원칙 78, 193

ⓢ
사실상 차별 218
사전예방원칙 270
사회적 정의 235
사회후생 27, 62
산업경쟁력 65
상계관세 47, 128
상계조치 250
상류 탄소세 99
상쇄 103
상호주의 49
새천년개발목표 220
생산 및 공정방법 227
생애주기 82
서비스무역 특별분과위원회 280
석면 83, 253
선진국 37
세계관세기구 286
세계기상기구 52

세계기후총회 52
세계무역기구 4, 43
세계은행 149, 213
세계자원연구소 234
세금공제 156
세금징수법 158
세금환급제도 149
세대 간 형평성 38, 296
세수중립적인 조세 103
소비세 152
소비자 선호 30, 195, 200
소비자들의 기호와 습관 82
소비지과세원칙 151
수량제한조치 45, 253
수량할당 77
수입가격 30
수입관세 29
수입금지조치 45, 181, 199, 251
수입제한 82
수출보조금 48, 121, 132
수혜국 215
스웨덴 104
시장균형점 131
시장실패 6, 97, 122
시장지배 199
신의성실의 원칙 201
신재생에너지의무할당제 74, 180
실질적 심사 202
실행관세율 254
실효성 256

ⓞ

양허관세 254, 285
양허정지 48
에너지세 98
에너지집약적 산업 149
에너지집약적 제품 67
에너지효율기준 74
에너지효율성 238
에코라벨링 287
역량강화 67
연료효율 76, 79
영국 104
예외조항 91, 194
오존층파괴물질들 159, 267
온난화지수 99
온실가스 4, 53
외부원조 211
외부효과 20
우루과이라운드 49, 89
원산지 85, 152, 251
원자재 158
위험평가 203, 205
유럽연합 105
유상할당 103
유엔기후변화협약 5
유엔무역과개발회의 283
유엔환경개발회의 53
유연성 36, 94, 111, 167, 192
유연성체제 55
유전자변형물질 269
유전자변형생물체 270
유해폐기물 266
유해폐기물의 국가 간 이용 및 처리 통제에 관한 바젤 협약 69
의사결정과정 92
의사결정비용 204
이산화탄소 21, 105, 221

이익집단 204
이익형량 32
이중과세 155
이중용도 284
이행비용 40, 47, 196
인도 232
일반특혜관세제도 49, 67, 214
일방적 조치 9, 10, 242
입증부담 308

ㅈ
자원분배 149
자원의 최적 이용 44
자유무역 6
자의적인 차별 184
자중손실 77
장애물 229, 242
재생에너지 136
재정적 지원 55, 129
저개발 232
저소득층 63
저탄소배출 발전전략 220
절차적 심사 202, 259
정보기술협정 292
정책적 여지 299
정치경제모형 30
정치적 실현가능성 60, 63
정치적인 편의주의 228
제로섬게임 226
제품관련조치 86
제품생애주기 284
제품의 관세분류 82
제품의 생산방식 248
제품의 제조방법 15
제품의 최종용도 82
제품의 특성 82
조세 97, 111, 237
조세중립적 세금 63
조약법에 관한 비엔나 협약 268
조치가능보조금 46, 130, 134
조치목적론 80
조치의 실행가능성 239
조치의 정당성 187
죄수의 딜레마 13
준수비용 47, 101
중국 221
지구온난화 21, 178
지속가능한 개발 44, 281
직접세 154
징벌적 관세 252

ㅊ
차별대우 185
책임성 메커니즘 205
천연자원 175, 255
청정개발체제 55
최빈개발도상국 58
최소연료효율기준 81
최종재 158
최혜국대우 45, 78
추가적 공공재 9
친환경제품 286

ㅋ
카르타헤나생물안정성의정서 270
캐나다 105, 247
케네디라운드 49
코펜하겐합의문 5, 220

ⓔ
탄소가격 237
탄소누출 145, 237
탄소발자국 54, 195, 239
탄소배출 9, 10
탄소상쇄 103
탄소세 63, 98, 147
탄소전쟁 244
탄소집약적 산업 148
탄소흡수원 123
통일제품분류체계 286
통합 접근법 290
투명성 92, 133
특별대우 48
특정성 134
특정판매세 153
특혜 29, 226
특혜관세 216, 226

ⓟ
판매세 152
편익 20
평판효과 25
평화조항 207, 299
포괄적 규제 79
포스트교토체제 11
표시제도 180
표준 36, 45
풍력발전 67, 126, 282, 287
프랑스 105
프로젝트 접근법 288
핀란드 104
필요성 173, 256
필요성 테스트 186, 256, 257

ⓗ
하류 탄소세 99
한계효용 181
합리적 균형 23
합리적 선택이론 22
합법성 41
항소기구 215
행정비용 101, 167, 251, 274
허용보조금 139
협상비용 40
협의의 효율성 62
형평성 63, 228
화석연료 20, 227
환경라벨링 90
환경보호 63, 227, 296
환경세 63, 98, 147
환경오염 227
환경적 예외 143
환경적 효과 60
환경제국주의 244
환경제품과 서비스 70, 279
환경제품그룹의 우방국 모임 289
환경 친화적 기술 55
환경친화적인 무역 279
환경친화적인 제품 285
후생손실 126

역자 약력

박덕영 (Deok-Young PARK)

연세대학교 법과대학 졸업
연세대학교 대학원 법학석사, 법학박사
국비유학시험 합격 (국제법 분야)
영국 University of Cambridge 법학석사 (LL.M.)
영국 University of Edinburgh 박사과정 마침
프로그램심의 조정위원회 수석연구원 / 지적재산권팀장
숙명여자대학교 법과대학 조교수
사법시험, 외무고시, 행정고시, PSAT 출제위원
대한국제법학회 연구이사, 부회장

연세대학교 법학전문대학원 부교수 (현)
연세대학교 법학연구원 부원장 / EU법센터장 (현)
Yonsei Law Journal 편집위원장 (현)
외교통상부 FTA 민간자문위원 / 기후변화정책 자문위원 (현)
국방부 국방기관 평가위원 (현)
한국국제경제법학회 회장 (현)

주요 저서

세계주요국의 기후변화법제, 한국학술정보, 2012.6
EU법 기본판례집, 연세대학교 출판부, 2012.5
국제투자법 (공저), 박영사, 2012.4
신 국제경제법 (국제경제법학회 공동), 박영사, 2012.2
법학입문 (공동) / 국제법 기본조약집 (편저), 박영사, 2011
국제법 (공동) / EU법강의 (공동), 박영사, 2010
국제경제법 기본조약집 (편저), 박영사, 2010
미국법과 법률영어 (번역), 박영사, 2009
국제저작권과 통상문제 (공동), 세창출판사, 2009

주요 논문

"WTO EC-석면사건과 첫 환경예외의 인정", 국제법학회논총 (2006.12) 외
국제법, 국제통상법, 저작권 분야 논문 다수

이태화 (Tae-Hwa LEE)

경북대학교 통계학과 졸업
미국 Geroge Washington University 국제관계학 석사
미국 University of Delaware University 도시문제 및 공공정책학(환경정책) 박사
연세대학교 법학연구원 SSK 기후변화와 통상법센터 연구교수

주요 논문

박사학위 논문 : The Conflicts and Dialogues among Technological, Ecological and Indigenous Paradigms in a Globalized Modernity : A Case Study of the U'wa People's Resistance against Oil Development in Colombia
기타 논문 : "녹색공공영역 (Green Public Sphere)의 관점에서 본 WTO : EC-캐나다 석면사건 분석", "Rio+20의 지속가능한 발전의 관점에서 본 녹색경제의 이해" 등의 논문이 있음.

기후변화와 통상문제 – WTO의 역할 –

2012년 6월 15일 초판인쇄
2012년 6월 25일 초판발행

공저자 Tracey Epps and Andrew Green
공역자 박덕영·이태화
발행인 안 종 만
발행처 (주)박영사

역자와 협의하여 인지첩부를 생략함

서울특별시 종로구 평동 13-31
전화 (733)6771 FAX (736)4818
등록 1959. 3. 11. 제300-1959-1호(倫)

www.pybook.co.kr e-mail: pys@pybook.co.kr

파본은 바꿔드립니다. 본서의 무단복제행위를 금합니다.

정 가 23,000원 ISBN 978-89-6454-834-9